中国农村最低生活保障制度政策过程与实施效果研究

柳　拯　著

中国社会出版社

序

作为公共政策研究，多年来我们都是关注在政府做什么和不做什么，也就是要不要做什么。但是随着公共财政改革的不断深入，我们越来越开始关注的不仅仅是政府做不做，而是做得好与不好，也就是怎么做能更有效。

柳拯同志的新作《中国农村最低生活保障制度政策过程与实施效果研究》创新性地开展了农村最低生活保障（以下简称农村低保）政策效益评价研究，契合了当前人们对了解和把握农村低保制度实施效果的迫切需求，回答了农村低保“该不该干”的问题，也回答了如何干好的问题。公共政策评价作为对公共政策执行的效果、效益、效应加以考察、判断和评定，并把评价结果反馈到决策部门以便对政策的制定、调整和变迁做出决定的过程，始终是公共政策建构中的不可或缺的重要环节。尤其对农村低保这样一项面向社会最困难、最底层人口的现金性财政转移支付制度而言，其实施效果如何既直接关系到最贫困者的生存权益保护和财政资金使用绩效，也必然会影响到人们对政府执政理念与能力的认可程度。而且，中国政府于2007年部署全面实施农村低保，形成扶贫开发与社会救助并重的反贫困战略格局后，相关统计显示中国农村减贫的效果并没有完全显现（截至2007年底，全国农村绝对贫困人口仍有1479万），已经引起了人们对农村低保政策效益的广泛关注。因此，对农村低保制度的实施效益进行全面、科学的评价，已经成为一项极具理论价值和现实意义的科研任务。应该说，本书顺应了实践的要求，抓住了问题的关键，在农村低保全面推动之初，就关注政策效益评价，并在占有大量文献资料和实证数据的基础上，坚持理论与实践相结合，开展扎实、细致的研究，分析得出建立与推进农村低保制度的必要性与可行性，充分反映出作者敏锐的科研视角和扎实的学术作风。

本书系统梳理了中国农村低保政策制定与推进过程，全面总结了新疆维吾尔自治区两个县农村低保试点工作的经验做法，回答了农村低保“能不能干”的问题。公共政策评价实质上是运用科学方法分析判断政策是否实现了预期目标，在多大程度上实现了预期目标，政策所产生的社会效益、经济效益、生态效益如何的过程。以往的社会救助政策效益评价研究，多以定性为主，而且往往集中在具体政策出台背景的介绍、政策目标和具体实施过程中遇到的问题的解释和阐述上，缺乏对政策综合作用效果和政策影响程度的定量评估。本书立足于对试点地区乃至全国整体的农村贫困问题成因及表象的分析，从制度建设、组织机构、减贫效果等角度，描述了农村低保制度建设推进的过程，用翔实的数据资料，分析得出了农村低保制度在增加当地农村贫困人口收入、缩小贫富差距和减少贫困发生率等方面的实际效果，并成为当时当地农村社会保障体系的主体与基础性制度的结论。毋庸置疑，这一结论是在社会保险、社会福利等社会保障制度尚未全面覆盖的情势下得出的，但也从一个侧面反映出农村低保乃至各项社会救助政策在社会保障体系中的基础性作用，进而显而易见地证明了健全社会救助政策的极端重要性与紧迫性。

从一个具体地区的低保实施过程，本书深入分析了农村低保制度试点和推进工作中存在的困难与问题，提出了有针对性地推进农村低保的政策建议，回答了农村低保“怎么干”的问题。作者在对农村低保实施过程中存在的保障标准制定、救助水平确定、对象瞄准机制、工作手段、工作力量等环节进行数量分析基础上，研究分析出农村低保工作存在的与政策目标定位相偏离的系列问题，并对比理论研究与实践探索的成果与经验，得出了一系列操作性和针对性较强的政策建议，为农村低保工作持续、健康发展提出了建设性的设计方案。

柳拯同志曾在民政部从事社会救助工作，亲历了农村五保供养制度变革、农村低保制度建制等重大社会救助制度建设，还曾在新疆维吾尔自治区民政厅担任过领导，负责推进全区社会救助工作。多年的工作实践，养成了他勇于实践、勤于思考的良好品格，在繁重的工作之余，他利用两年多时间，经过大量的调查研究和资料搜集，完成了本书的写作，实属难能可贵。本书采用了全新的分析框架，丰富和发展了农村低保制度研究方法，是迄今为止全面、系统地研究中国农村低保制度的第一部论著。我乐意向社会救助理论和实务部门的读者推荐此书。我觉得社会政策研究需要走出象牙塔，走进中国的政策实践，走进政策议程设定、决策过程以及政策设计、政策实施和政策评估的全过程。

愿本书的出版会进一步推动我国农村社会政策理论研究和实务工作。

是为序。

张秀兰
2009 年 8 月 23 日

摘　要

从2007年6月国务院下发《关于在全国建立农村最低生活保障制度的通知》（国发［2007］19号）到2007年11月，全国2777个县（市）全部建立农村最低生活保障制度。建制工作初步完成后，完善制度的任务逐步登场。了解这项事关几千万农村贫困群体切身利益的重大制度在基层的运行情况、存在问题以及实施效果是完善制度的前提与基础，也是目前摆在各级党委政府，特别是农村社会救助部门面前的一项重大任务。

本课题通过研究全国农村最低生活保障制度进展情况和新疆维吾尔自治区S县与M县农村住户调查与深度访谈，了解到自20世纪90年代末开展农村最低生活保障制度试点，特别是2006年中共中央十六届六中全会做出“逐步建立农村最低生活保障制度”的决定以来，农村最低生活保障制度政策框架逐步确立、组织机构逐步健全、管理人员逐步到位，农村贫困率（平均降低农村贫困率43.3%）大大降低，农村最低生活保障资金已经成为广大贫困群体的主要收入来源（占贫困户总收入的30.7%），在减少农村贫困户的制度作用中（在各项社会政策中，农村最低生活保障制度作用比例平均为88.05%），农村最低生活保障制度是作用最大、效率最高的制度。农村最低生活保障制度已经逐步发展成为农村社会保障体系的主体与基础性制度。由于实施时间不长，农村最低生活保障制度在基层还存在标准与水平偏低（农村最低生活保障标准平均仅相当于农村人均食物消费支出的78.9%），“错保”、“漏保”问题比较严重，城乡保障水平不平衡，保障质量有待提高，组织机构有待健全，人员素质亟需更新，规范化需要进一步重视等问题。这些问题的存在是农村最低生活保障制度可持续发展的瓶颈，也是农村最低生活保障制度需要进一步完善的核心与重点。

下一步需要进一步完善与创新制度安排，探索建立符合农村实际的具有中国特色的农村最低生活保障政策。要围绕发展型农村最低生活保障制度模式，在充分履行政府职能基础上，具体做好制度完善、基础（平台与队伍）夯实、体系建设（农村社会救助与农村贫困治理体系）与政策倾斜（对边疆与贫困地区）四方面工作，确保农村最低生活保障制度规范化发展。

关键词： 农村最低生活保障，政策过程，实施效果，体系建设

ABSTRACT

In July 2007, Chinese government issued the Circular of the State Council on Establishing Rural Minimum Living Standard Security System Nationwide, setting the end of 2007 as a deadline before which a Minimum Living Standard Security System (MLSS) should be established in rural areas nationwide to provide universal coverage of the poor population. By November of 2007, the schemes were set up in all of the 2,777 counties in China. Following this, major efforts began to be focused on the perfection of the system. Therefore, it is a paramount need to gain knowledge on the operation of the schemes, including particularly the problems encountered and the effects they have produced on the recipients.

This study reviews the policy process and assesses the outcomes of MLSS in China, focusing on two counties in Xinjiang, Shanshan and Manasi. The study first reviewed literature on the design and implementation of the schemes both nationwide and in the two counties, interviewed government workers responsible for implementing the schemes in the two counties, and administered a random sampling questionnaire survey on the households in the study counties. The study found that the basic policy framework has been established, accompanied by adequate administrative structures and personnel, and rural poverty rate was reduced by 43.3% as a result of the policy. The findings show that MLSS benefits have become the major source of income for rural poor population, accounting for over 30% of their total incomes, and MLSS has played a major role in reducing rural poverty in that it contributed 88.05% of poverty reduction. This shows that MLSS has evolved into a basic social protection system in the countryside, and functioned as the most effective and efficient system in reducing rural poverty. However, due to the fact that the schemes are in the development stage, there are problems such as low benefit rates (accounting for less than 80% of the food consumption, and high targeting errors (18.02% inclusion errors and 0.62% exclusion errors), and unbalanced development between the rural and urban areas (rural MLSS equals to less than 60% of the benefits of the urban schemes). In addition, there is a need to increase the institutionalization of policy, and improve the administrative capacity of local governments, which have been the major obstacles for the further development of the schemes.

In the next step, MLSS needs further improvement in policy design and implementation. In particular, local governments need to explore measures suitable to the local context, increase administrative capacity, combine social assistance with other poverty alleviation polices, and provide more preferential policies for borderline areas.

KEY WORDS: rural minimum living standard scheme, policy process, policy outcomes, system building

目　录

章节目录

表目录

第1章 绪 论

治理贫困，不仅是一个经济问题，而且是一个重要的政治问题；不仅是中国各级政府普遍关心的问题，而且是世界各国政府始终努力解决的问题。农村最低生活保障是许多国家解决农村贫困问题的重要制度选择。

1.1 研究背景

新中国成立后，中国政府为解决农村贫困问题，先后出台了一系列政策措施。在20世纪80年代以前，除农村五保供养以外，各地普遍采取临时救济措施，对缺衣少粮的贫困农民给予临时救济。20世纪80年代后，一些省市开始探索临时救济与定期定量相结合方法，对常年困难的农村贫困家庭进行资金或实物救济。在此基础上，20世纪90年代以来，一些地方，特别是东部发达省份，开始探索建立农村最低生活保障制度。这是各地在实施城市最低生活保障制度后，为解决日益严重的农村贫困问题，将城市最低生活保障制度向农村的主动移植。党的十六大以来，新一届中央和国务院领导班子对城乡贫困问题更加关心、更加重视。从党的十六大提出“有条件的地方，探索建立农村最低生活保障制度”，到中共中央十六届六中全会做出要“逐步建立农村最低生活保障制度”的决定，对农村最低生活保障制度的提法不断更新、不断强化①。从不断强化、不断肯定的提法轨迹可以看出，作为解决农村贫困问题的制度安排，农村最低生活保障制度越来越得到党和政府的认可与重视。在2006年12月召开的中央农村工作会议

① 从党的十六大到2004年中共中央、国务院《关于促进农民增加收入若干政策的意见》（中发［2004］1号）提出“有条件的地方，要探索建立农村最低生活保障制度”，到2005年中共中央、国务院《关于进一步加强农村工作提高农业综合生产能力若干政策的意见》（中发［2006］1号）提出“有条件的地方可以探索建立农村社会保障制度”，到2006年中共中央、国务院《关于推进社会主义新农村建设的若干意见》（中发［2006］1号）提出“有条件的地方，要积极探索建立农村最低生活保障制度”，提法不断更新。

和2007年中共中央、国务院《关于积极发展现代农业扎实推进社会主义新农村建设的若干意见》（中发［2007］1号）中明确提出，“在全国范围建立农村最低生活保障制度，各地应该根据当地经济发展水平和财力状况，确定最低生活保障对象范围、标准，鼓励已建立制度的地区健全制度，支持未建立制度的地区建立制度，中央财政对财政困难地区给予适当补助”。党中央、国务院对农村最低生活保障制度的这种态度，标志着农村最低生活保障制度已经完成试点探索期，进入了全面推进的新阶段。为尽快建立农村最低生活保障制度，民政部于2007年1月在福建省召开了“全国农村最低生活保障工作会议”。会议学习了中共中央关于在全国范围建立农村最低生活保障制度的重大决策精神，总结交流了农村最低生活保障制度工作经验，研究了进一步推进农村最低生活保障制度的措施与办法。国务院于2007年6月，在北京召开了农村最低生活保障工作会议，对农村最低生活保障制度建设进行了全面部署与安排。为指导好这项工作的开展，国务院于2007年7月下发《国务院关于在全国建立农村最低生活保障制度的通知》（国发［2007］19号）。国务院关于农村最低生活保障工作会议的召开与国发19号文件的出台，说明农村最低生活保障制度作为继城市最低生活保障制度之后的又一项重大制度创新，作为一项治理农村贫困的重大社会政策正式在我国确立。但是，出台政策未必能够实施好这项政策。建立农村最低生活保障制度是一项重大而复杂的系统工程。农村贫困问题成因复杂、形态多样，农村社会发展相对滞后，各项工作基础相对薄弱，要实施好农村最低生活保障制度并充分发挥其保障功能与作用，需要一个长期研究、总结、探索、完善的过程。这是摆在农村社会救助部门面前的一项重大而长期的任务。

1.2 研究意义

要在全国实施好农村最低生活保障制度，必须对目前各省（自治区、直辖市）已经建立的农村最低生活保障制度政策过程与实施效果进行研究。研究农村最低生活保障制度政策过程与实施效果，就是采用社会研究程序与方法，在一定的政治与组织环境下，系统调查影响农村最低生活保障制度政策制定与执行因素和农村最低生活保障制度对改善农村贫困状况等方面的功能与作用①。从实践上

① ［美］彼得·罗希等著：《项目评估：方法与技术》，华夏出版社，2002年1月第1版，邱泽奇等译，第15页。

讲，通过研究农村最低生活保障制度政策过程与实施效果，可以充分了解其实施经验，明确存在问题，“取其精华、剔其糟粕”，提出改进策略，把这一民心工程、德政工程在全国实施好、把老百姓的利益维护好、实现好；同时也可以通过研究，了解这项社会政策的利弊得失，有助于改变传统的重政策制定、轻政策效果的社会政策状况，转变各级行政部门对社会政策效果的认识，对进一步加强社会政策研究具有重要意义。从理论上讲，通过研究农村最低生活保障制度政策过程与实施效果，可以总结农村最低生活保障制度经验，探索具有本土价值的农村最低生活保障制度政策理论、技术与方法；也可以通过研究农村最低生活保障制度政策过程与实施效果，进一步完善农村社会救助理论，为构建既具有国际眼光又具有当地经验支撑的农村社会保障体系乃至社会政策体系提供借鉴。

1.3 研究现状

我国研究社会政策过程与效果开始于20世纪90年代末21世纪初[①]。1999年，北京大学正式开设“社会项目评估理论与方法”研究生课程，2001年推广到本科课程。我国最早的社会项目过程与效果研究可能是由国家禁毒委员会委托的包头禁毒项目评估[②]。之后，逐步在教育、卫生、社会保障、扶贫等领域开展起来[③]。

关注农村最低生活保障制度政策过程与实施效果是近些年的事情。虽然从

① 研究农村最低生活保障制度政策过程与实施效果必须借鉴社会项目研究方式方法。国际上的社会政策、社会项目研究产生于“二战”以后、兴盛于20世纪50、60年代，特别以1965年美国发起的反贫困战争—美好社会运动为主要标志。这个运动代表了一种空前的社会干预活动。在这期间，各项解决失业、犯罪、城市凋敝、医疗供应短缺、精神疾病治疗困难等问题的社会项目应运而生，一些专家学者的研究兴趣也转向考察公共资源效率、社会项目对个体行为影响以及缓和贫富、民族以及南北之间矛盾等方面效果。也正是在这一年，政府部门广泛采用了正规的评估分析方法。尽管20世纪70年代以后，由于保守主义崛起，西方各国政府对新型社会项目支持急剧下降，政策过程与效果研究的关注点也由对项目收益、财政能力和项目管理的考察更多地转向了对社会项目成本以及成本与收益之间的平衡研究。但实践证明，政策效果研究仍然是对社会项目绩效进行描述的最好方式。政策过程与实施效果研究在许多国家都得到了新的发展，产生了一系列具有本土特色的理论、技术与方法，研究日益国际化。在日益国际化的同时，政策研究活动也更加本土化。

② ［美］彼得·罗希等著：《项目评估：方法与技术》，华夏出版社，2002年1月第1版，邱泽奇等译，第379页。

③ 运用定量研究方法，对农村医疗救助效果进行分析研究，可参见朱玲、郝模、李实等人所做研究。如朱玲的“农村特困群体医疗救助效果研究”等课题研究报告。卫生部国外贷款办公室农村卫生政策应用研究课题，2006年7月。刘坚主编：《新阶段扶贫开发的成就与挑战——中国农村扶贫开发纲要（2001—2010）中期评估报告》，中国财政经济出版社，2006年7月第1版。

20世纪90年代山西、上海等省市开展农村最低生活保障试点至今已有10多年[①]，但对这项政策运行情况的研究时间却并不长。最早研究农村最低生活保障的文章主要是20世纪90年代中期以来民政部门工作人员撰写的一些调研报告[②]。从那时以来，一些政府官员与专家学者对农村最低生活保障制度进行过研究。这些研究可粗略分为两类：一类是描述—分析性研究。这类研究也就是弗兰克·费希尔讲的“常规的做法”。即“倾向于强调‘怎样做’或‘烹饪指南’式的东西，即首先描述一下基本的经验方法，然后指出怎样正确地实施”。[③] 也就是对农村最低生活保障制度开展情况，农村最低生活保障对象的确定、最低生活保障（救助）标准、最低生活保障制度出台以及领导重视等情况进行观景式的描述，对最低生活保障制度实施过程中发现问题进行归纳与整理，对下一步开展工作提出建议或意见。大多数研究成果属于这种类型。其中，《中国最低生活保障制度研究与实践》[④]、《中国社会救助体系研究》[⑤] 等著作是这类研究成果的代表。多吉才让在《中国最低生活保障制度研究与实践》一书中，对农村最低生活保障制度实施效果做出了最早肯定。他认为，“探索农村居民最低生活保障制度的时间虽然还不太长，但已取得了初步成效。已经建立农村居民最低生活保障制度的地区，逐步将符合条件的特困户纳入了保障范围，加大了救助力度，保障了农村特困群众的基本生活，提高了农村社会救济工作整体水平，维护了农村社会稳定，促进了农村经济发展，得到了广大农民群众的拥护和欢迎，也进一步密切了干群关系，体现了社会主义制度的优越性，取得了良好的社会效益”（多吉才让，2001）。作者以民政部部长身份对农村最低生活保障制度开拓性价值的肯定与描述，直接鼓励与推动了农村最低生活保障制度在基层的探索与实践。《中国社会救助体系研究》一书第一次从建立中国社会救助体系角度，系统总结了农村最低

---

① 目前，在农村，对贫困户的救助包括综合性救助与专项救助两类。综合性救助制度包括救灾救济、五保供养两种。农村救灾救济是一种临时的、综合性救济制度。主要为解决受灾群众暂时的生活、医疗、住房等方面困难而设立的。农村五保供养，主要是对农村贫困户中的特殊困难群众也即“没有生活来源、没有劳动能力、没有抚（扶）养人即使有抚（扶）养人也没有抚（扶）养能力”的农村老年人、残疾人和孤儿在衣、食、住、医、葬（教）等方面进行帮助与支持的制度。解决的是这些群众多方面困难。专项救助包括生活、教育、住房、医疗等救助。其中，农村特困户生活救助与农村最低生活保障属于农村贫困户生活救助范畴，属于专项救助范畴。

② 参见民政部政策研究室：《中国农村社会保障》，中国社会出版社，1997年12月。这是一本调研报告与政策文件集，集中反映了民政部门在20世纪90年代中期对农村社会保障所做的艰辛探索。

③ ［美］弗兰克·费希尔（Frank Fischer）：《公共政策评估》，人民出版社，2003年8月第1版，吴爱明译，第1页。

④ 多吉才让：《中国最低生活保障制度研究与实践》，人民出版社，2001年第1版。

⑤ 时正新：《中国社会救助体系研究》，中国社会科学出版社，2002年版。

生活保障制度的建制意义、政策内容、存在问题并对改进与完善农村最低生活保障制度提出了建议（时正新，2002）。作者在书中特别对农村最低生活保障的建制意义进行了大篇幅的讴歌，认为农村最低生活保障制度“有力地促进了农村社会救济制度的深化改革，……克服了传统救济体制中救济面窄、救济标准低、管理落后粗放等弊端，提高了救济工作管理水平，使救济工作逐步走上了规范化、制度化、法制化道路；进一步加强了农村社会保障……加大了保障力度，构筑了农村最后一道安全网，对巩固农村社会保障体系，抵御农村经济体制改革与市场经济的冲击起到重要作用；有效维护了农村社会稳定……有效保障了农村贫困人口的基本生活权益，解除了他们的后顾之忧，使他们能与其他社会成员一样共享改革与社会发展的成果……对树立政府形象，缩小贫困差距，缓解农村社会矛盾，消除不安定因素起到了积极作用，受到了各级领导与广大人民群众的赞扬与拥护，普遍认为是政府为群众办的一件利国利民的大好事。”① 作者时正新是当时民政部政策研究中心主任。2001年前后正是全国农村最低生活保障制度试点推广期，当时民政部的首要职责是呼吁国家认可、支持农村最低生活保障制度的建立。从这个角度看，民政部两位作者对农村最低生活保障制度试点实施效果的大力弘扬、热情讴歌就不仅仅是一种纯学术性的研究与探讨，而是带有行政意味的选择性推崇，是行政官员的社会责任的体现。从当时研究农村最低生活保障制度的人员构成看，一般具有行政背景，或者有从事行政工作的经历。这类研究成果，从实质上讲，总体属于一种经验性的归纳与总结。从农村最低生活保障制度试点至今，应该讲，这类研究一直是占据农村最低生活保障制度政策过程与实施效果研究领域的主导地位。另一类研究是调查—分析性研究。这类研究主要用定量与定性相结合的研究方法，对农村社会救助制度效果进行总体分析，以获得准确的量化结果。张秀兰、徐月宾教授第一次对农村社会救助效果进行了定量研究②。作者通过分析2004年6—8月采集的湖北、山西、江西、重庆与甘肃五省市4515个农村住户抽样问卷得出了结论：“当前农村社会救助的减贫效果非常有限：对于接受过社会救助的这个群体来说，社会救助只降低了10%的贫困率。

---

① 时正新：《中国社会救助体系研究》，中国社会科学出版社，2002年版，第67页。

② 张秀兰、徐月宾：《中国发展型社会政策论纲》，中国劳动社会保障出版社，2007年7月。民政部最低生活保障司、北京师范大学社会发展与公共政策研究所联合提出的《中国农村特殊困难群体基本生活救助制度研究》，也对当时农村社会救助政策的脱贫效果作了定量描述。文章认为，“从政府救助对农村贫困的减缓作用来看，也是非常有限的。政府救助只降低了0.7%的贫困户比例，亦即如果没有政府的救助，贫困户的比例只不过从现在的34%增加到34.7%，其效果微不足道。”内部资料，2004年11月，第66页。

也就是说，以社会救助为核心制度的当前农村社会保障制度未能为绝对贫困人口提供充足的帮助。”[①] 这个结论，为民政部争取国家支持、推动农村社会救助，尤其是建立农村最低生活保障制度提供了第一手数据。杨团、关信平、洪大用、吴国宝、唐钧等专家学者在农村最低生活保障制度方面也做了许多富有成效的研究。杨团教授第一次创造性地提出了农村社会救助框架。关信平与洪大用两位教授对社会救助制度目标、实施效果进行了深入研究。关信平教授深入分析了农村社会救助体系的转型背景，研究了建立与完善农村社会救助制度的基本目标，特别是通过比较农村最低生活保障制度的经济、社会与政治效益，挖掘了农村最低生活保障制度难以推动、建制迟缓的政治、经济与社会因素，提出了建立农村最低生活保障制度的政府负责与鼓励民间参与的社会救助主体原则、制度完整性原则、普遍性救助与特殊困难原则、多重制度协调原则、城乡一体化原则[②]。洪大用教授对社会救助的基本目标进行了系统研究，提出了社会救助在社会照顾、社会规制、助人自助、社会公正、社会融合五方面的目标并依据这些目标对现阶段城乡社会救助效果进行了对比分析。在对比分析基础上，从完善制度设计、提升专业水准、加大资金投入和优化社会环境四个角度对进一步完善我国社会救助制度提出了建设性意见[③]。虽然这些专家的研究成果不是专门针对农村最低生活保障，而是针对包括农村最低生活保障制度在内的整个农村社会救助的，但对完善作为农村社会救助主体的农村最低生活保障制度具有同样重要的参考价值。顾昕[④]、吴国宝[⑤]与唐钧等教授则专门研究分析了农村最低生活保障制度发展过程、取得成效、存在问题与实施效果[⑥]。张秀兰与顾昕教授还第一次对中国与东南亚各国的社会救助进行了比较研究，明确了中国社会救助在国际上的定位[⑦]。这些

① 张秀兰、徐月宾：《中国发展型社会政策论纲》，中国劳动社会保障出版社，2007 年 7 月，第 48 页。

② 关信平：论我国农村社会救助制度的目标、原则及模式选择，《华东师范大学学报》（哲学社会科学），2006 年第 11 期，第 38 卷第 6 期。

③ 洪大用：社会救助的目标与我国现阶段社会救助的评估，《甘肃社会科学》，2007 年第 4 期，第 158～162 页。

④ 顾昕，高梦滔：社会安全网的浙江模式——城乡一体化与综合性社会救助体系建设，《中国农村最低生活保障制度研究》，内部资料，第 59 页。

⑤ 吴国宝，谭清香：陕西、甘肃农村最低生活保障调研报告，《中国农村最低生活保障制度研究》，内部资料，第 149 页。

⑥ 唐钧，张时飞：辽宁、河北两省农村最低生活保障制度研究报告，《中国农村最低生活保障制度研究》，内部资料，第 117 页。

⑦ 张秀兰，顾昕：为了公平与发展——东南亚发展中国家的社会救助，《中国农村最低生活保障制度研究》，内部资料，第 159 页。

研究是开创性的，为建立中国农村最低生活保障制度奠定了理论支撑与经验基础。这类研究成果，目前主要体现在国家和省市民政部门与国外机构联合委托开展的研究课题中。如世界银行、英国海外发展署、亚洲开发银行等机构资助、委托开展的研究课题。其中，民政部最低生活保障司先后与北京师范大学、亚洲开发银行中国代表处联合组织开展的中国农村特困户生活救助制度研究①、中国农村最低生活保障制度研究②是这类研究成果的集中代表。这类研究有一个共同特点即试图改变纯经验、直观的研究方式，运用统计数据、数学模拟模型、系统分析以及多元回归分析等方法给结论寻找事实依据、寻找量化数据支撑。通过数据收集或将定性事实量化等方式对农村最低生活保障制度政策过程与实施效果进行研究，是与国外现行社会政策研究状况、研究水平、研究方法基本接轨的。

这两类研究都取得了可喜成果，对推进农村最低生活保障制度建设具有重要作用。同时，也存在一些值得进一步研究的问题与空间。描述—分析性研究主要基于文献分析、实地考查和对事实的简单判断与描述，缺乏定量研究与现场调查，使用方法相对单一。其研究结论从微观上看，缺乏深度、不具体、不细致；从宏观上讲，缺乏高度与广度，缺乏对总体形势的分析与预测。这类研究成果存在的最大问题是对过程研究仅限于表象描述，缺乏对深层次社会背景影响因素的挖掘；对效果研究仅限于对工作进展和政策本身的分析，没有涉及政策对保障对象的影响、对减缓贫困的作用以及政策效果的公平性等问题。这些问题恰恰是评价农村最低生活保障制度政策过程与实施效果的关键与核心要素。调查—分析性类研究，将定量与定性研究相结合、文献研究与实地调查相结合，为丰富农村最低生活保障制度研究方法、改进农村社会救助研究的求实作风开了好头，为深化与完善农村社会政策过程与效果研究奠定了坚实基础，开创了农村社会政策研究的新范型、新模式。由于这些研究开展时间不长，还存在许多可以进一步推进的空间：一是现行农村最低生活保障制度研究主要定位于省级以上行政部门。收集的资料与数据主要出自省级行政部门，反映的也主要是地级或省级以上制度运行情况，省、地以下农村最低生活保障制度运行情况很少纳入研究范围。其实，农

---

① 由民政部最低生活保障司与北京师范大学社会发展与公共政策研究所共同实施。其目的是通过了解和分析我国农村特困户的生活状态、致贫原因以及现行农村社会保障制度实施效果和问题，为民政部以及各省制定和改善农村特困户生活救助制度提供政策依据。

② 受国家民政部与亚洲开发银行的委托，2005 年 12 月—2006 年 1 月，以北京师范大学、中国人民大学、南开大学和中国社会科学院的研究人员为主先后组成调研组，对上海、浙江、江苏、福建、辽宁、河北、四川、湖北、陕西、甘肃等省市农村最低生活保障制度的发展现状和存在问题进行调研。

村最低生活保障制度政策落实与效果展示主要在县及县以下行政层级。县以上行政机构主要负责宏观管理。基于省级行政部门的数据与资料得出的结论难以全面反映中国农村最低生活保障制度建设的实际。二是对农村最低生活保障单项制度运行与效果研究不多。目前，不少研究都是以农村社会救助整体作为研究对象，以农村最低生活保障制度作为单项研究对象的很少。没有将农村最低生活保障制度成效从总体农村社会救助效果中分离出来，以至于至今没有出现农村最低生活保障制度政策过程与运行成效的量化结论。在农村社会救助中，农村医疗救助、农村五保供养各有其独特政策对象、保障内容、运行规律与实施效果，将农村社会救助作为一个整体进行研究，可能忽略农村最低生活保障制度的独特个性与独有特点。三是对农村最低生活保障制度政策过程与实施效果研究缺乏系统、完整与成熟的分析框架。洪大用教授提出过社会救助实施效果分析框架，但这个分析框架针对的是整个社会救助，不是农村最低生活保障制度。其他学者在研究农村最低生活保障制度时，虽然包含了主要分析要素，但缺乏系统性，尤其没有将农村最低生活保障制度政策过程与实施效果统一考虑。这些不足是农村最低生活保障制度研究，尤其是农村最低生活保障制度政策过程与实施效果研究中的发展性不足，正是这种不足给本项研究留下了空间。本文试图在充分吸取、借鉴这些研究成果基础上，将定量与定性相结合、经验与规范研究相结合，对农村最低生活保障制度政策过程与实施效果进行多角度、多层面分析，为进一步健全完善农村最低生活保障制度政策提供理性与经验借鉴。

1.4 研究思路、方法与结构安排

主要从理论分析、经验研究和相关政策建议三个角度展开。在理论分析方面，主要对国内外研究社会救助的政策过程与功能理论进行了综述，在此基础上结合中国实际提出了农村最低生活保障制度政策过程与实施效果分析框架。在经验研究方面，主要在收集国家统计部门与业务工作部门相关文献数据和1050户调查问卷、74户深入访谈资料基础上，对S县与M县的农村最低生活保障制度政策过程与实施效果进行了研究。结合理论分析与经验研究成果，提出了进一步完善农村最低生活保障制度的政策建议。

主要采用文献研究与案例分析两种研究方法。除此之外，也根据需要采用历史分析与深度访谈等方法。

研究内容和结构如下：

第1章：绪论。分析了研究背景和研究现状，提出了研究问题、思路、方法和意义。

第2章：社会救助的政策过程与功能。主要分析了社会救助概念、社会救助政策过程与社会救助功能理论。

第3章：分析框架。主要从制度过程（含背景）、制度成果与制度效果三个角度，建立了分析农村最低生活保障制度政策过程与实施效果的框架。

第4章：研究方法。主要分析文献研究与案例研究方法以及采用这两种研究方法的理由。

第5章：全国农村最低生活保障制度建立过程与实施效果分析。主要研究、分析了全国农村贫困特点与治理农村贫困的基本情况，农村最低生活保障制度建制过程、政策内容与总体实施效果。

第6章：S县农村最低生活保障制度建立过程与实施效果分析。主要研究、分析了S县农村最低生活保障制度建立背景、政策过程、政策成果与实施效果。

第7章：M县农村最低生活保障制度建立过程与实施效果分析。主要研究分析了M县农村最低生活保障制度两次建制背景、政策过程、政策成果以及实施效果。

第8章：S县、M县问卷调查分析。本章是研究的核心与重点。主要界定了农村最低生活保障户及与其他贫困群体的关系，分析了样本户和农村住户贫困特征以及以农村最低生活保障制度为核心的社会救助绩效，重点分析了以农村最低生活保障制度为核心的社会救助受益分布和农村社会救助（农村最低生活保障制度）资金分配效率与反贫困效果。

第9章：结论与政策建议。在比较分析S县、M县农村最低生活保障制度政策过程与实施效果基础上，得出了相关结论，提出了政策建议和有待进一步研究的课题。

1.5 研究的创新

对农村最低生活保障制度实施过程与效果进行系统研究，是一个新的社会政策研究领域，也是一项新的社会政策研究课题。创新之处主要体现在五方面：

第一，结合国内外社会救助理论发展情况和农村最低生活保障制度实际，首次形成了一个比较完整、系统的农村最低生活保障制度政策过程与实施效果分析框架，突破了对农村最低生活保障制度政策过程与效果进行的零星的、不系统也不完整的研究局面。

第二，首次运用案例研究与文献研究相结合方法，对两个县级单位的农村最低生活保障制度政策过程与实施效果进行了系统研究，开创了运用县级案例研究农村最低生活保障制度的新尝试，改变了农村最低生活保障制度研究主要以省以上行政层级为对象的状况，有助于进一步丰富和发展农村最低生活保障制度研究方法，有利于推动农村最低生活保障制度以及农村社会救助政策研究向深度与广度发展。

第三，首次从农村贫困特点与治理农村贫困方式（主要有经济发展、扶贫开发与社会保障三种方式）两个角度比较系统地分析了影响农村最低生活保障制度政策发展过程的外在环境因素，具体分析了制度需求、地方可支配财政收入（经济实力）、执政理念与民主发育程度对农村最低生活保障制度试点及制度发展的影响。通过分析发现，在影响农村最低生活保障制度建设与发展诸因素中，地方可支配财政收入是建制基础，执政理念是核心，民主进程是关键。经济实力可以影响保障水平，但不能决定建制。在影响农村最低生活保障制度建设诸因素中，执政理念是最为重要的因素。

第四，首次从政策对象、政策实施以及社会影响三个角度对农村最低生活保障制度政策实施效果进行了系统分析。重点分析了农村最低生活保障资金分配的受益面、农村最低生活保障资金在贫困户与非贫困户之间的分配效率以及农村最低生活保障制度在降低贫困户比例与减缓农村贫困户程度方面的效果，对农村最低生活保障制度从试点到正式建制以来的实施效果情况有了一个比较全面的认识。

第五，对进一步完善农村最低生活保障制度政策提出了一些独到的和可操作性的政策建议。比如，首次提出了发展型农村最低生活保障制度模式、解决农村家庭收入核算中的虚拟收入问题、政府应该履行“四管一服务”的职责以及要搞好人与制度之间的衔接等建议。

第 2 章　社会救助的政策过程与功能

农村最低生活保障制度是农村社会政策的重要组成部分，也是近年来国家出台的一项重大的社会政策安排。要全面、准确地了解农村最低生活保障制度政策过程与实施情况，有必要了解社会政策与社会救助理论。这是研究农村最低生活保障制度政策过程与实施效果的前提与基础。

2.1　社会救助概念

“社会救助”译自英文“social assistance”。人们往往从不同角度理解社会救助。

经济合作与发展组织委托的一项关于 24 个发达国家的社会救助制度研究，认为社会救助是发达社会通常为缺少足够收入的公民或居民提供有保障的最低限度资源。这种形式的保护经常被称为安全网。如果没有安全网保护，这些缺少其他收入来源的人就会陷入贫困或以其他形式表现出来的需求缺失状态。很多研究显示，多数国家安全网标准设定在贫困线以下。当然，不是所有经济合作与发展组织国家都有这种安全网。在建立安全网的国家，通常只对自己无法谋生的申请人提供现金或服务。在提供服务之前，需要对申请人自己拥有资源进行评估。安全网通常又被称为“社会救助”（Eardley，1996）。这个定义不是理论分析的结果，而是对经济合作与发展组织成员国的实践概括①。

亚洲开发银行对社会救助的定义包括狭义与宽泛两种。从狭义角度看，亚洲开发银行认为，社会救助是针对因为各种原因导致难以维持最低生活水平的公民，由中央或地方政府依据预定资格定义标准和家计调查结果，给予的最低水平的现金或实物帮助，以使其最低生活得到保障。从宽泛角度看，亚洲开发银行认为，社会救助是针对因为各种原因导致难以维持最低生活水平的公民，由国家和

① 尚晓援：《中国社会保护体制改革研究》，中国劳动社会保障出版社，2007 年 7 月，第 30 页。

社会依据法定资格定义标准给予的现金或实物帮助，以使其最低生活得到保障[①]。这两种定义在一个方面是一致的，即目标是一致的，都是保障生活，不是收入替代。在三方面是有区别的，即救助责任主体不同、救助资格确定不同、救助项目不同。亚洲开发银行对社会救助的狭义理解与前面经合组织的理解是基本一致的。

陈良瑾在《中国社会工作百科全书》（陈良瑾，1994）中对社会救助是这样定义的："国家和社会对无法定义务抚养人、无劳动能力、无生活来源的老年人、残疾人、未成年人，或者因天灾人祸造成生活困难、不能完全保障基本生活的城镇无业居民和农村村民给予的接济和帮助。"从实质看，这种定义主要依据不同时期民政工作范围确定。

时正新、廖鸿提出："社会救助是在公民因各种原因导致难以维持最低生活水平时，由国家和社会按照法定的程序给予款物接济和服务，以使其生活得到基本保障的制度。"社会救助包括三层含义：首先，它是居民生存权的基本保障，体现了国家职责。其次，社会救助是发展市场经济的内在要求。再次，社会救助是社会稳定的"安全网"和"平衡器"[②]。这种认识已成为社会救助实践界广泛接受的共识。

尚晓援是从社会福利角度理解社会救助的。她认为，作为制度的社会福利，也就是一个社会为达到一定的社会福利目标所承担的集体责任。一般来说，社会福利目标体系包括三个层次：第一，社会救助层次。如一个社会可以针对绝对贫困、犯罪等社会问题，将对最困难贫困群体和有问题群体的救助与服务提供作为目标，通过建立社会安全网，保障所有社会成员长远生存或免于绝对贫困。第二，收入安全层次。在工业化和市场经济条件下，对大多数依靠工资生活的人来说，收入安全是最重要的。现代社会有疾病、老年、妊娠、工伤、残疾、失业（及失收）、丧偶和失怙八种收入风险（Mishra，1984）。作为社会福利制度的一个重要组成部分，针对收入安全的社会保障制度，主要是针对这八种收入风险。第三，更高层次的社会福利制度。其目标是促进社会平等和为所有人实现发展潜能。在这个层次上社会福利制度不仅包括社会安全网、社会保障，还包括收入再分配制度措施[③]。从这三个层次理解，社会救助是社会福利的最低也是最基本的

---

① 尚晓援：《中国社会保护体制改革研究》，中国劳动社会保障出版社，2007年7月，第31页。

② 时正新：《中国社会救助体系研究》，中国社会科学出版社，2002年10月，第2、3页。

③ 尚晓援："社会福利"与"社会保障"再认识，徐月宾主编《社会政策理论与实践》，中国劳动社会保障出版社，2007年7月，第9页。

层次，是国家和社会组织为处于困难状态的人口或有特殊需要的人口提供帮助的一种方式。社会救助一般基于公共财政转移，待遇发放基于家计和财产调查的结果和其他设定条件，待遇水平一般是统一的[①]。从这个角度理解的社会救助是一种制度化的社会福利，是为实现最低层次的社会福利状态所做的制度安排[②]。

从以上定义可以看出，社会救助目标是保障最基本生活或者说是生存权利（或者通过暂时的生活保障达到最终的自我保障）；社会救助实施主体是由政府（可以是中央也可以是地方政府）与社会组织共同提供；社会救助内容是现金与实物或服务；社会救助性质是一种制度安排；社会救助领取过程必须遵循法定程序。从这些界定来看，社会救助就是国家与社会对陷于生活困难的个人或家庭，按照法定程序提供现金、实物或者服务的助人自助制度。在不同时期，社会救助有不同的内容与性质，也有不同的外延与项目。

2.2 社会救助政策过程

社会救助是社会政策的重要组成部分。作为一种制度安排，其政策形成过程自然成为社会政策学家关注的重点对象。由于学识与背景不同，不同专家对社会救助政策过程研究的侧重点不同。

2.2.1 社会救助政策发展阶段

社会救助政策与其他政策一样也有一个发生发展过程。社会政策创始人拉斯维尔把社会救助政策过程分为情报、提议、规定、合法化、应用、终止与评估七个阶段，加里·布鲁尔则将其简化为创设、预评、选择、执行、评估与终止六个阶段。布鲁尔和德利翁（Brewer and Delecon，1983）在继承拉斯维尔和加里·布鲁尔思想基础上提出了社会救助政策过程五阶段法[③]。他们认为社会救助的政策过程可分为议程设置、政策建构和合法化、政策实施以及评估五个阶段，每个阶段有不同的影响因素。与布鲁尔和德利翁主要关注社会救助阶段发展不同，制度分析与发展学派把重点放在影响过程变化的各种规则、规范与策略以及社会救助行

① 尚晓援：《中国社会保护体制改革研究》，中国劳动社会保障出版社，2007年7月，第7页。

② 尚晓援："社会福利"与"社会保障"再认识，徐月宾主编《社会政策理论与实践》，2007年7月第9页。

③ 彼得·德利翁：政策过程的阶段性方法：何去何从，引自保罗·A·萨巴蒂尔：《政策过程理论》，生活·读书·新知三联书店，2004年，第21～41页。

动者在社会救助过程中的互动行为等方面。凯撒和奥斯特罗姆、道格拉斯·C·诺斯（Douglass·C·North）、奥利弗·威廉姆森（Oliver Williamson）等学者认为①，社会救助作为一种制度既包括组织也包括用以构成组织内部和组织间相互作用模式的规则。具体包括规则、规范与策略。社会救助规则指的是被大家理解和可预见性执行的共同规定；社会救助规范指的是由参与者自身来执行的共同规定；社会救助策略指的是由规则、规范和其他人受相应的自然与物质条件影响和可能行为预期影响下制订的系统化计划。正是由于规则、规范与策略之间的相互作用，使社会救助参与者行为发生变化，从而推动制度变化。社会救助制度运行在一定的情景中。社会救助情景具体包括确认行动舞台、相互作用形成的模式与结果以及对结果的评估三个方面。社会救助中存在的问题可能存在于行动者操作层面，也可能存在于政策（或集体选择）层面，还可能存在于宪法层面。分析问题的第一步是确认行动舞台。行动舞台包括行动情景和该情景下的行动者。行动情景包括参与者、职位、产出、行动与产出关联、参与者实施的控制、信息以及给定产出的收益与成本等变量；行动者包括携带资源、对社会现状和行动的评估、获取、处理、保留、使用知识的附带效应、信息途径以及用来选择某种行动路线的过程四个变量；行动舞台指的是个体间相互作用、交换物品与服务、解决问题、相互支配或斗争的空间。影响社会救助行动舞台的因素包括参与者用于规范其关系的规则、对舞台起作用的社会状态结构以及任何特定舞台所处的更为普遍的共同体结构。分析社会救助情景与情景中的行动者可以诊断、解释和预测社会救助行动与结果。为分析社会救助评价结果和达到结果的过程，制度分析与发展学派还提出了经济效率、融资均衡达成的公平、再分配公平、问责制、与普遍道德的一致性和适应性六条评价标准。实践证明，社会救助互动行为与情景研究框架对社会救助个体与单位行动具有很强的预测与解释能力。

但是，社会救助政策发展不是一帆风顺的。社会救助政策发展是一个间断与平衡之间的循环往复过程。鲍姆加特纳和琼斯（Baumgartner and Jones）认为②，稳定性与变迁是社会救助政策发展过程的两个重要因素。这两个因素使社会救助政策具有长期的渐进变迁与短期的重大变迁相结合特点。当社会救助政策反对者

---

① 埃里诺·奥斯特罗姆：制度性的理性选择：对制度分析和发展框架的评估，引自保罗·A·萨巴蒂尔：《政策过程理论》，生活·读书·新知三联书店，2004年，第45～90页。

② 詹姆斯·L·特鲁、布赖恩·D·琼斯和弗兰克·R·鲍姆加特纳：间断—平衡理论：解读美国政策制定中的变迁和稳定性，引自保罗·A·萨巴蒂尔：《政策过程理论》，生活·读书·新知三联书店，2004年，第125～149页。

力图形成新的政策图景、利用政策多样化这一特征的时候，就有可能发生短期的重大变迁。发生变迁的关键在于问题界定与议程设定。一些决策结构或子系统能够并行处理同时发生的许多社会问题，但另一些机构与系统则只能一次处理一个或几个社会问题。当不同社会问题能够同时在不同的专家团体中得到考虑时，不同团体的利益能够基本平衡。但是，社会问题不可能被子系统永远垄断或决策机构处理。因此，平衡不能够完全排斥变化。一些调适性的政治活动以及利益妥协会造成渐进性的变迁。一些政治力量进行干预也将导致非渐进性的突变。当子系统处理问题时，政策处于平衡期；当社会问题被纳入宏观政治议程，政策处于不平衡或非平衡期，重大的政策变迁开始出现。之所以出现社会救助政策的大规模间断，并非来源于偏好的转变而是来自注意力的转变。从个体讲，注意力一次只能连续关注一件事情或者最多几件事，也就是说每次只能聚焦在选择情景中的一个主要方面。从集体角度讲，注意对象的转移可能导致对偏好选项的一种非连续性的变化。这就是说，有限理性是个体与集体的本性。有限理性决策成为重大与微小变迁的共同基础也就是间断和平衡的基础。当决策者倾向于在限定的属性范围内进行理性选择，这种选择是平衡的。当社会问题从子系统上升到政治层面或者受内生和外生力量影响（公众注意程度改变或者决策集团构成出现变化等）导致放弃旧有政策设计时，政策将发生重大变迁，社会救助政策或项目将出现停滞或者间断情况。以议程为基础的社会救助政策决策机制将导致社会救助政策过程呈现间断与平衡过程。由于社会救助政策发展的多维度相互作用及有限理性决策限制，使间断—平衡评价理论更加适合于解释和评价相对开放的民主政体的社会救助政策制定情况。

2.2.2　社会救助政策制定

社会救助政策制定是一个集体选择过程。约翰·金通（John Kingdon）和尼古拉斯·扎哈里迪斯（Zahariadis）认为①，社会救助政策是在几个因素推动或影响下集体选择的结果。政策制定是一个系统。在这个系统中存在三个源流即问题、政策与政治：由各种问题的数据以及各种问题界定内容所形成的问题源流；涉及政策问题解决方案内容的政策源流；由各种选举活动和被选举官员组成的政治源流。各种源流在通常情况下独立运作，只有当特定的“机会之窗”允许政策

① 尼古拉斯·扎哈里迪斯：模糊性、时间与多源流分析，引自保罗·A·萨巴蒂尔：《政策过程理论》，生活·读书·新知三联书店，2004 年，第 92～121 页。

主导者将各种源流汇集时，才有可能发生融合情况。由于人员流动、需要不明晰，整个组织处于有组织的模糊状态，在关键时刻如果政策主导者能够在恰当时间将三个源流（一些关键数据、重大事件和现行项目的反馈可导致对某类问题的关注，技术与价值可行性可导致对某类政策的关注，国民情绪、压力集团的争夺行动以及行政与立法上的换届会对议程产生强有力影响）结合成功，问题就可能被提上议事日程。三大源流结合的时间点，被约翰·金通称为“政策之窗”（意指提案支持者推广其解决办法或吸引别人重视他们的特殊问题的机会）。当然，三大源流的结合不是相加。只有同一时间将三个源流融合起来，才能获得预期效果。“政策之窗”持续时间较短，稍纵即逝。必须抓住机会行动，从而可能发生重大社会救助政策变迁，否则政策之窗口将很快关闭。有的专家进一步把政治源流中的三个维度（国民情绪、利益集团与换届）整合为一个概念即执政党的意识形态。这种修改进一步拓宽了多源流分析框架的适用范围，提高了应用的普遍性。在多源流耦合过程中，活动家的地位与战略影响巨大。不同性格、不同意志、不同实力以及采取不同战略的活动家对多源流耦合的影响程度是完全不同的。特别是活动家对问题视角维度的选择、议事日程的控制以及战略性的投票直接有助于三大源流的耦合和政策的出台。约翰·金通（John Kingdon）和尼古拉斯·扎哈里迪斯提出的多源流分析框架可以比较准确地描述一项社会救助政策的制定过程，对于以复杂性、变动性和模糊性为显著特征的社会救助政策制定来讲，具有强大的解释功能。

与约翰·金通（John Kingdon）和尼古拉斯·扎哈里迪斯（Zahariadis）的看法不同，萨巴蒂尔和简金斯-史密斯（Sabatier and Jenkins-Smith）认为社会救助政策是社会团体支持联盟共同作用的结果。他们认为[①]，在社会救助政策制定中，政策倡议者一般能够组合几个支持联盟。每个支持联盟由政策子系统中政府组织与社会组织的代表者组成。这些人员是来自不同层级的立法者、研究者、机构官员以及一些新闻工作者。当然，子系统也包括与联盟没有关系的个人与组织。这些来自不同组织机构的人员由于共享一个特定的信仰系统——一套基本的价值观、因果假设及对问题的感知和长时间对一项协议行动毫无争议，“走到一起”。在努力实现支持联盟信仰系统的过程中，联盟寻找控制政府部门和其他类

① 保罗·A·萨巴蒂尔、汉克·C·简金斯-史密斯：支持联盟框架：一项评价，引自保罗·A·萨巴蒂尔：《政策过程理论》，生活·读书·新知三联书店，2004年，第150～221页。支持联盟模式最初产生于美国。20世纪80年代后逐步向其他国家与领域推广。

型的组织以改变人们的行为和问题的环境。每个联盟的信仰系统为一个具有等级特征的三维结构即由具体信仰、深层信仰与核心信仰组成。在最高、最广泛的程度上，共享信仰的深层内核，包括实体性的与规范性的信仰。社会救助政策的核心信仰包括基本的价值偏好，如对弱势群体的关心与同情；对社会问题总体严重性的基本感知及主要原因，如对贫困问题；对子系统核心价值的认知，如对公正、公平与平等价值；适于处理问题的最佳层级与要使用最基本的政策工具，如对政策本身的信仰。这些核心信仰代表了联盟的基本行为规范与因果认知。除了这三方面信仰外，还包括一些范围较窄的信仰，如对一些问题的重要性与优先次序的考虑。在社会救助政策变迁中，深层核心信仰在某种程度上并非僵化不变。每个联盟为实现自身目标都会运用不同策略，包括改变一些较窄范围内的信仰。重大社会经济变革、制度化统治联盟变化以及来自其他子系统的决策与影响，是导致主要社会救助政策变迁的先决条件。社会救助政策变迁是子系统内部竞争的结果，也是子系统外部所发生事件影响的结果。支持联盟内部和支持联盟之间社会救助政策取向的学习也是导致社会救助政策变迁的一个重要方面。社会救助政策取向学习主要包括政策问题的严重性、政策问题的原因以及替代解决方案给政策目标带来的可能影响等方面问题的学习。强调社会救助政策取向学习是支持联盟分析框架与其他社会救助理论相区别的一个重要特色。与其他社会救助政策过程理论的另一个不同点，在于萨巴蒂尔和简金斯-史密斯还提出了一个相对明确的区分次要的和主要的社会救助政策变迁的标准。主要的变迁指的是一个政府的政策核心方面的变化，次要的变迁指的是第二层面的变迁。社会救助政策变迁的主题与范围决定它是主要变迁还是次要变迁。不足的是，萨巴蒂尔和简金斯-史密斯提出的支持联盟分析框架没有对主要社会救助政策变迁的条件说清楚。

公共选择学派在社会救助政策制定上的看法与前面的理论解释不同。以布坎南和奥尔森为代表的公共选择学派认为，政府只不过是一个无意识、无偏好的稻草人。由于政治家和官僚本身都是理性经济人，追求利益最大化是这些人的本性，人们不可能指望这些人总会关心公众或社会的福利。唐斯（Anthony Downs，1957）认为[①]，社会救助政策制定也就是政治市场中的商品。在社会救助政治市场中，主导政策制定者、参与者行为的是人们的自利动机。在社会救助市场中，竞争着的政党通过对压力集团的要求作出反应，竞取权力。在社会救助政策制定过程中，政府面临十分强大的压力。各种压力迫使政府满足压力集团的

① 米切尔·黑尧：《现代国家的政策过程》，中国青年出版社，2004年1月，第31页。

要求，不断为压力集团提供各种利益（包括金钱、工作、契约、服务与税收减免）。国家向多元利益要求不断作出反应的后果是国家权力的不断扩张与重要性的日益增加。Tullok（1976）和Brittan（1977）认为[①]，国家供给面的垄断性利益集团，政府官僚和专家对自我利益的追求和扩张他们的“帝国”的行为，也是推动政府膨胀的一个基本动力。同时，公共选择学派认为，社会救助政策存在“政策周期”。在大选之前，为满足选民需求，降低失业率，政府将会增加社会救助投入，从而提升通货膨胀率，破坏贸易平衡。

2.3 社会救助反贫困功能

维持基本生活是社会救助的最原始、最基本功能。即由政府和相关部门出台政策，给处于贫困状况的群体提供衣、食、住、行、用等生活所需，以保证他们的生存。时正新、廖鸿最早在《中国社会救助体系研究》一书中对这种功能进行了概括[②]：社会救助的直接功能是保障受助者的基本生活。对处于最低生活保障标准之下的贫困群体实施救助，帮助他们解决基本生活问题，使他们不因此而危及生存。具体包括两个目标：一是对遭遇灾害、急难而难以维持生活的群体实施救助，帮助他们应对突发的急难事件。二是改善贫困人口的生存状况。让每一个贫困人口能维持最低生活标准，或使他们能够接受救助治疗，恢复健康或有条件学习技艺或接受教育，提高贫困人口的技能和子女受教育程度，防止其陷入文化贫穷。

进入20世纪90年代以来，各国政府及理论界对社会救助功能的认识发生了很大变化。其实质性的变化是由过去对社会救助的维持广大贫困对象生存与消费功能的重视转化为对社会救助的发展功能，特别是其人力资本投资功能的重视。发生这种认识变化的主要原因有两方面：一是全球化的冲击。经济全球化削弱了国家以税收和保险费方式提取财政收入的能力，对传统的、以民族国家为前提和基础的福利国家制度安排提出了挑战[③]。与此同时，经济全球化也导致了第三产业化的经济走势。这种走势一方面表现为专业化和职业抱负的个性化。个性化的

① 米切尔·黑尧：《现代国家的政策过程》，中国青年出版社，2004年1月，第32页。

② 时正新、廖鸿：《中国社会救助体系研究》，中国社会科学出版社，2002年10月，第9页。

③ 西方福利国家社会政策实施主要基于四方面前提条件：一是具有决定能力和调控能力的国家；二是能够保障企业主自由配置其资源的市场经济；三是能够在一定程度上解决市场失灵并能稳定居民生活的社会福利部门的不断扩充；四是家庭功能的充分发挥。

职业抱负与高度专业化的工作技能，使服务业的阶级意识日益淡薄，工会的凝聚力日益下降，社会政策的阶级基础日益分化。在一部分雇员对社会救助政策日益依赖的同时，另一部分雇员却日益远离国家社会救助政策。随着这种冲击力度的日益增强，实行福利国家的结构性前提条件日益恶化。如何在提供社会福利服务的同时，增强企业与国家的竞争力成为各国政府需要考虑的首要问题。无论企业还是国家之间的竞争最终都是人与人之间的竞争。重视人力资源开发、重视人力资本投资逐渐成为各国面对全球化挑战的重大政策选择。二是社会思潮的影响。社会政策安排从实质上讲，是一种社会价值的选择。社会价值的选择取决于一个时期的主流社会政治经济思潮。从 20 世纪 50 年代后产生的一系列政治、经济与社会思潮为对社会救助政策功能的认识转型提供了理论基础与思想准备。其中，民主社会主义思潮关于经济福利要随国民收入的增加而扩大，政府要通过举办社会保障事业有效矫正市场失灵，使社会各阶级、各阶层之间的收入和消费水平趋于均等化的主张坚定了对公平正义的持守和继续举办社会福利的主张[①]。以公共选择学派、货币主义、供给学派为主的新自由主义思潮[②]关于以个人自由为基础的私人企业制度和自由市场制度是到目前为止的最好制度、依靠政府解决不了经济与社会问题、社会救助制度既降低了经济效率与利润又削弱了企业与国家的竞争能力、劳动力应该由市场供求关系调节、强化个人作用和个体责任等主张，对传统福利国家认为社会救助是国家的职责、是个体权利的观念给予了冲击。正是全球化与社会思潮的双重冲击，产生了对社会救助反贫困功能的不同认识，形成了不同理论。

2.3.1 人力资本理论

尽管从斯密到马歇尔时代对人力资本有过研究，但作为一种分配理论与社会政策理论，人力资本的出现和被广泛接受是 20 世纪 50 年代以后的事情。库兹涅夫（Kuznets，1955）、明瑟（Mincer，1958）、舒尔茨（Schult，1963）、贝克尔（Becker，1963）、丁伯根（Tinbergen，1975）等人对人力资本理论发展作出过重大贡献。人力资本理论的主要观点[③]是：（1）经济发展的动力是包括物力资本

① 李湛：从社会保障制度看当代西方社会政治经济思潮的演变，《世界经济与政治论坛》，2007 年第 1 期，第 96～98 页。

② 李湛：从社会保障制度看当代西方社会政治经济思潮的演变，《世界经济与政治论坛》，2007 年第 1 期，第 99～100 页。

③ 李宝元：《人力资本与经济发展》，第 286～294 页，北京师范大学出版社，2000 年。

与人力资本在内的总体性资本。经济发展也就是人的生产力的发展，从归根结底意义上讲，是人的生产力、人的自然属性和社会属性的全面发展[1]。（2）人力资本投资是经济增长的主要源泉。人力资本投资是产业结构高度化和合理演化的主要推动力量，是制度创新和变革的关键因素。经济发展过程中人力资本投资收益率要高于物质资本收益率，人力资本较快增长对于收入均等化和国际关系改善具有重大作用。（3）通过向自己投资形成的特定的人力资本，是增进个体社会福利的重要途径。积累和发展人力资本，意味着人们选择自由空间的扩展和改善自身福利途径与机会的增大。加强和提高人力资本存量，是解决脱贫致富和两极分化等问题的有效途径，是推进人的全面发展的必经之路。（4）人力资本是通过对人的投资形成的、体现在人身上的知识、技能、经历、经验和熟练程度，尤其是配置能力等[2]，在货币形态上表现为提高人口质量、提高劳动者时间价值的各项开支[3]。与非人力资本相比，人力资本具有两个根本特征：首先，人力资本是凝结在身上的“人力”，与作为其载体或天然所有者的个人不能分离并经由个体自身形成、支配和使用才能发挥功能。因此，人力资本是一种个体性或私人性的资本。其次，人力资本是为未来获得预期收益而在目前投资形成的人力，是资本化的人力资产，是可以进行货币计量、会计核算和作为获利手段使用的人力资源[4]。一个人终生收入的现值可以通过在早期对自身的投资而达到最大。（5）人力资本投资分为五大类，包括医疗保健、在职培训、正式教育、成人学习项目及就业迁移等。这五类既是人力资本的主要类型，也是形成人力资本的主要途径。其中，家庭是形成人力资本的重要场所[5]。（6）人们之间收入出现差异主要因为个体之间人力资本存量存在差异。总体看，人力资本存量高的人收入较高，人力资本存量低的人收入较低。要缩小收入不平等，消除贫困，关键措施就是创造条件，加大对低收入者和贫困者的人力资本投资。面对不平等和贫困，政府与个人

---

① 李宝元：《人力资本与经济发展》，北京师范大学出版社，2000年，第34页。

② 在人的诸种能力中，作为发现机会、抓住机会，使既定资源得到最有效配置从而使产出增加的能力是配置能力。配置能力作为一种“处理不均衡状态”的能力，是通过教育投资形成的各种能力中的核心能力，也是使个体与国家资源配置取得最大效益的关键能力。特别是对广大农村居民来讲，要改变其贫困状况，更加依赖于个体与总体的配置能力的增长。参见赖德胜：《教育与收入分配》，北京师范大学出版社，2000年，第58～93页。

③ 西奥多·W·舒尔茨：《人力资本投资》，商务印书馆，1990年，第39页。

④ 西奥多·W·舒尔茨：《人力资本投资》，商务印书馆，1990年，第40页。舒尔茨在该书中说，“人力资本的显著标志是它属于人的一部分。它是人类的，因为它表现在人的身上；它又是资本，因为它是未来满足或未来收入的源泉或两者的源泉。”

⑤ 加里·S·贝克尔：《家庭经济分析》，华夏出版社，1987年。

是可以有所作为的。拓展人力资本是缩减不平等、消除贫困的重要途径，也是兼顾效率与公平的重要手段，这就是人力资本理论所蕴涵的社会政策意义①。

注重人力资本投资是全球化环境下对贫困和反贫困政策的新认识。这一理论被引入社会政策领域，与全球化形势下市场组织的主体角色定位以及对个人责任的重新调整有关。传统的反贫困政策以权利和市场不公平为出发点，主要通过基于税收和转移支付的"劫富济贫"政策来实现的，但在全球化形势下"劫富"的余地不是很大。因为"劫富"意味着要提高个人和企业税收，这样做不仅会影响企业的国际竞争能力，也会对投资和工作积极性产生负面影响。特别是随着老龄化趋势的不断发展，企业和个人面临着越来越大的社会保险缴费压力。因此，从分配领域进行干预的政策余地很有限。贫困问题还得通过对贫困者的干预来解决。从现象上看，贫困和收入差距存在，直接表现为一部分社会成员未能在劳动力市场有效地发挥其角色作用：失业或收入低；从深层次看，失业者或收入低的原因往往是与健康状况（残疾或疾病）或缺少必要的知识和技能等因素相关。对贫困是人力资本缺失所致的认识使社会政策理念从社会负担转向了人力资本投资。随着对贫困原因认识的不断深化，对贫困的社会政策干预方式也在发生相应变化，即由对社会基本制度的干预转变到对参与这个制度的个体进行干预。在新出台的社会政策中，无论是对家庭功能还是对个人能力的干预，干预的目的都是为家庭与个人更好地适应市场经济需求，特别是劳动力市场的变化②。

2.3.2　生命周期理论

这一理论主张，根据每一个人从出生到死亡的全部生命历程中所经历的具有明显不同的经济和社会特征阶段进行政策干预。这是因为，人的生命的不同阶段是相互联系的，前一阶段的经历会对其后面阶段经历产生影响。在社会政策理论中，这种关联性主要表现为一些特定阶段的问题会在后一阶段重新出现，或者会影响到其后续阶段的机会。这些不同阶段不仅有不同的需要和问题，而且上一阶段的生活质量对下一阶段有着非常重要的影响或决定作用。例如，在贫困家庭中长大的儿童，其随后的受教育机会、学业表现，甚至营养状况都会受到负面影

---

① 赖德胜：《教育与收入分配》，北京师范大学出版社，2000 年，第 7～9 页。

② 张秀兰、徐月宾、梅志里（Midgley）：《中国发展型社会政策论纲》，中国劳动社会保障出版社，2007 年 7 月，第 35 页。

响，致使他们进入成年后更易于面临就业困难、失业或者出现健康问题，从而使其工作年限经常处于贫困或低收入状态。这些人员由于没有足够的经济能力来及早安排退休养老，从而导致老年时期陷入生活困境。因此，反贫困政策必须贯穿贫困者的一生，特别要重视对这些阶段的“上游”进行干预，即消除儿童贫困。由此可见，以生命周期为基础的社会救助政策框架是非常宽泛的，其政策目标是改变个人发展条件，而不是修补这些条件所造成的后果。其中，对儿童来说，社会政策的目标是社会投资，特别是要降低儿童贫困，使他们有最好的生活起点和参与公平竞争的机会；政府与雇主合作帮助有工作的父母解决家庭责任与工作之间的矛盾，使他们有时间照顾儿童；对于就业年龄人群来说，社会政策的目标是克服就业障碍，保证他们不被排斥在主流社会之外，如就业支持政策和工作支持政策，前者是为失业者提供就业的服务和福利，后者则在受助者就业后继续支持各种福利和服务；对已退休的老年人来说，社会政策的目标是提高他们的经济和社会参与率①。

2.3.3 社会风险管理理论

与生命周期理论一样，社会风险管理也以预防贫困为首要目的。按照世界银行风险管理框架，所有个人、家庭和社区都会面对来自不同方向的风险。这些风险既包括自然的也包括人为的。应该说，无论是积极的社会政策还是传统的社会政策，其目的都是消除贫困或减缓贫富差距扩大，两者区别仅仅在于如何才能达到这一社会目标。简单来说，传统社会救助制度在很大程度上是一种将资源用于减轻人们不幸和困窘的事后补偿机制，其目的是保障他们的基本生活不受影响。按照风险管理理论，在经济全球化环境下，消除贫困不仅代价高昂，也是很难实现的事情，只有预防贫困才能达到消除贫困的目的。此外，社会风险管理理论还认为，有效的反贫困政策是不同社会系统包括政府、市场、非营利组织和家庭等共同作用的结果。因此，世界银行的社会风险管理干预工具非常宽泛，包括了宏观经济政策、治理与善治、提高基础教育和医疗卫生的可及性等②。

---

① 张秀兰、徐月宾、梅志里（Midgley）：《中国发展型社会政策论纲》，中国劳动社会保障出版社，2007年7月，第37页。

② 张秀兰、徐月宾、梅志里（Midgley）：《中国发展型社会政策论纲》，中国劳动社会保障出版社，2007年7月，第35页。

2.3.4　社会资本理论

社会资本理论产生于 20 世纪 80 年代以后。法国的社会学家皮埃尔·布尔迪厄[①]、科尔曼[②]和罗伯特·帕特南[③]是其主要代表。社会资本理论的主要观点[④]是：(1) 社会资本来源于社会学中的社会与经济学中的资本。与经济资本和人力资本一样，社会资本也具有资本功能。对于特定的社会资本拥有者，能够降低行动成本，产生社会效益，有利于特定社会结构中的行动者实现其相关目标。(2) 社会资本就是社会网络或社会关系[⑤]。简言之，社会资本是一种社会结构性资源。与经济资本相比，社会资本存诸于人与人之间，不能离开人类个体而独立存在但又不完全依附于个人。经济资本既可以是有形的，也可以是无形的。人力资本存诸于劳动者中，表现为教育程度、经验与能力，与经济资本中的技术一样是无形的。社会资本也是无形的，是一种能够感觉到却看不见、摸不到的东西。经济资本既可以是公共物品也可以是私人物品。社会资本则纯粹是公共物品，一旦形成只能存在两个个体以上[⑥]。(3) 不同社会结构形式有不同的社会资本表现形式。与西方社会结构一致，以共同兴趣、共同职业或其他共同经历等建立起联系的人们之间的关系，便是一种可资利用的资源。在中国，以家庭、家族、亲属等初级关系为基础的关系资源则要重于建立在共同职业、经历与共同兴趣基础上的次级关系资源。这种初级关系与次级关系是社会资本的不同表现形式。(4) 信任、互惠与参与是社会资本的三大基本要素。只有建立在信任、互惠与参与基础之上的网络才具有社会资本功能，才能有利于社会行动达成。(5) 社会资本既有积极的功能，也可以产生消极作用。过于亲密的社会网络在给网络内成员带来巨大利益的同时，也限制了网络外人员进行并获取社会资本的机会。社会资本具有重大的反贫困功能。在国家介入社会救助之前，陷于贫困或临时生活困难的家庭与个人主要依靠社会关系网络，也就是社会资本存量。投资社会资本是防范社会风险的一条重要途径和重要手段。

---

① 皮埃尔·布尔迪厄、[美] 华康德：《实践与反思——反思社会学导论》，中央文献出版社，1998 年。

② 詹姆斯·科尔曼：《社会理论的基础》，社会科学文献出版社（北京），1999 年。

③ [美] 罗伯特·帕特南：《使民主运转起来》，江西人民出版社，2001 年。

④ 参见周红云：《社会资本与中国农村治理改革》，中央编译出版社，2007 年，第 53～67 页；卜长莉：《社会资本与社会和谐》，社会科学文献出版社，2005 年，第 24～71 页。

⑤ 包亚明编：《皮埃尔·布尔迪厄访谈录：文化资本与社会炼金术》，上海人民出版社，1997 年，第 202 页。

⑥ 张其仔：《社会资本论：社会资本与经济增长》，社会科学文献出版社，2002 年，第 27～28 页。

2.3.5 发展型社会政策

发展型社会政策是在全面反思福利国家社会政策、处理经济与社会、公平与效率之间关系得失基础上形成的。发展型社会政策的主要代表是卡恩、罗曼尼斯克和梅志里，其中集大成者是梅志里①。发展型社会政策的基本观点②是：(1) 发展是包括经济与社会在内的共同的发展。社会发展既不从属于经济发展，经济发展也不从属于社会发展，经济与社会发展是发展的有机组成部分。(2) 经济发展是社会发展的动力。但是经济发展不会自动推动社会变迁。经济发展与社会繁荣之间常常脱节，出现“扭曲的发展”现象。只有在经济发展的同时制定社会政策与社会项目，经济发展才能成功地消除贫困，满足社会需要。(3) 社会政策必须和经济政策放在同等重要位置。经济政策应该产生切实的社会效益，社会政策应该积极推动经济发展。经济措施必须与社会措施共同实施。只有这两者处于动态、和谐发展之中，才能最终消除贫困与社会排斥。(4) 必须实施能够积极促进经济发展的社会政策。这就要求制定与出台生产性的社会政策与项目。通过采用生产性社会政策与项目，比如投资于人力资本项目、投资于就业与创业计划、投资于社会资本、投资于资产发展、投资于成本效益高的社会计划、消除经济参与障碍等措施，增加低收入人群和贫困人口的生产性就业和创业机会；通过补贴性储蓄，可以加快资产积累，保证社会服务投入的有效性。通过这些政策与项目的实施，生产主义与社会投资观念才能够在具体社会项目中得到实施，满足社会需要与推动经济发展才能够得到同时推进。(5) 必须实施以人为本且创造就业、保障收入、投资于人力资本的经济政策。在保证人们最大化参与生产性经济的同时，要防止经济剥削与歧视，遏制经济腐败，保障民主与人权。社会干预应该给所有社会成员带来好处。(6) 强调社会政策的“普遍性与包容性”。在注重普遍性的同时，要首先关注最贫穷、受剥削最多、最脆弱的人群。比如这些群体居住的农村社区、城市贫民窟以及无主地上的定居点。这些干预项目也在普遍主义发展政策和项目框架中实施。这种做法被称为是“普遍主义中的目标定位”③。(7) 强调个人责任、非营利组织的参与以及国家和市场的共同作用。

---

① 杨伟民：《社会政策导论》，中国人民大学出版社，2004 年，第 297～298 页。

② 张秀兰、徐月宾、梅志里（Midgley）编：《中国发展型社会政策论纲》，中国劳动社会保障出版社，2007 年，第 163～176 页。

③ 张秀兰、徐月宾、梅志里（Midgley）编：《中国发展型社会政策论纲》，中国劳动社会保障出版社，2007 年，第 167 页。

与补缺型和制度型社会政策模式相比，发展型社会政策主要有五大特点：(1) 关注功能不同。与补缺型、制度型社会政策主要关注社会公平不同，发展型社会政策始终把发展放在与社会公平同等重要的位置。社会政策议程，已从“慈善工作和提供福利服务扩大到更加关注增强维持生计的能力”。[①] (2) 关注主体不同。与补缺型社会政策强调有限政府作用、充分的个体责任，制度型社会政策强调国家的无限福利责任不同，发展型社会政策认为国家、公民社会、商业部门以及国际发展机构、金融机构都是社会政策的重要参与者[②]。(3) 关注对象不同。与补缺型社会政策仅仅关注最需要帮助和最脆弱的人群不同，发展型社会政策强调社会政策寻求全民福利的提高。但是，与制度型社会政策不同的地方是，发展型社会政策在关注全民福利的同时，也关注一些特殊困难人群福利。(4) 关注重点不同。首先，无论是补缺型的社会政策还是制度型的社会政策，立足点都是资源的再分配，立足于消费和资金支持。这是一种“授人以鱼”的静态做法。这种做法的结果是将穷人永远维持在一个社会总体不能接受的低层次的生活水平上。发展型社会政策的立足点不是“授人以鱼”，而是“授人以渔”。其次，无论是补缺型还是制度型社会政策都是就社会问题谈社会问题，不直接包含经济议题。补缺型社会政策主张在一定时期内把少量资源给予无法参与市场的人，制度型社会政策模式则强调把更多资源长期转移给更多的人，无视经济发展现实。发展型社会政策强调政府干预必须“既能解决特定社会问题和社会需要，又能和经济发展相适应的政策干预”、“政府干预必须要和经济政策相适应”。[③] (5) 关注措施不同。与补缺型社会政策认为经济发展会自然推动社会变迁、社会进步，从而提高整个世界的生活水平的观点不同，发展型社会政策强调对社会问题必须进行社会干预。政府的经济与社会干预措施必须相互弥补、和谐发展、共同作用[④]。

2.3.6　社会投资理论

这一理论的主要代表是英国的安东尼·吉登斯。社会投资理论的提出，同样

---

① 安东尼·哈尔、詹姆士·梅志里：《发展型社会政策》，社会科学文献出版社，2006 年，第11～12 页。

② 安东尼·哈尔、詹姆士·梅志里：《发展型社会政策》，社会科学文献出版社，2006 年，第 15 页。

③ 张秀兰、徐月宾、梅志里（Midgley）编：《中国发展型社会政策论纲》，中国劳动社会保障出版社，2007 年，第 166 页。

④ 张秀兰、徐月宾、梅志里（Midgley）编：《中国发展型社会政策论纲》，中国劳动社会保障出版社，2007 年，第 163～176 页。

建立在对传统福利国家危机的了解、分析、反思基础之上。福利国家的逻辑终点成为社会投资型国家的逻辑起点。吉登斯肯定了新右派对福利国家的某些批评。他认为，“福利国家作为一种自上而下的福利分配制度，从根本上讲是很不民主的”，“某些类型的福利机构是官僚主义的、脱离群众的、没有效率的，而且福利救济有可能导致违反设计福利制度初衷的不合理结果”。但是，吉登斯认为这些问题的存在不应该成为“剔除福利国家的信号，而应把它们视为重建福利国家的理由”。[①] 要重建的就是社会投资型国家。安东尼·吉登斯围绕建设社会投资型国家提出了比较系统的社会政策理论。社会投资型国家理论直接成为英国首相布莱尔坚持走第三条道路的理论基础。社会投资型国家理论的基本观点[②]是：（1）新型福利国家必须坚持“无责任则无权利”的基本原则。作为一项基本的伦理原则，无责任即无权利不仅适用于福利受益者，也适用于社会中每一个人。既包括政治家和一般公民，也包括富人与穷人、企业机构和个人。（2）与新型福利国家相对应，必须实施积极的社会福利政策。只有“自发的带有目的的自我”，才会“积极地应对风险，带来自我实现”。[③] 因此，培养“自发的带有目的的自我”，是实施积极的社会福利政策的基础。在社会政策目标上要着重推动人的发展，在社会政策手段上要切实增强人的生存能力。（3）社会投资型国家不仅要关心经济与物质福利，还要关心广大公民心理与精神层面的福利。“福利在本质上，不是一个经济学概念，而是一个心理学的概念，它关乎到人的幸福”、“经济上的利益或好处本身几乎从来不足以创造出幸福”、“福利制度必须在关注经济利益的同时关注心理利益的培育”。[④] （4）实现社会投资型国家的主要策略就是尽可能在人力资本上投资，最好不要提供直接的经济帮助。（5）在具体社会政策上，社会投资型国家理论提出要通过取消按年龄退休的规定，强化老年人的劳动权利来解决老龄问题；通过限制精英的自愿排斥和提高社会底层人民的抗排斥能力，增强社会的整体包容性来解决不平等问题；通过培养贫困地区自力更生的能力来解决贫困国家的援助问题。（6）为落实以上社会政策，提出了重建公共领域、改造福利制度、加强公民道德建设、加强教育与培训以及以社区为中心开展扶贫等具体社会

① ［英］安东尼·吉登斯（Anthony Giddens）：《第三条道路——社会民主主义的复兴》，北京大学出版社、生活·读书·新知三联书店，2000年，第117页。

② 周涛、王平：吉登斯的社会福利思想，华中科技大学学报（人文社会科学版），2002年第6期，第113～116页。

③ ［英］安东尼·吉登斯：《第三条道路及其批评》，中共中央党校出版社，2002年。

④ ［英］安东尼·吉登斯（Anthony Giddens）：《第三条道路——社会民主主义的复兴》，北京大学出版社、生活·读书·新知三联书店，2000年，第121页。

政策措施。

与传统福利国家社会政策相比，社会投资型国家理论主要有五方面特点：（1）在政策原则上，与传统福利国家社会政策只强调享受社会福利是广大公民的权利不同，社会投资理论在肯定广大公民福利权利的同时，重点强化了公民应该履行的责任与义务。比如，领取失业救济金人员应该主动履行寻找工作的义务，从社会产品中受益的人应该负责任地回报更广泛的社会群体。传统福利国家，正是由于对义务与责任的忽视，导致大量福利信赖现象的发生，导致低报酬工作无人做的同时存在大量的失业人口。（2）在政策取向上，与传统福利国家主要采取事后风险分配机制应对外部风险不同，社会投资型国家高度重视社会风险的提前预防，在风险出现或者可能出现时采取积极的防范措施，将社会风险的消极、被动的应对变为积极、主动的干预。（3）在政策手段上，与传统的福利国家主要采取收入维持、资金支持与服务提供等方式满足广大公民的福利需求不同，社会投资型国家理论强调对人力资本的投资。通过对人力资本投资，增加广大公民的人力资本存量、提高广大公民就业能力来化解各种自然或社会风险，内部与外部风险。加强教育与培训成为社会投资型国家理论的重要社会政策选择。（4）在政策主体上，与传统福利国家社会政策重视国家干预与中央政府作用不同，社会投资型国家理论重视地方政府的作用，重视公民社会的培育与发展。安东尼·吉登斯认为，“自上而下的福利资金分配做法应当让位于更加地方化的分配体制。从更一般的意义上讲，我们应当认识到福利供给的重组应当与积极发展公民社会结合起来。”[①]（5）在政策目标或效果上，与传统福利国家强调社会稳定、社会公平不同，社会投资型国家理论重点强调社会包容、社会团结以及在此基础上的社会平等，努力造就一个积极的福利社会。

2.3.7　资产为本理论

这一理论的主要代表是美国的迈克尔·史乐山[②]。以资产为本的社会政策建基于对传统的以收入为本的社会政策的深入分析与反思基础之上。无论是里查德·蒂特马斯提出的补缺型、工业成就型与制度型社会政策模式[③]还是艾斯平·安

---

① ［英］安东尼·吉登斯（Anthony Giddens）：《第三条道路——社会民主主义的复兴》，北京大学出版社、生活·读书·新知三联书店，2000 年，第 122 页。

② ［美］迈克尔·史乐山：《资产与穷人》，商务印书馆，2005 年。

③ 杨伟民：《社会政策导论》，中国人民大学出版社，2004 年，第 296～299 页。

德森的“三个世界”[1] 社会政策模式，尽管收入给付的方式不同，有的通过普遍性原则按人头补助，有的通过家庭经济调查实行有针对性的救助，但其性质都属于以收入为本的社会政策。由于这种以收入为本的社会政策没有能力从根本上改变贫困家庭的贫困状况，未能使贫困家庭得到进一步发展，其作用是十分有限的。同时，以收入为本的社会政策对个人、对社会、对经济也会产生一系列负面影响。通过对以收入为本的社会政策反思，迈克尔·史乐山于 1990 年在《资产与穷人》一书中提出了以资产为本的社会政策。以资产为本社会政策的主要观点[2]有：（1）资产决定贫困与发展。拥有资产可以使个人以及家庭更加自信、更加着眼于未来、更有自我效能、更积极地参加公民活动，也可以更好地改善后代子孙的景况等福利效应。（2）在全球化背景下，不稳定的就业市场需要有一个能不断为广大公民进行自身投资的社会政策。通过政府、家庭与就业三项经济来源来鼓励贫困家庭累积金融性资产并提升其理财能力，不但可以解决短期的基本消费还可以借由资产累积衍生更多的收入所得，继续提升其消费水准或累积更多的

---

① 艾斯平·安德森于 1990 年出版了《福利主义的三个世界》。在该书中，作者以经济合作与发展组织中的 18 个国家为研究对象，通过对养老金给付、疾病与失业干预等主要社会政策领域的基本情况分析，以劳动力的去商品化程度和福利国家形塑的社会阶层化结构为主要标准，从意识形态分角度概括了三种社会政策模式即自由主义社会政策模式、保守主义社会政策模式以及民主主义社会政策模式。自由主义社会政策模式主要以社会救助为主，以普救式转移支付和社会保险为辅，坚持以市场分配为主、国家干预为辅的原则。这种社会政策模式覆盖的对象主要是收入较低、需要国家救助的工人阶级；采取的手段是运用大量的家庭经济或收入调查；分配原则与市场分配逻辑比较一致。中产阶级是这种社会政策模式的主要支撑。由于去商品化程度最低，政策实施塑造了一个贫困的下层阶级，容易形成两极分化，造成社会排斥。这种模式相当于里查德·蒂特马斯讲的补缺型社会政策模式。这一模式的主要代表是美国、加拿大和澳大利亚等具有盎格鲁-萨克森传统的国家。保守主义社会政策模式最早产生在俾斯麦统治时期的德国，之后扩展到整个欧洲大陆。其主要特点是享受社会政策的资格以工作业绩即参与劳动市场的缴费记录为前提。社会福利的高低与每个人的工作、参保年限、保费多少为依据。国家的作用主要是保护既有的阶层与地位差异，保护既有的阶级分化状况。因此，这种社会政策模式对社会阶层分化影响较小，阶级结构稳定性较高。由于中产阶级地位进一步巩固，他们对国家也更加忠诚。在这种社会政策模式中，合作主义与传统家庭影响巨大。由于合作主义政制几乎完全取代市场，成为社会福利提供的主要工具，因此，一些专家又称这种模式为合作主义模式。这种模式相当于里查德·蒂特马斯讲的工业成就—绩效型社会政策模式。社会民主主义社会政策模式直接起源于凯恩斯推行的国家干预学说和贝弗里奇倡导的普通公民权原则。这种社会政策模式认为，享受社会福利服务是广大公民应该享受的一种基本权利。社会政策不是辅助性的制度，而是工业化国家的一项基本制度。与其他两种社会政策模式相比，这种模式强调要给予所有公民平等标准且适合中产阶级品位的资金支持与福利服务，而不是仅仅提供最低水平的服务与支持。这种政策模式的去商品化程度最高。同时由于国家慷慨的福利提供可以满足不同阶层与阶级的需要，传统的工人阶级与中产阶级都能够从中受益，合作倾向较高，社会凝聚力较强。由于这种模式坚持的普遍性给付原则，政策对象全民覆盖，因此，又被称为“人民福利”模式。目前，实施这种社会政策模式的主要是北欧一些国家。这种模式相当于里查德·蒂特马斯讲的制度型社会政策模式。

② ［美］迈克尔·史乐山、邹莉：个人发展账户——“美国梦”示范工程，《社会政策评论（第一辑）》，社会科学文献出版社，2007 年，第 139～148 页。

资产。(3) 政府对穷人的转移支付不只是收入也应包括资产。只有这样，才能使穷人长久地脱离贫困。(4) 建立个人资产发展账户是实施以资产为本社会政策的基本工具。“美国梦”示范工程是第一个对个人发展账户进行系统设计、运行的项目。个人发展账户的对象是位于或低于贫困线收入水平 150% 或 200%、收入平均值为贫困线 116% 的有工作的个人；参与者个体被指定就某项消费目标进行储蓄（购买房产或维修、启动微小企业、接受中等以上的教育或培训），同时接受金融教育并领取由联邦政府和私人搭配的、可用于某些消费目标的资金；账户结构由配款率、时间限制、匹配限制与每月储蓄目标四个参数组成；金融教育分为普及教育与专项教育两种。随着个人发展账户储蓄和配款的发展，资产专项教育将涉及资源购买与资产管理内容；金融教育与配款由专门机构管理。(5) 以资产为本的社会政策，一方面增进了穷人自信，培养了个人、家庭与社区自力更生的精神与能力；另一方面由于拥有更大的控制力、更多的个人选择，更加适应全球化的经济与劳动市场，从而有望成为 21 世纪地区和全球化社会政策的主要工具之一①。

与以收入为本的社会政策相比，以资产为本的社会政策主要有六方面特点②：(1) 政策目标上，与收入为本的社会政策以保障贫困居民基本需求不同，资产为本的社会政策以协助广大贫困群体积极追求资产累积为目标。(2) 在政策取向上，与以收入为本的社会政策注重转移支付不同，资产为本的社会政策强调消费与储蓄及理财相结合，在提高消费力的同时提高自身的抗贫困能力，尤其是资源配置能力，多方面调动贫困对象的积极性。(3) 在政策内容上，与以收入为本的社会政策主要解决收入问题不同，以资产为本的社会政策还将资金匹配与理财教育相结合，财产积累与自身素质提高相结合，丰富了社会政策内涵。(4) 在政策手段上，与以收入为本的社会政策强调收入维持和现金给付不同，以资产为本的社会政策建立了更加方便、可控的个人发展账户，可以作一些长久性的物质资产和人力资本投资，进一步扩大了选择范围。(5) 在实务运作层面上，与以收入为本的社会政策注重补救性和消极性的助人活动不同，以资产为本的社会政策注重发展性、投资性的积极的行动建构。(6) 在政策时限上，与以收入为本的社会政策不同，资产为本的社会政策既注重当前消费，也注意长远积累；既注意当前、当代问题的解决又注意后代子孙的发展，为从根本上解决贫困代际传递问题

---

① 杨团：资产为本的社会政策——对社会政策范式的一场革命，《社会政策评论（第一辑）》，社会科学文献出版社，2007 年，第 191 页。

② 郑丽珍：“台北市家庭发展账户”方案发展与储蓄成效，《社会政策评论（第一辑）》，社会科学文献出版社，2007 年，第 164～166 页。

提供了一种新思路、新选择。

2.3.8 社会质量理论

这是荷兰政府与欧洲学术界联合推动的一种社会政策模式。这种理论[①]认为：(1) 经济政策与社会政策之间的不平衡是导致欧洲社会政策出现危机的主要原因。社会维度正日益成为经济与货币维度的对立面。要解决经济政策与社会政策之间的不平衡，必须借助社会质量这个模式。社会质量概念的提出，一方面意味着出现了一种与美国和东亚不同且能够处理经济与社会之间不平衡关系的独特社会政策模式，另一方面能够提醒社会政策与社会改革的发展方向。(2) 社会质量指的是社会关系质量的提升和个人发展状况的改善。为达到可接受的社会质量水准，必须满足四方面条件：一是人们必须有机会获得社会经济保障，以保障生活水平和获得教育、收入、健康照顾、社会服务、环境、公共卫生与个人安全等方面资源的权利；二是在劳动力市场等经济与社会制度中，人们必须体验社会融入或使其遭受的社会排斥最小化；三是人们能够生活在以社会整合为特征的社区与社会中；四是人们必须在一定程度上自主并被赋予一定权能，以便有能力全面参与社会经济急剧变迁。这四个条件指向社会质量四个不同的层面：社会经济保障指向社会正义；社会融入涉及公民的社会权利；社会整合含有互相依存的道德契约和团结；增权意味着生活机会的公平。四方面条件使社会质量总体指向个体作为社会存在的尊严。(3) 以社会质量作为社会政策指向，重点关注的是个体自我实现的环境、行动者在日常生活中的互动以及在更复杂的环境中进行沟通的能力和对社会干预的性质、策略、组织类型等。(4) 由于社会质量政策模式包含了所有政策、贯穿了从政策设计到评估全过程以及需求、行动者与政策之间的良性互动等内涵，有巨大的整合作用，具有为政策制定者提供指引的潜力。(5) 实施以社会质量为取向的社会政策将使政策更为有效，过程更为民主。这也是各国社会政策追求的共同目标。

综上所述，与 20 世纪 70 年代末英美保守主义、新自由主义提出的消极处方不同，这些新的理论代表了一种积极的社会政策，已经成为当今西方国家社会福利改革的共同选择[②]，成为反贫困的新的理论武器。

---

① 艾伦·沃克：21 世纪的社会政策：最低标准，还是社会质量？《社会政策评论（第一辑）》，社会科学文献出版社，2007 年，第 3～20 页。

② 范斌：试论社会投资思想及对我国社会福利政策的启示，《学海》，2006 年第 6 期。

第 3 章 分析框架

可以从不同角度研究社会政策。基尔伯特认为，可以从过程、成果与绩效三个角度入手[1]，比较完整地掌握一项社会政策。由于过程与成果、成果与效果在日常习惯中难以严格区分，有时又把三个角度简化为过程与效果两个角度[2]。本章主要从政策过程、政策成果与政策效果三个角度建立农村最低生活保障制度政策过程与实施效果分析框架。

3.1 过程与效果的含义

主要包括词义与政策含义。

3.1.1 词义辨析

“过程”在英文中指的是“process”、“course”等含义，指的是事物发展所经过的程序或阶段，也就是一种事物从开始到结束的时间间隔。“效果”由“效”与“果”组成。“效”在英文中有“effect”、“imitate”、“render”等含义，在中文里的本义是“献出”、“尽力”，还有“效力、效绩”、“功效”、“结果”等含义；“果”在英文中有“fruit”、“really”、“ result”与“sure enough”等含义，在中文里的本义是“果子”、“果实”与“结果”等含义[3]，有人力因素，也有自然因素。“效”与“果”结合起来就是通过努力实现的某种结果，即“由某种力量、

① Neil Gilbert，Paul Terrell：《社会福利政策导论》，华东理工大学出版社，2003 年，第 22 页。

② 在政治学与管理学领域，已发展出了许多政策分析模式。托马斯·戴伊在《理解公共政策》一书中，提出了制度模式、团体模式、过程模式、精英模式、理性模式、公共选择模式、渐进模式与博弈理论模式。本书采取《社会福利政策导论》中的分析框架，将政策从过程、成果与绩效三个角度分析。这样便于对不同的政策分析框架进行归类。

③ http：//chengyu. moocky. com/html/xinhuazidian/185251. htm 。线上辞源。

做法或因素产生的结果”[1]。“成果”在英文中有“result”、“achievement”等含义，指的是“工作或事业方面的收获”。[2] 成果作为一种收获，主要侧重于通过自身努力取得的产出或产品而不是对象的改变。作为产出或者产品，指的是“送给项目参与者的产品或服务，或者其他类似被视为项目对社会贡献的部分活动。如服务的项目对象数量、提供服务单位数量、每一服务单位成本、支持性质和数量或者由项目做出的促进性成果等事情”。“绩效”由“绩”与“效”合成。“绩”在英文中有“achievement”、“merit”等含义，在中文里有“成就”、“功业”、“成果”等含义，主要与人力有关。与前面讲的关于“效”含义相结合，“绩效”指的是通过努力取得的成就或成果等。

以上含义可以看出，效果与成果和绩效之间的关系是一种包容关系。成果作为效果的一部分，侧重于静态部分；绩效作为效果的一部分，则侧重于动态部分即效率。

3.1.2 政策含义

政策过程指的是一项政策所经历主要时段或阶段，包括影响政策实施阶段或过程的背景与影响因素。政策过程分析是政策分析的要点。有时过程分析包括过程与成果两方面，有时也不包括成果分析。基尔伯特认为，政策过程分析侧重于与社会政治和技术方法变量相关的社会政策动态形成过程。政策过程分析最关心的问题是社会政治组织、政府以及利益团体之间的相互关系、相互作用对政策制定的影响[3]。

政策成果具体体现为政策过程结果即制定的计划建议书、法律法规和明确的项目计划。从这个角度看，对成果的分析也就是政策本身的分析，主要包括政策主体、政策内容与形式、政策实施方式、政策资源筹集等[4]。目前社会政策界比较流行的是尼尔·基尔伯特和鲍尔·特里尔的政策成果分析模式。尼尔·基尔伯特和鲍尔·特里尔在研究吸取伯恩斯有关思想基础上提出了对社会政策成果的分析模式。他们认为，对一项社会政策可以围绕提供什么政策支持（社会福利类型）、为谁提供（社会政策基础）、如何提供（输送策略）以及如何筹集资金（筹资方式）四个维度进行分析。每个维度可以从选择范围、支持的社会价值以及相

① 中国社会科学院语言研究所词典编辑室编：《现代汉语词典》，商务印书馆，1979年，第1259页。
② 中国社会科学院语言研究所词典编辑室编：《现代汉语词典》，商务印书馆，1979年，第135页。
③ Neil Gilbert，Paul Terrell：《社会福利政策导论》，华东理工大学出版社，2003年，第22页。
④ Neil Gilbert，Paul Terrell：《社会福利政策导论》，华东理工大学出版社，2003年，第24页。

关的支持理论或假设分别论述[①]。这四个维度包含了社会政策设计的主要问题。

绩效分析包括对政策过程与实施成果的研究与评价。这种绩效分析包括部分过程分析内容。绩效分析与成果分析的主要区别是增加了政策实施情况。绩效分析比过程分析更有赖于对社会政策的客观、系统考察。如果说，政策执行情况主要属于过程分析范围的话，那么，政策实施影响则主要是绩效分析考察的主题。如果说前者需要解决的是政策实施内容、覆盖人群以及经费投入情况的话，那么，政策对目标人群的实际影响则是后者要注意的问题。所以，尼尔·基尔伯特和鲍尔·特里尔认为，衡量绩效的指标为"推行计划前后的行为和条件的改变，这种改变的合理解释是干预所致"。[②]有时绩效分析包括政策成果分析。对绩效的分析可以通过定性与定量数据结合等方法技术来衡量。

效果分析主要关注政策方案实施结果，既包括成果分析，也包括绩效分析。总体讲，效果分析主要包括四方面内容：一是对政策成果分析。这种成果指的是政策目前的发展状况。Gilbert 和 Terrell 从社会政策对象、社会政策内容与形式、社会政策输送以及社会政策资源支持四个方面对社会福利政策的分析就是成果分析的一个范例。二是对政策影响分析。也称为社会政策结果分析，指的是作为社会政策重要组成部分的政策对象在政策干预后达到的状态。这种结果不是政策本身产出成果，而是政策对政策对象的影响。"项目结果表现为那些活动的结果，如被服务个体的健康状况得到改善、对艾滋病风险的社会警惕性提高、更好的阅读技能以及其他这样的社会效益。"[③] 三是对政策实施情况分析。具体为所做政策实施工作，实施政策与结果的关系等。四是对政策环境因素分析。政策

① 社会政策的基础指的是将社会福利分配给社会中特定的人口或群体时不同原则之间的选择。这种分配基础是确定资格标准的指导方针。在范围上，面临着选择性与普遍性之间的选择；在社会价值上，面临着社会效益与经济效益之间的选择；在理论或假设上，面临着制度型理论与补缺型理论之间的选择。社会福利分配类型指的是所提供援助品的类型。这种福利提供类型原则是确定不同福利提供的基础。在范围上，存在现金、实物与机会、代用券以及权力之间的选择；在社会价值上，面临社会控制与消费者主权之间的选择；在理论或假设上，面临着资源致贫、个人缺陷致贫理论与制度缺陷致贫理论之间的竞争。社会政策输送策略指的是在地方社区系统（邻里、城市和农村）这个集合了绝大多数的提供者和消费者的层面中，社会政策的提供者与消费者之间可供选择的组织安排。输送系统包括服务系统的整体构成、服务部门之间的关系、设施的地点、员工的才干和人手数量以及公共与私人的支持等。在范围上，面临着私营化、商业化与公共提供之间的选择；在价值上，面临着拒绝自由与提高效率之间的选择；在理论与假设上，面临着专业主义功能与服务网络之结构的理论视角之间的矛盾。社会政策资金来源指的是从起始点到服务点转移支付的方式问题。在范围上，面临着从税收、自愿捐助到收费之间的选择；在价值上，面临着中央集权与地方自治之间的选择；在理论或假设上，面临着自由主义与保守主义之间的竞争。

② Neil Gilbert，Paul Terrell：《社会福利政策导论》，华东理工大学出版社，2003年，第24～25页。

③ 彼得·罗西：《项目评估——方法与技术》（第6版），华夏出版社，2002年，第150页。

实施需要环境支持。这些环境对于政策实施结果有重要影响。效果分析与过程分析有交叉之处。

3.2 分析框架

本项研究的重点是农村最低生活保障制度政策实施效果。也就是政策实施对政策对象个体与社会的影响。制度政策效果既与制度实施过程直接相关，也与政策设计密切相连。因此，分析制度效果既要分析制度政策制定与实施过程，也要分析制度政策文本。结合对过程与效果含义的理解，我认为，分析农村最低生活保障政策效果，既要通过定量的方式分析农村最低生活保障政策对最低生活保障对象与社会的影响，也要分析农村最低生活保障制度政策本身，还需要分析农村最低生活保障政策制定过程。具体分析框架包括政策过程、政策成果与政策效果三个方面。在这三方面内容中，对政策效果的研究是重点、是核心、是关键。

3.2.1 制度过程分析

制度过程分析也称政策过程分析，是对农村最低生活保障制度政策的产生背景、发展过程以及政策制定与实施中存在问题的分析。本书试图通过“点面结合”方式分析全国农村最低生活保障制度政策过程与实施效果。因此，在政策过程分析上，既要涉及“面上”的全国农村最低生活保障制度的产生背景与过程，也要分析“点上”新疆的S县与M县农村最低生活保障制度发生发展的背景与过程。“过程研究随时间轴和分析层面的变化而变化。”[①] 从“面上”看，农村最低生活保障制度从20世纪90年代初产生以来，经过了试点期、扩张期、调整期与完善期四个不同发展阶段；从“点上”看，S县与M县的农村最低生活保障制度从1999年试点至今也经过了试点与调整等发展过程。在分析农村最低生活保障政策过程时，我侧重分析农村最低生活保障制度产生的历史背景，挖掘影响与制约农村最低生活保障制度产生与发展的外在因素。在我国，目前干预农村贫困的政策除了农村最低生活保障制度外，还有经济发展、扶贫开发以及其他社会保障等因素。这些不同的干预政策，既构成了农村最低生活保障制度政策产生的

---

① Neil Gilbert，Paul Terrell：《社会福利政策导论》，华东理工大学出版社，2003年，第23页。

历史背景，也成了影响农村最低生活保障制度发展的外在因素。简要分析这些不同的干预政策措施，有助于更加完整、准确地理解农村最低生活保障制度的实施效果。

3.2.1.1 经济发展

经济发展不足是导致贫困的重要因素。因此，消除贫困首先需要发展经济。特别是对于广大发展中国家来说，依靠经济发展消除贫困，既是发展经济学研究得出的理论成果，也是各国实践经验与教训的归纳与总结①。改革开放以来我国之所以能够在反贫困斗争中取得举世瞩目的成就，使农村贫困发生率由改革开放之初的30.7%下降到2006年的2.3%，农村绝对贫困人数由2.5亿人下降到2148万人，最根本的原因就是经济的高速增长。其中，农村经济发展是减少农村贫困的最重要原因。除此之外，城市化发展、乡镇企业等因素也是减少农村贫困的重要因素。虽然经济发展对农村反贫困具有重要作用，但由于经济发展不均衡和增长效益分配不平等，从20世纪80年代开始，各国政府开始调整反贫困战略，寻求更加直接针对农村贫困人口的反贫困举措。正是在这个时期，我国开始重视扶贫开发的反贫困作用。

3.2.1.2 扶贫开发

专项扶贫开发是实施直接进攻的反贫困战略的主要形式。从20世纪80年代中期开始，我国反贫困思想发生重大转变，由20世纪80年代以前注重“输血功能”的救济式扶贫逐步转向具有“造血功能”的开发式扶贫。专项扶贫开发在我国逐步取代救济式扶贫的作用与地位，成为农村反贫困的主要措施。由于这种反贫困措施以帮助贫困人口增加收入和扩大就业为基本目标，以改善贫困人口集中地区的生产生活条件为重点，以提高贫困人口的能力和组织化程度为关键，以提高贫困人口对社会的参与度和积极性为手段，以专项优惠政策为保障，在政策目标的针对性，政策手段的可操作性，项目管理的规范性与保障措施与条件等方面有了长足进步与重大改进，扶贫效果日益显现，也越来越得到政府与社会的认可与肯定。但是，由于农村人口增长过快，财政能力有限，特别由于扶贫项目设计与实施方面出现的偏差，开发式扶贫呈现出边际效益逐渐递减的趋势②。进入21世纪后，我国农村减贫速度日益缓慢，农村贫困发生率一直在3%左右徘徊，以

① 张岩松：《发展与中国农村反贫困》，中国财政经济出版社，2004年9月，第40～53页。
② 张岩松：《发展与中国农村反贫困》，中国财政经济出版社，2004年9月，第50页。

村为基本单位的农村扶贫开发日益显示出反贫困局限。这种局限的存在呼唤新的、针对性更强、更有效的农村反贫困制度的产生。

3.2.1.3 社会保障

社会保障是国家和社会对由于自然原因或生、老、贫、死、伤、残、失业等社会原因导致生活困难的社会成员提供的资金支持与服务提供的制度。社会保障包括社会保险、社会救助、社会福利、慈善事业和商业保险五部分。在社会保障五个组成部分中，社会保险、社会救助、社会福利是基础，基本养老、基本医疗、最低生活保障制度是重点，慈善事业和商业保险是补充①。与社会保险占据城市社会保障制度的支配性基础地位不同，在农村社会保障体系中，农村社会救助是一种基础性制度。其中，农村五保供养、农村医疗救助与农村最低生活保障构成农村社会救助制度框架的主体。除此之外，2003 年开始重建的农村合作医疗制度，在减少农村因病致贫问题方面发挥了越来越大的作用。无疑，分析农村社会保障中不同制度的作用，有助于深化对农村最低生活保障制度的反贫困作用与功能的理解。

3.2.2 制度成果分析

制度成果分析也称制度政策分析，包括农村最低生活保障政策的出台及产出。政策成果是制度过程的结果。政策发展最终形成的结果是各种政策选择，也就是各种政策与制度。从“面上”来看，农村最低生活保障制度从 20 世纪 90 年代产生以来，主要形成了三个阶段性成果。第一个阶段性成果形成于 20 世纪 90 年代中期到 21 世纪初。各地在实施城市最低生活保障制度政策过程中产生了对农村最低生活保障制度的浓厚的探索热情，在民政部的直接推动下，许多省（自治区、直辖市）出台了一系列农村最低生活保障政策，初步形成了以农村集体经济基础为依托的农村最低生活保障制度框架；第二个阶段性成果形成于 2003 年至 2007 年。2003 年以后，随着国家新一届政府对“三农”问题的日益重视，对新农村建设的大力支持，农村困难群体的社会保障问题再次引起了各级党委、政府的关心。特别是 2002 年党中央、国务院在农村决心重建农村医疗保障制度（农村新型合作医疗制度与农村医疗救助制度）、解决广大农村村民看病难、看病贵问题后，各地从中看到了解决农村困难群体问题的“政策期待”，重新燃起了

① 《中国共产党第十七次全国代表大会文件汇编》，人民出版社，2007 年 10 月，第 38 页。

建设新型的农村最低生活保障制度的热情，出台了一系列以财政支持为基础的地方性农村最低生活保障政策。第三个阶段性成果是2007年国务院出台的农村最低生活保障政策。国务院在总结分析各地实践经验基础上，于2007年7月11日下发了《关于在全国建立农村最低生活保障制度的通知》（国发［2007］19号，下称《通知》）。从1992年在山西左云开始试点探索农村最低生活保障制度到2007年国务院《通知》的出台，经过了整整15年。国务院《通知》的出台，既是对各地探索农村最低生活保障制度的肯定与总结，也是指导下一步继续开展农村最低生活保障的政策纲领与制度依据。从“点上”看，新疆S县与M县的农村最低生活保障制度也经过了两个阶段，形成了两个阶段性成果。分析这些不同阶段的农村最低生活保障制度成果，比较这些不同成果之间的相同点与不同点，可以发现影响农村最低生活保障制度实施效果的一些内在的政策性因素，从而为下一步完善国家农村最低生活保障政策提供重要参考。基尔伯特分析制度政策成果的社会分配基础、社会福利品分配类型、提供福利品的策略、福利资金的筹集方式[①]四个因素，是目前分析社会福利政策的基本框架。借鉴基尔伯特的分析框架，对农村最低生活保障制度政策成果，也可以从保障对象与范围、保障内容与标准、资金筹集与管理以及资金给付与服务提供等方面着手。

3.2.2.1 保障对象与范围

即社会政策中的目标定位问题。这是社会政策的基础，也是建立农村最低生活保障制度的关键。不同时期出台的政策，设计的保障对象与范围是不同的。分析不同历史时期确定的保障对象与范围，是分析与把握农村最低生活保障制度性质与特点的主要依据，也是分析农村最低生活保障制度效果的重要视角。

3.2.2.2 保障标准与内容

采取不同的保障标准，确定不同的保障内容直接影响农村最低生活保障制度实施效果。不同保障标准直接影响保障对象福利水平，不同保障内容则直接关系保障对象的福利选择与实现。从开展农村最低生活保障制度试点以来，农村最低生活保障标准一直在不断调整。保障标准调整的依据、保障标准与经济发展水平之间的关系等问题，一直是农村最低生活保障政策制定者、实施者需要考虑的重大课题。分析这些问题，把握其中的规律，对进一步完善农村最低生活保障制度至关重要。

---

① Neil Gilbert，Paul Terrell：《社会福利政策导论》，华东理工大学出版社，2003年，第83页。

3.2.2.3 资金筹集与管理

资金是保障制度成功的基础与关键。不同的筹资渠道与方式，决定不同历史时期社会政策与制度的不同性质。与计划经济和城乡二元体制相适应，农村集体经济是农村社会保障制度的基础，其制度表现为农村集体福利性质。与这种筹资性质相对应，农村最低生活保障制度体现出来的就是以农村集体经济为依托和基础的制度，其实质是一种农村集体福利制度。与市场经济体制中政府的公共服务职能突现相适应，在构建与市场经济相适应的农村社会保障制度时，公共财政成为主要资金渠道，农村社会保障制度就是一种公共服务制度，作为社会保障重要组成部分的农村最低生活保障制度，体现出来的是政府保障性质。由于不同资金渠道的实力不同，制度政策实施效果也出现种种差别。一项制度由中央或者地方或者社会组织或者个体筹资，具有完全不同的实施效果。因此，透视不同的资金筹集与管理方式，成为研究农村最低生活保障制度实施效果的重要途径之一。

3.2.2.4 资金与服务递送

资金与服务递送是农村最低生活保障制度实施的终点也是起点。说是终点，是因为资金给付与服务提供是一项制度的产出；说是起点，是因为政策对象只有从给付的资金与服务中才能真正享受到政策的效益。农村最低生活保障制度的效果最终只能从资金给付与服务提供中见到。因此，资金给付与服务提供的方式、频率、时间与地点对农村最低生活保障制度的实施效果有重要影响。分析不同政策设计的资金和服务给付与提供方式，可以从另一个角度了解农村最低生活保障制度政策设计对其实施效果的影响。

3.2.3 制度效果分析

制度效果指的是农村最低生活保障制度对个人及社会所产生的影响。分析制度或政策对个体与社会的影响可以通过二次数据收集，从“面上”分析农村最低生活保障制度对个体与社会的影响，也可以通过案例方式，从“点上”分析S县与M县的农村最低生活保障制度对个人与社会的影响。这种影响具体可以通过对政策对象影响、政策实施效率、政策社会影响三个角度进行分析。

3.2.3.1 对政策对象影响

对政策对象的影响，是农村最低生活保障制度实施效果的集中体现，也是评价分析农村最低生活保障制度实施效果的主要方面。农村最低生活保障政策对政策对象也即对最低生活保障对象的影响，可以通过充足性、贫困减轻率、激励三方面内容来分析。

1. 充足性。主要指的是农村最低生活保障制度对减轻收入贫困的作用。农村最低生活保障制度是一项以收入定补助的政策。这项政策在解决农村困难群众收入贫困方面有多大作用，主要可以通过分析农户得到的最低生活保障资金在缓解家庭贫困方面的作用来衡量。了解农村最低生活保障制度这方面作用，可以通过分析农村最低生活保障金占最低生活保障家庭消费支出或者家庭收入的比例和最低生活保障金对缩短最低生活保障家庭收入与农村绝对贫困线或相对贫困之间距离的贡献来衡量。从充足性可以看出农村最低生活保障家庭的总体贫困程度。这是评价农村最低生活保障制度政策实施效果的主要指标。

2. 贫困减轻率。主要指的是农村最低生活保障制度对减轻农村最低生活保障家庭消费贫困的作用。了解农村最低生活保障政策在这方面的效果，要重点考虑农村最低生活保障家庭在基本生活、子女上学率、看病就医以及社会交往等方面需要得到满足的情况。农村最低生活保障政策解决的是基本生活问题即农村最低生活保障对象在吃饭以及水、电、暖与子女上学的问题。通过比较政策实施前后的影响，可以分析出农村最低生活保障政策在这方面的满足程度。

3. 激励作用。主要指的是农村最低生活保障制度对最低生活保障对象工作动机的影响。这是一种间接影响。最低生活保障政策是一种收入支持政策，主要弥补贫困户在收入与消费方面的不足。在对收入与消费方面提供支持后，会不会出现最低生活保障给付与工作之间的替代问题即福利依赖问题，关系到这项政策的持续发展，也是评价农村最低生活保障政策实施效果的一个重要方面。

3.2.3.2 政策实施效率

政策是基础，实施是关键。由于农村最低生活保障待遇的提供既可以由中央集权管理也可以由地方分权管理；既可以提供综合服务（如健康、感化与收入援助）也可以提供单一服务；既可以将各种服务集聚一起提供也可以分开运作；既可以依赖专业工作人员也可以通过雇用消费者或准专业人士递送；既可以授权于服务使用者也可以集权于专家之手；既可以由政府直接管理也可以通过外包由社会组织或私人提供等[①]。这些不同的递送选择，对农村最低生活保障政策实施效果影响巨大。研究农村最低生活保障制度实施效果，可以从考察最低生活保障制

① Neil Gilbert，Paul Terrell：《社会福利政策导论》，华东理工大学出版社，2003年，第212～213页。

度的实施效率来估计。农村最低生活保障制度实施效率可以从纵向与横向以及总体实施质量三个方面分析。

1. 纵向效率。纵向分析主要考察农村最低生活保障资金等社会资源，是否分配给了最需要或最贫穷的人群。可以通过比较目标定位前后的贫困率与衡量一定比例的贫困人口获得的最低生活保障资金等福利的比例等方法进行研究。

2. 横向效率。横向分析主要考察符合最需要或最贫困标准的人是否得到了最低生活保障资金，可以通过计算领取率来进行分析。对农村最低生活保障制度实施纵向效率的评价可以设定两个指标：一是衡量一定比例的最贫困人口所获得的最低生活保障资金等资源的比例[①]。具体办法是选取一定的比例（假设为A%）的最贫困人口，计算其获得资金占资金总支出的比例（假设为B%）。若B%＞A%，说明最低生活保障资金更多地分配给了贫困人群；若B%＜A%，则说明最低生活保障资金更多地分配给了富裕人群。B%值越大，说明最低生活保障政策对最贫困人群的目标定位程度越高。二是比较制度实施前后的贫困率[②]。贫困率指的是农村贫困线以下的人口比例。在我国农村，以计算农村绝对贫困率为主。通过比较政策实施前后的贫困率，可以评价农村最低生活保障政策目标定位的效率。设定实施农村最低生活保障政策之前，农村贫困发生率为A1%，实施农村最低生活保障政策之后，农村贫困发生率为B1%，B1%～A1%表示农村最低生活保障政策的实施对降低农村贫困率的贡献。其值越大，说明贡献越大，也说明农村最低生活保障政策目标定位程度越高、越准。分析农村最低生活保障制度的横向效率也可以通过设定估算领取率指标进行。农村最低生活保障项目的领取率等于该项目的实际领取人数与符合资格条件的人数的比值。比值越接近100%，说明农村最低生活保障政策的横向效率越高[③]。农村最低生活保障资金的领取率又称为覆盖面。主要指的是农村最低生活保障政策实施后对农村贫困群体的覆盖范围，范围越广，说明政策作用越大，功能越强，反之则作用越弱。通过估算领取率与覆盖面，还可以评价农村最低生活保障政策的可及性，了解农村最低生活保障制度对最低生活保障对象的便利程度，分析贫困但没有申请最低生活保障家庭的原因以及申请但未获得批准的原因，进一步明确不应该保障而纳入保障人员情况即错保情况与已保障人群占总体需要保障人群的比率即应保未保以

---

① 尼尔·基尔伯特编：《社会福利的目标定位》，中国劳动社会保障出版社，2004年，第12页。

② 尼尔·基尔伯特编：《社会福利的目标定位》，中国劳动社会保障出版社，2004年，第13页。

③ 尼尔·基尔伯特编：《社会福利的目标定位》，中国劳动社会保障出版社，2004年，第14页。

及漏保情况。可及性问题是阻碍农村最低生活保障制度政策效果实现的一个重要原因。

3. 实施质量。主要指的是对农村最低生活保障制度政策实施过程的一种主观评价。作为一种主观评价，可以结合最低生活保障资格条件、申请审批程序、救助公平性、时效性等方面进行评价。

3.2.3.3 政策社会影响

农村最低生活保障制度是一项重要的农村社会政策。这项政策的实施，对改善广大贫困群体的基本生活，改善农村干群关系，倡导社会主义核心价值观、促进农村社会稳定与和谐发展具有重要作用。这种作用可以通过分析农村最低生活保障资金的补偿方向以及对收入公平的功能与作用来评价。

分析农村最低生活保障制度实施效果可以运用以上内容与指标，通过定量方法或者定性方法进行评价。这些分析内容与指标的界定既是对农村最低生活保障制度分析框架内容的进一步深化、细化与具体化，也为选择合适的研究方法提供了前提，划定了边界①。

① 李德国、蔡晶晶：西方政策评估：范式演进和指标构建，《科技管理研究》，2006年第8期，第246～249页。

第4章　研究方法

研究方法是实现研究目标的手段、途径与渠道。方法恰当与否直接影响研究目标的实现和研究质量与水平的高低。对研究方法的选择取决于研究目标、研究内容与研究任务。研究农村最低生活保障制度政策过程与实施效果，既包括对最低生活保障政策实施过程的描述解释，也包括对最低生活保障政策自身的评价；既包括最低生活保障政策对最低生活保障对象的影响分析，也包括对最低生活保障政策的社会影响评价。因此，对农村最低生活保障制度政策过程与实施效果的分析不仅涉及“什么事”、“有多少”的问题，也涉及“怎么样”、“为什么”以及“是什么”等问题。也就是说，既需要进行描述性研究，也需要完成解释性任务。多重任务、多种目标、多方面内容决定对农村最低生活保障制度政策过程与实施效果研究不能简单地采用一种或两种方法，而必须适应多方面的需求采取多种多样、具有多方作用与功能的研究方法。

社会科学研究方法主要可分为五类即实验方法、调查方法、文献分析法、历史分析法以及案例研究方法。每一种方法有许多变种。如实验方法又可以分为现场实验、准实验、模拟实验等方法，文献研究方法也包括档案研究方法等。不同研究方法具有不同的功能与适用范围。这些功能与范围是选择研究方法的前提条件。这些条件具体体现为三方面：(1) 研究所要回答的问题的类型；(2) 研究者对研究对象及事件的控制程度；(3) 研究的重点是当前发生的事还是过去发生的事。实验法主要回答研究问题的类型是“怎么样”、“为什么”，需要过程控制，研究重点主要集中于当前问题。调查法主要回答研究问题的类型是“什么人”、“什么事”，不需要过程控制，研究重点主要集中于当前问题。文献分析法主要回答研究问题的类型是“什么人”、“什么事”、“在哪里”、“有多少”，不需要过程控制，研究重点既可以是当前问题也可以是历史问题。历史分析法与文献分析法主要回答研究问题的类型是“怎么样”、“为什么”，不需要过程控制，研究重点不是当前问题。案例研究法主要回答研究问题的类型是“怎么样”、“为什么”，不需要过程控制，研究重点主要集中于当前问题[①]。研究方法只有与研究问题一致，才能取得事半功倍的效果。问题类型可分为“什么事”、“什么人”、“在哪里”、“怎么样”、“为什么”等回答，简称“5W”。“什么事”的问题可分为两类：第一类“什么事”的问题是探索性的。一般用“研究什么，可获得什么”命题表述。以上五种研究方法都可以用来处理这类问题。第二类“什么事”的问题是描述性的。一般用“有多少”命题来表述。对于这类问题，一般采取调查法或者文献研究比较适合。其他方法就不太合适或者不太便利。与第二类“什么事”问题一样，“什么人”、“在哪里”之类的问题以及“多少个”，也比较适合采取调查与文献研究方法。“当研究的目的是描述某一现象出现的范围、程度与频率时，或者预测其未来的结果时，统计调查或者文献研究的研究方法就比较有优势”。[②]与“什么事”之类问题描述性特点比较突出不同，“怎么样”、“为什么”之类问题更富有解释性。由于对“怎么样”与“为什么”之类问题的研究需要按照时间顺序追溯相互关联的各种事件并找出它们之间的相互联系，不仅仅研究各种事件出现的频率与范围，比较适合采用案例研究法、历史分析法与实验法。“怎么样”的一个变种是“是什么”。这一类问题一般用“结果是什么”命题来表述。对于这一类问题，一般用问卷调查或者研究经济数据之类来回答。但是，要回答导致结果的事件进展过程“怎么样”或者“为什么”时，则必须采用案例研究或者现场实验方法。

确定问题的类型是研究的第一步。第二步要在此基础上进一步分析研究者对研究对象的控制范围、程度以及与对象实际环境的距离。“当研究者无法控制、无法实际接触研究对象时，历史分析法是最合适的研究方法。”[③] 也就是说，当研究者必须以原始资料、第二手资料或者说故事、历史文物作为主要依据，没有人能够回忆或者报告发生事情的经过时，历史研究方法是最适合的研究方法。“当研究者研究发生在当代但无法对相关因素进行控制的事件”[④]，案例研究就是最合适的方法。案例研究方法与历史研究方法基本相同，唯一不同的是案例研究方法可以通过直接观察事件发生过程和对事件参与者进行访谈获取新的资料，资料来源更多、更广泛。同时也可对研究对象实行某种程度的控制。只有当研究者可以直接、精确、系统地控制事件过程时，才能使用实验研究方法。实验方法分

① ［美］罗伯特·K·殷：《案例研究设计与方法》，重庆大学出版社，2004 年，第 7 页。
② ［美］罗伯特·K·殷：《案例研究设计与方法》，重庆大学出版社，2004 年，第 8 页。
③ ［美］罗伯特·K·殷：《案例研究设计与方法》，重庆大学出版社，2004 年，第 7～10 页。
④ ［美］罗伯特·K·殷：《案例研究设计与方法》，重庆大学出版社，2004 年，第 8～10 页。

为实验环境与社会实验环境。在这两种环境下，可以对一两个变量进行集中研究，对其他变量相对控制。当研究者不能完全控制实验过程，但研究设计仍然符合实验研究基本逻辑时，称为准实验方法。有些评估项目，通过设立控制组与对照组办法开展，也属于准实验方法范围。由于现实的研究课题往往既涉及“什么事”、“有多少”，又涉及“怎么样”、“为什么”，也就是说既涉及描述性的问题类型也涉及解释性的问题类型，在实际研究工作中，往往运用所有方法，或者运用一两种研究方法进行课题研究。其中，并不存在相互排斥的问题。

在研究农村最低生活保障制度政策实施过程时，由于其问题类型是“怎么样”和“为什么”、研究对象是目前正在发生且研究者不能控制或极少能控制的事件，可以采取案例研究方法或者进行现场实验①，或者采用历史分析方法。在研究农村最低生活保障制度对最低生活保障家庭与个人的影响时，由于其问题类型是“什么事”、“有多少”，研究对象是已经完成或正在完成的事件（可以不采取实验方法、准实验方法②、成本—效益分析以及模糊综合评价等方法③），可以运用问卷调查或者有关经济社会数据分析，采用深度访谈方法或者文献研究方法。综上所述，在研究农村最低生活保障制度政策过程与实施效果时，需要运用案例研究、文献研究、问卷调查、二次数据分析、深度访谈等多种方法。本文主要采用文献研究和案例研究两种方法。其他方法作为辅助方法使用。

4.1 文献研究

文献研究的目的是全面了解我国农村贫困与反贫困的演变过程、农村最低生活保障制度政策内容及其落实情况与存在问题，为研究设计与数据收集提供相关背景资料。为此，作者系统整理、分析与归纳了三个层面的文件资料：第一个层面是中央有关政策文件。这些文件是农村最低生活保障制度的建立、发展过程和实施效果的原始记录。第二个层面是各省、自治区、直辖市的政策文件。省市既是政策制定部门，也是政策执行部门，发挥着承上启下的作用与功能。省级部门政策的出台与执行对于一项制度建立的质量与水平具有直接影响。收集、分析这些文件资料既可以了解目前全国农村最低生活保障政策发展现状，也可以推断下

① ［美］罗伯特·K·殷：《案例研究设计与方法》，重庆大学出版社，2004年，第10页。
② 彼得·罗西等：《项目评估：方法与技术》，华夏出版社，2002年，第176、208、231页。
③ 陈庆云：《公共政策分析》，中国经济出版社，1996年，第264～271页。

一步政策变化趋势。这些文件资料既有历史文献，也有现行政策；既有历史经验的总结分析，也有现实状况的工作研究。收集这些文件资料，可以理清开展农村最低生活保障制度建设的来龙去脉，总结归纳历史与现实的经验与教训，在“面上”了解全国农村最低生活保障制度建设情况的同时，在“点上”深入挖掘基层落实农村最低生活保障制度的是非功过。通过点面结合，对农村最低生活保障制度实施效果给予一个相对全面、扎实与准确的分析、评价。

文献研究收集的文件资料包括：

1. 国家和地方出台的有关农村最低生活保障制度的政策法规及其他相关文献资料；

2. 各省、自治区、直辖市的农村最低生活保障制度研究报告与经验总结；

3. 县志、财政志、土地志及其他相关文献资料。

4.2 案例研究

案例研究是社会科学研究的一种重要方法①。一般用案例研究来引证、分析政策实施过程②。案例研究可以单独使用，也可以与其他如调查、实验、运用定量模型分析档案记录、处理历史文档以及定性调查等方法结合使用。

1. 案例的选择。包括两个问题：一是选择案例的层级。我国是一个中央集权制国家，行政层级众多。从国务院、省（自治区、直辖市）、地（州、市）、县（市、区）到乡镇（街道），五级行政部门承担了建设农村最低生活保障制度的责任。农村村民委员会作为农村自治组织受乡镇委托也承担了实施农村最低生活保障政策的责任。本项研究的目的是了解农村最低生活保障制度政策过程与实施效果，进一步完善农村最低生活保障制度政策。因此，确定研究单位的层级必须具备两个条件：一是案例研究层级必须具有制定农村最低生活保障政策的权利；二是案例研究层级必须能够展现农村最低生活保障政策实施过程。地市（州）以上政府层级主要是宏观管理层级。无论是地市（州）、还是省（自治区、直辖市）以及国务院，都是以制定宏观政策为主，不适合作为案例研究层级。尽管乡镇（街道）出台的一些微观政策可以调节农村最低生活保障政策过程，但也不能够展现农村最低生活保障制度实施全过程，这一行政层级也不符合本项研究的目标

① 20世纪末，案例研究的具体程序、方案、活动、场所等也成为评价研究的一部分。

② ［美］罗伯特·K·殷：《案例研究方法的应用》，重庆大学出版社，2004年，第3页。

要求。乡镇（街道）以及农村社区（村委会）主要肩负着实施农村最低生活保障制度的责任，但这种责任也仅仅限于执行权利。在乡财县管的财政管理体制下，乡镇（街道）缺乏筹资权，难以从实质上影响农村最低生活保障制度政策过程与实施结果。能够把政策制定权、执行权与筹资权融为一体的行政层级是县（区、市）一级。只有县（区、市）行政一级才能够作为农村最低生活保障制度政策过程与实施效果的研究单位。二是选择案例的标准。对案例的确定必须符合三条标准：第一条标准是必须具有范例性。“每个案例都应该展示出范例性的成果。”① 第二条标准是必须“反映研究涉及的政策措施”。第三条标准是案例要“涵盖不同的地理区域，尤其是不同的经济发展水平”即所谓的“阳光带”、“积雪带”与“锈病带”。② 具体到农村最低生活保障制度建设研究案例选择标准，总体上要做到三个同步：首先，在建制时间上与全国同步。全国农村最低生活保障制度于20世纪90年代开始试点到2007年正式建制。选择农村最低生活保障制度政策过程与实施效果研究单位，必须兼顾这两个时间段。因此，最好从农村最低生活保障制度试点单位与全国全面推开农村最低生活保障制度才开展工作的县市中选择。其次，在规范与非规范性上与全国同步。截至2007年全国正式建立农村最低生活保障制度之前，2/3的省（自治区、直辖市）已建立农村最低生活保障制度，农村最低生活保障制度进入规范化管理阶段；1/3的省（自治区、直辖市）在2007年下半年后才建立农村最低生活保障制度，规范性相对差一些。选择农村最低生活保障制度建设案例研究单位必须照顾这两个现实，统筹考虑，只有这样才能反映全国的情况。第三，在经济发展水平上对贫困县与富裕县要统一考虑。既要有贫困地区，也要有相对发达地区，或者是总体贫困地区之中的相对发达地区。

之所以抽取吐鲁番地区的S县与昌吉回族自治州的M县作为样本县，是因为这两个县的条件基本符合上述案例选择的三条标准。一是在开展农村最低生活保障制度建设时间上基本与全国同步。吐鲁番地区的S县与昌吉州的M县是1999年新疆维吾尔自治区民政厅确定的农村最低生活保障制度试点县。S县自从1999年以来，一直坚持开展农村最低生活保障制度试点工作。M县尽管出台了试点制度，但由于种种原因试点工作最终没能开展起来，直到2007年全国建立农村最低生活保障制度之前几个月才建立制度。S县、M县的建制情况正好代表

① ［美］罗伯特·K·殷：《案例研究设计与方法》，重庆大学出版社，2004年，第21页。
② ［美］罗伯特·K·殷：《案例研究设计与方法》，重庆大学出版社，2004年，第22页。

了全国农村最低生活保障制度建设过程中的两种基本情况：S 县已经开展多年试点，M 县则基本与国家政策出台时间一致。二是在规范性与非规范性上与全国基本一致。S 县开展农村最低生活保障制度建设时间较长，相对规范一些，M 县由于开展时间较短，目前重在建制，离规范化管理还有一定距离。三是经济发展水平上与全国大体一致。S 县的农民年人均纯收入（2007 年农民人均纯收入为 4631 元）与全国农民平均收入（4140 元）基本一致，M 县则远远高于全国农民年人均纯收入（M 县属于农民人均纯收入较高的县市，2007 年为 8227 元）。虽然这两个县不完全符合贫困与富裕县的标准，但考虑到这两个县毕竟是贫困地区中的相对富裕地区，在全国处于中等发展水平，总体上具有一定的代表性。同时，考虑到本项研究目的是农村最低生活保障制度政策过程与实施效果，因此，对建制先后规范化程度高低考虑的分量要重于对经济水平的考虑。

2. 数据搜集方法。主要通过政策文件、统计资料和问卷调查以及深度访谈三种方法收集有关数据。

1）政策文件和统计资料。主要包括四方面统计资料与政策文件。一是历年全国农村住户抽样调查数据。农村住户抽样调查主要用于监测农村居民收入和生活质量变化，监测农村居民建设小康生活与摆脱贫困的进程，推算全国和分省农村贫困人口数量，反映农村贫困特征及生活状况。该住户调查以各省市区农村住户为总体，直接抽取样本村，在抽中的样本村中抽取调查农户。综合运用多种抽样方法确定住户调查网点。农村住户调查网点覆盖全国 7100 多个村 68000 多农户。调查内容包括农村居民所在社区发展情况、家庭基本情况、居住情况、人口与劳动力就业情况、农村居民收入与支出情况等。二是历年全国农村贫困监测抽样调查数据。根据《2001—2010 年中国农村扶贫开发纲要》，国家统计局、国务院扶贫领导小组办公室、国家计委、国家民委、财政部、农业银行联合开展中国农村贫困监测抽样调查。调查的目的是为了反映贫困地区农村贫困人口数量与特征变化情况，评估宏观社会经济发展和国家扶贫开发政策与项目对贫困地区和贫困人口的影响与作用。抽样以县为单位，采用两阶段抽样方法。第一阶段抽出样本村，第二阶段在每个样本村抽取 10 户。每个县的样本量根据各县的人口规模确定：人口规模小于 20 万的县样本量至少达到 60 户；人口规模达 20 万～50 万人的县，样本量为 80～100 户；人口规模 50 万～100 万的县，样本量为 100～120 户；100 万以上的人口大县，样本量为 120～150 户。在开展正常面上调查的同时，国家统计局还通过点上的贫困监测与评估进行重点调查与检查，以确保数据的客观与真实。全国农村贫困监测与评估的内容包括：农户收入与支出、以农户收支衡量的贫困规模与贫困程度、农户温饱与饮食健康、生活设施与文化教育、基本社会服务与市场参与、社会保障及扶贫项目的覆盖、瞄准、强度与效果等。三是历年新疆统计年鉴。新疆统计年鉴收录了新疆经济与社会发展各方面统计数据，主要反映了新疆农村、城市、企业等方面的各项统计调查数据、历史重要年份，尤其是改革开放以来的重要统计数据。统计资料主要包括农业发展、人口与就业、物价指数、人民生活、教育卫生、社会服务、社会保障等 15 个方面内容。四是吐鲁番、昌吉统计年鉴。吐鲁番、昌吉统计年鉴是两部全面反映吐鲁番地区、昌吉回族自治州国民经济与社会发展情况的资料性年刊。年鉴包括文字资料与统计资料两部分。统计资料由行政区划、劳动力与职工工资、农业生产发展情况、体育卫生、社会保障等 15 个部分组成。

2）问卷调查。每个样本县包括所有乡镇（农场）。两县共下发 1155 份。经质量检查，收回 1050 份有效问卷，回收率 90.9%。其中，S 县每个乡镇发放 55 份问卷，下发问卷 550 份，回收 518 份，回收率 94.18%；M 县下发问卷 547 份，每个乡镇发放 45 份（其中试验站 22 份，园艺场 30 份），回收 532 份，回收率为 97.3%。两县样本户数占样本村总户数的比例为 13%；样本人口占样本村总人口数的比例为 3.3%；样本农村最低生活保障户的数量占样本村农村最低生活保障户总数的比例 37%；样本农村五保户占样本村农村五保户总数的比例 30.56%；样本临时救济户（特困户）占样本村农村临时救济户（特困户）的比例 60.1%，其他样本人口占样本村总人口的比例 1.39 %。其中，S 县的辟展乡 59 户，达浪坎乡 49 户，迪坎乡 55 户，东巴扎乡 54 户，连木沁镇 51 户，鲁克沁镇 56 户，七克台镇 55 户，双水磨乡 35 户，吐峪沟乡 54 户，S 镇 50 户，S 县共 518 户；M 县的包家店镇 45 户，北五岔镇 45 户，广东地乡 45 户，旱卡子滩 42 户，兰州湾乡 45 户，乐土驿镇 45 户，凉州户镇 42 户，六户地镇 44 户，清水河乡 45 户，试验站 23 户，塔西河乡 36 户，头工乡 45 户，园艺场 30 户，M 县共 532 户。S 县的调查时间为 2007 年 9 月 25 日—9 月 30 日；M 县的调查时间为 2007 年 10 月 9 日—10 月 15 日。问卷调查采取三阶段分层方法进行。首先确定样本县，然后对样本县的每个乡镇按照经济发展水平抽取三个村，最后随机抽取住户。由于一些乡镇最低生活保障户较少，我们根据人数情况对调查对象进行了比例控制。总体上，在 S 县按照 40%的农村最低生活保障户，25%的享受过临时救济（属于最低生活保障边缘户的群体），10%的农村五保户，25%的其他群体进行抽样。在 M 县，按照农区乡镇 20%的农村最低生活保障户，20%的临时救济（属于最低生活保障边缘户的群体）户，20%的农村五保户，40%的其他群体；牧区乡镇按照 30%的农村最低生活保障户，25%的临时救济（属于最低生活保障边缘户的群体）户，15%的农村五保户，30%其他群体进行抽样。由于 M 县农村最低生活保障家庭较少，在具体抽样时，比例有变化。抽样框架是村委会提供的户口登记册。

本次调查的督导员由新疆维吾尔自治区民政厅主管农村社会救助的干部组成。调查访谈人员由 S 县、M 县民政局干部与各乡镇的农村最低生活保障专干组成。由于参与调查人员是从事农村最低生活保障工作的干部，对农村最低生活保障政策、农村工作与农户情况比较熟悉；同时由于长期在基层工作，有现场办公与调查经验。为保证问卷质量，在调查前对参与调查的人员就有关问题进行过专门解答，对调查目的、问卷内容、抽样方法与程序、入户访问技巧进行过专门讲解。

3）深度访谈。为掌握更加充足的材料，得到更加确切的答案来评价农村最低生活保障制度政策过程与实施效果，我们针对民政干部、普通居民与农村最低生活保障对象设计了不同的深度访谈问卷框架。在 S 县，我们于 2007 年 12 月上旬与 41 户（人）农村最低生活保障对象、普通农村居民与民政干部职工进行了深度访谈。其中，13 户农村最低生活保障对象，占总访谈对象的 31.8%；14 户农村普通居民，占总访谈对象的 34.1%；14 位民政干部（包括 4 名最低生活保障干部、3 名救助干部；各 1 名社团、双拥、老龄行政干部，4 名乡民政干事），占 34.1%。在 M 县，我们于 2007 年 11 月下旬与 33 户（人）农村最低生活保障对象、普通农村村民以及民政干部进行了访谈。其中，11 户农村最低生活保障户，占访谈总数的 33.3%；12 户普通村民，占访谈总数的 36.4%；10 名不同岗位的民政干部（3 名最低生活保障干部、2 名救助干部；社团、老龄行政各 1 名、3 名乡民政干事），占访谈总数的 30.3%。

（1）针对民政干部，我们在访谈中主要想了解这些干部对农村最低生活保障政策的熟悉程度。主要访谈了以下问题：①所在部门和负责的主要工作；②介绍所在区域的最低生活保障户状况（人数、构成等）；③所在区域建立农村最低生活保障制度以来取得的成绩和存在的问题；④所在区域农村最低生活保障制度的救助标准和申领程序；⑤农村最低生活保障制度在实际执行过程中存在哪些问题；⑥运用实例对农村最低生活保障制度的正面和反面情况进行总体评价；⑦农村最低生活保障制度还有哪些地方需要改进等。

（2）针对一般农村居民，我们在访谈中主要想了解这些农村居民对农村最低生活保障制度的了解程度。主要设计了 10 方面问题：①是否知道农村最低生活保障制度；②家庭成员、家庭收入、家庭困难以及在村里所处位置；③家庭收入和支出大概情况，主要有哪些收入来源，在生活、教育、就医以及社交支出的费用；④通过什么途径知道农村最低生活保障的；⑤对农村最低生活保障申领程序了解程度；⑥农村最低生活保障制度在执行过程中是否透明、公开和公平；⑦邻居对农村最低生活保障户有些什么看法；⑧如果陷入家庭困难，自己会否申领最低生活保障金；⑨农村最低生活保障制度在实际执行过程中存在哪些问题；⑩对农村最低生活保障制度的总体评价（正面和反面），还有哪些不足的地方需要改进等。

（3）针对农村最低生活保障对象，我们在访谈中，主要想了解这些家庭与人员对农村最低生活保障政策的了解情况。主要访谈了以下问题：①对农村最低生活保障制度知晓情况；②介绍家庭成员、家庭收入、家庭生活存在问题与困难等情况；③家庭上月收入和支出大概是多少？主要有哪些收入来源？在生活、教育、就医与社交等方面支出的具体费用；④最初通过什么途径了解农村最低生活保障制度的；⑤是否了解农村最低生活保障制度的申领程序，具体知道到什么程度；⑥农村最低生活保障制度在执行过程中是否透明、公开，是否公平；⑦是否愿意申请农村最低生活保障资金，当初主要基于什么考虑；⑧村里邻居对最低生活保障户都有些什么看法；⑨农村最低生活保障制度在实际执行过程中存在哪些问题；⑩对农村最低生活保障制度在好的方面与不好的方面有些什么样的评价，还有哪些不足需要改进。

由于我们访谈对象的家庭收入已经体现在问卷调查中，因此，对深度访谈内容也做了相应调整。

第 5 章　全国农村最低生活保障制度建立过程与实施效果分析

任何一项社会政策都是历史的、具体的，是为解决当下的政治、经济与社会问题的。我国于 20 世纪 90 年代初期开始探索建立的农村最低生活保障是一项治理农村贫困的重要制度安排。要了解这项制度的实施过程与效果，首先必须了解其产生的具体历史背景。

5.1　制度背景分析

农村贫困形势演变及治理农村贫困的制度运行情况是农村最低生活保障制度产生与发展的重要背景内容。

5.1.1　农村贫困形势演变

20 世纪 70 年代末，我国进入以经济建设为中心的发展轨道后才开始贫困问题研究和真正意义上的反贫困实践①。与 20 世纪 70 年代末 80 年代初，尤其是社会主义中国刚刚成立时的农村贫困相比，到 20 世纪 90 年代农村最低生活保障制度试点之前的农村贫困状况有了很大不同。

一是农村贫困总量不断减少，减贫速度越来越缓。改革开放前，由于国家采取优先发展重工业发展战略②，农业发展十分缓慢，农民生活极端艰苦，广大农村普遍处于灾荒、饥饿状态。农民生存问题成为各级党委、政府面临的主要问

---

① 张岩松：《发展与中国农村反贫困》，中国财政经济出版社，2004 年 9 月，第 28 页。

② 胡书东：《经济发展中的中央与地方关系——中国财政制度变迁研究》，上海三联书店、上海人民出版社，2001 年 8 月，第 10～11 页。新中国成立以后，中国领导人选择了重工业优先发展战略，希望加快实现中国工业化和现代化。1953—1957 年第一个五年计划的基本任务就是集中力量进行以苏联帮助设计的 156 个大中型建设项目为中心、由 694 个限额以上重点项目组成的工业建设，奠定中国社会主义工业化的初步基础。156 项重点建设绝大部分属于重工业项目，在当时是一些填补中国工业空白、搭起（接下页注）

题。在 1978 年，年人均纯收入不到 100 元的农民有 2.5 亿人，占全国农村人口的 30.7%[①]（表 1）。从 1978 年到 1985 年期间，农村极端贫困人口平均每年减少 1563 万人；从 1986 年到 1990 年，平均每年减少 920 万人；从 1991 年到 1999 年，平均每年减少 510 万人。到实施国家“八七”扶贫攻坚计划之前，农村绝对贫困人口减少到 8000 万人。到 2006 年，中国农村没有解决温饱的生存性贫困或绝对贫困人口由 2.5 亿人减少到 2148 万人，贫困人口占农业总人口的比率下降到 2.3%。进入 21 世纪后，在农村贫困总量持续减少的同时，减贫速度进一步下降，全国每年平均下降仅 168.8 万人。随着农村贫困人口总量与速度的不断下降，生存性贫困或绝对贫困人口越来越集中到了环境极端恶劣地区和部分或全部丧失劳动力的家庭与个人[②]。总体性贫困逐渐演变为个体性、家庭性贫困[③]。

表 1　全国历年农村贫困人口及贫困发生率

年　份	贫困人口（万人）		贫困发生率（%）	
	全国	重点县	全国	重点县
1978	25000	—	30.7	—
1985	12500	—	14.8	—
1990	8500	—	9.4	—
1991	9400	—	10.4	—
1992	8000	—	8.8	—
1994	7000	—	7.7	—
1995	6500	—	7.1	—
1997	4962	2600	5.4	13.4
1998	4210	2200	4.6	11.1
1999	3412	1800	3.7	9.2

（接上页注）中国工业体系框架的新兴工业。“一五”时期，在基本建设总投资中，重工业占 85%，在工农业基本建设总投资中，重工业占 72.9%。以后优先发展重工业一直是中国经济建设的基本指导思想，甚至发展到“以钢为纲”的极端。重工业优先发展战略与我国当时经济发展水平下的资源禀赋及资源动员能力产生了尖锐矛盾。

① 何玉长：《当代中国社会制度的变迁》，河北大学出版社，2004 年 1 月，第 22、87、89、154 页。

② 北京师范大学社会发展与公共政策研究所于 2004 年 6—8 月在中西部五省市（湖北、山西、江西、重庆和甘肃）开展了农村住户抽样问卷调查。问卷除收集农户的基本家庭特征外，还重点收集了被调查户 2003 年的收入、消费和劳动与就业等方面信息，共获得 4515 份有效问卷数据。贫困户表现出了缺乏劳动力、未成年人数量多、在校学生多、老人多、残疾患病成员多、教育水平低以及劳动力负担系数高等明显的家庭或者个体特征。参见张秀兰、徐月宾、Midgley：《中国发展型社会政策论纲》，中国劳动社会保障出版社，2007 年 7 月，第 43～45 页。

③ 张秀兰、徐月宾、Midgley：《中国发展型社会政策论纲》，中国劳动社会保障出版社，2007 年 7 月，第 48 页。

续表

2000	3209	1700	3.4	8.9
2001	2927	1812	3.2	9.1
2002	2820	1752	3.0	8.8
2003	2900	1763	3.1	8.9
2004	2610	1613	2.8	8.1
2005	2365	1433	2.5	7.1
2006	2148	—	2.3	—

资料来源：根据 2006、2007 年《中国农村贫困监测报告》整理。

表 2　全国贫困人口地区分布①

地区	东部（%）	中部（%）	西部（%）
1993	10	39	51
2000	5	34	61
2005	6.0	5.7（东北部）+28.2	60.1

资料来源：鲜祖德（2004）、《2006 年中国农村贫困监测报告》。

二是农村贫困分布向区域性贫困与插花式贫困并存发展。农村人口数量的总体性贫困，反映在地域上就是成片地区处于贫困状态。具体表现为“老、少、边、穷”即老革命根据地、少数民族地区、边远地区与贫困地区。在 20 世纪 80 年代初，国家重点干预的是以干旱和贫瘠闻名的甘肃省的定西地区、河西地区和宁夏回族自治区的西海固地区。20 世纪 80 年代中期，国家重点干预的是 18 个连片贫困地区②。18 个贫困连片地区共覆盖了 664 个县③。这些县共有贫困人口 9339 万人，占当时全国贫困人口的近 80%④。1986 年，中央政府在 18 个连片地

① 根据新的地区划分标准，把全国划分为东部、中部、西部和东北四大地区。即东部地区：北京、天津、河北、上海、江苏、浙江、福建、山东、广东和海南共 10 个省市；中部地区：山西、安徽、江西、河南、湖北、湖南共 6 个省；西部地区：内蒙古、广西、重庆、四川、贵州、云南、西藏、陕西、甘肃、青海、宁夏和新疆共 12 个省区市；东北地区：辽宁、吉林、黑龙江共 3 个省。根据原来的划分，西部地区包括陕西、甘肃、青海、宁夏、云南、四川、贵州、重庆、西藏和新疆 10 省、区、市；中部地区包括山西、内蒙古、吉林、黑龙江、江西、安徽、河南、湖南和湖北 9 省区；东部地区包括河北、辽宁、江苏、浙江、福建、山东、广东、广西、海南、北京和上海 10 省、区、市。新旧地区划分使各地区贫困比例有难以比较的一面。

② 张岩松：《发展与中国农村反贫困》，中国财政经济出版社，2004 年 9 月，第 66 页。

③ 崔乃夫：《民政工作的探索》，人民出版社，1989 年 8 月，第 94～95 页。

④ 洪大用：试论中国贫困形势的演变。转引自杨团、关信平：《当代社会政策研究》，天津人民出版社，2006 年 8 月，第 282 页。

区中，第一次确定了592个贫困县作为国家重点扶持对象[①]。1994年国家调整贫困标准后对592个贫困县作了相应调整[②]。列入《国家八七扶贫攻坚计划》的592个国家重点扶持贫困县分布在全国27个省、自治区、直辖市，涵盖了全国72%以上农村贫困人口[③]。贫困县重点集中到中西部的同时（见表2），贫困人口在重点贫困县的集中度却有下降趋势。到2000年，592个国家扶贫工作重点县仅覆盖了没有解决温饱的53%的贫困人口[④]。中国农村贫困人口大多零星地散布于不同地区[⑤]。整个农村贫困人口分布呈点（14.8万个贫困村）、片（特殊贫困区）、线（沿边境贫困带）并存局面[⑥]。根据这种情况，2001年中国政府确定14.8万个贫困村作为新时期国家重点扶持单位[⑦]。在14.8万个贫困村中，西部占50%，中部占40%，东部占10%。虽然农村贫困仍然主要集中在中西部，但14.8万个贫困村分布却并不完全在592个扶贫工作重点县中。除北京、天津、上海和西藏不再存在贫困村之外，其他省、自治区、直辖市普遍存在贫困村（见表3）。在贫困村中贫困人口占总人口的比例只有37%，剩余贫困人口生活在非贫困村[⑧]。农村贫困人口在全国呈现出区域性贫困与插花式贫困并存分布格局。

---

① 又称国定贫困县。1985年，中国农村贫困标准为年人均纯收入206元。2001年，国家对592个国家贫困县进行了调整，重新确定了扶贫工作重点县。贫困县的名称也变了，由原来的“国家重点扶持贫困县”变为“国家扶贫开发工作重点县”。

② 当时规定，以县为单位，凡是1985年年人均纯收入低于150元的县，年人均纯收入低于200元的少数民族自治县，年人均纯收入低于300元在中国民主革命时期（1921—1949年）作出过重大贡献的老革命根据地县纳入国家重点扶持贫困县范围。1994年，中国政府重新调整了国家重点扶持贫困县标准。以县为单位，凡是1992年农民人均纯收入低于400元的县全部纳入国家重点贫困县扶持范围；凡是1992年人均纯收入高于700元的原国家重点扶持贫困县，一律退出国家扶持范围。

③ 国务院新闻办：《中国的农村扶贫开发》，2001年10月5日。凡是超过700元的县，90%以上的贫困人口基本上解决温饱问题。

④ 王国良：《中国扶贫政策——趋势与挑战》，社会科学文献出版社，2005年10月，第9、64、65页。

⑤ 王国良：《中国扶贫政策——趋势与挑战》，社会科学文献出版社，2005年10月，第210页。

⑥ 刘坚：《新阶段扶贫开发的成就与挑战——中国农村扶贫开发纲要（2001—2010）中期评估报告》，中国财政经济出版社，2006年7月，第9页。

⑦ 刘坚：《新阶段扶贫开发的成就与挑战——中国农村扶贫开发纲要（2001—2010）中期评估报告》，2006年7月，第113页。贫困村的选定在原则上是根据亚洲开发银行专家组提出的村级加权贫困指数（WPI）来进行。该指数对八个指标即人均年粮食产量、人均年现金收入和土坯房的农户比重、饮水有困难的家庭比重、农户的通电率、通机动车的自然村比重、女性长期患病率、中小学生辍学率在村级进行加权得出。通过这种方式对贫困村的选择不仅考虑到了收入因素，同时也考虑了基础设施和社会发展指标，利用这些综合因素能比较全面地反映一个村庄的贫困状况。

⑧ 刘坚：《新阶段扶贫开发的成就与挑战——中国农村扶贫开发纲要（2001—2010）中期评估报告》，中国财政经济出版社，2006年7月，第118页。据作者推断，贫困村的瞄准错误率约为60%。因此，贫困村确定的准确性并不乐观。

表 3　全国贫困村在各省、自治区、直辖市的分布　　单位：个、%

	行政村	贫困村	占全国贫困村比例	占本省行政村比例
北京	4156	0	0.0	0.0
天津	3872	0	0.0	0.0
河北	50214	7102	4.79	0.14
山西	32363	10510	7.10	0.32
内蒙古	14153	5000	3.38	0.35
辽宁	16297	2330	1.57	0.14
吉林	10366	3800	2.57	0.37
黑龙江	14918	3052	2.06	0.20
上海	2967	0	0.00	0.00
江苏	37231	1025	0.69	0.03
浙江	44463	2982	2.01	0.07
安徽	31031	5000	3.38	0.16
福建	15087	207	0.14	0.01
江西	20899	5000	3.38	0.24
山东	88619	4576	3.09	0.05
河南	48275	10449	7.05	0.22
湖北	33341	7519	5.08	0.23
湖南	48576	5472	3.69	0.11
广东	23618	4086	2.76	0.17
广西	14962	4060	2.74	0.27
海南	2655	720	0.49	0.27
重庆	21728	3270	2.21	0.15
四川	55970	10000	6.75	0.18
贵州	26007	13973	9.43	0.54
云南	13374	11344	7.66	0.85
西藏	7198	0	0.00	0.00
陕西	32561	10700	7.22	0.33
甘肃	17750	8790	5.93	0.50
青海	4109	2453	1.66	0.60
宁夏	2633	1105	0.75	0.42
新疆	8927	3606	2.43	0.40
全国	748320	148131	100.00	0.20

资料来源：全国农业普查办公室（2000）、国务院扶贫办、世界银行和国家统计局农调队①。

① 刘坚：《新阶段扶贫开发的成就与挑战——中国农村扶贫开发纲要（2001—2010）中期评估报告》，中国财政经济出版社，2006 年 7 月，第 114～115 页。

三是农村贫困原因出现了由资源性贫困向资源性贫困与能力性贫困并存转变。改革开放之前，资源缺乏是农村贫困的主要原因。建国时期，“占农村人口总数不到10%的地主、富农，占有土地70%～80%”，广大农民既没有足够的土地资料也没有充足的生产资料，“当时占总农户60%～70%的贫农、贫下中农，平均每户只有11.7亩耕地，每2户才有一头耕畜，每3户才有一张犁，每17户才有一架水车”①，只能进行原始的简单再生产。改革开放初期，没有解决温饱问题的广大农民也主要分布在自然条件十分恶劣、自然资源十分贫乏的山区。1984年中央确定的18个连片贫困地区，“绝大部分是山区或者边远地区”②。在这些贫困地区，有91%的贫困人口居住在山区，其他贫困人口居住在风沙区、沙化区和干旱区③。在实施“八七”扶贫攻坚计划前的8000万农村贫困人口也主要“分布在中西部的深山区、石山区、荒漠区、高寒山区、黄土高原区、地方病高发区以及水库库区，而且多为革命老区和少数民族地区”④。从20世纪末21世纪初全国14.8万个贫困村分布看，一半以上的贫困村也主要分布在自然条件恶劣、资源缺乏地区⑤（表4）。

表4　全国贫困村的地理和民族分布（%）

	平原	丘陵	山区	少数民族地区
贫困村	27.8	17.4	54.8	34.1
非贫困村	47.1	30.1	22.8	9.2

资料来源：世界银行和国家统计局农调队。

在20世纪90年代后，随着农村贫困总体规模的不断下降，贫困人口能力以及医疗、教育问题逐渐上升为主要致贫因素。区域性自然条件不再是导致贫困的唯一因素。人力资本、参与市场竞争的机会与能力等成为影响农民收入的重要原因⑥。贫困和低收入农户劳动力平均受教育年限（6.5年、6.8年）以及高中及高中以上文化程度（分别为6.5%、5.6%），远远低于全国平均水

① 何玉长：《当代中国社会制度的变迁》，河北大学出版社，2004年1月，第20、21、26页。
② 《中共中央、国务院关于帮助贫困地区尽快改变面貌的通知》，1984年9月29日。
③ 康晓光：《中国贫困与反贫困理论》，广西人民出版社，1995年，第44～47页。
④ 《国务院关于印发国家八七扶贫攻坚计划的通知》（国发［1994］30号），1994年4月15日。
⑤ 柳拯：《当代中国社会救助政策与实务研究》，中国社会出版社，2005年5月，第9页。
⑥ 洪大用：试论改革以来中国贫困形势的演变，转引自杨团、关信平：《当代社会政策研究》，天津人民出版社，2006年8月，第283页。

平[①]。农村贫困户、低收入户劳动力素质相对较低这个事实，从另一角度说明了能力性因素正逐步成为与资源缺乏并重的主要致贫因素（见表5）[②]。从1998年至2003年，疾病损伤与劳动力缺乏成为主要致贫原因（疾病损伤在致贫因素中的比重上升了11.8%，劳动力缺乏致贫上升了3.9%）[③]（见表6）。这种情况的出现，一定程度上印证了印度著名经济学家阿玛蒂亚·森关于贫困是贫困人口创造收入的能力和机会的贫困的理论[④]。能力缺乏、因病致贫问题的出现成为新时期我国农村贫困又一个新的特点。由资源性贫困到资源性贫困与能力性贫困并重，说明我国农村贫困形势演变的逐步复杂与反贫困斗争的日益艰难。

四是农村贫困性质出现了由生存性贫困向生存性贫困与发展性贫困并重方向发展趋势[⑤]。20世纪70年代末以来的农村贫困状况如下[⑥]（见表7）。

---

① 国家统计局调查证明，在文盲、半文盲到大学以上几个文化层次中，农户成员平均每提高一个档次，家庭收入就可以增加34.9元。

② 国家统计局农村社会经济调查司：《2006年中国农村贫困监测报告》，中国统计出版社，2006年12月，第9、13页。从2005年农村贫困户、低收入户与全国农村劳动力受教育平均程度比较看，全国人均受教育程度为8.0年，相当于初中二年级水平，高中及高中以上文化程度平均为13.7%。

③ 卫生部：《2003年第三次国家卫生服务调查》。

④ 张岩松：《发展与中国农村反贫困》，中国财政经济出版社，2004年9月，第27页。

⑤ 贫困的直接表现是物质的短缺。英国人郎特里在1899年从物质短缺角度，在人类历史上第一次提出了系统的贫困定义。他认为，缺乏获得一定量物品与服务的经济资源和经济能力的人或家庭的生活状况即是贫困。我国国家统计局在20世纪80年代末也是从直观的、物质的或经济学意义上理解贫困的。从物质角度理解的贫困反映了贫困在生理生存方面的内涵，又称生存性贫困。由于这种贫困同时反映了最低限度生存需要的“绝对标准”，又称为绝对贫困。以这个定义确定的生活费用标准，被称为生存性贫困标准或绝对贫困标准。生存性贫困标准或绝对贫困标准反映了贫困人口不能满足在当时社会生产和生活方式下维持正常生命活动所必需的基本生存需求状态。这种贫困线之所以是低水平的，基于两方面原因：一是达到食物贫困线只能提供维持生存的果腹食品，而无法提供维持健康生存的食品。二是在生存性贫困线上，食物消费支出份额达到贫困标准的85%。这是一种典型的以生存为本的温饱标准。之所以提出这种低水平的贫困标准，反映了当时社会普遍贫困的现实，也是为更好地集中资源投入经济建设。生存性贫困概念与标准的提出，反映了当时大面积、低水平的农村贫困现实。发展性贫困，指的是个人或家庭能够基本上达到自给有余的生存状态。这种状态虽然可以满足个体或家庭的基本生活，但还不足以使其达到一个社会的平均生活水平。依据这种贫困状态确定的发展性贫困线或发展性贫困标准指的是能够基本达到自给有余生活状态的最低生活费用。这种贫困是初步解决了温饱之后的贫困，又称相对贫困。发展性贫困标准又称相对贫困标准，有时又称为低收入标准。参见洪大用：试论改革以来中国贫困形势的演变，转引自杨团、关信平：《当代社会政策研究》，天津人民出版社，2006年8月，第279页；康涛：关于中国农村贫困与反贫困的研究，《华中农业大学学报》（社会科学版），2002年4月。

⑥ 我国于80年代中期开始根据全国农村住户调查分户资料确定农村贫困问题。其中，1985年、1990年、1994年、1997年的农村贫困标准由国家统计局确定，其他年份的农村贫困标准使用农村居民消费价格指数进行更新。

表 5　2005 年全国劳动力文化程度比较（%）

	文盲半文盲	小学	初中	高中	中专	大专及以上
全国	6.9	27.2	52.2	10.2	2.4	1.1
贫困户	16.8	38.2	38.6	5.5	0.7	0.3
低收入户	14.4	36.6	43.4	4.8	0.7	0.1

资料来源：《2006 年中国农村贫困监测报告》。

表 6　中国农村贫困人口的主要致贫原因（%）

	劳动力缺乏	疾病损伤	自然条件	人为因素	其他因素
1998	23	21.6	16.9	10.6	27.7
2003	27.1	33.4	17.2	8.5	13.8

资料来源：《2003 年第三次国家卫生服务调查》。

表 7　1978 年以来全国农村绝对贫困标准（年人均纯收入）

年份	1978	1984	1985	1986	1987	1988	1989	1990
贫困线（元/人）	100	200	206	213	227	236	259	300
年份	1992	1994	1995	1997	1998	1999	2000	2001
贫困线（元/人）	317	440	530	640	635	625	625	630
年份	2002	2003	2004	2005	2006	2007		
贫困线（元/人）	627	637	668	683	693	785		

资料来源：根据历年《中国农村贫困监测报告》整理。

从表 7 可以看出，改革开放初期，我国的农村贫困标准是低水平的，广大农村面临的主要是“衣不蔽体、食不果腹、房屋破旧”等生存性贫困或绝对贫困问题。在许多贫困地区，缺乏起码的生存条件。许多地方口粮短缺，没有水喝、没有衣穿、没有房住。从全国来讲，在 1952—1978 年间农民人均粮食消费量基本停滞在 191.5 公斤左右[①]。到 1994 年仍然有 8000 万农村贫困人口“居住偏远，交通不便，生态失调，经济发展缓慢，文化教育落后，人畜饮水困难，生产生活条件极为恶劣”，基本挣扎在死亡线上[②]。通过实施“八七”扶贫攻坚计划，到 2000 年实施《中国农村扶贫开发纲要》前，“全国农村贫困人口的温饱问题已经基本解决”[③]。随着生存性贫困或绝对贫困问题的逐步解决，到 20 世纪 90 年代，

① 中共中央文献研究室编：《三中全会以来重要文献汇编》，人民出版社，1982 年 8 月，第 274 页。
② 《国务院关于印发国家八七扶贫攻坚计划的通知》（国发［1994］30 号），1994 年 4 月 15 日。
③ 《中国农村扶贫开发纲要（2001—2010）》。

特别是 21 世纪以来，发展性贫困或者说相对性贫困问题逐步突出，成了与生存性贫困或绝对贫困同等重要的问题。到 2000 年，全国农村有低收入人口 6213 万人（表 8）。尽管这些年有所减少，但农村低收入人口的绝对数仍然巨大，到 2006 年底还有 3550 万人①。农村低收入人口占总体农村贫困人口的比例达到 2/3②。在温饱问题基本解决后，导致家庭贫困的因素也主要由温饱不足转向教育、卫生以及人的素质问题（表 6）③。农村教育、医疗条件与服务的不足，已逐步成为主要致贫因素。

表 8　历年农村低收入标准、人口及占乡村人口比重

年份	低收入标准（元）	低收入人口（万人）		占乡村人口比重（%）	
		全国	重点县	全国	重点县
2000	865	6213	—	6.7	—
2001	872	6103	—	6.6	—
2002	869	5825	3076.1	6.2	15.5
2003	882	5617	2946.1	6.0	14.8
2004	924	4997	2580.0	5.3	12.9
2005	944	4067	2179.0	4.3	10.8
2006	958	3550	—	3.7	—

资料来源：根据《2006 年中国农村贫困监测报告》与《2007 年中国农村住户调查年鉴》整理。

5.1.2　农村贫困治理

中国是一个具有卓越反贫困智慧的民族。在长期的农村反贫困实践中，中国

---

① 根据国家统计局最新公布数据显示，截至 2007 年底，全国农村贫困人口存量为 4320 万人，其中绝对贫困人口 1479 万，低收入人口 2841 万。农村贫困标准提高到 1067 元，将绝对贫困线和低收入贫困线“合二为一”，统一称为贫困线。新的贫困线不仅关注贫困人口维持基本生存所需要的收入，还考虑他们在教育、医疗保障方面的支付能力。目前正在考虑将贫困线提高到 1300 元的新标准。这个标准按照实际购买力计算首次达到日收入 1 美元的国际标准。如果贫困线提高至年收入约 1300 元，全国农村贫困人口将由 4000 万增加到 8000 万。

② 正是对发展性贫困的关注与重视，国家统计局决定从 1998 年开始测算农村低收入标准和低收入人口比重，从 2000 年起向社会发布。测算方法是：采用 1997 年的食物贫困线，再利用在贫困状况下食物消费份额占总生活消费的 60%的假设，计算低收入标准为 865 元。

③ 降低孕产妇死亡率和妇女发病率的目标没有实现，西南、西北九省孕产妇平均死亡率高达 1.77%，为全国平均水平的 2.8 倍；全国有近 8%的婴儿没有享受免疫接种，其中贫困农村地区比例达到 13%；消除新生儿破伤风至 1%以下的目标没有实现；中西部人口预期寿命相对较低等等。据统计，到 20 世纪末，中国仍有近 1 亿人没有获得医疗服务或不能及时得到医疗服务；近 20%的县未达到“2000 年人人享有初级卫生保健”规定的合格或基本合格标准（WHO，2000；胡鞍钢，2003）。与全国平均水平相比，贫困地区教育形势更加严峻。2005 年全国重点贫困县 7～15 岁农村适龄儿童的失学率为 11.4%，重点贫困村适龄儿童的失学率是 13.4%。

人民探索、总结、归纳、提炼出了独具特色的农村贫困治理模式。这就是经济发展、扶贫开发与社会保障[①]“三驾马车”有机联系、相互支撑、共同发展的农村贫困治理模式。应该说，我国之所以能够在 20 多年的时间里解决 2 亿多贫困农民的温饱问题，就是“三驾马车”农村贫困治理模式实施效果的最好证明[②]。

5.1.2.1　经济发展

经济发展是解决民生的基础与根本，也是治理农村贫困的主要途径。我国是一个农业大国。农民是我国人口的主体。新中国成立初期，一方面通过没收、改造官僚资本和外国垄断资本建立社会主义国营经济；另一方面，通过土地改革与农村合作化运动（表 9）推动农村经济发展。1966 年以后经济发展的体制基础遭到破坏，工农业经济全面停滞，1966 年至 1976 年成了共和国历史上被荒废的十年[③]。1978 年中国共产党十一届三中全会后，中国社会正式步入改革发展时期。随着农村经济体制改革的推进和对外开放步伐的进一步加快，经济也进入了历史上发展最快、最好的历史时期[④]。

---

① 含社会保险、社会救助、社会福利、社会互助。

② 从历史看，“三驾马车”农村贫困治理模式最早孕育于新中国成立伊始，形成于 1984 年至 1986 年。针对新中国成立前后我国农村面临大规模的严重自然灾害、饥荒与贫困问题，党中央、国务院在《中国人民救济总会章程》中提出了“生产自救，节约度荒，群众互助，以工代赈，并辅之以必要的救济”的救灾救济工作方针。应该说，这二十五字救济方针的提出，实质上是在当时的历史条件与现实可能的大背景下提出了一种治理农村贫困的思路或治理农村贫困的政策框架。这就是“三驾马车”的农村贫困治理模式。这种贫困治理模式尽管还没有把专项扶贫开发包括进来，只有生产自救与社会救济“两驾马车”在行驶，但已把反贫困与经济发展和农村社会救济结合起来，为“三驾马车”农村贫困治理模式的形成搭建了主要框架。这个时期形成的“两驾马车”农村贫困治理模式的最大特点是：从贫困治理的主体看，是在充分发挥党委政府组织者、领导者与管理者作用的同时，突出了贫困对象对贫困治理的参与；从治理贫困的内容看，不仅仅是单纯的实物与款物发放，而是在款物发放同时注意激发贫困对象的主动性、积极性，通过强调贫困对象自身劳动摆脱贫困；从治理贫困的方式看，不是直接、简单的物质给予，而是通过间接的支持与帮助，使贫困对象依靠自身脱离贫困，一定程度上维护了贫困农民的自尊与自信。尽管由于当时普遍性贫困占支配地位，国民经济处于恢复期，重工业战略又刚刚起步，救济水平偏低，但由于这种贫困治理模式产生于当时的经济与社会条件，适合中国本土特色与需要，运行起来具有旺盛的生命力。“两驾马车”农村贫困治理模式在社会主义改造和人民公社运动期间得到了进一步完善与发展。“文革”期间，当时中央认为经过 10 多年的社会主义建设，中国已经不存在贫困问题。1978 年以后，党和政府进一步总结农村反贫困经验教训，在进一步强化农村经济体制改革、推动农业经济发展、健全规范农村社会救济的同时，针对一些没有解决温饱问题的重点地区进行了重点支持。1986 年中央政府在总结“三西（甘肃的定西、河西与宁夏的西海固地区）农业建设计划”实践与多年专项扶贫试点经验基础上，正式启动了开发式扶贫。开发式扶贫行动的开始，标志着我国在治理农村贫困方面，除经济发展与社会保障外，又多了一种强有力的举措。这种举措出台，标志着“两驾马车”农村贫困治理模式的最终终结，“三驾马车”农村贫困治理模式的正式登场。从此，中国农村贫困治理走上了一条有计划、有组织、有资金、有政策、大规模、效益高的路子。

③ 何玉长：《当代中国社会制度的变迁》，河北大学出版社，2004 年 1 月，第 93、95、97 页。

④ 王国良等：《中国扶贫政策——趋势与挑战》，社会科学文献出版社，2005 年 10 月，第106～107 页。

表9 1950年至1957年中国农村合作化情况（%）

年份 成分	1950	1951	1952	1953	1954	1955	1956	1957
参加互助组合作社的农户占总农户的比重。其中：	10.7	19.2	40.0	39.5	60.3	64.9	96.3	97.5
生产互助组	10.7	19.2	39.9	39.3	58.3	50.7	—	—
初级合作社	—	—	0.1	0.2	2.0	14.2	8.5	1.3
高级合作社	—	—	—	—	—	—	87.8	96.2

资料来源：谢明干，罗元明：《中国经济发展四十年》，人民出版社，1990年。

表10 1970—2002年中国经济的年均增长率与减贫率（%）

	改革前	改革时期				
	1970—1978	1979—1984	1985—1995	1996—2000	2001	2002
国民生产总值(GDP)	4.9	8.5	9.7	8.2	7.5	8.0
减贫率	30.7（1978）	22.75	9.7	4.06	3.2	3.0
农业	2.7	7.1	4.0	3.4	2.8	2.9
工业	6.8	8.2	12.8	9.6	8.4	9.8
服务业	NA.	11.6	9.7	8.2	8.4	7.5
粮食产量	2.8	4.7	1.7	0.03	—2.16	0.38
油料作物	2.1	14.9	4.4	5.6	—3.04	1.13
人口	1.80	1.40	1.37	0.90	0.70	0.65
人均GDP	3.1	7.1	8.3	7.1	6.7	7.2

资料来源：国家统计局各期《中国统计年鉴》；农业部各期《农业统计年鉴》；《2006年中国农村贫困监测报告》。

从表10、表12可以看出，在1978年以前，全国基本上有1/3的人口处于绝对贫困状态。1978年的贫困发生率是30.7%。随着经济的不断增长，农村贫困发生率由1978年的30.7%减少到1979—1984年间的年均22.75%，1985—1995年间的年均9.7%，1996—2000年间的年均4.06%，到2002年的3%。经济增长是减贫的重要因素（Chen，Wang，2005）①。从1978—2002年，中国农村贫困发生率下降了29.8%，其中经济增长作用占了92%。有研究显示，我国农村贫困人口减少与经济增长的弹性系数为—0.8，即GDP每增长1个百分点，农村贫困人口可以减少0.8%（汪三贵、李周、任燕顺，2004）。有的专家则认为，

① 王国良：《中国扶贫政策——趋势与挑战》，社会科学文献出版社，2005年10月，第15页。

我国人均 GDP 每增长 50%，贫困发生率就下降 20%左右。但是，这种经济增长对减贫作用不是直线式的、无止境地增长。在经济增长与贫困发生率之间存在着"U"形数量关系①。

表 11　2005 年农村居民纯收入及构成

指标	收入水平（元）			收入构成（%）		
	全国	贫困人口	低收入人口	全国	贫困人口	低收入人口
人均纯收入	3255.4	552.0	860.0	100.0	100.0	100.0
一、工资性收入	1174.5	148.4	232.8	36.1	26.9	27.1
二、家庭经营收入	1844.5	361.8	571.7	56.7	65.6	66.5
1. 第一产业	1469.6	339.3	531.4	45.1	61.5	61.8
其中：种植业	1097.7	318.8	464.2	33.7	57.8	54.0
2. 非农产业	374.9	22.6	40.3	11.5	4.1	4.7
三、财产性收入	88.4	8.6	13.5	2.7	1.6	1.6
四、转移性收入	147.4	33.1	42.1	4.5	6.0	4.9

资料来源：全国农村住户抽样调查，引自《2006 年中国农村贫困监测报告》。

在经济增长中，农业经济增长对减少农村贫困的关系更为密切。与富裕农民相比，农村贫困人口收入结构单一，收入更多地依赖于来自第一产业即农业的收入（表 11），农业收入增长对减贫具有更加重要的意义；对于已经脱离极端贫困的人口来说，非农业收入增加则对巩固这部分人口的脱贫效果乃至于摆脱低收入局面的意义更大些②。农业产出增长越快，农村贫困发生率越低。据研究，农业产出比例每提高 1 个百分点，将导致农村贫困发生率减少 0.487 个百分点。相反，导致贫困发生率的下降幅度减少 6.3 个百分点（表 12）。农业收入增长主要依靠三个因素即制度、产量与价格③。在 20 世纪 70 年代末 80 年代初，通过实施家庭联产承包责任制、大幅度提高农产品收购价格，1985 年前农村居民纯收入

① 黄季焜等人通过利用世界银行跨国别数据和全国水平数据（1980—2002）与各省时间序列数据（1985—2002），运用简单的最小二乘法（OLS）进一步验证了经济增长和收入分配对贫困的影响。

② 王国良：《中国扶贫政策——趋势与挑战》，社会科学文献出版社，2005 年 10 月，第 18～19 页。在经济发展前期，经济增长对发展中国家贫困发生率的下降起到了关键性作用。以 2005 年农村居民收入构成为例，农村贫困人口收入的 65.6%来自于家庭经营收入，比全国农村居民平均农业收入高 9%。这说明，家庭收入越低的农户对农业收入的依赖越大。

③ 以至于有的专家认为制度变迁是 20 世纪 80 年代早期农业和农村经济增长的主要动力（Lin，1992）。

增长速度超过了全国人均GDP增长速度①，1978—1985年也成为农村贫困下降速度最快时期。到20世纪80年代后期，农村家庭联产责任制变迁带来的一次性效应基本释放完毕。由于单位面积的农业产量和农业产品价格上升空间受到限制，制约了农业收入大幅度增长，粮食和农业部门的增长率开始下降，同期农村贫困减少速度也开始放缓②。

表12 对中国贫困发生率变化的分解效应分析（1978—2002年）（%）

	由各因素变化所导致的贫困发生率的变化	对贫困发生率变化的贡献
1978—2002年		
人均GDP	−27.5	92
农业GDP所占份额	6.3	−21
其他因素	−8.6	29
贫困发生率的变化	−29.8	100
1978—1984年		
人均GDP	−10.4	48
农业GDP所占份额	−1.9	9
其他因素	−9.6	44
贫困发生率的变化	−21.9	100

资料来源：引自王国良等：《中国扶贫政策——趋势与挑战》，社会科学文献出版社，2005年10月，第125页。

在农户收入中，非农收入比重逐年增加。到2000年，全国农民的非农收入第一次超过农业收入，农民总收入中的非农收入所占比例超过了50%③。农民的非农收入主要包括农村非农产业发展与人口流动到城镇的工作收入。改革开放初期，乡镇企业通过提供就业岗位为减少农村贫困作出过重大贡献④。农民收入的

① 根据林毅夫的研究，在1978年到1984年间，中国农业总产出增长中，30%属于常规增长，42%的增长来源于家庭承包制的实行，15%来源于农产品市场与价格的改革。谢国力的研究同样证明了这一点。转引自王国良等：《中国扶贫政策——趋势与挑战》，社会科学文献出版社，2005年10月，第216页。

② 王国良等：《中国扶贫政策——趋势与挑战》，社会科学文献出版社，2005年10月，第18、19、108、109页。

③ 王国良等：《中国扶贫政策——趋势与挑战》，社会科学文献出版社，2005年10月，第110页。

④ 王国良等：《中国扶贫政策——趋势与挑战》，社会科学文献出版社，2005年10月，第20页。增长效果的分配同样对减少贫困起着重大作用。王国良等专家认为，基尼系数每降低1个百分点，贫困发生率就下降0.6个百分点。

另一方面来自外出就业收入[①]（表13）。由于农村贫困人口受教育程度较低[②]（表14）且多数农村贫困人口家庭地处偏远，流动成本较高，农村贫困家庭成员向外流动频率与总量不足，打工收入在家庭总收入中所占比重较少[③]。农业收入增长空间限制以及乡镇企业发展局限，加大向外流动逐步成为贫困农民脱离贫困的主要途径之一。

表13　农村家庭收入差别情况（%）

	有外出打工家庭	无外出打工家庭
家庭户平均收入	7508	6256
家庭收入1000元以下	3.2	8.10
1000～4999元	38.3	44.2
5000～9999元	36.2	31.8
10000～19999元	18.0	13.3
20000～29999元	3.50	2.10
30000元以上	0.80	0.60

资料来源：国家统计局，2003年。

表14　流动人口和常住人口受教育程度比较（%）

	不识字	小学	初中	高中以上
城镇常住人口	6.5	13.5	35.9	44.1
流动人口	10.3	24.2	52.2	13.3
农村常住人口	19.2	38.2	36.9	5.7

资料来源：转引自王国良：《中国扶贫政策——趋势与挑战》，第22页，社会科学文献出版社，2005年10月。

从长远来看，农民收入增长途径是工业化发展。国际、国内发展实践充分证明，不同的工业化发展方式或战略对减少农村贫困作用的程度是不同的。广大贫困农民家庭收入来源是家庭劳动力就业。有利于吸纳劳动力就业的工业化方式就

① 统计证明，农村居民家中有没有人在外打工对家庭收入有很大影响。

② 王国良等：《中国扶贫政策——趋势与挑战》，社会科学文献出版社，2005年10月，第113页。参考黄季焜等人的研究。

③ 根据黄季焜等人的研究，在诸多影响农村贫困人口外出打工的因素中，教育是第一重要因素。在20世纪80年代，农民受教育年限每增加1年，他们外出打工概率就增加10个百分点，从事工资性收入工作的概率就上升6个百分点。到20世纪90年代，受教育年限每增加1年，外出打工概率增加18%，从事非农业的概率则上升17%。加大农村贫困人口的基础教育与职业技术培训是下一步增加农民非农收入、切实解决农村贫困需要考虑的重大问题。

能够促进贫困程度下降。反之，无助于贫困人口的减少。Khan（1996，2000）认为，改革开放以来，除农业增长的就业弹性外，其他行业产出增长以及整个经济增长的就业弹性在 20 世纪 80 年代中期之后出现了下降趋势；与国有和集体企业相比，私营和其他非国有、非集体企业产出增长的就业弹性要大得多（表 15）。因此，必须调整工业化发展战略或发展方式，在产业、金融与就业政策等方面加大对私营企业支持，为广大贫困人口提供就业和共享经济成果的机会。

表 15　按产业增长和所有制性质企业产出的就业弹性

产业		就业弹性	
		1978—1984	1984—1994
GDP 就业弹性		0.33	0.27
农业 GDP 的农业就业弹性		0.20	0.31
工业 GDP 的工业就业弹性		0.62	0.27
服务业 GDP 的服务业就业弹性		0.67	0.58
企业类型	就业弹性	企业类型	就业弹性
所有企业	0.037	集体企业	−0.176
国有企业	0.032	私营或其他所有制企业	0.874

资料来源：Khan，1996；2000。

综上所述，经济增长是治理农村贫困的重要途径，但并不是减少贫困的唯一因素。经济增长对减少农村贫困的作用是有限的，也是难以持续的。种种研究表明，经济增长对农村贫困治理的边际效益存在不断递减的趋势①。这种趋势表明，在经济增长之外必须寻找更加有效的农村贫困治理方式。

5.1.2.2　扶贫开发

要解决大规模的农村贫困问题，必须进行创造性的制度安排，制定更有针对性的专项治理政策与措施。扶贫开发作为一项同时具有经济发展功能和专向减贫作用的政策应运而生。

---

① 其原因在两方面：一是不同类型经济增长方式或发展战略对农村贫困治理的作用是不同的。只有适合农村贫困人口的素质与能力特点且有利于农村贫困人口就业的经济增长方式或发展战略，才能有利于促进农村贫困治理，减少贫困人口规模。反之，不仅无助于贫困人口减少而且有可能加深农村贫困程度。二是不同分配方式与策略对农村减贫效果也是不同的。经济发展遵循的是市场规律。优胜劣汰是市场经济的必然结果。经济发展成果不会自动滴漏到每一个社会成员。在市场经济体制环境中，各种生产资源在得到优化配置的同时将出现贫者越贫、富者越富的两极分化局面。要解决这种市场失灵问题，政府必须加大对经济增长成果的收入分配调节。这就需要社会保障的介入。

专项扶贫开发最早开始于20世纪的70年代末80年代初①。改革开放初期，为改变农村普遍贫困状况，国家进行了三方面体制改革：一是以家庭联产承包经营制度取代人民公社集体经营制度。二是实行了以市场化为取向的农产品交易制度变革。三是推动了乡镇企业的崛起②。在推动体制改革治理农村贫困的同时，中国政府启动了相关扶贫行动。1979年中共中央四中全会在《中共中央关于加快农业发展若干问题的决定》（下称《决定》）中最早提出了专项扶贫问题。③1980年，国务院设立"支援经济不发达地区发展资金"，正式开始区域扶贫行动。1984年《中共中央、国务院关于帮助贫困地区尽快改变面貌的通知》（下称《通知》），进一步发展了《决定》中关于开展专项扶贫的思想并提出了进一步放宽政策、减轻负担、搞活商品流通、加强领导等优惠政策与保障措施④。随着普遍性、生存性贫困的逐步缓解，相对集中的区域性贫困越来越成为农村贫困的主要特点。为解决多数贫困群体聚集地区的贫困问题，国家在1986年启动了中国历史上最大规模的农村扶贫计划。当年确定592个县作为国家重点扶贫对象⑤。通过八年的不懈努力，农民收入得到了进一步提高，农村贫困人口进一步减少⑥。农村扶贫计划的提出标志着传统的救济式扶贫正式向开发式扶贫转变，标志着中国进入了依靠大规模扶贫开发治理农村贫困的新阶段⑦，全国农村贫困人口由1.25亿持续减少到8000万，平均每年减少640万，年均递减率为6.2%，

---

① 扶贫开发既继承了新中国成立初期的"生产自救"活动以及经济发展的经验，也注重发挥政府的经济调节功能。从这个角度看，扶贫开发既是经济发展的重要组成部分，也是对传统救济行为的创造性发展。

② 张岩松：《发展与中国农村反贫困》，中国财政经济出版社，2004年9月，第64～66页。乡镇企业的出现，打破了农村单一的投资与就业制度格局，优化调整了农村经济结构，推进了富余农村劳动力向非农产业的转移，开始了农村工业化进程。

③ 中共中央文献研究室：《三中全会以来重要文献汇编》，人民出版社，1982年8月，第277～283页。

④ 《中共中央、国务院关于帮助贫困地区尽快改变面貌的通知》，1984年9月29日。

⑤ 从20世纪80年代初期将扶贫对象由大范围的"老、少、边、穷"地区缩小到1982年实施的"三西"农村建设计划、到实施1984年《中共中央、国务院关于帮助贫困地区尽快改变面貌的通知》确定的18块集中连片地区到1986年把县作为扶贫单元，扶贫范围在不断缩小的同时，也不断提高了扶贫的针对性和瞄准率。这是扶贫工作不断探索、扶贫经验不断积累的结果。

⑥ 张岩松：《发展与中国农村反贫困》，中国财政经济出版社，2004年9月，第69页。据1993年统计，1991—1993年，全国扶贫开发资金中，用于工业投入资金比例由37%增长到43.8%，农业投入比例则从31.3%下降到26.9%。大多数地区选择了以地方工业发展为中心的经济增长方式，"促进区域经济增长带动扶贫"的开发式扶贫战略演变成"贫困地区工业化投资战略"。由于各地热衷于项目投资，其结果是有利于地方财政的工业投入比例大大提高了，直接用于解决贫困人口温饱问题的农业投入比例下降了，与改善贫困人口生产生活环境条件密切相关的交通、文教、卫生等方面投入也下降了。

⑦ 国家重点扶持贫困县人均纯收入由1985年的206元增长到1993年的483.7元。

贫困人口占农村总人口的比重由1985年的14.8%下降到1993年的8.7%。农村贫困人口越来越集中到中西部以及自然条件恶劣、基础设施薄弱和社会发展相对滞后的西南大山区（缺土）、西北黄土高原区（缺水）、秦巴贫困地区（水土流失）以及青藏高原区（缺少光热）等地。这些地区人力资源与自然资源匮乏，解决问题的难度更大、问题更多，需要集中更多的人力、物力与财力，需要打一场攻坚战。因此，国务院于1994年4月5日发布了《国家八七扶贫攻坚计划》。这是中国政府第一次正式发布的有明确目标、对象、措施、期限的反贫困纲领性行动计划①。通过七年治理，基本上实现了《国家八七扶贫攻坚计划》中确定的到20世纪末解决贫困人口基本温饱的目标②。针对国家"八七"扶贫攻坚计划实施后农村贫困人口规模总量缩小、分散与集中分布并存的特点，国家于2001年下发了《中国农村扶贫开发纲要（2001—2010年）》，对农村扶贫政策作了进一步调整：一是在扶贫目标上，把解决温饱问题与提高生活质量相结合。在解决吃饭问题的同时，为小康生活创造条件。二是在扶贫方针上，将扶贫开发与社会保障相结合。在继续坚持开发式扶贫方针、依靠贫困群众自我发展、自我积累脱贫致富的同时，注意通过社会保障方式解决"少数社会保障对象"、特困人口和部分残疾人的温饱问题。三是在扶贫对象与重点上，把解决尚未解决温饱人口与巩固初步解决温饱人口的扶贫成果相结合。把国家负责解决"老、少、边、穷集中连片地区贫困问题（含592个重点扶贫工作县）"与地方负责扶持贫困乡村相结合；把以县作为扶贫基本单元与启动以村为基本扶贫瞄准单位相结合。四是在扶贫内容与途径上，以增加贫困人口收入为中心，以改善生态环境为原则，把发展种养业与推进农业产业化经营相结合，把解决贫困人口吃饭问题与改善贫困地区基本生产生活条件相结合；把加大科技扶贫力度与提高贫困群众科技素质相结合；把

---

① 参看《国务院关于印发国家扶贫攻坚计划的通知》（国发［1994］30号）。与前两个阶段相比，这个时期的扶贫开发有四个特点：一是扶贫责任与权限更加清楚。中央主要负责计划的全面部署与督促检查、扶贫物资与资金分配、组织调查研究与经验推广、制定实施政策与措施、协调解决其他有关问题。实行省长（自治区主席、市长）负责制，负责制订具体实施计划，集中物力、财力按期完成本计划规定任务。贫困县具体负责计划落实。二是扶贫政策措施力度加大。主要扩大了中央财政专项拨款规模、专项安排"新增财政扶贫资金"并逐年提高、扩大了扶贫贷款贴息资金规模。三是扶贫指导方针更加明确。继续坚持开发式扶贫方针，重点发展有助于直接解决温饱问题的种植业、养殖业和相关加工运销业以及资源开发型和劳动密集型的乡镇企业，有计划有组织地发展劳动力输出，对少数特别困难村庄和农户实行开发式移民。四是社会力量参与。在鼓励政府机构定点扶贫、对口帮扶的同时，积极动员国内社会力量和民间团体以及国际组织、区域组织、政府与非政府组织共同参与扶贫行动。

② 张岩松：《发展与中国农村反贫困》，中国财政经济出版社，2004年9月，第71页。到2000年底，中国农村贫困人口由8000万下降到3200万，生存性贫困发生率下降到3%左右。这是世界反贫困史的一个伟大壮举，获得了世界各国的普遍认同与高度评价。

推进移民搬迁与扩大劳务输出相结合；把推动地方政府创造政策环境与投资条件和鼓励多种所有制经济组织参与扶贫开发相结合。五是在政策保障上，把扶贫开发与实施西部大开发相结合。在继续增加财政扶贫资金和扶贫贷款的同时，要求搞好党政机关定点扶贫和沿海发达地区对口帮扶西部贫困地区工作；在动员社会各界帮助贫困地区开发建设的同时，积极争取国际组织和发达国家援助性扶贫项目①。新时期农村扶贫开发纲要实施至今，已过6个年头。农村生存性贫困人口已由2001年的2927万下降到了2006年的2148万，每年平均减少贫困人口129.8万，农村贫困发生率由3.2%下降到2.3%。②

作为一种农村贫困治理方式，扶贫开发主要借鉴了经济发展方式开展农村反贫困行动。扶贫资金重点投向了帮助农民、农村企业、基础设施建设以及教育、卫生条件的改善。与贫困人口人力资本关系较为密切的项目投入资金极为有限，只占总投入的17%（卢锋，2001）③。与通过经济发展治理农村贫困不同，扶贫开发主要有三方面特点：一是扶贫范围始终是局部的。从20世纪80年代初期实施扶贫行动以来，扶贫对象始终以一定区域为主（从以区域、县域为主到以村为主）。二是扶贫政策与措施始终是聚集的。扶贫对象与其他地区的普通村民不同，总是能够享受许多其他地区享受不到的优惠政策。这与国家出台普遍的、平等的、一视同仁的经济政策是不同的（特区除外）。三是扶贫途径与手段是以减少贫困人口为中心的。在扶贫工作中，一般以发展能够增加农民收入的种养业和劳动密集型企业为主要政策选择，社会效益总体上能够与经济效益放到同等重要位置。但是，扶贫开发对社会效益的重视与以社会效益为主的农村社会保障又有很大区别。主要表现在三方面：一是政策对象不同。扶贫对象主要以区域为主，很少兼顾个别农户。社会保障面对的是千家万户和个体农民的安危冷暖，考虑的是每家、每户、每个人的切身利益。二是政策内容不同。扶贫开发运用的是经济手

---

① 国务院：《中国农村扶贫开发纲要（2001—2010年）》，2001年。与以前三个阶段相比，这个阶段的扶贫行动无疑在组织、资金、规模、方法都比以前要严密得多、投入与规模要大得多、方法要复杂得多。其中，最主要的特点是把扶贫的瞄准单位从县缩小到村，实施了整村推进办法，同时在方法上注意调动扶贫对象的积极性、主动性，实施了参与式扶贫策略，使广大扶贫对象能够直接参与到扶贫开发行动中来。

② 农村贫困治理的成绩得到了一些国际组织的高度肯定。联合国开发计划署在《2005年人类发展报告》中指出，“中国在全球千年发展目标中所作的贡献，给予再高的评价也不过分。如果没有中国的进步，整个世纪在减贫方面从总体上说是倒退了。”联合国也在《2005年人类发展报告》中对中国的贫困治理成绩予以重新排名：把中国的人类发展指标由1990年的第105位提高到了第85位，整个排名上升了20位。按照每人每天消费1美元的国际贫困标准，中国的农村贫困发生率自1990年以来已经下降一半，提前完成了千年发展目标。

③ 从1986年到1999年。

段，遵循的是市场规律。尽管政府出台了许多优惠政策，一定程度上扭曲了市场规律，但总体上还是按照价值规律办事，是一次收入分配调节。社会保障运用的是通过二次收入分配调节手段解决面临的问题。三是政策手段与途径不同。扶贫开发是通过发展种养业和乡镇企业来推动农村经济、解决贫困群体收入提高问题，社会保障则是通过政府支持或社会互助共济手段与途径解决贫困群体的吃饭、看病与住房等问题。正是扶贫开发与经济增长和社会保障的区别突出了扶贫开发的长处与不足。相对经济发展来讲，扶贫开发政策的针对性更强了，贫困治理的效益更高了；相对于社会保障来讲，运用扶贫开发在大面积提高农村贫困人口收入的同时可以为当地农村经济的后续发展从自然环境、基础设施、人力资本等方面奠定基础，解决贫困地区农村经济与社会发展的长远问题。从国家针对贫困农民开展大规模的、持续性的扶贫运动过程看，尽管其思路经历了从“救济式”到“开发式”，从“输血”到“造血”的历史嬗变，逐渐探索出“开发式扶贫”和“整村推进”新模式，但其效果不够理想，局限性日益明显①：一是目标瞄准率不高。由于扶贫数据是通过农村住户抽样调查方式得到的，农村贫困人口总体规模出现偏差。偏差主要发生在样本选择上：第一，对样本县的选择偏差。农村住户调查涉及的857个样本县是在20世纪80年代中期确定的。如果说，在当时全国普遍贫困的情况下，这些样本县具有代表性的话，那么经过20多年的发展，这些样本县的经济与社会发展水平已发生了重大变化。第二，对样本村、组的选择偏差。这种情况特别明显地表现在西部。西部一些地区村离县城很远，有的上百公里距离。一些村民小组会更远。为工作方便，农调队往往将样本组选择在交通方便的公路两旁村组。这些村组一般收入情况较好，收入较低的村组很难纳入住户调查范围。第三，对样本户的选择偏差。记账工作对样本户文化程度、责任心、耐心与身体健康状况都有相应要求。但随机抽到没有记账能力的痴、呆、傻、盲、聋、哑、残疾或者长期生病等农户时，一般都会调换。智力残障人员更加不可能成为样本户②。农村住户样本选择上的偏差导致扶贫目标定位上的偏差。贫困村的瞄准错误率约为60%③。二是扶贫项目效益不高。扶贫开发

① 柳拯：《社会管理与社会救助论：政策与实务的视角》，中国劳动社会保障出版社，2008年1月，第10页。

② 汪三贵、李文：《中国农村绝对贫困人口需要怎样扶持?》，《中国农业科学院农业经济与发展研究所研究简报》，2005年第10期（总第130期）。

③ 刘坚：《新阶段扶贫开发的成就与挑战——中国农村扶贫开发纲要（2001—2010）中期评估报告》，中国财政经济出版社，2006年7月，第118页。据推断，贫困中的贫困人口占总样本中的贫困人口的比例只有37%。

中实施的项目开发主要有道路、饮水、沼气、学校、移民搬迁和产业开发六种类型。由于大多数项目需要农户自己配套资金，配套资金比例常常超过项目总资金的一半以上，农村贫困人口难以承受。公共设施项目，如道路与学校又因为绝对贫困人口有限的经济活动和付不起服务费用被排除在受益范围之外。真正从项目中受益最大的是贫困村中收入水平处于中等或较高部分群体。由于贷款制度设计不合理，出现了“贷富不贷贫”的问题。很多农村贫困户难以参加扶贫支持项目。三是资金投向不均。开发式扶贫包括项目投资、修建基础设施、发展教育和卫生事业、改善生态环境等内容。许多地方将实施重点集中在帮助农民和农村企业投资生产性项目以及基础设施建设上，对教育等有关涉及贫困农民自身发展能力的投资相对薄弱。按照项目实施计划、实施政策与农户选择机制，实际上产生出一种对绝对贫困人口的“排挤效应”，导致帮富不帮穷的结果①。近几年，扶贫资金每年都在300亿元以上，如果直接发放给2148万农村绝对贫困人口，平均每人每年可获得1000多元，远高于农村绝对贫困线。扶贫开发的种种局限性决定农村贫困治理中迫切需要引进新的、针对性更强且不需要贫困群体付费或少付费的政策与制度。

5.1.2.3　社会保障

经济增长和扶贫开发解决贫困问题需要两个基本的前提条件：一是贫困人口相对集中，具有明显的区域性；二是有赖于贫困人口的自我发展能力。但是，20世纪90年代以来农村贫困人口既集中又分散的地域特征与贫困人口因病、因残、因丧失劳动能力等原因致贫的家庭化、个人化特征，满足不了经济增长或开发式扶贫的两个基本前提②。对这些贫困人口来讲，建立一个具有直接预防与解决贫困功能的农村社会保障制度，是政府帮助他们脱离贫困的唯一渠道③。

我国社会保障制度的基本框架由社会保险、社会救助、社会福利、慈善和商

---

① 刘坚：《新阶段扶贫开发的成就与挑战——中国农村扶贫开发纲要（2001—2010）中期评估报告》，中国财政经济出版社，2006年7月，第133～135页。

② 实际上，早在20世纪80年代，国务院就意识到这个问题，提出了对农村贫困进行分类治理的问题。国务院在《关于加强贫困地区经济开发工作的通知》中提出，“贫困户尤其是贫困户中食不果腹、衣不蔽体、房不避风雨的三不户，是当前经济开发中扶持的重点。五保户和没有生产能力的救济户的生活问题属于农村社会保障范围，主要依靠现在行之有效的乡村五保办法和正常的救济以及组织力所能及的生产去解决。”《国务院关于加强贫困地区经济开发工作的通知》（国发［1987］95号）。转引自新疆维吾尔自治区民政厅编：《农村社会保障与救灾救济资料及文件汇编》（内部资料），1990年，第62页。

③ 张秀兰、徐月宾、Midgley：《中国发展型社会政策论纲》，中国劳动社会保障出版社，2007年7月，第31～32页。

业保险构成。其中社会保险、社会救助、社会福利为基础，基本养老、基本医疗、最低生活保障制度为重点，慈善与商业保险为补充①。应该讲，这种基本框架是对现有城市社会保障制度框架的一种泛化与推广。从长远发展来看，农村社会保障基本框架应该与这种框架一致。但从目前发展实际看，农村社会保障制度基本框架应有自身独特的构件与重点②。农村社会救助与农村社会保险是农村社会保障制度的基础。特别是在社会主义初级阶段国家财力还不充裕，各种保险制度，包括农村养老、医疗等保险制度的建设条件还不完全成熟的情况下，农村社会救助的基础地位将始终不会动摇③。农村社会救助是政府和社会为解决农村困难居民的生存发展问题，对陷于生活困难的农村居民在现金、实物和服务等方面实施的助人自助制度。农村最低生活保障、新型农村合作医疗、农村五保供养、农村医疗救助是目前农村社会保障工作的重中之重④。由于政府提供经费支持与帮助的制度性质，农村社会救助是真正解决农村绝对贫困或生存性贫困的有效措施。

1. 农村五保供养。农村五保供养是农村社会救助的组成部分，是政府为解决农村居民中最困难、最弱势的“三无”（“没有法定扶养义务人，或者虽有法定扶养义务人但扶养人没有扶养能力的”、“无劳动能力的”、“没有经济来源的”）群体基本生活问题建立起来的一项救助制度。具体讲，农村五保供养指的是政府或社会为农村“三无”特殊困难居民，在吃、穿、住、医、葬或教等方面给予的生活照顾和物质帮助。

作为一项基础性的社会救助制度，农村五保供养正式建制于1956年。1956

① 《中国共产党第十七次全国代表大会文件汇编》，人民出版社，2007年10月，第36页。

② 农村社会保障，从保障主体看，可分为家庭保障、土地保障（集体保障）与国家保障；从保障内容看，可分为农村社会救助（农村五保供养、自然灾害救助、农村最低生活保障、农村医疗救助）、农村社会福利（优抚安置、计划生育奖励）、农村社会保险（农村养老保险、新型农村合作医疗）以及农村社会互助；从保障性质看，可分为现金支持与服务保障；从保障方式看，可分为直接给付与购买服务等。

③ 柳拯：《当代中国社会救助政策与实务研究》，中国社会出版社，2005年3月，第98页。

④ 与城乡二元结构相对应，我国的社会保障也是分别从城市与农村分别探索、分类推进的。从城市社会保障发展过程看，主要可以分为三个阶段：一是计划保障阶段。从新中国成立后至20世纪60年代。从1949年至1966年。其标志性事件是1949年《共同纲领》关于逐步实行劳动保险制度的规定提出到1969年2月财政部门停止收取劳动保险金规定的提出。其间可分为三个小阶段：从1949年至1957年基本建成计划经济体制的劳动社会保障体制；1957年至1966年是调整完善阶段；从1966年到1969年是社会保障停止解体阶段，也是由企业自身承担的社会保障体制逐步建立时期。在这个阶段，作为社会保障的国家保障体制逐步向单位保障制转型。二是社会保障调整阶段。1969年至1988年。其中可分为两个小阶段：从1969年至1984年，是由单位承担的保障体制向社会统筹体制过渡阶段；从1984年至1988年是从社会统筹试点到全面推开过渡阶段。第三阶段是社会保障的探索完善阶段。从1988年至今。主要开始正式探索与市场经济体制相适应的社会保障制度时期。当然，社会保障包含的单项制度较多，每一项制度有自身建立与演变的具体历史与特殊规律。

年第一届全国人大第三次会议通过的《高级农业生产合作社示范章程》与1960年第二届全国人大第二次会议通过的《1956年到1967年全国农业发展纲要》指出，“农业合作社对于社内缺乏劳动能力、生活没有依靠的鳏寡孤独的社员，应当统一筹划，指定生产队或者生产小组在生产上给予适当的安排，使他们能够参加力能胜任的劳动，在生活上给予适当照顾，做到保吃、保穿、保烧（燃料）、保教（儿童和少年）、保葬，使他们的生养死葬都有依靠”。这两个文件的出台，标志着农村五保供养制度正式建立。为解决一些老年人无人照料的问题，一些地方开始试办敬老院。全国创办最早的敬老院是1956年黑龙江拜泉县兴华乡创办的农村敬老院。这个阶段尽管明确提出了农村五保供养并创建了敬老院，但无论是对五保对象的界定还是管理实施主体、五保供养的内容与范围、五保供养申报程序等问题都没有完全明确。在“大跃进”和“文化大革命”时期，中央认为农村已经消灭贫困，决定停止发放社会救济款，取消社会救济工作，全国实行按需分配政策。一些原来不具备条件建立起来的农村敬老院，由于条件较差，被迫解散。1966年“文革”开始后，负责社会救济工作的内务部被撤销，社会救济正式停顿、瘫痪，农村五保供养处于不保不养状态。20世纪70年代末，国家实行农村家庭联产承包制后，农村集体经济组织逐步解体。原来由集体经济组织供养的五保人员生活出现了难以保障的局面。为解决农村五保供养面临的种种问题，国务院在1991年出台的《农民承担费用和劳务管理条例》中，明确了乡统筹、村提留的标准与使用范围以及农村五保供养经费来源渠道。[①]《农民承担费用和劳务管理条例》出台后，农村五保供养和敬老院建设逐步恢复和发展。为进一步规范农村五保供养工作，国务院于1994年1月正式颁布实施了《农村五保供养工作条例》，第一次正式以国务院规章形式明确了农村五保供养性质、对象、形式、内容、监督与管理等，农村五保供养制度得到进一步丰富与创新[②]。根据国

① 《条例》规定：“村提留”包括“公积金、公益金和管理费”，“公积金”主要用于基础建设和兴办集体企业，“公益金”主要用于五保供养、特困户补助、合作医疗及其他集体福利事业，“管理费”主要用于村干部报酬与管理开支。“乡统筹”主要包括“乡村教育、计划生育、优抚、民兵以及乡村道路修建”五个方面。统筹资金也可用于农村五保户供养。

② 柳拯：《当代中国社会救助政策与实务研究》，中国社会出版社，2005年3月，第103～104页。丰富与创新主要体现在五保供养对象的确定、五保供养内容与五保供养形式的明确三方面。在1956年提出五保供养政策时，确定五保对象的条件只有缺乏劳动能力和无依无靠两条，条例则在此基础上，加了无经济来源一条，共分为三条；五保内容原来指的是“保吃、保穿、保烧（燃料）、保教（儿童和少年）、保葬”，条例则加上了保“住”和保“医”这两条。五保供养实际上由原来的“五保”变为“七保”。五保供养形式第一次明确为集中供养与分散供养两种。对五保供养的管理、监督等方面也都提出了新的内容。这些内容的提出，无疑进一步丰富和创新了五保供养工作。

务院条例精神，1997 年民政部出台了《农村敬老院管理暂行办法》。条例与办法出台后，农村五保供养和敬老院建设与管理工作逐步走上了规范化、制度化轨道。2001 年后，随着税费改革全面推进与深化，以“乡统筹、村提留”农村集体经济为依托的农村五保供养出现了政策、资金与人才等方面困境以及应保未保、供养标准偏低、供养对象住房难、医疗难以及集中供养率偏低等问题。针对这些问题与困境，民政部在总结各地实践经验基础上于 2004 年 8 月 23 日与财政部、国家发展改革委员会三部委名义联合下发了《关于进一步做好农村五保供养工作的通知》，对农村五保供养政策作了初步调整①。在充分借鉴、吸收《通知》精神基础上，国务院及时组织修订并于 2006 年 3 月颁布实施了新的《农村五保供养工作条例》。与 1994 年《农村五保供养工作条例》相比，2006 年实施的新《农村五保供养工作条例》对农村五保供养政策作了重大调整，主要体现在五个方面②：一是农村五保供养管理主体发生了变化。根据旧条例规定，五保供养对象的审批、五保供养证书的发放、五保供养资金的分配、五保供养机构的建设以及日常管理都是乡镇人民政府的责任。新条例将农村五保供养管理主体上移到了各县（市、区）的民政部门。由各县市（区）民政部门承担起了农村五保供养对象审批、证书发放以及资金筹措和农村敬老院建设等管理责任。二是资金渠道发生了变化。旧条例规定，农村五保供养属于农村集体福利事业，所需资金从“三提五统”中提取。新条例规定农村五保供养所需资金来自各地财政预算、土地和集体经济收益以及社会捐助。财政预算成了农村五保供养的主要经费渠道。三是供养标准发生了变化。旧条例规定，农村五保供养标准不低于当地村民一般生活水平。新条例将农村五保供养标准定为不低于当地村民的平均生活水平。根据国家财政部、国家统计局的解释，所谓“平均生活水平”也就是年人均生活消费支

---

① 柳拯：《当代中国社会救助政策与实务研究》，中国社会出版社，2005 年 3 月，第 104 页。《通知》要求：一是将农村五保供养由农村集体福利事业性质转变到社会福利事业性质。二是要求税费改革没有完成的地方，要继续发挥村集体作用，不足部分由县乡财政补助；减征、免征农业税的地方，将五保供养经费纳入县乡财政预算；各地在转移支付中，要确保农村五保供养经费的落实。三是要求县级政府在下发五保资金时要分类管理，分别将五保资金直接划拨到敬老院，分散供养的，将经费通过银行直接发放到五保户手上。四是要求各地在制定经济与社会发展规划时，要将敬老院纳入规划范围，确保农村敬老院建设的长效机制。五是要求各地要建立五保供养信息公开制度和部委定期联合检查制度，使农村五保供养成为阳光工程。同时，建立健全奖励与处罚制度，根据检查情况，进行相应的奖励与处罚。六是明确规定五保供养实施主体上移，五保供养人员的审核、认定与发放由县级民政部门负责，五保供养经费计划由县级民政部门制定，五保供养标准，也应该由县级民政部门确定。相对于原有政策来讲，这六条要求与规定是全新的内容，是对 1994 年国务院出台的《农村五保供养工作条例》的历史性突破。

② 民政部最低生活保障司、国务院法制办公室政法劳动社会保障司、财政部社会保障司：《农村五保供养工作条例释义》，中国社会出版社，2006 年。

出。四是农村敬老院建设规划主体发生了变化。旧条例规定，农村敬老院建设要纳入各乡镇经济与社会发展规划。由于乡镇经济实力太弱，多数地方难以落实，农村敬老院建设往往成为一句空话。新条例规定，农村敬老院建设要纳入各级人民政府经济与社会发展规划，同时县级人民政府要为农村敬老院配备人员、解决工作经费。五是农村五保供养管理方式发生变化。为适应农村村务公开要求，新条例规定农村五保供养标准、供养对象、供养内容要面向社会公开，农村五保供养管理纳入社会各界广泛监督的范围。农村五保供养政策出现的这些重大调整，表明随着新《农村五保供养工作条例》的出台，农村五保供养制度建设进入了一个新的历史发展阶段。

今后一个时期，农村五保供养的中心任务就是宣传、贯彻、落实好新《农村五保供养工作条例》。具体做好两方面工作：一是要“按标施保”。2006 年，全国有 503.3145 万人（468.0233 万户，户均人数 1.07）纳入了农村五保供养范围，年集中供养标准为 1608.2 元，分散供养标准为 1224.5 元。当年农民人均纯收入为 3587 元，人均生活消费支出 2829 元。当年农村五保集中供养水平只相当于 2006 年农民人均生活消费支出的 56.8%，相当于农民人均纯收入的 44.8%；分散供养标准更低，只相当于 2006 年农民人均生活消费支出的 43.3%，相当于当年农民人均纯收入的 31.7%[①]。根据国际通行标准[②]，无论是农村五保集中供养还是分散供养，其供养标准虽然脱离了极端贫困线，但仍然属于严重贫困线范围，远远没有达到提高生活质量的要求[③]。因此，抓好农村五保供养标准的制定与落实是“按标施保”的主要任务。首先，要合理确定五保供养标准。农村五保供养标准要在坚持不低于当地村民平均生活水平的同时满足五保供养对象在吃、穿、住、医、葬（教）等方面的实际需要。其次，要公开供养标准。各地供养标准确定后，要由当地政府通过文件形式公布，并通过网站、电视、报刊等新闻媒体、街道集市宣传栏广为告知，接受社会各界监督。最后，要强化措施，确保

① 中华人民共和国民政部：《中国民政统计年鉴——2007》，中国统计出版社，2007 年 7 月，第 88、174 页。

② 在社会政策界，一般把民众收入中位数的 30%视为“极端贫困线”、40% 为“严重贫困线”、50%为“温和贫困线”、60%为“近乎贫困线”。

③ 问题出在两方面，第一，一些实施农村最低生活保障的县市把农村五保对象纳入了农村最低生活保障范围，人为地把五保供养对象生活标准从当地村民平均生活水平降到了最低生活水平。第二，一些地方还是按照旧条例规定，将农村五保供养资金压给各乡镇和农村集体经济组织。由于很多乡镇和村集体经济组织在农村税费改革后失去了经费渠道，农村五保供养对象的生活主要靠一些临时救灾资金和从村民收集的粮食来解决。

“按标施保”。要定期、不定期检查五保供养标准落实情况，如发现有供养标准落实不到位的，要提出明确要求，制定整改措施。二是要实现“应保尽保”。由于缺乏专门的资金渠道，农村五保供养多年来一直处于应保未保状态。根据2003年民政部组织的农村贫困人口调查，全国共有农村五保户570万人。2005年有376万人（349.7万户）纳入供养范围，供养比例为66%。新《条例》出台后，各地加大了政策落实力度，到2006年底有503万人纳入供养范围，供养比例为88.2%，比2005年上升22个百分点[①]。目前，仍然有几十万五保对象“应养未养”。下一步要根据新《条例》要求，争取当地政府及时追加五保供养资金预算，将所有符合供养条件人员的供养资金兑现到户，落实到人。同时，督促协调县、乡两级政府安排农村五保供养服务机构工作人员工资以及房屋修缮、设备购置等经费，保障农村五保供养服务机构运行基本条件。要将农村五保供养资金列入相应财政支出预算科目，专账核算、专项管理、专款专用，确保供养资金专门用于农村五保供养，从制度上堵塞贪污、挪用、截留资金的漏洞。

2. 农村医疗救助。农村医疗救助是政府拨款和社会捐助多渠道筹资，对患大病的农村五保户和贫困农民家庭进行现金、物质和服务等方面帮扶的制度。农村医疗救助是农村社会救助组成部分，是农村医疗保障体系的重要内容，也是完善城乡社会救助体系的重要环节。截至2006年底，全国1.559亿人次享受了农村医疗救助待遇。其中，资助参加合作医疗1.3171亿人次，直接救助2413万人次[②]。农村合作医疗人均支出水平19.7元，直接救助人均支出水平为366元[③]。2006年全国农民人均医疗保健支出为191.5元[④]。农村医疗救助人均支出水平是全国农民人均医疗保健支出的191.1%，前者支出相当于后者的一倍。

农村医疗救助制度建立以2002年中共中央、国务院出台的《关于加强农村卫生工作的决定》和2003年11月18日民政部、卫生部、财政部三部委联合下发的《关于实施农村医疗救助的意见》（民发［2003］158号）为标志。这两个文件明确了农村医疗救助的目标原则、救助对象、救助内容、救助办法、申请审批程序、医疗救助服务、基金筹集管理和组织与实施等内容，搭建起了农村医疗救助制度的基本框架，形成了不同的农村医疗救助模式。按救助对象划分，可以

① 中华人民共和国民政部：《中国民政统计年鉴——2007》，中国统计出版社，2007年7月，第119页。

② 中华人民共和国民政部：《中国民政统计年鉴——2007》，中国统计出版社，2007年7月，第175页。

③ 同①。

④ 国家统计局农村社会经济调查司：《2007中国农村住户调查年鉴》，2007年8月，第349页。当年新疆农村居民人均医疗保健支出为189.7元，人均生活消费支出2032.4元。

分为针对贫困群体救助模式和贫困群体与非贫困群体兼顾救助模式。贫困群体救助模式是绝大多数省市区的做法。大部分省（区、市）如北京、河北、辽宁、山西、山东、湖南、湖北等，将救助对象定为农村五保户、农村特困户（最低生活保障户）、在乡重点贫困优抚对象、20 世纪 60 年代精减退职职工以及一些临时性的突发贫困对象。这些对象都是贫困群体。贫困群体与非贫困群体兼顾救助模式是极少数省（区）的做法。少数省区，如吉林、新疆等，除上述对象外，还将农村见义勇为人员列为农村医疗救助对象；有的省，如甘肃则在农村五保户、特困户、在乡重点贫困优抚对象和临时贫困户外还将农村独生子女领证户列为农村医疗救助对象。按救助内容划分，可分为大病救助模式、大病与常见病兼顾救助模式和以常见病为主的救助模式。大病救助以上海、湖南、辽宁、西藏、甘肃等省（区、市）为主。这些省市明确了医疗救助种类。其中，上海市明确规定尿毒症透析、精神病、恶性肿瘤三种病为救助病种；辽宁省将再生障碍性贫血和白血病等七种病作为大病医疗救助种类；湖南省出台的文件虽然没有定病种，但从实施情况看，是以病种作为救助范围的。如临澧县、石门县、华容县、长沙县，就是以三期矽肺病等病种作为医疗救助范围；西藏则将艾滋病、系统性红斑狼疮等 11 种病作为医疗救助范围；甘肃则以肺结核病等急性传染病作为救助重点。大病和常见病兼顾的救助以河北、山西、陕西、新疆等省（区）为主。这些地方由于没有规定大病种类，在实施救助过程中比较复杂，往往将大病与常见病混在一块儿进行救助。以常见病救助为主兼顾大病救助模式以青海、宁夏为主。这些省（区）以门诊补助为主、以大病救助为辅。如青海将救助资金分为四部分：第一部分救助资金用于资助农村五保、特困户和重点优抚对象参加农村新型合作医疗；第二部分资金用于五保户，分别按人均每年 50 元（西宁、海东）、70 元（海北、海南、海西）、90 元（黄南、果洛、玉树）的标准给予门诊补助；剩余资金 40%用于特困户、重点优抚对象的门诊医疗补助，60%用于设立大病医疗救助。按救助方式划分，可分为政策减免、现金支付为主模式和政策减免、现金支付与服务照顾兼顾模式。大多数省（区、市）以政策减免和现金支付为主。在这种模式中，又可以分为不同情况。其中，湖南等省以救助资金支付为主，政策减免的力度较小或基本没有减免。从长沙、华容、石门、花垣等县看，没有政策减免内容。河北等省虽然有现金支付，但政策减免力度较大。如河北迁安市规定，农村困难群众在就医时，门诊费用（诊费、检查费和治疗费）、住院费（床位费、检查费、治疗费）各减免 20%，就医挂号费全免，需进行手术治疗的，减免手术费的 15%。河北正定县则规定，农村五保户、特困户、重点优抚对象在就医时，可享受免收挂号费、门诊费，减收 20%检查费、床位费和手术费。政策减免、现金支付与服务照顾兼顾以上海为主。上海市出台的农村医疗救助政策中，既有政策减免内容，也有现金支付，同时还有医疗服务照顾内容。除以上三种不同模式外，还可以从管理主体、救助时间、救助地点、资金筹措、医疗救助与其他医疗保障方式的结合等不同角度来划分。如从管理主体角度划分，可以将医疗救助分为以政府救助为主模式和部门救助为主的模式；从救助时间来划分，可分为事前救助模式与事后救助模式，或者两者结合模式；从救助地点来划分，可分为县级发放模式（如湖南、江苏）和乡镇发放模式（其他大部分省市）；从资金筹措划分，可分为中央、地市、县、乡镇四级财政融资模式与中央、省、地、县、乡镇五级财政融资模式；从医疗救助与其他医疗保障结合来划分，可以分为医疗救助与新型合作医疗结合模式（如现在新型合作医疗试点县）、医疗救助与基本医疗保险结合模式（如东部发达省市）、医疗救助与商业保险结合模式（东部少数地市）以及医疗救助（西部没有开展新型合作医疗的地方）独立运行四种模式。不同的医疗救助模式直接或间接影响救助资源整合、救助资金安全运行与救助效益的提高。

农村医疗救助制度是目前农村社会救助制度中技术含量最高、需要协调任务最多也是最复杂的工作，因而也可能是存在问题最多的工作。目前，农村医疗救助存在问题较多，需要完善的薄弱环节也不少。从农村医疗救助实施主体（供方、需方与管理方）来讲，目前存在的主要问题是医疗服务质量不高、医疗服务数量不足与乱用药、乱用医的问题；各项医疗服务的可及性问题以及资金不足与资金沉淀问题、发展方向不明与实施经验缺乏、执行效果不够理想等问题。针对这些问题，下一步在对供方（医疗机构）的监管方面：一方面由政府牵头对农村困难群体出台相关优惠政策，加大对农村困难群体参加新型农村合作医疗的力度，最大限度使农村困难群体享受新型农村合作医疗政策效益，另一方面卫生部门要与民政部门一道，通过动态管理医疗定点服务机构、岗位规范与职业道德宣传、单病种付费等措施进一步规范各级各类医疗服务机构的用医、用药行为，净化医疗服务环境，为农村困难群体提供优质、高效、便捷的医疗卫生服务。在对需方（医疗救助对象）的监管方面：民政部门要发挥好第三方即农村困难群体代理人角色，搞好对农村困难群体医疗救助宣传。实践表明，农村困难群体对医疗救助政策的可及性不尽如人意。可及性不足的根本原因除了农村困难群体自身社会参与度低、维权意识不够以及人力资本含量较低等主观原因外，客观原因是各级农村医疗救助管理部门对政策与制度的宣传不到位。宣传不到位导致信息不均衡，导致政策与制度在管理部门内部循环，从而影响农村困难群体对医疗救助的可及程度。宣传不到位既有担心资金不足、宣传不主动的问题，也有宣传方式方法一般、简单、粗暴的问题。当然也存在宣传手段单一问题。今后要加大宣传力度，尤其要制定个性化的宣传方案与措施，使医疗救助政策落实到社区、到村、到户、到人，尽最大努力扩大医疗救助政策信息的覆盖面与知晓度。在对管理方（民政部门）的监管方面：一是要搞好战略研究。发展战略事关城乡医疗救助的发展方向，方向就是旗帜，就是路标。方向性问题不解决，阶段性工作就会缺乏系统性、缺乏预见性，就会出现头痛医头、脚痛医脚的问题。尽管农村医疗救助建制已有几年了，大的制度框架基本确定，但各地对农村医疗救助发展方向仍然缺乏研究、缺乏探讨，缺乏对这个问题的应有重视。下一步急需组织相关社会力量，加紧、加强农村医疗救助发展模式、农村医疗救助与农村经济社会发展之间的关系等问题研究，使这项制度真正成为推动经济与社会的发展型社会救助制度。二是要加强基层基础。基层力量不足与基础工作薄弱具体表现为管理人员不足、专业化程度较低、信息化管理滞后、工作经费与工作手段欠缺等问题。加强基层基础，是下一步管理方工作的重中之重。三是要加强监控评估。要制定监控指标，建立医疗救助过程与效果监控机制，通过监控切实调动地方政府的主动性、积极性与责任感，切实解决医疗救助过程中资金不足与资金闲置问题。

3. 新型农村合作医疗。农村合作医疗制度是一种初级社会保险制度[①]。顾名思义，新型农村合作医疗来源于农村合作医疗。理论上讲，合作医疗主要是依靠社区居民的力量，按照风险分担、互助共济的原则，通过多方筹资解决社区参加合作医疗人员的医疗、预防、保健等服务费用的综合性医疗保障措施[②]。与在20世纪50年代形成的城乡二元结构相对应，我国在医疗保障方面实施的也是二元结构保障模式。在城镇，为重点保护工业部门的生产力，逐步建立了由国家向公有制机构的劳动力提供公费医疗和劳保医疗福利的制度；在农村，为解决农村困难居民缺衣少药问题，采取了合作医疗保障模式。即通过农村社区内居民的自身

① 社会保险是现代社会保障制度的核心。由于受城乡分隔的二元经济结构制约和社会保障运行机制的限制以及大量人口居住在广大农村地区缺乏缴费能力等因素限制，农村社会保险的覆盖面一直在窄范围徘徊，农村社会保险在我国整个农村社会保障体系中一直处于次要地位。随着城乡一体化的市场经济体制的深入发展，农村居民面临的自然风险（自然灾害）与社会风险（教育、生病、失业与老龄化）日益增多，急需构建适合农村居民生活需要和风险防范的覆盖全体农村居民的社会保险体制，在保障广大农村居民收入支持和服务安全的同时，从“上游”阻断农村贫困的发生。

② 张琪：《中国医疗保障理论、制度与运行》，中国劳动社会保障出版社，2003年7月第1版，第146页。

力量，解决本社区内居民看病难问题。

农村合作医疗主要经历了萌芽时期（从 1938 年至 1954 年）、第一次农村合作医疗时期（从 1955 年至 1989 年）以及第二次农村合作医疗时期（从 1989 年至 2002 年）[①]。导致前三次农村合作医疗难以推行的关键原因主要有两方面：一是制度缺失问题。国家实行了几十年的农村合作医疗，但却没有出台过国家层面的法律、法规。各地在实施过程中往往莫衷一是，五花八门，随意性很大。由于缺乏国家层面的政策，1999 年农业部等部门在清理农村乱收费时，将合作医疗收费与其他种类的乱收费一并批评和处理[②]。二是经费落实问题。虽然在有关文件中明确了三方筹资渠道（国家、集体与个人），但政策规定太笼统，真正实施起来，村集体和村民自身成了经费渠道主体。政府支持往往成为一句空话。村集体经济实力强的地方，如东部乡镇企业发达地区，集体补助基本能够落实。在中西部地区，村集体补助根本不能落实。在充分吸取前三次农村合作医疗经验与教训基础上，国家开始了第三次农村合作医疗。第三次农村合作医疗制度以中共中央、国务院名义出台的《中共中央、国务院关于进一步加强农村卫生工作的决定》（中发［2002］13 号，以下统称《决定》）为主要标志。《决定》全面提出了第三次农村合作医疗制度框架，提出了要“建立和完善农村合作医疗制度和医疗救助制度”的任务，并明确规定第三次农村合作医疗的内容主要是“以大病统筹为主”；解决的重点问题是“农民患传染病、地方病等大病而出现的因病致贫、返贫问题”；坚持的原则有三条：一是“与经济社会发展水平相适应”；二是“自愿”，反对强命令；三是“个人缴费、集体扶持和政府资助”三方筹资原则；推进的基本思路是先行试点、取得经验，逐步推广；制度目标是到 2010 年基本覆盖农村居民，经济发达的地方鼓励参加商业保险。为保障第三次农村合作医疗制度的顺利实施，《决定》提出了配套措施、建立了衔接机制：一是建立有效的合作医疗管理体制与监督机制。这就是现行各政府层面的部门之间的联席会议制度。二是建立对农村贫困家庭的医疗救助制度。对农村五保户和贫困农民家庭，患大病的给予一定的医疗费用补助，或资助其参加当地合作医疗，缓解农村困难居民的因病致贫、因贫致病问题。三是政府对农村合作医疗和医疗救助给予支持。要求省、市（地）、县财政每年安排资金对农村贫困家庭给予支持。中央财政通过专项支付，对中西部地区除市区以外参加新型合作医疗的农村贫困家庭每

---

① 柳拯：《当代中国社会救助政策与实务研究》，中国社会出版社，2005 年 5 月。

② 张琪：《中国医疗保障理论、制度与运行》，中国劳动社会保障出版社，2003 年 7 月第 1 版，第 164 页。

年按人均10元安排补助资金。地方财政每年补助标准不低于10元。2003年国务院办公厅转发了卫生部等部门制定的《关于建立新型农村合作医疗制度的意见》的通知（国办发［2003］3号），具体明确了第三次农村合作医疗的实施目标和原则、组织管理、筹资标准、资金管理、医疗卫生服务以及组织实施等问题[①]。这些措施的出台，基本解决了导致前两次农村合作医疗难以推行的制度问题和资金问题；同时也坚持了因地制宜原则、分类保障原则、政府主导原则、突出重点原则以及综合构建原则。与前三次农村合作医疗相比，第三次农村合作医疗之所以称为新型农村合作医疗，主要体现在五个方面：一是在制度性质上，实现了由以集体福利为主向以国家福利为主的转变。第三次农村合作医疗已经不再是传统意义上的集体福利事业，农村集体组织除了受乡镇政府委托承担一些收缴资金等管理责任外，在制度层面上不再承担经济责任，主要的管理与经济责任已从集体经济组织转向各级政府。在少数有条件地方，集体经济仍然在继续发挥自身作用。二是在实施主体上，实现了由多元管理向一元化管理的转变。乡、村不再是管理主体，管理主体已经上移到了县级政府。在中央则由卫生部牵头，通过联席会议制度，把民政部、劳动社会保障部、财政部等部门作为合作医疗成员单位牵在一起，基本整合了行政资源。三是在资金来源上，由村集体经济组织和农村居民个人为主向各级政府为主转变。资金构成由中央、地方政府以及农村居民三部分构成。政府投入占总投入的2/3。四是在管理方式方法上，实现了由经验操作型向现代管理型转变。在实施第三次农村合作医疗时，充分借鉴了现代社会保险方法，对合作医疗起付线、封顶线，支付方式与比例等方面进行了科学测算，力求与现代管理方法、技术接轨。五是在合作医疗模式上，由原来单一的合作医疗向与商业保险和医疗救助相结合模式发展。在全面推行农村合作医疗的同时，对不同经济实力人群实行分类保障：对农村贫困群众实行医疗救助，由政府承担医疗保障责任；对农村富裕居民，则鼓励其与现代商业保险接轨。农村合作医疗逐步呈现出了多样化发展模式。从2003年初正式启动第三次农村合作医疗到2006年底，全国开展新型合作医疗试点的县（市、区）达到1451个，占全国总县（市、区）的50.7%；覆盖了农业人口5.08亿，占全国农业人口的58.46%；参加合作医疗的人口4.1亿人，占全国农业人口的47.15%，参合率为80.66%[②]。2006

① 参看《2003年国务院办公厅关于转发卫生部等部门关于建立新型农村合作医疗制度的意见的通知》（国办发［2003］3号）。

② 国务院新型农村合作部际联席会议办公室。

年筹资总额为213.59亿元[①]。2006年农村新型合作医疗的受益面为66.37%。实际人均受益额为43.09元，减轻当年农民人均医疗支出的22.5%[②]。

新型农村合作医疗也存在一些问题。这些问题主要体现在三方面：首先是资金筹集问题。一方面是政府资金投入不足。与广大农民的实际需求相比，各级政府对合作医疗投入还有很大距离。另一方面是基金征缴难度很大。参保率不尽如人意。其次是医疗服务问题。一是乡村两级医疗服务利用率不高。县及县级以上医疗服务机构所占比例仍然偏高，乡级医疗机构花费比例偏小。二是对乡镇卫生院补贴远未达到1997年《中共中央、国务院关于卫生改革和发展的决定》规定要求。三是医患两者之间信息不对称，乡村医生工资与药品差价挂钩导致医生出现诱导消费动机、提供过度医疗服务倾向。四是村级医疗机构服务能力低下。村卫生室存在医疗设备简陋、乡村医生素质低下、对预防保健宣传不到位、用药不合理以及乡村卫生室进药渠道混乱等问题。最后是管理体制问题。农村新型合作医疗“管办分离”体制不完善，对医疗机构监管不力，管办分离难以到位。卫生院既是合作医疗的管理者，又是医疗服务的提供者。针对以上问题，新型农村合作医疗下一步要重点做好四方面工作：一是在强调政府投入主导与责任共担原则的同时，要充分发挥政府有限资金的引导作用，逐步建立多元投资机制。二是要通过宣传教育提高广大农民自我预防保健意识，加大对自身健康的关注和投入，增强“互助共济”的协作精神，进一步提高参合比率。三是建立适合当地需求和特点的新型合作医疗模式。在中西部地区仍然可以走以预防保健为主的合作医疗模式，在经济较发达地区则可以建立以大病统筹为主的新型合作医疗制度。四是要进一步规范和完善新型农村合作医疗制度，加强对用药用医行为的监管力度，使农村合作医疗制度运行在法律轨道上[③]。

5.2　制度建立过程

对广大农村生存性贫困或绝对贫困人口来讲，特别是对于广大的因病、因

① 其中，中央财政补助资金42.7亿元，地方财政补助资金107.77亿元，农民个人交费58.01亿元，其他渠道5.1亿元。

② 2006年人均交费14.15元，全国人均医疗消费支出为191.5元。

③ 其实，农村合作医疗与农村医疗救助中存在的问题其本身难以解决。这些问题的解决有赖于整个医疗管理体制的改进与完善，有赖于“四大体系”即公共卫生服务体系、医疗服务体系、医疗保障体系与药品供应保障体系的有机合成与健全完善。

残、因丧失劳动能力、因年老体弱导致常年生活困难的农村村民来说，解决其温饱问题的唯一且可能的方式是依靠以农村最低生活保障为主体的农村社会救助制度的建立。通过建立农村最低生活保障制度，为农村弱势群体提供定期定量的资金、实物或服务保障，是解决目前农村绝对贫困群体基本生活的必然选择。农村最低生活保障制度来源于农村特困户生活救助。农村特困户生活救助有临时救济与定期定量救济两种形式。在改革开放之前，对广大城乡困难居民普遍实施的是临时救济。由于传统社会救济制度存在的种种问题与局限，北京、青海在继承、借鉴农村五保供养、农村优抚安置等救济工作经验基础上，逐步改变了20世纪80年代以前对农村特困户进行临时救济的办法，对农村特困群众开始进行定期定量救济[①]。民政部先后推广了这些地区的经验做法。据统计，到1992年底，全国有48万多贫困户享受了国家的定期定量救济[②]。与北京、青海不同，1992年山西省左云县则在总结定期定量救济经验的基础上，率先在全国开展了建立农村最低生活保障制度试点工作，拉开了正式建立农村最低生活保障制度的序幕。

5.2.1 制度探索阶段

1992年山西开展农村最低生活保障制度试点后，上海市于1994年开始探索建立农村最低生活保障制度。在1994年召开的第十次全国民政工作会议上，国务院提出要“在农村初步建立起与经济水平相适应的层次不同、标准有别的社会保障制度”目标并启动了农村社会保障体系建设试点工作。1995年民政部结合农村社会保障体系试点在山西阳泉、河北平泉、山东烟台、四川彭州等地开展了农村最低生活保障制度建设试点工作。江苏等地也自行开展了农村最低生活保障制度建设试点。在各地试点基础上，以贯彻落实《国民经济和社会发展“九五”计划和2010年远景目标纲要》提出的要形成“比较完善的社会保障体系”目标为契机，1996年民政部印发了《民政部关于加快农村社会保障体系建设的意见》和《农村社会保障制度建设指导方案》（以下简称《意见》和《方案》），总结了各地农村最低生活保障制度的经验与做法，对建立农村最低生活保障制度正式提出了原则要求与基本意见。这两个文件的出台，正式宣告农村最低生活保障制度建设已走过了试点探索期，大面积推广时期已经来临。

---

① 柳拯：《当代中国社会救助政策与实务研究》，中国社会出版社，2005年3月，第104页。
② 时正新：《中国社会救助体系研究》，中国社会出版社，2002年10月，第46页。

5.2.2　制度推广阶段

从 1996 年底到 2001 年。这是农村最低生活保障制度建设的推广期。通过前五年的试点探索，各地对如何建立农村最低生活保障制度积累了不少经验与做法。为贯彻落实《民政部关于加快农村社会保障体系建设的意见》和《农村社会保障制度建设指导方案》，大部分省（区、市）从 1996 年底开始农村最低生活保障制度建制工作。从省级制度出台情况看，第一个建制的省份是上海市。1996 年 11 月 4 日，上海市人民政府发布了《上海市社会救助办法》①。继上海之后，广西②、青海③、河南④相继出台农村最低生活保障政策。1997 年 5 月，民政部分别在江苏无锡、黑龙江牡丹江、青海西宁召开三个片会，专题研究、安排农村最低生活保障制度试点工作。从地、市农村最低生活保障制度出台情况看，青岛市是第一个出台农村最低生活保障制度的计划单列市⑤。1996 年 12 月 6 日，青

① 办法共分为 34 条，对城乡最低生活保障的定义、原则、标准的确定与调整原则、申请最低生活保障的条件、家庭收入构成、申请救助程序、救助基金、救助与就业的关系、动态管理以及政府、有关部门及人员在救助工作中的责任、惩罚与奖励等问题进行了明确。作为国内第一个比较完整、全面的社会救助办法和第一个城乡最低生活保障制度，上海市出台的《办法》在制度建设上具有划时代意义。具体来讲，主要体现在五个方面：第一，上海市出台的办法，对社会救助，尤其是城乡最低生活保障经验进行了总结并将实践经验升华到了制度层面，使城乡最低生活保障工作由经验型逐步走上了科学型层次；第二，上海市的做法为其他兄弟省市开展城乡最低生活保障工作提供了参考，引导全国最低生活保障工作开始步入了规范化、制度化建设轨道；第三，上海市的做法为建立全国最低生活保障制度提供了范例与模型。从 1997 年 9 月 2 日以国务院名义出台的《国务院关于在全国建立城市居民最低生活保障制度的通知》（国发［1997］29 号）看，吸取了上海的许多经验与做法；第四，上海出台的办法与制度，第一次从城乡一体、各种社会救助一体的角度来全面、系统地理解社会救助工作，为形成社会救助的整体观、系统观，为从体系角度来理解与开展社会救助工作提供了思想营养；第五，上海市出台的制度与办法，更新了人们对传统救济工作的观念，将社会救济更新为社会救助，为人们从社会政策、社会工作角度来理解传统的救济工作、实施新型的社会救助政策提供了依据。虽然这个办法已经运行了 12 个年头，其间也有不少的补充与细化，但这个办法，在制度框架和社会救助理念上，仍然有其强大的生命力和创造力，在影响并不断影响着社会救助行政研究者与管理者。

② 广西在 1997 年 1 月 14 日发布的《广西壮族自治区农村社会保障制度暂行办法》（桂政发［1997］9 号）中，对农村最低生活保障资金来源、标准确定、家庭收入、申请审批程序、优惠政策与管理等方面问题作了简要规定。广西成了第二个以省名义出台农村最低生活保障制度的省份。

③ 河南省人民政府在转发省民政厅《关于建立我省农村社会保障制度和城镇社会救助与社会福利体系的报告》的通知（豫政［1997］10 号）中对该省建立农村最低生活保障制度进行了总体部署。

④ 青海省民政厅于 1997 年出台了《建立农村最低生活保障制度指导方案》（青民发［1997］137 号），对建立农村最低生活保障制度提出了具体实施方案。《方案》明确了建立农村最低生活保障制度的指导原则、保障内容、保障标准、保障对象、保障办法、资金筹措、管理办法、操作程序、制度建设、组织领导十方面内容。

⑤ 为细化这些原则意见，青岛市民政局、财政部、卫生局、青岛市教育委员会、青岛市工商行政管理局五个单位于 1997 年 1 月 1 日联合出台了《青岛市农村人口最低生活保障线制度的实施细则》（青民救［1997］12 号），在保障原则、保障标准、保障对象、保障办法以及组织领导五个方面作出了具体规定。

岛以市委、市政府名义出台了《关于建立农村人口最低生活保障线制度的意见》（青发［1996］41号），对建立农村最低生活保障制度提出了原则意见。县级政府是具体从事、落实农村最低生活保障工作的关键行政层级。从县一级农村最低生活保障制度出台情况看，最早开展这项工作的是1992年开始农村最低生活保障制度试点的山西省左云县。到1997年底，绝大部分省份不同程度地开展了农村最低生活保障制度试点，大部分县级政府出台了农村最低生活保障制度。从1996年到2001年，全面建制的省份主要有上海、山东、广西、黑龙江等省份。广东、河南、天津、吉林等省份也陆续建立了农村最低生活保障制度。即使没有全面建制的省份，绝大部分县市也建立了农村最低生活保障制度。据统计，到1999年底，全国265.7万人纳入农村最低生活保障制度范围，农村最低生活保障人数占社会救济对象总人数的5.6%，年支出保障资金6.22亿元，年人均补助234.05元①，相当于当年全国农民人均纯收入2210.3元②的10.6%。2000年，全国纳入农村最低生活保障人数达到300.2万人（占当年农村社会救济总人数5907.8万人的5.08%③），支出资金7.34亿元，年人均补助244.5元，相当于当年人均纯收入2253.4元的10.85%。2001年底，全国在内陆所有省份的2037个县（市、区）建立了农村最低生活保障制度，占应建制县市区总数的81%，保障农村困难居民304.6万人，占农业人口的0.4%，年支出保障资金9.1亿元，年人均补助154.08元，相当于当年农民人均纯收入2366.4元的6.51%④。

5.2.3 制度调整阶段

从2001年至2007年6月。农村最低生活保障制度建设在调整中发展，在发展中不断调整。导致农村最低生活保障制度建设调整的主要原因有两个。首先是

---

① 民政部财务和机关事务司：《中国民政统计年鉴——2000》，当年新疆纳入农村最低生活保障范围人数为248人，中国统计出版社，2000年8月，第123、158页。

② 国家统计局农村社会经济调查司：《2007中国农村住户调查年鉴》，中国统计出版社，2007年8月，第29页。

③ 民政部财务和机关事务司：《中国民政统计年鉴——2001》，中国统计出版社，2001年6月，第4页。

④ 民政部财务和机关事务司：《中国民政统计年鉴——2001》，中国统计出版社，2001年6月，第140页。

农村税费改革[①]。农村税费改革分为费改税与取消农业税两个阶段。到2003年底，农村税费改革第一阶段即费改税阶段基本结束。2004年3月温家宝总理在政府工作报告中提出了要在5年内逐步取消农业税的决定。以此为标志，农村税费改革进入取消农业税阶段。2005年所有省份取消农业税。农村税费改革对农村最低生活保障工作产生了直接影响。当时，大多数省份出台的农村最低生活保障政策，资金渠道除财政资助外，村集体经济组织也要出一部分资金或实物。在税费改革前，这部分资金主要从村提留和乡统筹资金支出。税费改革后，乡统筹和村提留资金改为征收农业税正税和附加税，由村集体承担的农村最低生活保障

---

① 农村经济体制改革后，广大农村经济不断繁荣。一些地方党委、政府领导开始产生冒进情绪，对农牧民富裕程度估计过高，向农牧民过多地增加摊派、收费和集资，加重了农民负担，挫伤了农牧民发展生产的积极性，损害了党群、干群关系。一些省份为此专门下发文件纠正这种错误倾向（新疆维吾尔自治区于1986年就曾下发过《关于减轻农牧民负担的布告》，对减轻农民负担起到了积极作用）。为解决因乱收费等问题引起的农村不稳定和发展速度缓慢问题，切实解决农村居民负担，国务院在20世纪90年代高度重视这个问题，采取两手举措：一方面下发文件，试图纠正不切实际增加农民负担做法。国务院于1990年下发了《关于切实减轻农民负担的通知》（国发［1990］12号），对农民合理负担项目与范围、农民负担比例、农民负担提取办法、资金管理以及监督管理等方面内容提出了明确要求与意见。为加大这个通知的实施力度，切实解决农村乱收费问题，国务院于1991年12月7日正式出台了《农民承担费用和劳务管理条例》，明确了乡统筹、村提留的标准与使用范围。另一方面，在20世纪90年代中后期，国务院有关领导授意安徽、河北两省开始进行税费改革试点探索（参看陈桂棣、春桃：《中国农民调查》，2004年第1版，人民文学出版社）。党中央、国务院在总结安徽、河北两省税费改革实践经验基础上，于2000年3月正式部署农村税费改革试点工作。当年国家确定的试点省主要是安徽，其他省市主要批准了一些试点县市。农村税费改革试点的主要内容是：取消乡统筹费、农村教育集资等专门面向农民征收的行政事业性收费和政府性资金、集资；取消屠宰税；取消统一规定的劳动积累工和义务工；调整农业税和农业特产税政策；改革村提留征收使用办法。村提留通过农业税附加解决。其征收比例不能超过农业税正税的20%，乡管村用。村兴办其他公益事业所需资金通过一事一议方式解决（参看2000年3月2日中发［2000］7号：《中共中央、国务院关于进行农村税费改革试点工作的通知》）。2001年农村税费改革工作的重点仍然是集中力量进一步做好安徽省试点。没有进行税费改革的省份可以选择个别有代表性的县（市）进行试点，省级试点单位不再扩大（参看2001年4月25日国办发［2001］28号：《国务院办公厅关于2001年农村税费改革试点工作有关问题的通知》）。到2002年，全国试点省扩大到河北、内蒙古、黑龙江、吉林、江西、山东、河南、湖北、重庆、四川、贵州、陕西、甘肃、青海、宁夏16个省份。上海、浙江、广东自行决定试点范围。同时，国务院办公厅在2002年3月对农村税费改革又提出了一些新的政策规定。其中最主要的政策是"对农村税费改革转移支付资金实行包干使用"。（参看2002年3月27日国办发［2002］25号：《国务院办公厅关于做好2002年扩大农村税费改革试点工作的通知》）2003年又新增加北京、山西、辽宁、新疆、西藏、云南、海南等9个省区市进行试点（参看2003年6月19日国办函［2003］41号：《国务院办公厅关于北京等9省份农村税费改革方案的复函》）。截至2004年6月，除吉林、黑龙江、上海、北京、天津、浙江、福建、西藏8个省区市免征农业税外，其他省份还有194个县（市）免征农业税，减轻农业税66.5亿元，受益人口1.38亿，人均减负48元；农业税税率降低3个百分点的有12个省份，农村居民减负158亿元，受益人口约5.5亿，人均减负29元；农业税税率降低1个百分点的有11个省份，减负8.7亿元，受益人口2.2亿，人均减负3.9元（参看国务院农村税费改革工作小组：《2004年各省减免农业税改革试点政策情况统计表》）。

资金失去了保障渠道[①]，建立在村集体资金基础上的农村最低生活保障制度受到严重冲击。有的省份被迫进行政策调整如广东等省份，有的省份则干脆停止运行如广西等省份，有的省份则进行政策转型如江西等省份。政策方面的重大变化导致农村最低生活保障规模逐步萎缩。据统计，到2002年底，全国内陆省份建立农村最低生活保障制度的县（市、区）减少到1871个，占应建制县（市、区）总数的72.1%，与2001年相比下降了近10个百分点（表17）。尽管规模下降了，但由于浙江等经济条件好的省份全面推开了农村最低生活保障制度[②]，保障对象却有所增加，达到407.8万人，占当年农业人口的0.5%。当年支出农村最低生活保障资金13.6亿元，其中省级支出1.68亿元，市级2.13亿元，县级5.74亿元，集体经济4.07亿元（含实物折款1.1亿元）。各县（市、区）最低生活保障标准一般在500～1200元之间。全国农村最低生活保障人均年补助金额为312元，相当于当年农民人均纯收入2475.6[③]元的12.6%。年补助金额最高的是上海市为960元，最低的是青海省为120元[④]。其次是农村社会救助政策思路调整。虽然各地探索农村最低生活保障制度的实践引起了党中央、国务院的关注与肯定，但国务院考虑到农村情况比较复杂，认为建立农村最低生活保障制度要十分慎重，目前只能在财力充裕的少数地方开展试点，尚不具备全面推开的条件[⑤]。根据这个精神，民政部于2003年5月23日在河南淮阳召开的"全国农村特困户生活救助座谈会"上，对农村社会救助工作思路与布局进行了调整：对已经建立农村最低生活保障制度的地区，不要泼冷水，有条件的搞了是好事，是德政，要总结经验，进一步完善各项政策。在不具备条件建立农村最低生活保障制度的地区，对农村困难群众的救助，要继续坚持"政府救济、社会互助、子女赡养、稳定土地政策"的原则[⑥]。根据国务院与民政部调整的农村社会救助政策思路，中西部大部分省份将农村最低生活保障逐步转型为以农村特困户定期定量生活救助为主，东部发达省份和少数中部地区坚持继续探索农村最低生活保障制度

---

① 有的省没有将农村最低生活保障资金列入税费改革范围，导致原来的救助经费没有着落；有的省即使将农村最低生活保障资金列入了税费改革范围，但返税力度不大，影响了保障范围与水平。

② 在其他省纷纷调整政策或者进行政策转型过程中，浙江省逆流而上于2001年8月出台了《浙江省最低生活保障办法》，建立了城乡一体的最低生活保障制度。

③ 国家统计局农村社会经济调查司：《2007中国农村住户调查年鉴》，中国统计出版社，2007年8月，第29页。

④ 民政部救灾救济司：《中国农村最低生活保障制度文件资料汇编》（第一册），2003年3月，第3页。

⑤ 2003年3月国务院第二次常务会议决定。

⑥ 民政部法制办公室：《民政工作文件选编——2003年》，中国法制出版社，2004年5月，第一版，第260页。

建设。有些省如河南、江西全部将农村最低生活保障改制为农村特困户定期定量生活救助。到 2003 年底，开展农村最低生活保障的省份继续下降，全国只有 1206 个县继续开展农村最低生活保障工作，占应开展农村最低生活保障工作县市区的 42%，相对 2001 年，下降比例将近一半。当年纳入最低生活保障制度范围的农村居民只有 367 万人，比上一年减少 10%。农村最低生活保障人均标准为每月 85.9 元（年人均补差 154.08 元，相当于当年农民人均纯收入 2622.2 元的 5.9%）①。2003 年底中央经济工作会议和中共中央、国务院《关于促进农民增加收入若干政策意见》（中发［2004］1 号，又称 1 号文件）② 下发后给各地探索建立农村最低生活保障制度提供了新的动力。福建省在 2004 年 1 月正式在全省范围内实施了农村最低生活保障制度。2004 年 6 月，全国纳入农村最低生活保障制度范围的人数增长到 488 万人，年人均补差 331.92 元，相当于当年农民人均纯收入 2936.4 元的 11.3%，补助水平比上一年有所上升。到 2004 年 10 月，北京、上海、天津、浙江、江苏、福建、广东、辽宁等省市相继建立农村最低生活保障制度。2005 年 12 月，中共中央、国务院《关于推进社会主义新农村建设的若干意见》（中发［2006］1 号）明确提出，要进一步完善农村"五保户"供养、特困户生活救助、灾民补助等社会救助体系；有条件的地方，要积极探索建立农村最低生活保障制度。各地推进农村最低生活保障制度的力度进一步加大并逐步由东部地区向中西部地区延伸。特别是 2006 年召开的中共中央十六届六中全会作出逐步建立农村最低生活保障制度的决定后，各地进一步加快了建制步伐。截至 2006 年底，全国 22 个省份建立农村最低生活保障制度（表 16、表 18），纳入保障范围 1593.1 万人，年人均补差 414 元（表 17）。其余省份也在进一步完善农村特困户定期定量生活救助制度基础上，积极筹备建立农村最低生活保障制度。

表 16　农村税费改革以来农村最低生活保障制度建设情况

时间	新建制省份（包括改革原资金渠道，建立政府投入为主的最低生活保障制度）
2003 年	北京、上海、天津、浙江、广东
2004 年	江苏、福建、辽宁
2005 年	河北、陕西、海南、四川、吉林
2006 年	内蒙古、黑龙江、山西、河南、江西、山东、甘肃、湖南、重庆

资料来源：历年《中国民政事业统计年鉴》。

---

① 国家统计局农村社会经济调查司：《2007 中国农村住户调查年鉴》，中国统计出版社，2007 年 8 月，第 29 页。农村最低生活保障标准（1030.8 元）相当于当年农民人均纯收入的 39.3%。

② 2004 年下发的一号文件提出，"对丧失劳动能力的特困人口，要实行社会救济，适当提高救济标准"，"有条件的地方要探索建立农民最低生活保障制度。"

表 17　2001—2006 年农村最低生活保障情况

年份	2001 年	2002 年	2003 年	2004 年	2005 年	2006 年
全国建制县市（个）	2037	1871	1206	1206	1534	/
保障人数（万人）	304.6	407.8	367.1	488	825	1593.1
年增长（%）	/	33.88	−10	32.93	69	93
救助资金（亿元）	4.69	7.1	9.32	16.2	28	56
月人均补助（元）	12.84	14.50	21.16	27.66	28	34.5

资料来源：历年《中国民政事业统计年鉴》。

表 18　2006 年底已建农村最低生活保障制度省份（已建制省份用阴影表示）

地区 序号	东部省份	中部省份	西部省份
1	北京	河北	内蒙古
2	天津	山西	四川
3	辽宁	吉林	陕西
4	上海	黑龙江	甘肃
5	江苏	江西	重庆
6	浙江	河南	广西
7	福建	海南	云南
8	广东	湖南	青海
9	山东	湖北	宁夏
10	——	安徽	贵州
11	——	——	西藏
12	——	——	新疆
建制省所占比例	100%	80%	40%

资料来源：《中国农村最低生活保障制度的政策选择》（郭洪泉，2007 年）。

5.2.4　全国建制期

从 2007 年 6 月至今。从 1992 年一些县开始农村最低生活保障制度试点，经过 15 年探索，国务院于 2007 年 6 月在北京召开了农村最低生活保障工作会议并于当年 7 月下发了《国务院关于在全国建立农村最低生活保障制度的通知》（国发［2007］19 号，以下简称《通知》），农村最低生活保障制度在全国正式建制。这是农村社会保障制度建设的一个历史性举措。农村最低生活保障制度的建立标志着我国政府全面介入农村社会保障，几千年来广大农民“生有所靠”的梦想正在逐步实现。截至 2007 年 11 月底，全国 31 个省（自治区、直辖市）全部出台农村最低生活保障政策，2777 个县（市、区）全部建立农村最低生活保障制度，有 1407.4 万户 3100.9 万人纳入农村最低生活保障制度范围，全年投入农村最低生活保障制度资金 75.6 亿元，全国年人均保障标准为 1032 元，月人均补差 30.8 元。随着农村最低生活保障制度的逐步建立与发展，农村社会政策走入了一个新的阶段，农村社会保障制度建设也步入了一个新的境界。

5.3　制度政策分析

农村最低生活保障政策经过三个发展阶段。第一个阶段的政策集中体现在民政部下发的《农村社会保障制度建设指导方案》中。第二个阶段的政策体现在各省（自治区、直辖市）、地（市）与县（市、区）三个层级的制度中。这些制度构成了农村最低生活保障政策的基本框架。第三个阶段的政策体现在 2007 年国务院下发的《通知》中。

5.3.1　1996 年民政部政策分析

农村最低生活保障制度试点探索期间的主要政策依据是民政部于 1996 年 12 月 20 日出台的《关于加快农村社会保障体系建设的意见》和《农村社会保障制度建设指导方案》（民办发［1996］28 号）（下称《意见》与《方案》）。在这两个文件中，民政部第一次系统提出了农村最低生活保障基本政策框架①。第一，明确了农村最低生活保障概念。文件认为农村最低生活保障是对家庭人均纯收入低于最低生活保障标准的农村贫困人口按最低生活保障标准实行差额补助的制度。这个定义与对社会救助功能的传统认识是比较一致的，其实质是把农村最低生活保障制度限定为一种被动的收入支持制度，基本功能是保障最低生活保障对象的基本生活，农村最低生活保障制度助人自助的功能没有显现出来。第二，明确了农村最低生活保障制度的地位与作用。《意见》与《方案》认为，农村社会保障体系主要包括社会救济、社会养老保险、社会福利、优抚安置和社会互助五项制度以及与之相配套的农村社会保障服务网络。在农村社会保障体系中，农村

① 民政部政策研究室：《中国农村社会保障》，中国社会出版社，1997 年 12 月，第 233～242 页。

最低生活保障制度是重点。这个表述与十七大报告提出的社会保障体系框架是一致的。但相似是表面的、文字的，不同是内在的、本质的。其中，最大不同在两方面：一是制度基础不同。1996 年民政部构想的农村社会保障体系的制度基础在个人与集体，在家庭保障。2007 年十七大提出的社会保障体系的制度基础是公共财政。二是制度内容不同。由于历史限制，1996 年民政部提出的农村社会保障体系框架没有涵盖商业保险、慈善以及医疗保险等方面内容。之所以没有提出这些内容，一是当时社会对这些保障需求还不急迫，二是当时主管部门还没有考虑到这些内容。第三，明确了农村最低生活保障标准调整与确定依据。《意见》与《方案》明确农村最低生活保障标准要根据当地农村居民最基本生活需求、经济发展水平和财政承受能力来确定与调整，由当地政府与主管部门公布实施。第四，明确了农村最低生活保障资金渠道。文件规定保障资金要由当地各级财政和村集体分担。分担比例根据各地实际确定。各级财政分担经费列入本级财政预算。村集体分担的经费从公益金中列支。各级财政分担经费向贫困地区倾斜。第五，明确了农村最低生活保障建制原则。即一是以保障基本生活为目的，保障项目与标准要与当地经济、社会发展水平以及各方面承受能力相适应①。二是保障资金由个人、集体、国家共同负担，多渠道筹集，以个人和集体为主。三是正确处理公平与效率、权利与义务之间的关系，既要保障全体居民特别是困难群体的基本生活权益，又要调动他们自力更生、发展生产和履行社会保障义务的积极性。四是保障生活与扶持生产相结合，物质帮助与生活服务、政策扶持相结合。五是政府组织、整体规划，分类指导、分步实施，重在制度建设并与农村各项政策相衔接。对保障对象，各地要在生产、生活、医疗、教育等方面给予适当的优惠政策。从农村最低生活保障资金主要以个人与集体为主渠道可以看出，1996 年民政部制定的农村最低生活保障政策主要是一种集体性质的保障制度。尽管《意见》与《方案》提出了各级财政要积极介入最低生活保障制度建设，但在中央财政缺位情况下，除极少数地区外，地方财政很难承担起农村最低生活保障责任。村集体公益金成了农村最低生活保障资金主体。村集体经济实力总体偏弱、

---

① 第一条原则说明，农村最低生活保障不同于社会福利，也不同于社会保险。这项制度解决的只是生存问题，不是发展问题。满足的只是基本的生存需要，不是人的全面发展的需要，这是建立农村最低生活保障制度要遵循的首要原则。第二条原则说明，农村最低生活保障要从实际出发。不同地方的农村居民，对基本需要的理解是不一样的。由于各地经济与财政实力不同，满足基本需要的标准也是不同的。各地在建立农村最低生活保障制度时要处理好需求与可能之间的关系，因地制宜。既不能盲目攀比，不顾经济条件许可拔高标准，也不能人为降低标准，否则低标准难以保障困难村民的基本生活。

发展不太均衡的现实状况决定试点探索期的农村最低生活保障制度始终在低水平、低层次运行。虽然1996年民政部出台的《意见》与《方案》由于种种局限，没有很好地执行下去，但这两个文件对当时启动并推进农村最低生活保障制度试点具有重大指导意义，在农村最低生活保障制度发展史上有难以替代的作用与地位。

5.3.2 各省（自治区、直辖市）政策分析

在省级农村最低生活保障政策发展方面出现过两个政策阶段或者说两种政策类型。一些经济欠发达省份在农村税费改革之前，按照民政部1996年下发的《关于加快农村社会保障体系建设的意见》（下称《意见》）要求出台了农村最低生活保障政策。如河南、江西、广西等省份出台的制度框架与民政部的《意见》基本吻合，其最大特点是由乡镇和农村集体经济组织承担保障资金。农村税费改革后，这些省份的农村最低生活保障制度基本解体。直到2007年3月国务院在政府工作报告中宣布要正式建立农村最低生活保障制度、中央财政对困难地区进行补助后，这些经济欠发达省份才开始二次建制。与这些经济欠发达省份两阶段、两度建制情况不同，东部经济发达省份从建制之初就规定当地财政要介入农村最低生活保障制度建设，如上海、浙江、广东等省份。尽管这些省市当时农村最低生活保障资金渠道中也包含了乡镇与村集体资金，但比例不高，税费改革对这些省市农村最低生活保障制度建设影响不大，总体看，这些省份的农村最低生活保障制度虽然有小的政策调整与完善，但没有大的政策变化与转型。综合以上两种情况，本项研究的农村最低生活保障政策，主要是各省（自治区、直辖市）农村税费改革后恢复重建并正在执行的政策。这些省份的农村最低生活保障政策框架主要由基本原则、保障对象、保障范围、保障标准、家庭成员及收入计算、资金筹集与管理、申请审批与发放程序、监督处罚、管理体制等方面内容构成。与1996年民政部出台的农村最低生活保障政策相比，各省（自治区、直辖市）现行政策主要有以下特点：

一是在建制原则方面。1996年民政部印发的《农村社会保障制度建设指导方案》提出了建立农村最低生活保障制度要遵循的五条基本原则（见上）。各地从不同角度、不同方面丰富发展了这些原则。上海市结合自身多年探索，在1996年出台的《上海社会救助办法》中提出了最低生活保障制度要与法定赡养、扶养和抚养相结合，与促进救助对象自助自立相结合的原则。这两条原则的提出，无疑进一步丰富、发展了农村最低生活保障制度内容。多年来，在农村社会

救助基本原则中，子女赡养都是重要内容。《老年人权益保障法》将子女赡养规定为子女应尽的义务。将子女赡养作为社会救助主要渠道，是我国社会救助、社会保障的主要特色之一。这条原则的确立既是对传统道德伦理的一种继承，也是从欠发达的中国经济状况、靠国家难于提供保障的实际出发作出的一种现实选择。最低生活保障与促进救助对象就业相结合的原则，则突出了最低生活保障制度的最终目的。最低生活保障制度之所以不同于传统的救济制度，其主要区别之一就是这条原则的引进。传统救济制度只管提供物质上的帮助，只管维持救济对象的生存，只管“输血”不管“造血”问题。上海在探索建立最低生活保障制度时将最低生活保障与就业相结合，是对我国传统社会保障理念的一次重大突破，也是对社会救助功能在认识上的一次飞跃即由救济逐步转向救助，也就是说通过政府与社会的帮助，使保障对象最终达到自立自强的目的。社会救助不仅具有保障基本生活的功能，也具有促进人的自立自助的功能。这是将“助人自助”的社会工作精神与理念在我国社会保障实践领域的第一次具体落实。从历史角度看，则是对1996年民政部提出的权利与义务并重原则在本地政策的具体运用与发展。也许，正是从上海提出社会救助观念后，在有关文件和学术文章中，救助逐步取代救济的概念，成为社会保障研究与实践领域运用频率最多的概念。广东省在1999年7月发布的《广东省城乡居（村）民最低生活保障制度实施办法》中，又提出了公平、平等与民主的原则。这条原则曾经在1997年国务院发布的关于建立城市最低生活保障制度的通知[①]中提出过。广东省第一次将国家对城市最低生活保障制度的要求，延伸到农村最低生活保障制度。公平、平等与民主的原则的提出，既是对管理人员实施过程的要求，也是对最低生活保障对象的要求。对管理人员来讲，实施过程必须公开公正，不能暗箱操作，制定政策必须听取大多数人的意见；对于最低生活保障对象来讲，必须有平等的参与机会。这条原则直接引出至今各地在实施农村最低生活保障制度过程中普遍张榜公示的做法。虽然张榜公示不利于保护最低生活保障对象的隐私，一定程度上也有损于人的尊严，但在目前救助资源不足但需求量较大情况下又确实是保证救助资源落实到救助对象身上的比较可行的做法。是矛盾但却又是不得不实施的一项措施。福建等地又相继提出了“四方共同保障”、“政府保障与社会帮扶”等原则，对政府救助资源不足提出了应对措施。这些原则从不同层次、不同角度对农村最低生活保障制度的实施提出了要求，对规范、完善农村最低生活保障制

① 国发〔1997〕29号。

度具有重要价值。

二是在制度目标方面。在各省（区、市）出台的政策中，直接提农村最低生活保障制度目标的很少。绝大多数省份都把制度目标与指导思想、基本原则混合表述。只有江苏①、重庆②、贵州③、甘肃④等省将工作目标在政策中作了单独表述。综合各省做法，制度目标主要包括两方面：一是工作目标。主要规定了建立农村最低生活保障制度的时间与相关要求。如江苏等省。二是保障目标。具体包括三方面目标内容：一是保障困难农村居民基本生活⑤；二是促进社会公平、社会和谐、维护社会稳定；三是促进农村经济与社会进步，建设社会主义新农村。对农村最低生活保障目标的重视，在某种程度上就是对制度效果的重视。相对于 1996 年民政部出台的政策是一个重大进步。由于各省区市确定的制度目标多数为建制时间，对政策的影响目标表述太笼统，可操作性比较差。重建制目标轻保障对象目标成了各省农村最低生活保障制度建设的一个重大缺陷，这缺陷一定程度影响了农村最低生活保障制度的实施效果，也是导致农村最低生活保障主管部门重工作进度轻工作质量、重制度建设轻政策影响的内在原因。

三是在保障对象与范围方面。各省份对农村最低生活保障对象与范围确定的基本条件有两条：一是持有当地农村户口；二是低于当地农村最低生活保障标准。这是大多数地方的做法。有些地方从本地实际出发，对这两个条件作了一些修正。如福建等地在坚持最低生活保障标准基础上，又提出了“夫妇一方为本县（市、区）农村居民，其配偶及子女为外省市或本县（市区）外农村居民，在现居住地定居一年以上，其家庭人均收入低于所在县（市区）农村最低生活保障标准人员，属于保障范围。在农村定居的城镇居民与农村居民混合家庭，符合本辖

---

① 江苏省民政厅、财政厅关于建立和完善农村居民最低生活保障制度的实施意见，2004 年 9 月 13 日。可惜的是，江苏省在叙述工作目标时，只讲了建制工作本身的目标（2005 年前要建立城乡最低生活保障体系），对工作对象的保障只提了规模目标（应保尽保），没有提个体对象应该实现的目标。

② 重庆市人民政府关于全面建立农村最低生活保障制度的意见（渝府发［2006］149 号），2006 年 11 月 28 日。重庆市把目标任务作为单独部分作了表述。但具体内容讲的也是建制时间与规范管理、完善制度等方面的要求。

③ 贵州省人民政府关于全面建立实施农村最低生活保障制度的意见（黔府发［2007］15 号），2007 年 5 月 22 日。贵州主要提了两方面目标，一是建制目标，二是制度保障范围即应保尽保目标。

④ 2006 年 11 月 3 日甘肃省人民政府出台了《甘肃省农村居民最低生活保障制度试行办法》的通知（甘政发［2006］95 号）。通知要求按照低标准起步、重点保障特困户、逐步扩大覆盖面的原则，力争用2～3年时间，在全省建立起制度完善、管理规范的农村最低生活保障制度。

⑤ 有的省如河北与山西，把制度目标定为维护农村贫困或低收入居民的基本生活权益，而不仅是基本生活。

区农村最低生活保障条件的，享受农村最低生活保障待遇”[①] 两项规定。这是对以户口定保障对象与范围的通行做法的一种否定与突破。由以户口确定保障对象与范围到以居住地确定保障对象与范围，是一种创新与进步。从江苏等省份出台的农村最低生活保障制度来看，在坚持持有户口与最低生活保障标准前提下，对最低生活保障对象又作了进一步的限制：如规定具有正常劳动能力的、无正当理由拒绝劳动的；依法具有赡养关系，而赡养人有能力，但未履行赡养义务的；家庭生活水平明显高于当地最低生活保障标准的；有赌博等行为人员不列入保障范围[②]。这是对生活行为的限制。新疆维吾尔自治区出台的最低生活保障政策对政治行为提出了限制，将“参加零散朝觐的”人员与家庭排除在最低生活保障制度范围之外[③]。这些限制的提出，细化了农村最低生活保障对象与范围。从各地实施情况看，农村最低生活保障对象主要包括三部分人员：第一类是农村五保对象。在实施农村最低生活保障的省份中，北京、浙江、江苏等地都将农村五保对象纳入了当地农村最低生活保障制度范围。有些地方没有将五保对象纳入农村最低生活保障，如山东的一些县（市区）。这些地方将农村五保与农村最低生活保障制度并列。将农村五保对象纳入最低生活保障制度范围的省市一般都将五保户列为全额享受最低生活保障标准的对象。如北京市规定，五保对象除享受当地农村最低生活保障待遇外，再附加保障金的10%作为生活补助费，确保生活水平不低于上年当地人均收入的65%，不足部分由区（县）和乡（镇）财政补足[④]。福建省规定，五保对象享受年人均1000元的救助待遇。第二类是因病因残导致生活困难人员。第三类是其他特殊困难人员。如在北京、天津等省份有不少在乡重点优抚对象、原民政部门管理的20世纪60年代初精减退职老职工、国民党起义投诚、宽释及特赦人员。如据福建省民政厅统计，在最低生活保障对象中，五保对象为11.6%；缺乏劳动力致贫人员占22.9%；因病因残人员达到50.4%，因灾致贫人员为6.3%，其他人员为8.8%。由于最低生活保障对象收入是不断变化的，因此，具体享受农村最低生活保障制度的对象是动态的、变化的。一般需要根据收入变化实行调整。从全国来讲，有三个月进行调整的，也有半年，甚

---

① 民政部最低生活保障司：《农村特困户生活救助与农村最低生活保障资料汇编》（第一册），2004年8月，第23页。

② 江苏省民政厅、财政厅：《关于建立和完善农村居民最低生活保障制度的实施意见》（苏民救［2004］18号，苏财社［2004］70号）。

③ 新疆维吾尔自治区人民政府：贯彻国务院关于在全国建立农村最低生活保障制度通知的实施意见（新政发［2007］86号）。

④ 民政部救灾救济司：《中国农村最低生活保障制度文件资料汇编》（第一册），2003年3月，第22页。

至一年进行调整的。这是最低生活保障动态管理制度。动态管理制度是确定农村最低生活保障对象与范围的重要政策补充。

四是在保障标准方面。包括确定标准的原则和参考因素、保障标准的内容、制定标准的政府部门以及标准的调整频率等内容。1996 年民政部在农村最低生活保障标准方面只原则性地提出了制定最低生活保障标准的两条基本原则与农村最低生活保障标准制定主体。在民政部出台的政策内容基础上，上海市提出对农村最低生活保障标准的确定要坚持城乡有别、地区有别的原则。这是从中国实际出发，从城乡现有差距出发确定的原则。目前城乡经济与社会发展水平以及文明程度都有差距。这是一个现实。这个现实决定城乡农村最低生活保障标准必须有所区别。广东、北京在这个基础上对保障标准作了细化，提出了两条原则：与本地区社会经济发展水平相适应又考虑当地财政承受能力；既保障低收入农村居民的基本生活，又有利于克服依赖思想、调动劳动积极性的原则①。福建省在吸取这些省市经验基础上，对最低生活保障标准必须坚持的原则进行系统化处理，全面提出了低标准起步、广覆盖特困人口；注意各级财政承受能力，随着经济发展逐步调整；既要保障农村居民基本生活，又要有利于克服懒汉思想、调动劳动者生产积极性；立足城乡有别，注意与城市最低生活保障标准衔接；坚持政府保障与社会帮扶相结合，鼓励劳动自救等五条原则。这五条原则明确了农村最低生活保障标准与财政的关系、与城市最低生活保障标准的关系、国家责任与社会帮扶的关系、最低生活保障标准与最低生活保障目标以及农村最低生活保障自身发展过程五个方面内容，考虑比较全面、系统。应该说，福建省提出的五条原则，是 2007 年前各地出台的政策中对农村最低生活保障标准制定考虑最充分的一个省份②。这说明，农村最低生活保障标准的制定不是一件简单的事情，需要考虑方方面面的关系，处理方方面面可能出现的问题。只有这样，才能保证农村最低生活保障标准能够持续执行下去。关于制定最低生活保障标准的参考因素。上海市确定农村最低生活保障标准的参考因素主要有四个即社会人均实际生活水平；维持最低生活水平所必需的费用；物价指数；经济发展水平与财政状况③。广东在

---

① 民政部救灾救济司：《中国农村最低生活保障制度文件资料汇编》（第一册），2003 年 3 月，第 27、114 页。

② 民政部最低生活保障司：《农村特困户生活救助和农村最低生活保障资料汇编》（第一册），2004 年 8 月，第 23 页。

③ 民政部救灾救济司：《中国农村最低生活保障制度文件资料汇编》（第一册），2003 年 3 月，第 78 页。

上海提出的四个因素之外加上了与其他各项社会保障标准相衔接因素①。北京对最低生活水平因素进行了细化，提出在维持当地农村居民衣、食、住等基本需要外，要适当考虑水电、燃煤（柴）以及未成年人义务教育等因素，合理确定保障标准。黑龙江对影响农村最低生活保障标准的主要因素作了进一步细化，提出了制定农村最低生活保障标准指标体系指导意见，明确了农村最低生活保障标准的主要依据、工作方法、指导性标准与基本内容②。关于最低生活保障标准内容。上海市在2002年以前有近郊、远郊与海岛三条农村最低生活保障标准线。1994年这三条保障标准分别为：近郊年均850元、远郊年均750元、海岛年均700元。之后，由于物价指数与生活消费指数以及经济发展水平变化，上海市先后对农村最低生活保障标准进行过6次调整。2002年后，三条保障合并为两条即郊区与海岛两条线（其中郊区农村最低生活保障标准为2240元，海岛为1980元）。同时，确定了农村最低生活保障线与城镇最低生活保障线之间的联动关系。其中，城镇最低生活保障标准与郊区农村最低生活保障标准之间比例为1.5∶1左右，城镇最低生活保障标准与海岛农村最低生活保障标准的比例为1.7∶1左右③。北京市2002年、2003年农村最低生活保障人均标准为1256元，其中，保障标准最高的海淀区、朝阳区，年均2160元，最低的延庆县为年均800元④。浙江省的农村最低生活保障平均标准为120.2元/月·人，人均月救助金额为57.52元。福建省的农村最低生活保障标准为1000元，即每月83元。最高标准为泉州市的丰泽等区，标准为月均200元⑤。新疆维吾尔自治区年农村最低生活保障标准为700元。从全国来讲，2003年底农村最低生活保障月人均标准为85.9元，月人均补差21.16元。农村最低生活保障标准最高的地方是广东的一些地市。如深圳2004年的农村最低生活保障标准为月均340元，东莞市农村最低生活保障标准为月均300元，只比当地城镇居民月均最低生活保障标准少20元⑥。关于制定农村最低生活保障标准的部门。全国情况大同小异。上海市规定，“社会救助

---

① 民政部救灾救济司：《中国农村最低生活保障制度文件资料汇编》（第一册），2003年3月，第114页。

② 民政部救灾救济司：《中国农村最低生活保障制度文件资料汇编》（第一册），2003年3月，第22页、75页。

③ 民政部救灾救济司：《中国农村最低生活保障制度文件资料汇编》（第一册），2003年3月，第84页。

④ 民政部救灾救济司：《中国农村最低生活保障制度文件资料汇编》（第一册），2003年3月，第146页。

⑤ 民政部最低生活保障司：《农村特困户生活救助和农村最低生活保障资料汇编》（第一册），第169页，2004年8月。

⑥ 2004年5月8日东莞市人民政府：《关于提高我市社会弱势群体生活保障标准的通知》（东府[2004]44号）。

标准由街道办事处或乡镇人民政府根据接受社会救助的个人或者家庭的实际生活水平确定。”[①] 浙江省将标准制定分为“设区市”与“县”两类。“设区的市的最低生活保障标准，由市人民政府民政部门会同财政、统计、物价等部门拟定，报本级人民政府批准并公布执行；县（市）最低生活保障标准，由县人民政府民政部门会同财政、统计、物价等部门拟定，报本级人民政府批准并报上级人民政府备案后公布执行。”[②] 广东规定得比较笼统：农村最低生活保障标准主要由民政部门会同当地财政、统计、物价等部门制定。经县级以上人民政府批准后向社会公布[③]。福建省的规定稍为不同。该省提出，“设区市所辖的区农村最低生活保障标准，由设区市民政部门会同财政、农业、统计、物价等部门并商各区研究拟定，经本级人民政府批准并报省民政厅、财政厅备案后执行。县（市）农村最低生活保障标准，由县（市）民政部门会同财政、农业、统计、物价等部门研究拟定，经本级人民政府批准，并报设区市人民政府和省民政厅、省财政厅备案后公布执行。”[④] 与上海、广东的做法不同，福建省增加了制定最低生活保障标准的部门，同时提出了备案的要求，明显加强了对最低生活保障标准的管理。关于最低生活保障标准调整频率。对于最低生活保障标准，各地实行的都是动态管理原则。但与最低生活保障对象的调整频率不同，对最低生活保障标准的调整期限最低一年，最高为三年调整一次。有的省市没有限定年限，如广东，提出最低生活保障标准根据生活必需品价格变化和生活水平提高作适时调整[⑤]。在经济与社会变化速度较快转型时期，如果强制规定一定年限的话，往往会成为开展工作的阻碍。

五是在家庭成员及收入测算方面。1996年民政部对家庭收入只提出了计算要求，没有对如何计算家庭收入作出具体规定。在以收入为依据的最低生活保障制度框架下，家庭收入计算是建立科学的农村最低生活保障制度的基础。这里要明确两个问题。首先，收入计算是以家庭而不是以个人为单位的。对家庭成员组成与范围的确定是收入计算的前提。由于各地实际不同，不同省份在制定具体政

---

① 民政部救灾救济司：《中国农村最低生活保障制度文件资料汇编》（第一册），2003年3月，第80页。

② 民政部救灾救济司：《中国农村最低生活保障制度文件资料汇编》（第一册），2003年3月，第89页。

③ 民政部救灾救济司：《中国农村最低生活保障制度文件资料汇编》（第一册），2003年3月，第114页。

④ 民政部最低生活保障司：《农村特困户生活救助和农村最低生活保障资料汇编》（第一册），2004年8月，第24页。

⑤ 民政部救灾救济司：《中国农村最低生活保障制度文件资料汇编》（第一册），2003年3月，第114页。

策时，对家庭成员作出了一些适合本地特点的规定。根据《婚姻法》，家庭成员指的是家庭中具有法定赡养、扶养或者抚养关系的人员。北京市出台的政策对家庭成员的定义主要包括：配偶；未成年子女；已成年但不能独立生活的子女；与父母户口所在地相同的未婚子女；父母双亡且由祖父母或者外祖父母作为监护人的未成年人或者已成年但不能独立生活的孙子女或外孙子女；民政部门根据有关程序认定的其他人员共 6 类①。广东省的规定相对复杂些。除了北京市认定的六类人员外，对未成年人作了细化。认为未成年子女还包括养子女、继子女、非婚生子女。家庭成员还包括无生活来源的父母、祖父母、外祖父母；兄姐与父母双亡或父母无力抚养的未成年的弟妹等成员②。上海市出台的办法规定家庭收入主要包括四类：一是各类工资、奖金、补贴、农副业收入和其他劳动收入；二是继承、接受赠与以及利息、红利、有价证券、特许权收入；三是养老金、赡养费、扶养费和抚养费；四是其他收入③。广东省在上海市做法基础上将各类社会保险待遇也计入了家庭收入④。浙江省将家庭收入分为货币收入和实物收入两部分，同时规定优抚对象及政府给予的特殊待遇；政府等有关组织颁发的非报酬性奖励；有关经济补偿费、生活补助费或一次性安置费四类特别资金不计入家庭收入⑤。北京市进一步细化了应该计入家庭收入和不应该计入家庭收入的内容。认为农村家庭成员收入指共同生活的家庭成员通过农副业生产及其他合法劳动经营，全年获得的纯收入的总和。应该计入家庭收入内容包括八类：（1）家庭所有成员从事种植、养殖等农副业生产劳动获得的纯收入总和；（2）家庭成员就业及在外务工获得的工资、奖金、津贴、补贴、退休金和各种劳动收入等；（3）家庭成员储蓄存款、有价证券及孳息；（4）参加各类养老保险领取的养老保险金；（5）法定赡养人、扶养人或者抚养人应当支付的赡养、抚养或者抚养费；（6）继承的遗产、遗赠等；（7）出租或者变卖家庭资产获得收入；（8）其他应当计入的家庭收入。不应该计入家庭收入内容包括六类：（1）优抚对象、见义勇为人员享受的抚恤金、补助金、护理费、保健金及政府对作出特殊贡献人员给予的一次性

---

① 民政部救灾救济司：《中国农村最低生活保障制度文件资料汇编》（第一册），2003 年 3 月，第 31 页。

② 民政部救灾救济司：《中国农村最低生活保障制度文件资料汇编》（第一册），2003 年 3 月，第 112～113 页。

③ 民政部救灾救济司：《中国农村最低生活保障制度文件资料汇编》（第一册），2003 年 3 月，第 78～79 页。

④ 民政部救灾救济司：《中国农村最低生活保障制度文件资料汇编》（第一册），2003 年 3 月，第 113 页。

⑤ 民政部救灾救济司：《中国农村最低生活保障制度文件资料汇编》（第一册），2003 年 3 月，第 89～90 页。

奖金和市级以上劳动模范退休后享受的荣誉津贴；（2）在校学生（非择校生）获得的奖学金、助学金、生活津贴、困难补助等；（3）社会各界和个人给予的临时性生活补贴；（4）各级政府给予的临时性的生活补贴；（5）发生自然灾害时，各级政府给予的临时性救灾款物；（6）经民政部门认定的其他特殊收入[①]。福建省在继承其他省份规定基础上，对家庭收入再次进行了分类即经营性收入、工资性收入、财产性收入与转移性收入四大项。家庭经营性收入包括农林牧渔、建筑、运输、饮食服务等生产经营收入扣除家庭生产经营费用部分外，以当年上市价格计算的家庭生产经营收入；工资性收入包括家庭劳动人口受雇于单位或个人而获得的收入；财产性收入包括利息、股息、租金、红利等收入；转移性收入包括亲友赠送、保险年金、退休金、法定赡养人、扶养人支付的赡养、扶养费。不计入家庭收入的内容与北京市的规定相似。对这些收入的计算以申请之日起前十二个月的平均收入确定。应该讲，福建省的规定，是迄今为止对家庭收入作出的最为完整、全面、系统的概括与分类。这种分类与概括，反映了市场经济运行过程中，农村居民收入分配的各种来源渠道，与农村居民的收入现状是基本上适应的[②]。家庭收入分类是计算家庭收入的基础。由于家庭成员经营种类、情况不同，在实际计算时的方法与技术不同，可以得出不同结果。但不同的结果却直接关乎农村最低生活保障制度设计得科学与否，关乎农村最低生活保障待遇公平与否。因此，家庭收入计算绝不是一个简单的问题。而是一个国家级甚至是国际性的大难题，需要付出一代人甚至是十几代人的努力[③]。

六是在资金筹集与管理方面。保证农村最低生活保障资金渠道稳定是建立农村最低生活保障的关键。农村最低生活保障的沉浮与资金到位与否直接相关。1996 年民政部政策规定农村最低生活保障资金由“当地各级财政和村集体分担。分担比例根据各地实际确定。各级财政分担经费列入本级财政预算”。在税费改革前，各地基本上坚持这条原则，普遍规定农村最低生活保障资金由财政资金、村集体支出以及社会捐助资金组成。村集体经济资金是农村最低生活保障资金的主要来源之一。从广东省 1999 年出台的保障办法可以看出，农村最低生活保障资金来源一开始就与城镇最低生活保障不同。广东规定，城镇最低生活保障由财政

---

① 民政部救灾救济司：《中国农村最低生活保障制度文件资料汇编》（第一册），第 31～32 页。

② 民政部最低生活保障司：《农村特困户生活救助和农村最低生活保障资料汇编》（第一册），2004 年 8 月，第 24～25 页。

③ 柳拯：《关于构建农村社会救助体系的几点思考》，《社会福利》2004 年第 7、8 期。

预算安排，农村最低生活保障资金由财政和乡镇、村民委员会集体经济承担[①]。至今只有在少数发达的农村地区，最低生活保障金还由村委会承担。如在广东的东莞市，最低生活保障资金仍然按照 4∶4∶2 的比例由市、镇（区）、村分别承担[②]。天津市规定城镇居民资金由市和区、县人民政府各按 50%的比例承担。但农村最低生活保障资金则主要由区以下承担。村民委员会承担了部分资金，成为主要的资金渠道之一[③]。上海市到 2002 年取消了村级负担比例。由原来的县、镇、村三级改为县镇两级分担。市财政对经济薄弱区县给予 30%的补助[④]。广东省在税费改革前，农村最低生活保障资金由区（县）、乡（镇）与村共同筹集。税费改革后，农村最低生活保障金主要由市县承担[⑤]。福建省对农村最低生活保障资金实行财政分级承担。条件好的地市全部承担了农村最低生活保障资金如宁德市，乡镇不再承担。其余一般县、乡共同承担。分担比例一般是县级承担 60%～70%，乡镇一般在 30%左右。市辖区一般由市区两级平均承担。村级有负担的目前只有晋江市、南安市、泉港区。这些地方村级一般负担 10%左右[⑥]。浙江省在建制之初，农村最低生活保障资金由县（市）、乡（镇）、村三级承担。乡（镇）、村一般占了总资金的 50%。税费改革后，为改变村级资金不到位情况，及时取消了村级承担资金，乡镇承担资金也没有超过总量的 30%[⑦]。以上是发达省市情况。中西部省份村一级承担最低生活保障金的情况更加普遍。如吉林省，税费改革之前，农村最低生活保障资金由县乡村按 3∶3∶4 比例承担，税费改革后村级承担部分纳入了农业正税，由中央转移支付解决[⑧]。大多数省份由于市县财政状况不好，无法解决税费改革后村级承担的农村最低生活保障资金。如湖北省在税费改革前，有 12 个市州 53 个县市试点并建立了农村最低生活保障制度，占 0.4%的农村人口纳入了保障范围。资金主要靠县、乡财政、村集体投入

---

① 民政部救灾救济司：《中国农村最低生活保障制度文件资料汇编》（第一册），2003 年 3 月，第 114 页。

② 2004 年 5 月 8 日东莞市人民政府：《关于提高我市社会弱势群体生活保障标准的通知》（东府［2004］44 号）。

③ 民政部救灾救济司：《中国农村最低生活保障制度文件资料汇编》（第一册），2003 年 3 月，第 52 页。

④ 民政部最低生活保障司：《农村特困户生活救助和农村最低生活保障资料汇编》（第一册），2004 年 8 月，第 149 页。

⑤ 民政部最低生活保障司：《农村特困户生活救助和农村最低生活保障资料汇编》（第一册），2004 年 8 月，第 201 页。

⑥ 民政部最低生活保障司：《农村特困户生活救助和农村最低生活保障资料汇编》（第一册），2004 年 8 月，第 169 页。

⑦ 民政部救灾救济司：《中国农村最低生活保障制度文件资料汇编》（第一册），2003 年 3 月，第 192 页。

⑧ 民政部最低生活保障司：《农村特困户生活救助和农村最低生活保障资料汇编》（第一册），2004 年 8 月，第 141 页。像吉林省这样能在税费改革中将村级承担资金纳入中央转移支付的省份极少。

及救灾救济金解决。农村税费改革后，县乡政府可用财力减少。特别是“三提五统”取消后，农村最低生活保障资金难以为继。到2004年，湖北省多数地方农村最低生活保障基本停顿①。江西省从1996年开始农村最低生活保障工作，到2002年底全省有89个县建立了农村最低生活保障制度，保障了0.53%的农村人口；年农村最低生活保障标准最高为900元，最低为300元；最低生活保障资金主要由县、乡、村三级解决，比例分别为6∶2∶2或4∶4∶2。村集体一般承担了20%的最低生活保障资金。由于该省多数县财政基本上是“吃饭财政”，乡村负担资金难以落实，税费改革后大多数县停止了农村最低生活保障工作，基本回到了20世纪90年代以前的救济状态②。2003年以后各省市重新调整的农村最低生活保障政策基本上取消了村集体承担的资金比例。在经济欠发达地方，所有最低生活保障资金由县以上各级政府承担，乡（镇）、村两级不再承担农村最低生活保障资金比例；在经济发达地区，由于一些村集体有一定经济实力，还承担了少量最低生活保障资金，如广东的一些发达市区③。

七是在申请审批与发放程序方面。这是1996年民政部出台的政策没有涉及的内容。申请审批是事务性的工作，是服务递送的关键。各省份出台的政策在这方面的规定内容基本相同，只是发放最低生活保障资金的主管部门在不同省份有所区别。各省份的政策重点把握了四个环节：第一，申请环节。需要救助人员或监护人必须向户籍所在地提出书面申请并提供有关材料。讲明申请理由并出具有关收入证明。上海、浙江要求需要救助人员向户籍所在街道或乡镇人民政府提出申请时要如实填报个人或者家庭有关情况，必要时要提供有关证明材料④。广东规定，申请人可以本人也可以是其监护人；由户主向户籍所在村委会而不是街道或乡镇提出申请；在填报有关材料的同时，要出具户口本、身份证、家庭收入证明等材料；村委会受乡镇委托承担核实、公布结果、咨询服务与定期复核的职责⑤。北京与广东的规定基本相同。申请地点也是当事人户籍所在村委会；受乡

① 民政部最低生活保障司：《农村特困户生活救助和农村最低生活保障资料汇编》（第一册），2004年8月，第193页。

② 民政部救灾救济司：《中国农村最低生活保障制度文件资料汇编》（第一册），2003年3月，第205页。

③ 柳拯：《社会管理与社会救助论：政策与实务的视角》，中国劳动社会保障出版社，2008年1月，第111～112页。

④ 民政部救灾救济司：《中国农村最低生活保障制度文件资料汇编》（第一册），2003年3月，第79、90页。

⑤ 民政部救灾救济司：《中国农村最低生活保障制度文件资料汇编》（第一册），2003年3月，第105、116页。

镇委托，村委会也担负了核实责任并提供日常管理与服务。稍微不同的是，北京提出了要成立由村委会成员、村民代表及其他人员参加的评议小组进行评议，必要时提交村民大会讨论[①]。其他省份的做法与前两个省份差不多。要求申请人向户籍所在地提出申请。村民委员会受乡镇委托承担最低生活保障对象的申请、初审及有关管理与服务工作。不同之处有三点：一是福建提出除申请人之外，还可以委托村民小组提出申请；二是要求村委会在收到申请后，要在7日内完成有关家庭经济与实际生活情况审核、上报工作；三是在上报之前，要由村委会成员、村民代表及其他人员组成的三方评议小组对有关情况进行评议并张榜公布3天以上。符合条件的上报，不符合条件的要解释答复[②]。山东省一些县市的做法与福建省的做法类似。不同的是将有关评议与结果情况与村务公开结合，突出了村务公开在农村最低生活保障申请中的作用[③]。第二，审核环节。即乡镇或街道对村委会报送情况进行复核。具体分为两种情况：一是上海等地规定，乡镇或街道除承担审核职责外还承担了审批责任，只需要向县、区备案[④]。这与上海的行政构架可能有一定关系。二是其他省份的乡镇或者街道只承担了审核职责。审批部门是县市一级的民政部门。北京与上海的做法比较一致[⑤]。从各省情况看，乡镇承担审核的职责内容相差不大，审核方式基本相同[⑥]。核实内容主要是家庭人口、经济状况和生活水平，但对如何履行审核职责，不同省份规定不尽相同。有的省份规定主要由乡镇或街道出面调查；有的省份如上海市则规定可以委托村委会进行审核。审核主体不同，其结果可能大相径庭。除审核内容与方式外，有些省份还规定了审核时间。如上海市规定必须在10个工作日内审核完毕；浙江省规定要在12个工作日内完成审核。广东省要求15日内完成审核；北京市规定25个工作日内完成审核；福建省要求10个工作日内完成审核。这些时间规定基本在两周之内，总体上是沿海地区要求紧点，内地则迟缓些。这可能既与各地的工作作风和精神状态有关，也与中西部地区地域广阔有关。第三，审批环节。这个环节的关键是两个要素：第一个要素是审批部门。审批部门分两个层次。绝大多数

---

① 民政部救灾救济司：《中国农村最低生活保障制度文件资料汇编》（第一册），2003年3月，第29页。

② 民政部最低生活保障司：《农村特困户生活救助和农村最低生活保障资料汇编》（第一册），2004年8月，第26页。

③ 民政部最低生活保障司：《农村特困户生活救助和农村最低生活保障资料汇编》（第一册），2004年8月，第38页。

④ 民政部救灾救济司：《中国农村最低生活保障制度文件资料汇编》（第一册），2003年3月，第79页。

⑤ 民政部救灾救济司：《中国农村最低生活保障制度文件资料汇编》（第一册），2003年3月，第30页。

⑥ 大多都是通过入户调查、核实、邻里访问及家庭收入计算等方式。

在县市民政部门，只有上海将乡镇或街道人民政府作为审批机构。第二个要素是审批时间。上海要求在 5 日内审批。北京、浙江、福建等省市规定要在 7 个工作日内完成审批。广东省要求 10 个工作日内完成审批。第四，资金发放环节。资金发放机构有三个层次。有以县民政部门直接发放的；有委托村委会发放的如北京；有由乡镇、街道发放的。发放时间基本上是从审批当月起发放，不足 1 月的，以 1 月计算。发放频率有逐月发放的，如广东；也有双月发放的，如浙江，一些交通不便地区可每季度发放一次；天津市规定按月发放，也可以按季度发放。发放内容有以现金形式发放的，也有以实物形式发放的。一般来讲，在经济比较发达地区，一般以现金发放为主；在经济相对滞后地区，以实物发放为主，或实物与现金并存发放，如青岛的胶南市①。不同的审核、审批与发放机构，不同的发放内容与发放时间，救助效益将产生不少差别。如何针对这些不同情况，从中研究、归纳不同农村最低生活保障模式，是健全完善农村最低生活保障制度需要完成的一项基础性工作。

八是在监督与处罚方面。这是农村最低生活保障制度重要的组成部分，也是 1996 年民政部的政策没有涉及的内容。建立有效的监督处罚机制是保障农村最低生活保障健康运行的关键。从各地出台政策看，监督与处罚的内容主要包括三个方面：第一方面是针对最低生活保障工作人员的监督与处罚。处罚分为行政处分与刑事责任两个层次。针对的主要是农村最低生活保障工作人员利用职权贪污受贿、优亲厚友以及玩忽职守导致工作失误的行为。监督与处罚主体是本单位和上级部门或有关执法机构。第二方面针对的是最低生活保障对象的监督与处罚。处罚方式是追回救助款物或者进行一到三倍以上的罚款或者承担刑事责任。针对的主要是通过欺骗手段领取救助款物行为和收入变化后不主动退出最低生活保障人员。有的还涉及利用暴力手段威胁农村最低生活保障工作人员的行为。处罚主体是农村最低生活保障审批机关和执法机构。农村最低生活保障管理机构具体为县级民政部门。上海市的农村最低生活保障管理机构为乡镇或街道人民政府。第三方面是对农村最低生活保障主管机构的处罚。处罚方式是更正有关行政行为或赔偿。途径是通过复议与诉讼。针对的是符合农村最低生活保障条件但没有纳入农村最低生活保障范围，或者不符合农村最低生活保障条件但给予农村最低生活

---

① 民政部：《全国推进城乡社会救助体系建设工作会议发言交流材料》，2004 年 9 月，第 208 页。

保障待遇的行为[①]。处罚主体是各级人民政府与司法机构。

九是在管理体制方面。从各省份出台的农村最低生活保障政策看，农村最低生活保障实行的是各级人民政府负责制。各级民政部门具体管理农村最低生活保障制度的实施。其他部门如财政、统计、农业、教育等部门根据自身职责履行相应义务。社会团体对农村最低生活保障制度的实施起辅助作用。如浙江省规定："最低生活保障制度实行各级人民政府负责制。县级以上人民政府民政部门具体负责本行政区域内最低生活保障管理工作；财政、统计、物价、审计、劳动保障和人事等部门在各自的职责范围内负责最低生活保障的有关工作。"[②] 福建省规定得更具体："农村最低生活保障工作实行各级人民政府负责制。民政部门是负责实施农村最低生活保障工作的主管部门，财政、农办、统计、物价、审计等相关部门要积极支持，密切配合，各负其责地发挥自身职能，做好相关工作，保证农村最低生活保障工作顺利进行。"[③] 广东省规定："各级民政部门负责本行政区域内城乡居（村）民最低生活保障制度工作的组织和实施。乡镇人民政府街道办事处和居（村）委会在县（市区）民政部门的指导下负责最低生活保障制度工作的具体实施。各级财政、劳动、统计、物价、工会等部门和有关组织应配合、协助民政部门做好最低生活保障工作。"[④] 综合各地政策，经过多年发展，基本形成了"政府主导、民政主管、部门尽责、社会参与、乡镇实施"的农村最低生活保障管理体制。实践证明，这种将农村社会救助责任由建制初期的各级财政、村集体及社会捐助三方共担变为以财政一方承担为主的管理体制，对保障农村最低生活保障制度安全、平稳与顺利运行起着至关重要的作用。很多省份的农村最低生活保障工作在税费改革后之所以出现停顿，甚至被迫放弃的情况，其重要原因之一就是这种管理体制没有真正建立和运行，财政没有真正介入。

5.3.3 国务院政策分析

2007 年 7 月 11 日下发的《国务院关于在全国建立农村最低生活保障制度的

① 民政部救灾救济司：《中国农村最低生活保障制度文件资料汇编》（第一册），2003 年 3 月，第 81～82 页，117～118 页。

② 民政部救灾救济司：《中国农村最低生活保障制度文件资料汇编》（第一册），2003 年 3 月，第 88 页。

③ 民政部最低生活保障司：《农村特困户生活救助和农村最低生活保障资料汇编》（第一册），2004 年 8 月，第 30～31 页。

④ 民政部救灾救济司：《中国农村最低生活保障制度文件资料汇编》（第一册），2003 年 3 月，第 109 页。

通知》，从农村最低生活保障建制意义①、制度目标与总体要求、保障标准与对象范围、管理程序与要求、资金筹集与组织实施等六个方面搭建起了农村最低生活保障制度政策框架②。

一是在制度目标和总体要求方面。《通知》确定了三方面制度目标：一是在全国范围建立农村最低生活保障制度；二是将符合条件的农村贫困人口全部纳入保障范围；三是稳定、持久、有效地解决全国农村贫困人口的温饱问题。这三方面制度目标具体可分为两类：一是制度自身目标；二是保障对象目标。一项社会政策的保障对象目标基本可分为个人与社会两方面影响内容。解决温饱问题与把符合条件贫困人员全部纳入保障范围是对最低生活保障制度的个人影响的两个不同角度的说法。将最低生活保障制度对保障对象的影响直接纳入保障目标，是对各省份建制原则内容相关精神的进一步发展与丰富。但可惜的是，在强调制度目标的个人影响的同时，忽视了对制度建设的社会影响的关注。其实，对于一项社会政策来说，对其社会意义的关注要大于对个人影响的重视。《通知》对三方面制度目标的论述，既丰富了 1996 年出台的农村最低生活保障政策内容，也对各省目前执行的农村最低生活保障政策作了重要补充。在总体要求方面，《通知》主要对确定保障标准和对象范围、规范管理、动态管理、最低生活保障制度与扶贫开发、促进就业、其他农村社会保障政策和生活性补助措施的衔接以及与家庭赡养扶养、社会互助、个人自立相结合等五方面提出了一些宏观要求。这些总体要求，也就是我们分析各省份农村最低生活保障政策时坚持的一些基本建制原则。这些总体要求，归结起来具体体现在两方面：一方面是对制度自身的要求，

① 《通知》明确了建立农村最低生活保障制度的四方面重要意义。一是从讲政治的高度看，在全国建立农村最低生活保障制度，既“是践行‘三个代表’重要思想、落实科学发展观和构建社会主义和谐社会的必然要求”，也是中国共产党先进性的具体体现、落实科学发展观的具体体现，是构建社会主义和谐社会的具体举措。二是解决农村贫困人口温饱问题的重要举措。尽管改革开放以来，通过发展经济，加大扶贫力度，农村贫困人口数量大幅减少。但由于经济发展效益的不平衡分配以及扶贫开发在反贫困方面的局限性，“仍有部分贫困人口尚未解决温饱问题，需要政府给予必要的救助”。建立农村最低生活保障制度的直接目的就是要解决好这部分农村贫困群体的基本生活，使这些贫困群体共享改革成果。三是建立覆盖城乡社会保障体系的重要步骤。在今后一段时期，与城市社会保障体系以社会保险为其主体制度不同，我国农村社会保障体系的基础与主体是农村社会救助。其中，农村最低生活保障制度是农村社会救助体系的主体，也是农村社会保障制度的重点。建立农村最低生活保障制度，是建立城乡社会保障体系的重要内容与重大举措。四是对于促进农村经济社会发展，逐步缩小城乡差距，维护社会公平具有重要意义。农村最低生活保障制度是一种维护公平的制度，也是一种解决农村贫困的农村社会政策安排。建立这种制度，对提高广大农村贫困对象的购买能力，增加对社会产品的有效需求，从而促进经济与社会和谐发展具有重要意义。

② 这里主要分析除建制意义外的其他内容。

如动态管理与规范管理；另一方面是对制度之间的要求。制度之间的衔接又包括政策之间的衔接，如最低生活保障政策与就业政策，最低生活保障政策与扶贫开发政策，最低生活保障政策与其他社会保障政策之间的衔接；以及最低生活保障与其他社会保障制度之间的衔接，如农村最低生活保障政策与家庭赡养、社会互助以及个人自立之间的衔接。搞好这些衔接，对提高农村最低生活保障制度总体效益具有重要意义。这些原则的提出，从历史发展看，既是对各地出台的农村最低生活保障政策经验与教训的吸取，也是对 1996 年民政部出台的农村最低生活保障政策的进一步发展。

二是在保障标准和对象范围方面。《通知》在确定农村最低生活保障标准上明确了三方面内容即最低生活保障标准的制定主体、制定依据以及调整要求。农村最低生活保障的制定主体是县以上人民政府，制定依据是“吃饭、穿衣、用水、用电等费用”，调整要求是“生活必需品价格变化和人民生活水平提高”。与城市最低生活保障条例相比，国务院出台的农村最低生活保障政策的最大变化是将子女教育与看病费用排除在制定保障标准的依据之外。出现这种变化，其原因在两方面：一方面考虑到现行农村最低生活保障标准确实没有发挥解决农村最低生活保障对象在看病、子女上学等方面困难的作用，另一方面也考虑到城乡医疗保障制度正逐步健全完善，农村最低生活保障制度只能发挥其解决基本生活问题的作用这个现实。农村最低生活保障标准制定依据内容的调整，是对农村最低生活保障作用认识的进一步深化，也是对《通知》中要求搞好政策衔接的总体要求在保障标准方面的进一步落实与贯彻。《通知》进一步重申保障标准的制定主体、制定依据与调整要求，既是对目前各地农村最低生活保障通行做法的一种肯定，也是国务院对各省（自治区、直辖市）农村最低生活保障政策的第一次规范。在确定对象范围方面，《通知》明确了两方面内容：一方面明确农村最低生活保障对象是“家庭年人均纯收入低于当地最低生活保障标准的农村居民”，另一方面，又对这种对象作了进一步限制。在符合条件的农村最低生活保障对象中，目前需要重点纳入保障范围的“主要是因病因残、年老体弱、丧失劳动能力以及生存条件恶劣等原因造成生活常年困难的农村居民”。这两方面规定，实质上是对各地出台的一些限制最低生活保障范围的需求管理政策的认可与肯定。这些规定给各地限制保障人数与范围提供了政策依据和自由裁量的空间。

三是在规范管理方面。《通知》要求在规范管理方面要坚持一条基本原则，这就是“既要严格规范，又要从农村实际出发，采取简便易行的方法”的原则。所谓严格规范就是要充分吸收各地在城市最低生活保障与农村最低生活保障试点过程中创造的丰富经验与教训，在申请、审核、审批、民主公示、资金发放与动态管理等环节，既要做到履行程序、严格按规矩办事，同时又要创造适合农村实际需要的简便易行的方法。这个要求的提出，说明政策制定者已意识到农村最低生活保障政策与城市最低生活保障政策的区别以及独立创制的重要性。这是对各省以及1996年民政部出台的农村最低生活保障政策的一个重大进步。可惜的是，《通知》只提要求而没有相应举措。

四是在资金筹集与管理方面。《通知》明确了“三条渠道、一项原则”。“三条渠道”指的是地方财政预算；中央对困难地区的补助以及社会力量的捐赠与资助。《通知》明确鼓励和引导社会力量为农村最低生活保障提供捐赠和资助。“一项原则”指的是农村最低生活保障资金实行专项管理，专账核算，专款专用，严禁挤占挪用。这“三条渠道”与“一项原则”，虽然文字不多，但其内容关系农村最低生活保障制度性质。将地方财政与中央补助列为资金的主要渠道，说明农村最低生活保障制度已经由20世纪90年代的农村集体福利制度正式转变为财政支持的国家福利制度。虽然《通知》仍然强调农村最低生活保障是属地管理的制度，但国家财政一旦介入就起到了兜底作用。事实证明，20世纪90年代末农村最低生活保障制度在全国80%多的县（区、市）建制后仍然没有真正在全国推开，其根本原因就是缺乏国家财政的介入与国家政策的支持。

五是在加强领导方面。农村最低生活保障作为一项政府工作，在目前的行政管理体制下仍然需要各级党委、政府的重视与支持。这是中国政治的特点。在加强领导方面，《通知》要求地方各级人民政府要高度重视这项工作，将其纳入政府工作的重要议事日程，重点做好五方面工作：一是要设计好制度方案。要求已建立农村最低生活保障制度的地区，要进一步完善制度，规范操作，努力提高管理水平；尚未建立农村最低生活保障制度的地区，要抓紧建章立制。二是要加大政策宣传力度。要求各地要利用广播、电视、报刊、互联网等媒体，做好宣传普及工作。三是要搞好协调与配合。要求民政部门充分发挥职能部门作用，重点抓好建章立制和信息化建设；财政部门要落实资金，加强资金使用和管理监督；扶贫部门要密切配合、搞好衔接；其他部门与单位要履行好相关职能作用。四是要加强监督检查。对违法违纪行为及时纠正处理，对工作成绩突出的予以表彰。五是要加强公共服务能力建设。要科学整合县乡管理机构及人力资源，合理安排工作人员和工作经费，切实加强工作力量，解决必要的工作条件。这五方面要求是下一步各地急需推进的工作重点和急需加强的薄弱环节。不足的是，由于在建制初期，这五方面内容强调的都是制度本身的推进与落实，制度建设的目标与效果没有纳入被重视、被强调的范围。

5.4 制度效果分析

主要从统计效果与存在问题两方面进行分析。

5.4.1 统计效果分析

以2006年统计数据分析为主。

表19 2006年底已建农村最低生活保障制度省份保障标准与补助水平（元）

地区	省份	最低生活保障标准（年人均）	补助水平（月人均）
东部省份	北京	1684	82
	天津	1540	66
	辽宁	853	35.6
	上海	2560	68
	江苏	1500	36
	浙江	1548	58
	福建	1000	43
	广东	1896	39.4
	山东	700	30.4
	小计	1476	50.9
中部省份	河北	726	21
	山西	668	25
	吉林	683	20
	黑龙江	683	29
	江西	840	25
	河南	683	23
	海南	800	32
	湖南	726	21
	小计	725	24.5
西部省份	内蒙古	625	32.5
	四川	668	15
	陕西	625	15
	甘肃	600	36
	重庆	700	29.2
	小计	644	25.5
	全国合计（平均）	1014	34.5

资料来源：根据《中国民政统计年鉴——2007》整理。

表 20 2006 年底已建立农村最低生活保障制度省份保障人数及绝对贫困状况比较①

地区	省份	最低生活保障对象数（人）	绝对贫困人口数（万人）②	两者数量之比
东部省份	北京	75863	0.0	—
	天津	37280	0.0	—
	辽宁	518503	51.4	0.83
	上海	125322	0.0	—
	江苏	1049593	12.0	7.73
	浙江	496451	9.3	5.20
	福建	674006	2.2	29.5
	广东	1339024	6.4	20.72
	山东	481614	19.7	2.05
	小计	4797656	101	4.75
中部省份	河北	665151	81.5	0.77
	山西	715044	54.8	0.87
	吉林	685146	22.0	2.39
	黑龙江	730143	50.1	0.64
	江西	1046557	114.9	0.91
	河南	1990449	163.1	1.09
	海南	153430	11.3	1.35
	湖南	492657	100.3	0.35
	小计	6478577	598	1.08
西部省份	内蒙古	427541	88.6	0.46
	四川	1580278	136.0	0.98
	陕西	940726	201.5	0.42
	甘肃	581216	166.2	0.01
	重庆	42936	37.8	0.08
	小计	3572697	630.1	0.567
	合计	14848930	1329.1	1.117

资料来源：根据《中国民政统计年鉴——2007》整理。

① 指的是由政府出台政策地区。安徽、湖北、广西、新疆维吾尔自治区、西藏、青海、宁夏等没有出台政策的地区没有纳入。

② 农村绝对贫困人口为 2005 年底国家统计局数字。

表19与表20显示：

（1）到2006年底，已经建制省份共纳入最低生活保障范围1484.9万人，相当于这些省份绝对贫困人数（1329万人）的1.117倍。截至2007年11月底，全国31个省（自治区、直辖市）全部出台农村最低生活保障政策，2777个县（市、区）全部建立农村最低生活保障制度，共有3100.9万人纳入农村最低生活保障范围，相当于全国农村绝对贫困人数的1.444倍。这两年的统计情况说明，到2007年底，国务院《通知》中关于在全国全面建立农村最低生活保障制度与把符合条件的农村贫困人口纳入保障范围的目标基本实现。实际保障人数多于国家统计公布的绝对贫困人口数以及保障人数逐年递增趋势，说明农村最低生活保障除了发挥覆盖农村绝对贫困人口的功能外，还将部分农村低收入人口逐步纳入了覆盖范围。

（2）2006年全国农村最低生活保障标准为1014元（人均补差34.5元），相当于当年全国农民人均纯收入3587元的28.3%；2007年全国农村最低生活保障标准为1032元（人均补差30.8元），相当于2007年全国农民人均纯收入4140元的24.93%。2007年中西部省份完成建制后，保障人数大量增加，导致全国年人均保障标准不仅没有提高，反而下降了3.37%。

（3）全国农村最低生活保障呈现东快西慢（速度）、东高西低（水平）的发展态势。从建制速度看，到2006年底，东部省份已经完成100%建制，中部只完成80%（安徽、湖北未建制），西部只完成40%的建制任务（还剩广西、云南、青海、宁夏、贵州、西藏、新疆没有建制）。从保障标准看，东部9省市2006年平均保障标准为1476元（最高标准是上海的2560元），中部已经建制的8个省份平均保障标准为725元（最高标准是江西的840元），西部5个已建制省份平均保障标准为644元（最高标准为重庆的700元）。西部农村最低生活保障标准仅仅相当于东部平均农村最低生活保障标准的43.6%、相当于中部平均农村最低生活保障标准的88.8%。西部省份的最高农村最低生活保障标准仅仅相当于东部最高省份农村最低生活保障标准的27.3%，相当于中部省份最高标准的83.3%。从实际补差水平来看，东部省份农村最低生活保障月人均补差为50.9元，中部省份月人均补差为24.5元，西部省份月人均补差为25.5元。中、西部农村最低生活保障实际补差水平分别相当于东部月人均补差水平的48.1%与50.09%。

之外，全国已经初步形成农村最低生活保障组织实施网络。建构了从国家民政部、到省民政厅、地（市、州）、县（区、市）民政局以及乡镇最低生活保障办公室以及村委会评议小组六级农村最低生活保障机构，配备了专门人员。农村最低生活保障资金、实物与服务递送有了一定的组织保证。

从上面分析可以看出，尽管全国正式建制时间不长，但从农村最低生活保障实施效果可以看出，在全国已初步形成了一个比较稳定的农村最低生活保障制度安排，一定程度保障了广大农村困难群体的基本生活。张秀兰和顾昕教授认为，从国际背景下审视目前中国的农村最低生活保障制度，“可以说，中国以最低生活保障制度为核心所建立的综合性社会救助体系，在制度框架上已经同发达国家接轨，在亚洲发展中国家无疑取得了领先的位置。”①

5.4.2　存在问题分析

相对于农村特困户生活救助来讲，农村最低生活保障制度无论在规范化程度还是保障水平等方面都有很大进步。但由于在全国建制时间不长，财政实力有限，还存在许多问题。洪大用教授认为，农村最低生活保障主要存在由于需求满足程度有限导致的隐性收入增加、救助管理难和贫困陷阱问题、由于平均救助与“悬崖效应”② 导致的实施效果不公平问题、由于制度设计导致的福利依赖问题、对社会规制（影响）效果不明显问题以及社会融合效果不突出问题③。结合洪大用教授的分析和全国农村最低生活保障制度实施情况，我们认为全国农村最低生活保障主要存在四方面问题：

政策设计问题。主要存在两方面。一是各省（市、区）之间制度不规范问题。多数省份的农村最低生活保障制度建立于全国制度之前。由于各地情况不同，出台的政策相互之间差异较大。无论是保障标准、保障水平还是规范管理程度之间都有很大距离，不同省份之间的农村村民存在很大的不平等。国家出台政策后，各省份政策也难以尽快统一。比如在家庭收入核算方面，究竟如何确定家庭收入内容、如何计算种粮直补、良种补贴、农机补贴等生产性补助，对抚恤优待等褒扬性补助以及计划生育奖励扶助、见义勇为奖金等奖励性补助以及水库移民补助等救济性补助如何处理，各地做法不一。二是农村最低生活保障政策缺乏特色。多数省份包括国务院2007年出台的农村最低生活保障政策对城市最低生活保障做法套用较多，结合农村实际的做法较少，特别是中西部省份，由于对城

---

① 民政部最低生活保障司，亚洲开发银行中国代表处：《中国农村最低生活保障制度研究》，内部资料，2006年，第33页。

② 最低生活保障线导致边缘群体收入与生活水平低于最低生活保障群体的问题。

③ 洪大用：社会救助的目标与我国现阶段社会救助的评估，《甘肃社会科学》，2007年第4期。

市最低生活保障制度的路径依赖，农村最低生活保障自身特色不够突出，给实际工作带来许多复杂问题。如在确定农村最低生活保障标准内容时，是否应该像城市最低生活保障标准一样包括当地农村居（村）民衣、食、住和水电、燃煤（柴）、未成年人义务教育等费用，各地情况不太一致。特别是医疗救助、住房救助以及教育救助形成了独立制度后，农村最低生活保障标准是否还包括这些内容，需要认真研究。

保障水平问题。一是农村最低生活保障绝对保障水平较低。无论是2006年还是2007年的农村最低生活保障标准都不到当年农民人均纯收入的30%。国际文献一般把民众收入中位数的30%视为“极端贫困线”、40%为“严重贫困线”、50%为“温和贫困线”、60%为“近乎贫困线”[①]。从这个标准看，我国的农村最低生活保障水平在极端贫困线以下。2006年的农村最低生活保障标准只相当于当年农村人均消费支出2829元[②]的35.8%，相当于食品支出1216.47元的83.4%。从这个角度讲，农村最低生活保障连食品支出都难以解决，更难以保障农村困难群体在衣、住、教等方面需要。二是相对最低生活保障水平偏低。2006年全国农村最低生活保障标准只相当于全国城市最低生活保障标准（月均标准为170元，年均标准为2040元）的49.7%，农村最低生活保障补差水平相当于城市最低生活保障补差水平（月人均补差水平为83元）的41.6%。城乡最低生活保障不平衡特征明显。

服务递送问题。一是人员问题。主要表现为数量不足与质量不高。农村最低生活保障对象调查审批、资金拨付发放等环节需要大量的人力、物力投入。尽管全国实施农村最低生活保障的组织网络框架基本形成，但缺人、缺编问题仍然非常严重，难以适应日益繁重的救助任务与要求。同时，农村最低生活保障是一项新兴的工作，需要相应的专业知识与专业人才从事。但目前真正受过社会救助专业教育的人极少，远远满足不了救助需求，不专业的人才难以保障救助事业专业化、规范化发展。二是管理主体问题。建制初期，农村最低生活保障制度实施主体由政府、集体经济组织和社会三方参与负责。2007年国务院下发的《通知》，正式肯定了农村税费改革后许多省份由三方主体向一方主体转化，正式明确农村最低生活保障实行属地管理，取消了农村集体经济组织承担的直接责任。随着国

---

① 民政部最低生活保障司，亚洲开发银行中国代表处：《中国农村最低生活保障制度研究》，内部资料，2006年，第64页。

② 国家统计局农村社会经济调查司：《中国农村住户调查年鉴——2007》，中国统计出版社，2007年8月，第32页。当年恩格尔系数为43%。

务院《通知》的逐步落实，各地在制度实施主体方面也将进一步规范。但在制度主体单一化即由政府负责的同时，一些地方出现了两方面问题：一方面无视农村集体经济组织以及其他社会组织参与农村最低生活保障的积极性、主动性；另一方面把责任盲目向上无限转移，取消了县级、地级党委政府在农村最低生活保障制度建设中的责任与义务。这两方面问题的结果导致省级及中央政府成了不少地区农村最低生活保障制度的建设主体，地方应该承担的责任没有承担起来。农村最低生活保障制度是一项重要的民生工程，主体责任在基层、在地级以下政府，特别是在县一级政府及其他社会组织。对一些贫困地区，在省级及中央政府承担主要资金责任的同时，要防止保障责任无限上移问题，充分发挥基层，特别是县级以下政府与社会组织，甚至个人参与农村最低生活保障制度建设的积极性，使农村最低生活保障真正成为全民监督、管理的阳光工程。责任无限上移将导致最低生活保障对象的不断增长、保障范围的无限拓宽与资金需求的无限上涨等后果。制度责任主体单一化不能成为政府责任由中央政府或者省级政府承担的单一化的理由。农村最低生活保障制度作为一项公共服务制度，必须形成各级政府和政府与社会之间（包括个体）责任共担的格局，只有这样才能保障制度的永续发展。

资金筹集与管理问题。农村最低生活保障制度建立初期，资金主要由各级财政预算（上级转移支付）、村集体资金和社会捐助三部分组成。农村税费改革后逐步调整为以各级财政预算为主。在绝大多数地区，村集体经济和社会捐助资金只是用于改善最低生活保障对象的生活，没有起到基本保障作用。只有少数地区，村集体组织还在农村最低生活保障制度中发挥作用。随着中央财政对农村最低生活保障制度的逐步介入，一些地方财政卸责的问题浮上水面。这种卸责的一个重要表现就是随着中央财政对农村最低生活保障制度建设的介入，农村最低生活保障实际水平不但没有提高，整体补差水平反而出现下降。农村最低生活保障补差水平由2006年月人均补助34.5元下降到2007年月人均补助30.8元；农村最低生活保障的相对水平也由2006年相当于全国农民人均纯收入的11.54%下降到2007年的8.92%。其中，固然有农村最低生活保障人数不断增加的问题，但这种不断增长保障人数却不增加地方投入的做法正是地方财政在农村最低生活保障制度建设中推卸责任的具体体现。同时，随着一些县级以下地方财政在保障领域的逐步退出，农村集体组织以及社会组织在农村最低生活保障制度建设中的作用也不断下降。目前从各类统计数据中基本上看不到农村集体经济与社会组织对农村最低生活保障制度建设的投入。

第6章 S县农村最低生活保障制度建立过程与实施效果分析

20世纪90年代后期，随着《国务院关于在全国建立城市居民最低生活保障制度的通知》（国发［1997］29号）与《城市居民最低生活保障条例》（国务院令第271号）相继下发，城市贫困群体生活安排问题从制度上得到逐步解决。各地在普遍建立城市最低生活保障制度的同时，开始积极探索建立农村最低生活保障制度。到20世纪90年代末，全国农村最低生活保障制度建设已经走过了试点探索期，进入了大面积全国推广的新阶段。为贯彻落实1996年民政部出台的《关于加快农村社会保障体系建设的意见》和《农村社会保障制度建设指导方案》（以下简称《意见》和《方案》），1998年新疆维吾尔自治区人民政府要求S县、M县与策勒县在抓好城市最低生活保障的同时，开展农村最低生活保障制度建设试点工作①。

6.1 制度背景分析

S县属于新疆维吾尔自治区吐鲁番地区，位于天山东段南麓，吐鲁番盆地边缘。县域东西宽约190公里，南北长约250公里，总面积3.98万平方公里。全县下辖5乡、5镇、12个居委会、73个村委会。1949年10月16日，S县和平解放。2006年全县总人口214865人，其中农业人口162519人，占总人口的75.6%。改革开放以来，S县的国民生产总值不断增长，农民人均纯收入持续提高，到1998年底农村最低生活保障度试点前后，农村贫困出现了新情况、新特点②。

---

① 阿不都卡德尔·乃斯尔丁：《在新疆维吾尔自治区第二批城市实施居民最低生活保障工作会议上的讲话》，1998年11月26日。

② 《中国发展报告2007——在发展中消除贫困》，中国发展出版社，2007年9月，第3页。

6.1.1　农村贫困特点

到 20 世纪 90 年代末，S 县农村贫困状况主要有以下特点：

一是农村贫困规模逐年下降。从表 21 可以看出，农村贫困人口总量已经从和平解放之初的普遍性贫困下降到改革开放初 1980 年的 11624 人、农村最低生活保障试点时（1998 年）的 7996 人、农村最低生活保障正式建制时（2006 年）的 4658 人；农村贫困发生率也由解放初的 90％以上下降到 1980 年的 10.35％、1998 年的 4.87％以及 2006 年的 2.86％。

表 21　S 县历年农村贫困人口及贫困发生率①

年份	贫困人数	农村人口	贫困发生率
1980	11624	112322	10.35％
1981	11421	112710	10.13％
1982	11262	112945	9.97％
1983	11340	114426	9.91％
1984	11698	115253	10.15％
1985	13486	117346	11.49％
1986	10894	121280	8.98％
1987	8202	124625	6.58％
1988	4169	126530	3.29％
1989	2869	129590	2.21％
1990	1634	131837	1.24％
1991	1634	133405	1.22％

① 1980 年，S 县农村贫困发生率为 10.35％。1981 年，S 县开始农村家庭联产承包责任制试点 289 个，到 1982 年在全县全面推开。1982 年，S 县农业生产发展迅速，农业总产值 4521 万元，农牧民人均年收入 184 元，贫困发生率下降到 9.97％。但是，1983 年 4 月 26 日，S 县遭遇 40 年不遇的、持续 15 小时的 10 级风暴袭击，灾情严重；1984 年 6 月 21 日，全县暴雨成灾，降雨时间长达 24 小时以上，250 多户倒塌房屋 1000 多间；毁坏小麦、葡萄、棉花、瓜类、蔬菜近万亩，林木 100 多万株，牲畜 1000 多只。两次自然灾害给全县农村经济带来严重损失，也带来了农村贫困发生率的大幅度反弹。1984 年、1985 年贫困发生率分别为 10.15％和 11.49％。1986 年，农村经济发展开始步入正常发展轨道，贫困发生率下降到 8.98％。1987 年至 1989 年贫困发生率持续下降，1990 年至 1991 年由于吐哈油田大会战拉开序幕，农村居民从中受益，农村贫困发生率降到历史最低点为 1.22％。1992 年，S 县人民政府调整了农村贫困标准，将原先确定的年人均 150 元标准提高到年人均 300 元，即年人均 300 元以下为贫困户。农村贫困标准调整使 1992 年至 1993 年的农村贫困发生率又大幅度上升。1994 年后，S 县委、县人民政府加大了扶贫开发力度，采取产业结构调整与贫困村整体搬迁等手段使贫困人口数量有所下降。1999 年，随着全县农村经济的不断发展，S 县政府再次调整了农村贫困标准，将年人均 300 元调整为年人均 500 元。由于 S 县委、县人民政府不断加大扶贫力度，从 2001 年开始，农村贫困发生率开始稳定，始终在 2％左右徘徊。

续表

年份	贫困人数	农村人口	贫困发生率
1992	12196	139458	8.75%
1993	14968	139650	10.72%
1994	10476	139123	7.53%
1995	4265	102902	4.14%
1996	2687	157074	1.71%
1997	4383	173178	2.53%
1998	7996	164157	4.87%
1999	9414	164974	5.71%
2000	4800	164324	2.92%
2001	2881	166417	1.73%
2002	3445	164275	2.10%
2003	3425	160600	2.13%
2004	3307	161800	2.04%
2005	3895	162300	2.39%
2006	4658	162500	2.86%
2007	5305①	162519	3.26%

资料来源：根据1980年至2007年《新疆统计年鉴》、《S县年鉴》、《S县县志》以及历年来S县农村扶贫工作汇报、总结整理。

二是农村贫困分布集中与分散并存。在解放初，与其普遍性农村贫困相对应，S县的农村贫困人口呈现出来的是一种全面覆盖式的分布。随着经济不断发展，特别是20世纪90年代以后，一些经济条件较好的地方逐步摘掉了贫困帽子，只剩下少量贫困人口。这些人口主要集中到了火焰山以南的迪坎乡、达浪坎乡与吐峪沟乡。这些乡镇由于自然条件恶劣、自然资源贫乏，贫困人口相对比例越来越大，贫困人口越来越集中。1998年以后，这种相对分散与相对集中的趋势越来越明显。2007年家庭年人均收入在1000元以下贫困村民的分布可以印证这一趋势。从表22可以看出，2007年全县5305名贫困村民分布在所有乡镇。每个乡镇都存在一定的贫困人口。但10%以上低收入人口主要集中在连木沁镇(13.40%)、达浪坎乡(18.70%)、吐峪沟乡(17.49%)、迪坎乡(24.28%)。

① 指的是年人均纯收入在1000元以下农村村民总量。从上表可以看出，S县的农村贫困标准与国家确定的农村贫困标准并不一致。S县农村贫困标准调整了四次：由年人均纯收入150元提高到300元，由年人均纯收入300元提高到500元，由年人均纯收入500元提高到1100元。因此，在分析农村最低生活保障制度实施效果时，不能套用国家统计局确定的农村贫困标准。

这 4 个乡镇占了 S 县总农村贫困人口的 73.87%，其他 6 个乡镇只占 26.13%。

表 22　S 县 2007 年农村贫困人口分布情况

S 县		人数比率（%）
乡镇	贫困人口（人）	
城关镇	183	3.45
辟展乡	279	5.26
东巴扎乡	180	3.39
七克台镇	270	5.09
连木沁镇	711	13.40
鲁克沁镇	401	7.56
达浪坎乡	992	18.70
吐峪沟乡	928	17.49
迪坎乡	1288	24.28
葡萄开发公司	73	1.38
合计	5305	

资料来源：根据 S 县 2007 年农村贫困人口统计表整理。

三是家庭性与个体性致贫因素日益突出。改革开放，尤其是 1950 年前，经济制度是产生农村贫困的主要原因。1949 年 S 县农村土地和水源、农具及耕畜大部分集中在地主富农手中。在全县 153125 亩耕地中，地主、富农占有耕地 106291.5 亩，占总面积的 69.4%；贫下中农、雇农、手工业者占有耕地 27939 亩，占总面积的 18.3%；寺院及其他农民占有耕地 18894.5 亩，占总面积的 12.3%①。贫富分化严重。制度成了农村村民致贫的主要原因。改革开放后，特别是到 20 世纪末，农村贫困原因逐步从制度安排转向资源缺乏与家庭及个人原因。特别是家庭与个人原因越来越突出。从表 23 可以看出，1998 年 S 县的 1940 户 7996 人农村贫困人口中，因病致贫 1986 人（占贫困人口的 24.8%）；因残、因缺乏劳动力致贫的 4347 人（占贫困人口的 54.3%）；因灾致贫 105 人（占贫困人口的 1.3%）；其他贫困人口 1558 人（占贫困人口的 19.5%）。其中，因残、因丧失劳动能力以及因病致贫（占总贫困人口的 79.2%）为农村贫困的主要致贫原因。从表 24 可以看出，2007 年农村人均纯收入 1000 元以下的贫困人口中（5305 人），因残、因丧失劳动能力 3361 人（63.36%），因病致贫 1539 人（29.01%），因灾致贫 405 人（7.63%）。与 1998 年相比，因残、因丧失劳动能

① 《新疆维吾尔自治区地方志丛书——S 县县志》，新疆人民出版社，2001 年 3 月，第 187 页。

力致贫比例有所下降（下降9.3%），因病（上升4.21%）与因灾致贫（6.33%）比例有所上升。但总体上看，因残、因病与因丧失劳动力致贫仍然是农村贫困主要致贫原因（这三类原因致贫人员占总农村贫困人数的92.37%）。在这些贫困人口中，文化程度普遍偏低。其中，文盲占66.50%、小学学历占16%，初中学历占9.05%，高中学历占6.03%，大中专的人口仅占2.32%（表25）。

表23　S县1998年至2000年农村贫困人口及致贫原因

年份	人口总数	农村人口	贫困户数	贫困人数					农村人口占总人口比例	贫困人口数占农村人口比例
				合计	其中					
					因残因缺劳力致贫家庭人数	因病致贫家庭人数	因灾致贫家庭人数	其他		
1998	198223	164157	1940	7996	4347	1986	105	1558	82.8	4.87
1999	201586	164947	1953	9414	4783	2055	126	2450	81.8	5.71
2000	197068	164324	1976	4800	1617	2106	186	891	83.4	2.92

资料来源：由S县民政局提供①。

表24　S县2007年农村贫困人口致贫原因统计

致贫原因	S县	贫困人员总数（人）	所占比率
因残因缺乏劳动力致贫	3361	5305	63.36
因病致贫	1539	5305	29.01
因灾致贫	405	5305	7.63
其他原因			
合计	5305		

资料来源：根据S县、M县2007年农村贫困人口统计表整理。

表25　S县2007年农村贫困人口受教育文化程度统计

受教育程度	大中专	高中	初中	小学	文盲半文盲
贫困人口（人）	123	320	480	854	3528
所占比率（%）	2.32	6.03	9.05	16	66.50

资料来源：根据S县2007年农村贫困人口最低生活保障申请表、调查表整理。

6.1.2　农村贫困治理

S县主要通过发展经济、扶贫开发与建立健全农村社会保障制度三种方式来

① 根据当年国家确定的农村绝对贫困标准确定。其中，1998年的农村绝对贫困标准是年人均纯收入635元，1999年与2000年为625元。

治理 20 世纪 90 年代以来的县域农村贫困问题。

6.1.2.1　经济发展与农村贫困

经济发展一贯被认为是解决贫困问题的有效手段。在农村存在大面积贫困情况下，通过促进农村经济发展，能够使有经济能力的农村贫困人员尽快从缺衣少食的贫困状态中摆脱出来。与全国情况一样，S 县在解放初和改革开放之初，主要通过更新制度安排，依靠土地改革和改革开放解决农村贫困问题①。改革开放以来，S 县的经济与社会发展取得了重大成就。1980 年至 1983 年，S 县在实行家庭联产承包责任制后，全县人均纯收入 300 元以下的村只有 46 个，占全县总村数的 3.4%；人均纯收入超过 500 元的村有 185 个，占全县村数的 53.9%②。从表 26 可以看出，S 县农业总收入从 1956 年的 844 万元开始增加到 1959 年的 1576 万元。此后，开始下滑。在三年自然灾害期间，农业总收入达到历史最低点即 1962 年的 925 万元。1966 年后开始停滞不前。1976 年后逐年回升。到 1984 年达 5601 万元，增长率达 50%。1984 年以后全县农业总收入逐年上升，到 2006 年达到 80717 万元。从表 27 可以看出，农民人均纯收入同样遵循农业总收入增长规律。1956 年人均纯收入为 122 元。1959 年为 143 元。1962 年的农民人均纯收入最低，仅为 90 元。总体上从 1963 年到 1981 年，S 县农民年人均纯收入一直在 100 元至 130 多元之间徘徊。到 1982 年一举达到 184 元，增幅达到 39.3%。20 世纪 90 年代以后，全县农业生产总值年均增长 9.5%，人均生产总值年均增长 8.4%，地方财政收入年均增长 11.4%，农牧民人均纯收入年均增加 245 元。与此同时，农村贫困发生率从 10.35%下降到了 2006 年底的 2.86%。S 县经济增长以农业收入增长为主。在农业收入中，葡萄、哈密瓜等种植业是其主要经济作物。因此，对于 S 县的广大农民来讲，土地效益就是其经济效益，土地产出增长就是农业经济增长。由于水资源严重短缺，S 县农村耕地面积、农业人口人均占有耕地面积、劳动力平均占有耕地等指标均逐年减少（见表 28）。土地产出和继续增长空间相对有限。从 S 县葡萄产业三次大的发展经历可以得知，虽然在 1953 年至 1959 年、1979 年至 1990 年、2000 年至 2006 年期间，整体上单产和产

① 根据周彬彬（1991）提供的数据，1957 年农民实际消费水平比 1952 年提高了 17%，但在“大跃进”时期又有明显下降，直到 1965 年才恢复到 1957 年的水平。在 1957 年前，由于国家进行土地改革并从 1953 年开始实施第一个五年计划，到 1957 年农村经济出现了历史上的一个增长高峰，城乡贫困人口也下降到历史上的一个最低点。然而，由于高度集中的计划经济体制，到 1960 年农民收入又急剧减少，贫困人口又大量增加。

② 《S 县 1983 年农村经济工作报告》，内部资料，1984 年 2 月。

量在逐年增加，但收入增幅很慢（表 29）。看来依靠发展农业、依靠经济发展解决农村贫困的空间很小。

表 26　S 县 1956—2006 年农业总收入统计表（单位：万元）

年份	农业总收入	其中					年份	农业总收入	其中				
		种植业收入	林业收入	牧业收入	副业收入	其他收入			种植业收入	林业收入	牧业收入	副业收入	其他收入
1956	844	805		2	35	2	1982	3137	2942	23	37	112	23
1957	973	899		3	51	20	1983	3736	3218	21	43	375	79
1958	1359	1207		12	12	128	1984	5601	3802	52	192	379	1176
1959	1576	1361		50	64	101	1985	7004	4327	86	355	157	2079
1960	1198	808		10	90	290	1986	8001	4748	65	505	190	2493
1961	987	652		11	97	227	1987	10339	6977	41	555	312	2454
1962	925	803		10	70	42	1988	11718	7486	62	734	228	3208
1963	1230	1137		7	73	13	1989	14467	9812	47	661	231	3709
1964	1556	1446		2	83	25	1990	18335	12200	73	592	138	5332
1965	1644	1526	6	12	80	20	1991	19840	13469	76	574	202	5519
1966	1936	1785	1	12	80	58	1992	22904	14621	69	695	529	6990
1967	2054	1917	1	20	87	29	1993	29759.3	15708	125.	888	12324	711.7
1968	1718	1587	5	18	83	25	1994	48946.3	21825	126	1375	20050	5568
1969	1626	1515	4	19	65	23	1995	59808.7	29325	132	1776	26529	2044
1970	1755	1622	4	20	90	19	1996	40759	35911.04	203	4577	68	
1971	1901	1740	10	22	98	31	1998	46573.14	42566.74	75.07	3859.83	71	
1972	1788	1412		4	109	263	1999	48492.91	44946.73	139.73	3346.45	60	
1973	1940	1796		7	110	27	2000	52724.03	48794.89	156.24	3717.70	55.20	
1974	1780	1628		17	102	33	2001	52974.01	46056.68	170.65	6713.88	32.80	
1975	1900	1719	6	7	118	50	2002	54161.61	44506.94	498.87	9125.20	30.60	
1976	2182	1948	14	12	166	166	2003	60933	46991	793	12326	17	
1977	2203	2012	4	3	145	39	2004	69645	54913	557	13144	31	
1978	2512	2257	7	23	185	40	2005	75278	59313	505	14403	26	
1979	2602	2328	33	9	152	80	2006	80717	63780	702	15115	26	
1980	2950	2657	44	1	182	66							
1981	2590	2220	46	25	213	86							

资料来源：根据 1956 年至 2006 年 S 县农村经济发展资料整理。

表 27　S 县 1956—2006 年农民收入分配表

年份	上交国家（万元）	集体提留（万元）	农民所得（万元）	人均收入（元）	劳动日值（元）	分配户数	户均收入（元）
1956	64	33	648	122	3.48	10620	610
1957	96	84	599	113	2.75	10913	549
1958	186	152	692	130	1.95	11595	597
1959	181	282	778	143	1.61	11747	663
1960	149	54	765	138	1.41	12312	621
1961	90	76	627	108	1.27	14126	408
1962	84	42	577	90	1.12	15124	381
1963	89	122	741	118	1.21	15414	480
1964	107	261	867	136	1.31	15760	550
1965	91	258	874	109	1.53	18605	469
1966	86	387	1032	125	1.23	17889	577
1967	79	295	1092	129	1.35	18144	602
1968	84	234	937	109	1.13	18751	499
1969	83	212	886	100	1.06	19154	462
1970	84	259	936	102	1.06	20240	462
1971	87	245	1072	113	1.11	20357	526
1972	73	299	936	113	121.	18115	518
1973	101	309	1158	127	124	20620	561
1974	81	146	1001	108	105.	20947	478
1975	93	209	1000	103	106	22106	452
1976	89	332	1111	113	1.13	21040	528
1977	84	228	1171	115	1.10	22503	520
1978	88	213	1387	136	1.21	22432	618
1979	93	216	1468	137	1.28	22832	643
1980	96	307	1724	158	1.64	22866	754
1981	95	201	1432	132	1.64	22976	623
1982	98	241	2029	184	2.19	22420	904

续表

年份	上交国家（万元）	集体提留（万元）	农民所得（万元）	人均收入（元）	劳动日值（元）	分配户数	户均收入（元）
1983	97	136	2645	240	—	22066	1198
1984	129	96	3661	330	—	22059	1659
1985	153	251	4681	402	—	22328	2096
1986	130	261	5368	453	—	22713	2363
1987	137	424	6796	550	—	22613	3005
1988	126	392	7692	621	—	22812	3372
1989	233	324	9247	733	—	23211	3984
1990	474	444	10985	855	—	23801	4615
1991	577	587	12072	920	—	24382	4951
1992	446	690	13272	1003	—	24869	5336
1993	510.7	634	14689	1105	—	25135	5842
1994	1407	661	18122	1350	—	25827	7016
1995	1564	650	23134	1710	—	26388	8767
1996	1720	640	25447	1136	—	26915	0.945 ①
1997	1892	689	27992	1245	—	27454	1.020
1998	2081	999	30791	1832	—	28003	1.100
1999	2289	982	33870	2016	—	28563	1.186
2000	2518	—	37257	2217	—	28430	1.310
2001	2770	—	40982	2439	—	28650	1.430
2002	3047	—	45080	2683	—	29004	1.554
2003	3351	—	49589	2951	—	29146	1.701
2004	3686	—	54547	3246	—	29325	1.860
2005	4055	—	60002	3571	—	29523	2.032
2006	4461		66003	3928	—	29854	2.211

资料来源：根据1956年至2006年S县农村经济发展资料整理。

① 从1996年到2006年分配单位为万元。

表 28　S 县部分年份耕地面积统计表

年份	耕地面积（万亩）				农业人口人均占有耕地（亩）	劳动力平均占有耕地（亩）
	合计	其中				
		全民	集体	自留地		
1957	19.3	0.23	19.01	0.06	3.6	6.72
1960	30.7	0.52	30.12	0.06	5.57	11.35
1965	26.7	0.66	24.92	1.12	3.9	8.32
1970	25.2	0.67	23.41	1.12	2.97	6.23
1975	24.4	0.76	22.45	1.19	2.44	5.8
1980	22.0	1.55	19.74	1.71	1.97	5.1
1985	20.3	0.33	17.79	2.18	1.72	3.8
1990	21.0	0.41	18.42	2.17	1.62	3.7
1995	21.0	0.41	18.42	2.17	1.61	3.65
2000	19.85	0	18.29	1.56	1.40	3.43
2005	15.69	0	14.52	1.17	1.07	3.16

资料来源：根据 1957 年至 1975 年 S 县农业生产工作汇报以及 1980 年至 2005 年《S 县年鉴》整理。

表 29　S 县部分年份葡萄生产发展对比表

	年份	农作物正播面积（亩）	葡萄面积（亩）	葡萄占农作物正播比例（%）	葡萄总产（吨）	单产（公斤）
	1949 年	139447	12175	8.73	2296	188
第一发展时期	1953 年	145622	12756	8.75	5994	470
	1959 年	214542	14587	6.79	12681	869
	1959 年比 1953 年增长	47.3	1.14		47	54
	年平均增长率（%）	7.8	0.19		7.8	9
第二发展时期	1960 年	264074	15430		9280	601
	1978 年	210935	22418		11196	499
	1960 与 1959 年对比	1.23	0.945		−73	−69.1
	1978 比 1960 年增长	0.79	6.8		82	83
	年平均增长率（%）	0.043	0.37		4.5	4.6

续表

	年份	农作物正播面积（亩）	葡萄面积（亩）	葡萄占农作物正播比例%	葡萄总产（吨）	单产（公斤）
第三发展时期	1979 年	203952	29315		13636	609
	1990 年	172203	46077		71233	1546
	1990 比 1979 年增长	—0.84	63		522	253
	年平均增长率（%）		3.5		52	25.3
	1992 年	172640	63978		98677	1542
	1995 年	160847	82314	51.2	7232	880
第四发展时期	2000 年	227900	16300	7.15	187000	920
	2006 年	179250	17070	9.52	356700	2320
	2006 年比 2000 年增长（%）	—1.27	1.04		23.7	25.2

资料来源：部分年份《S县县志》、《新疆维吾尔自治区统计年鉴》整理。

6.1.2.2 扶贫开发与农村贫困

1983 年 S 县开始启动农村扶贫工作。主要采取了四条措施：第一，成立机构。成立了扶贫工作领导小组，各乡镇成立了相应机构。第二，加强教育。扶贫先扶志。把加强政治思想教育和救济结合起来，充分发挥他们的主观能动性。第三，分类扶助。根据农村贫困户具体情况，按照扬长避短原则，尽量发挥贫困户自身优势，安排力所能及的集体劳动。第四，发展家庭副业。增加个人收入。根据当时县政府确定的农村贫困标准（150 元）计算，1983 年全县贫困人口 2613 户 11576 人，农村贫困发生率为 10.12%。通过扶贫开发，当年 212 户 1272 人脱贫①。1984 年 4 月，在喀什市召开新疆维吾尔自治区南疆片农村牧区扶贫工作经验交流会议后，S 县进一步加大了扶贫力度，重点开展了四方面工作：一是制定了新扶贫标准。到 1990 年达到吃有粮，有住房，没有债务，冬夏衣物不缺；有自留畜 2～5 只（头）；有必要的生产工具和生活用具；人均收入由原来的 150 元

① 1984 年全县有贫困人口 2401 户 11698 人，主要集中在山南几个乡。年人均收入 50 元以下的农户有 466 户 6642 人，各占农村总人口的 5.7%，占贫困户的 60%；年人均收入 50 元以上不到 80 元的有 479 户 2219 人，占总农户的 1.9%；年人均收入在 80 元以上不到 100 元的 476 户 2218 人，占总农户的 1.9%，占贫困户的 20%左右。全县 1340 户优抚对象中收入不到 100 元的 127 户，占优抚对象的 9.47%，占全县贫困户的 5.28%。1984 年因遭受洪涝灾害，又增加了 495 户贫困户。

提高到300～500元。二是财政支持与定点帮扶相结合。S县委、县人民政府为减轻农民负担，重点扶持贫困乡、贫困村，力争到1990年农村村民年人均收入1000元。对全县年人均收入150元以下的31个自然村，20个困难较大的村民委员会，从县五套班子及党政51个机关部门、单位，抽调85名干部，采取扶贫责任定点办法进行重点扶持。当年脱贫648户2592人，占扶贫对象的39.9%，人均收入由上年的150元增加到300元①。三是救灾与扶贫相结合。在迪坎乡首先创建扶贫储金会。截至1993年，共发展了4个扶贫储金会。其中，乡办2个、村办2个，入会的农户969户，共筹集扶贫资金25.3万元（其中民政部门拨入7.7万元）②。在保证灾民基本生活前提下，把生活救济后期的救灾款，用于扶持灾民发展家庭副业和恢复农业生产，既防止了灾民因灾致贫，又解决了灾区贫困户生产方面的困难。四是扶贫与举办救灾实体相结合。1987年兴办“双扶经济实体”3家，年从业流动人数290人，创造产值64.8万元，年纯收入8.4万元。1990年兴办扶贫经济实体4个，安置贫困户子女76人就业③。由于脱贫农户因灾、因病返贫现象严重，加上脱贫标准逐年增高，到1990年扶贫任务并没有完成，但经过前两个阶段的扶贫，S县农村贫困状况已有很大改观。20世纪90年代后，S县的农村贫困对象越来越集中到了自然条件比较恶劣的迪坎乡、达浪坎乡与吐峪沟乡。从1995年起，S县根据中央“八七扶贫攻坚计划”开始启动扶贫攻坚工作，重点完成了六方面工作：第一，在重新调整由县委主要领导任组长的县扶贫开发工作领导小组的同时，健全乡镇扶贫组织网络。第二，建立了扶贫攻坚分级负责与部门、单位定点帮扶到户责任制。对全县农村贫困户采取了分解到户、先富带后富、农区支援牧区、重点单位牵头包扶牧区乡以及部门定点到户等办法。第三，积极引导贫困农民科学种田，因地制宜开展葡萄、哈密瓜示范种植活动，提高农业产品科技含量。第四，在加大农业生产支持力度同时，将各类精神文明创建与发展生产相结合，充分调动社会各界力量积极参与扶贫济困活动。第五，出台了优惠政策。共免收农业税23.2万元，免收水费4.2万元④。第六，进一步加强农村文化阵地建设，重点帮助解决了一些贫困乡村硬件设施。经过几次大规模扶贫开发，S县农村贫困问题得到进一步缓解，贫困人数与贫困比例持续下降。但在农村扶贫工作取得成绩的同时，农村扶贫本身的边际效益也呈

---

① 根据S县1988年至1993年扶贫工作总结、汇报整理。

② 《新疆维吾尔自治区地方志丛书——S县县志》，新疆人民出版社，2001年3月，第2页。

③ 根据S县1988年至1993年扶贫工作总结、汇报整理。

④ 根据S县1988年至1993年扶贫工作总结、汇报整理。

现出逐步下降的问题。特别是进入21世纪以来，尽管每年投入了不少扶贫资金，但全县的农村贫困发生率一直在3%左右徘徊（见表30）。主要针对大面积贫困的农村扶贫开发路子开始暴露其自身局限，政策性扶贫效果已经不太明显。只有运用更加有效、针对性更强的扶贫手段，才能从根本上解决新时期农村贫困问题。

表30　S县1982—2006年扶贫工作情况表

年份	贫困村	自然村	年末实有贫困户		新增扶贫户		扶贫户		脱贫户	
			人	户	人	户	人	户	人	户
1982			2613	12612	2613	12612				
1983			2401	11340			212	1272	212	1272
1984			2366	11698	495	3130	530	2772	530	2772
1985			2503	13486	580	2972	365	1825	443	1184
1986			1855	10894			600	2700	648	2592
1987			1207	8202	—		726	7020	648	2692
1988			725	4169	—		739	7120	482	4033
1989			480	2869	—		614	3087	245	1200
1990			233	1634	—		247	1235	247	1235
1991			233	1634	—		223	1634	233	1634
1992										
1993	3	33	3023	14968	—		1050	4265	200	660
1994	8	50	2199	10476	—		1241	4095	124	409
1995	5	33	1050	4265	—		917	3026	149	447
1996	6	21	461	2687	—					
1997	5	20	1011	4383	108	324	985	2955	156	468
1998	8	29	1455	7996	296	976	812	2679	181	597
1999	6	23	1732	9414	241	795	—	—	—	—
2000	6	14	1272	4800	11	33	—			
2001	5	16	510	2881	131	432	—			
2002	3	17	895	3445	27	89	—			
2003	4	21	882	3425	212	699	—			
2004	5	18	663	3307	111	366	—			
2005	6	23	1011	3895	95	313	—			
2006	7	28	1103	4658	128	422	—			

资料来源：根据S县1982年至2006年民政业务统计表整理。

6.1.2.3　社会保障与农村贫困

农村社会保障主要包括农村社会救助、农村社会养老保险、农村合作医疗等内容。解决农村贫困，特别要解决农村绝对贫困问题，主要采用农村社会救助与合作医疗等保障措施。农村社会救助主要包括农村特困户生活救济、农村最低生活保障、农村五保供养、农村医疗救助、新型农村合作医疗等制度[①]。

1. 农村特困户生活救济。解放以来 S 县对农村贫困群体基本生活保障主要通过临时实物和资金救济方式。从 1951 年至 1954 年，S 县共救济鳏、寡、孤、独、老弱残以及其他贫困农牧民 131 户，基本解决了他们的生活困难[②]。1956 年后，随着集体经济的不断发展，S 县逐步规范农村特困户生活救济制度。具体做了三方面探索：一是资金渠道上，主要探索了三种方式。即年初评定补助工分，记入劳动手册，年终分配兑现；根据年终分配收入情况，适当补助工分或粮食；从集体公益金中提取补助费，补助贫困对象。二是在救助程序上，探索了社与队结合的方式。主要由各社与生产队对五保户、困难户基本情况进行核实，结合各生产队的经济收入、社员生活水平情况，评定供给、补助标准。具体采取群众评议，大队审查，公社批准，张榜公布的办法，一定程度上克服了以往“平均分配，人人有份”的倾向。三是在救助标准上，探索了分层补助方式。补助标准最高为 140 元，最低为 72 元，全年平均为 90 元左右[③]。总体讲，改革开放以前 S 县农村特困户生活救济主要采取临时救济方式。这种方式具有一定的随意性，而且临时救济费被挤占、挪用问题较多。1982 年，S 县在学习北京市门头沟区、青海省海东等地区对农村贫困对象实行定期定量救济经验基础上，开始推行定期定量生活救济。为缓解各乡镇、村尤其是贫困村无力筹集集体补助的困难，增强集体保障能力，S 县开始通过集体提留方式统筹解决补助经费[④]。具体办法是生产队在每年年终分配时扣除一定比例提留。在保证 90%以上社员个人所得不低于上年收入的原则下，尽量少扣多分。各种扣留比例按照生产队的不同情况确定。扣留部分一般在 4%左右。收入较高的生产队可扣 4.5%，收入偏低生产队只扣 3%。其中公积金一般占总收入的3%～5%，公益金占 2%～3%，行政管理费占 1%，农业税按常产缴纳，生产费用根据实际需要列支。集体提留一般控制在农村总收入 10%以内。其后，S 县的农村特困户生活救济一直沿用这种方式。1999 年 4 月，随着农村最低生活保障制度开始试点，S 县农村特困户生活救助制度正式向政

① 目前，S 县已经停止实施农村养老保险制度。

② 《新疆维吾尔自治区地方志丛书——S 县县志》，新疆人民出版社，2001 年 3 月，第 700 页。

③ 《关于贯彻执行自治区第十次民政会议情况的报告》，内部资料，1963 年。

④ 集体提留包括公积金和公益金两个部分。公积金是生产队的公共积累，主要是为购置固定资产或为扩大再生产积累资金；公益金则主要用于社会保障事业、供养五保户、补助困难户的费用。

府承担主要责任的农村最低生活保障制度过渡。这种过渡是对农村特困户生活救济制度的一种完善。S县运行了40多年的农村特困户生活救济制度宣告结束。

表31 S县部分年份农村临时性社会救济情况表

年份	发放救济款		救济款（元）	年份	发放救济款		救济款（元）
	户数	人数			户数	人数	
1951	131		12000	1983	2222	8934	42974
1952			18769	1984	211	1088	96190
1954			25000	1985	94	1500	38060
1959	482	742	7260	1986	450	1942	21076
1962	356	1152	18253	1987	1866	6760	65145
1963	703	2573	16010	1988	1437	5783	44051
1965	946	3117	53934	1989	901	1842	69000
1973	154	407	2573	1990	247	1235	61000
1974	111	512	3358	1991	871	4357	54000
1975		601	46942	1992	93	305	8090
1977	306	1867	97310	1993	14	351	2500
1978	470	2163	3049	1994	12	433	2700
1979	1098	5047	69692	1995	198	987	16951
1980	975	3160	44460	1996	205	887	25700
1981	2222	8934	42974	1997	556	2171	38660
1982	937	3775	47836	1998	2833	11465	200343

资料来源：根据S县1951年至1998年民政业务统计表整理。

2. 农村五保供养。S县的农村五保供养制度是从农村特困户生活救助制度中逐步分化、独立出来的，其实施保障时间要早于全国。早在1954年，S县委、县政府开始实施“五保”项目，即对无依无靠，完全丧失劳动能力的孤老和无人抚养的孤儿实行“保吃、保穿、保烧（燃料）、保教（少年儿童）、保葬”。1956年首次正式确定五保户284户443人。其中孤儿11户16人。这些五保户的生活由集体供养、亲友帮助，政府给予临时补助。20世纪80年代以来，S县对农村五保供养进行过三方面比较大的调整。首先，调整了对象。从1982年开始对农村五保户进行全面重新复查、重新评定。全县6乡1镇评出五保户120户171人，其中老人94人，孤儿28人、残疾人49人。其次，调整了标准。经济条件较好的山北3个公社，年均供养标准调整为200～300元。经济条件稍差的山南3

个公社年均供养标准为 180～200 元。1982 年以后，救助人数与资金基本稳定[①]。最后，调整了供养办法。一是在集体征收的管理费中拿出部分费用交给五保户亲属，由其亲属照顾日常生活；二是将分配五保户的耕地转包他人，由承包者供给五保户年人均口粮 100～125 公斤、清油 6 公斤。集体负责供给烧柴、穿衣等。必要时向政府申请临时救济。1994 年国务院颁布《农村五保供养工作条例》（下称《条例》），对以村集体为主供养农村五保户的做法进行了统一规范，正式从国务院行政规章高度明确了五保供养的农村集体福利性质。从规范化角度来说，这个条例是一次重大变革。《条例》第一次正式以行政规章形式明确了农村五保供养对象、条件、内容、形式、资金渠道以及有关政府与部门责任[②]。《农村五保供养工作条例》后，S 县农村五保供养工作逐步走上了稳步发展的轨道。到 1999 年 4 月，S 县的农村五保供养制度被农村最低生活保障制度代替。农村五保供养对象由享受农村集体福利事业待遇转为享受财政供养待遇。尽管从 1999 年至 2006 年，成了 S 县农村五保供养史上断档的 7 年，但也正因为这种断档，使 S 县的农村五保供养对象比全国要早 7 年提前纳入财政供养渠道。在这些年，尽管对农村"三无"对象的保障制度名称变了，但农村"三无"对象的生活没有变、待遇没有变，管理人员从事的供养工作没有变。2006 年 3 月，国务院对 1994 年出台的《农村五保供养工作条例》进行了重大调整，颁布了新《农村五保供养工作条例》。与旧《条例》相比，新的《农村五保供养工作条例》在管理主体、资金渠道、供养内容、供养管理与供养机构建设与管理等方面作了实质性调整。其中，最大的变化是将农村五保供养资金渠道由传统的"三提五统"费用调整到以财政供养为主。与之相适应，农村五保供养主体也由乡镇调整到县民政部门。县民政部门正式成为农村五保供养的管理主体。资金渠道与管理主体的变化，实质上使农村五保供养事业由农村集体福利事业性质正式转变为国家社会福利事业性质。S 县根据国家政策正式修改完善了农村五保供养政策，农村五保供养政策正

① 根据 S 县 1979 年至 1993 年总结、汇报、请示整理。

② 从 1994 年出台《条例》的性质看，整个《条例》的立法原意与精神仍然是与计划经济时代相适应的，对市场经济条件下各级政府应该如何履行农村社会救助责任也缺乏系统思考与规划。可以说，尽管《条例》的出台在时间上属于市场经济改革年代，但《条例》体现的却是计划经济时代的精神性质。从制度创新角度来看，由于这个条例只是对 20 世纪 50 年代以来各地实施的农村五保供养做法的一种健全、规范与明确，没有根据市场经济实际需要对供养政策进行调整，特别是在供养资金渠道上没有根本变化，因此该条例在基层影响有限。从 S 县农村五保供养政策发展历史看，1994 年国务院颁布的《农村五保供养工作条例》对该县的影响不大，这个条例既没有导致基层政策调整，也没有推动基层实施措施发生重大变化。这从基层角度说明了 20 世纪 90 年代出台的《农村五保供养工作条例》影响的有限性与局限性。

式从农村最低生活保障政策中分离出来。2006 年以来，S 县在农村五保供养制度建设方面主要做了五项工作：一是摸清了底细。利用两个月时间，抽调人员组织开展了农村五保对象入户调查工作。2006 年共审核、审定 535 户 592 位符合农村五保条件的对象。二是颁布了管理办法。第一次以县政府名义颁布了《S 县农村五保人员供养管理办法》[①]（下称《办法》），明确了农村五保供养对象、供养内容、供养形式、审批程序、监督管理以及法律责任等内容。三是调整了供养标准。《S 县农村五保人员供养管理办法》规定，农村五保供养标准为年人均 2500 元。其中 1600 元用于生活支出，900 元用于建房补助（由全县统一捆绑使用）。其生活支出相当于当年农民人均纯收入的 35%。这个标准低于 2006 年新颁布的《农村五保供养工作条例》要求不低于当地农村平均生活水平的标准。供养资金采用农村五保供养证登记的方式，逐月发放。目前，S 县共有农村五保对象 535 户 592 人。四是建立了新的管理机制。针对以往农村五保人员供养管理方面存在的供养资金缺乏和敬老院管理人员工资得不到保障等问题，形成了由县民政局主管五保业务、乡（镇）政府协助管理的新格局。五是探索了供养模式。探索形成了三种各具特色的供养模式即家庭寄养模式，主要将体弱多病、无自理能力的对象进行寄养，由乡（镇）、村民委员会指定特定村民寄养，签订寄养协议保障五保户生活；分散供养模式，主要将不愿入院享受集中供养的，按照自愿原则，实行亲属领养，签订领养协议；集中供养模式，主要通过建设敬老院，实行集中居住、管理与服务的方式供养（表 32）。通过这些工作，S 县农村五保供养在新的制度平台上运行。尽管如此，但农村五保供养对象看病难、住房难问题仍然没有从根本上得到解决。

表 32　S 县部分年份五保户供养情况表

年份	五保户		敬老院供养						分散供养	
	户	人	开办敬老院的乡镇（个）	院数（个）	职工（人）	床位（张）	收养人数	其中老人（人）	户数	人数
1951—1959	482	742	6	6	12	20	—	—	601	624
1962	277	340	6	6	12	20	15	6	277	340
1964	224	497	6	6	12	20	15	8	224	497
1973	229	339	—	1	2	7	15	7	229	339

① S 县人民政府文件：《S 县农村五保人员供养管理办法》，鄗政办发［2006］58 号。

续表

年份	五保户		敬老院供养						分散供养	
	户	人	开办敬老院的乡镇（个）	院数（个）	职工（人）	床位（张）	收养人数	其中老人（人）	户数	人数
1977	154	239	—	1	2	7	14	6	154	239
1979	154	239	—	1	2	20	14	6	154	239
1986	86	145	—	1	2	20	6	6	80	139
1987	86	145	—	1	2	20	6	6	80	139
1988	86	145	2	3	5	20	15	15	65	130
1989	77	126	2	3	4	20	14	14	65	110
1990	46	57	2	3	4	20	14	14	43	43
1991	56	69	2	3	4	20	11	11	58	58
1992	59	77	2	3	6	20	11	11	66	66
1993	59	77	2	3	6	17	14	13	456	45
1994	59	77	2	3	5	17	14	13	45	45
1995	61	87	2	3	5	20	11	11	76	76
1996	68	95	2	3	6	20	11	11	84	84
1997	68	95	2	3	6	20	20	20	61	76
1998	68	95	3	4	6	100	20	20	60	75
1999	90	109	3	4	5	100	25	25	63	84
2000	90	109	3	4	5	150	25	25	63	84
2001	124	178	3	4	5	150	23	23	110	155
2002	138	201	3	4	5	256	23	23	128	178
2003	188	369	3	4	5	289	20	20	239	478
2004	250	498	3	4	5	334	20	20	239	478
2005	535	592	3	4	5	334	203	327	515	389
2006	535	592	3	4	5	334	203	327	515	389

资料来源：根据S县1951年至2006年民政业务统计表整理。

3. 农村医疗救助。S县是新疆维吾尔自治区农村医疗救助工作试点县。自2003年底国务院安排部署农村医疗救助工作以来，主要做了八方面工作：一是成立了机构。成立了以县长为组长，分管副县长为副组长，相关部门负责人为成员的城乡医疗救助领导小组，实行任务分解，量化到部门，落实了责任人。二是建立了人员档案。分别于每年3月在全县范围内开展一次农村贫困人口入户调查摸底工作，掌握了全县农村贫困人口第一手资料，为确定农村贫困人口和医疗救助对象提供了科学依据。三是出台了救助方案。制定了《S县农村医疗救助实施方案》，明确了指导思想、基本原则、对象范围、救助标准及方式，规范了民主评议、调查证明、申请审批程序（凡申请救助对象必须由个人提出书面申请，报村委会民主评议和乡镇人民政府调查后才能到民政局进行审批）。四是明确了救助标准。救助标准分别为200～2000元，特殊情况特殊对待。五是探索救助方式。形成了特困群众事前救助，贫困人员事后救助，五保人员全额救助的新型救助模式，探索建立了医疗救助告知机制，即在63个行政村全面公开了救助内容、程序及标准。六是逐步建立了"政府主办、卫生主管、民政兜底、财政监管、群众参与、社会支持"的农村医疗救助与新型农村合作医疗制度相结合工作机制。建立了以县政府办牵头，县卫生、防疫、财政、农口、民政及各乡镇主管领导参与的联席会议制度为内容的高端管理平台；建立了以乡镇为依托的中端管理平台；建立了以村民委员会为依托的低端管理平台，负责初审、上报工作。七是设立了援弱救助基金和政策减免制度。采取社会各界捐助和政府补助方式筹集资金。先后发动民营企业、驻地企业和机关干部向援弱救助基金捐款。建立了门诊医疗费减免制度，规定凡在定点医院就医的参保农民，可享受减免检查费、治疗费10%的待遇。八是实施了救助工作。2004年3月分别在农村贫困人口较多的辟展乡、鲁克沁镇、连木沁镇开展了试点工作，2005年元月后在全县全面推开。从2005年到2007年，资助954户2492人参加了农村新型合作医疗；对114户530人进行了大病医疗救助；共支出医疗救助资金20.428万元。其中，支付参加农村合作医疗资金3.138万元，直接大病救助17.29万元。农村医疗救助制度的实施，虽然一定程度上缓解了广大农民群众因病致贫、因病返贫问题，但仍然存在救助范围窄、救助水平低以及资金沉淀等问题。从表33得知，S县2006年有568人得到了大病救助，相当于当年农村贫困人口的12.2%，相当于得大病人数的25.3%，相当于因病致贫人数的46.8%；2007年S县纳入医疗救助人员人均得到救助额383元。这点资金对大病治疗来讲，是杯水车薪。表34显示，2006年S县在农村医疗救助资金方面年底结余比例较大，52.9%的资金当年没有用于救助农村贫困群体。

表33 S县2006—2007年农村医疗救助工作情况统计表

年份	农业人口数（万）	因病致贫人数	大病人数	已救助人数与金额								
				资助参加合作医疗			直接救助大病			其他救助		
				人数	金额（万元）	人均救助（元）	人数	金额（万元）	人均救助（元）	人数	金额（万元）	人均救助（元）
2006	16.2	1213	2242	2492	3.138	12.6	568	19.7	346	252	9.21	365
2007	16.3	4210	3567	6633	13.3	20	3567	137	383			

资料来源：S县（2006—2007年）农村医疗救助工作情况总结。

表34 S县2006—2007年农村医疗救助资金使用情况统计表（单位：万元）

年份	总额	医疗救助基金								
		上年结存	本年基金安排						支出	基金结余
			自治区	地州市财政投入	县财政投入	福利彩票公益金	社会捐助	其他		
2006	68	—	58	—	10	—	—	—	32	36
2007	150	36	59		15	18	—	—	150	—

资料来源：S县（2006—2007年）农村医疗救助工作情况总结。

4. 新型农村合作医疗。S县是新疆维吾尔自治区第二批新型农牧区合作医疗试点县市之一，其自行试点于2002年。从2002年实施农村新型合作医疗至今，S县的农村合作医疗经过了试点建制与完善等阶段。在总结2004年新型农村合作医疗试点经验基础上，2005年S县人民政府对《实施办法》又做了进一步完善。重点调整了资金分配比例即住院医疗基金占59%，门诊医疗基金占36%，风险基金占5%，降低了门诊基金比例；规定参加合作医疗的农牧民在门诊就诊，现场报销医疗费用的50%（包括药费、治疗费、一次性耗材费），报销检查费用的30%；凡在当年没有就诊的参合农牧民每户1人免费一次健康体检（量血压、胸透、心电图、B超、测体重）。同时，规定2005年在住院治疗报销中设起付线：乡（镇）卫生院50元，县级医院200元，地区级医院300元，自治区级医院500元，一定程度上缓解了合作医疗资金压力。各级医疗卫生单位住院报销比例为扣除起付线和自费部分后总医药费用的：乡（镇）卫生院40%，跨乡（镇）卫生院35%，县级医院35%，地区级医院30%，自治区级医院25%，每人每年累计住院费用最高消费封顶额为10000元①。进入2006年，S县新型农牧

① 《S县2005年农牧区新型农村合作医疗实施办法》（鄯政办［2005］08号），2005年3月。

区合作医疗继续保持良好发展态势，全县参加新型农牧区合作医疗的农牧民109768人，参合比例91%，农牧民人均缴纳合作医疗资金15元，缴纳资金共计1646520元①。S县建立新型农村合作医疗制度以来，主要做了以下工作：一是成立了领导机构。先后成立了以主要领导任组长，卫生、财政、民政、药监等部门领导为成员的新型农牧区合作医疗管理委员会和由县委、政府、人大、政协、纪检监察、审计、计委等组成的新型农牧区合作医疗监督管理委员会。设立了新型农牧区合作医疗结算办公室，具体负责合作医疗日常事务管理工作。二是制订了实施方案。先后组成8个调查组，深入全县30%的农牧民家庭中进行了12698户随机抽样调查，出台了《S县新型农牧区合作医疗制度实施办法》。三是加强了基金监管。实行封闭运行，专款专用。严格了审批报销制度。经办机构每月一次向合作医疗监督委员会汇报基金收支和使用情况，自觉接受监督，每季度公开合作医疗资金使用情况（包括姓名、性别、住址、就医地点、就医费用、报销比例、报销范围、报销数额等全部张榜公布到县、乡、村），广泛接受群众监督。四是不断改善医疗服务条件。为各类医疗服务机构购置了医疗器材、改（扩）建、新建了卫生院、加强了人员配置②。在分析S县农牧区新型合作医疗成功做法的同时，我们也发现，在妥善解决贫困农户看病问题上还有许多需要完善的地方。首先，门诊资金管理难度较大。2004年度门诊就诊采取处方在10元以下的免费就诊，体现了互助共济，方便群众，使老百姓切实得到了实惠，但也存在着不利于门诊资金周转，药品浪费较大，病人不能自主择药等不足。2005年度门诊实行处方按比例报销制度。年度内不限制门诊就诊次数，特别是对当年没有就诊的农牧民每户1人可进行一次免费健康体检。其次，基金收缴难度较大。由于各乡（镇）人员不足，收缴工作量大，难以及时完成农村新型合作医疗基金收缴任务。

6.2 制度建立过程

农村贫困与治理农村贫困的种种措施构成了实施农村最低生活保障制度的具体历史背景。正是在这样的历史背景下，S县建立了农村最低生活保障制度。从试点至今，S县的农村最低生活保障制度主要经历了试点与调整完善两个阶段。

---

① 《S县农牧区新型合作医疗工作总结》，内部资料，2006年11月，第5页。

② 《S县农牧区新型合作医疗工作总结》，内部资料，2006年11月，第3页。

6.2.1 试点阶段

新疆维吾尔自治区人民政府在1998年11月召开的自治区第二批城市居民最低生活保障工作会议上，确定S县、M县与策勒县开展农村最低生活保障制度试点。为完成新疆维吾尔自治区人民政府交办的试点任务，S县于1998年12月开始筹备农村最低生活保障试点工作。在这个阶段，主要做了三件事：一是出台了政策。1998年底先后出台了《关于印发〈S县城乡居民最低生活保障制度实施方案〉的通知》（以下简称《通知》）与《S县农村居民最低生活保障工作实施方案》（下称《方案》）。《方案》与《通知》明确了建制意义、目标任务、基本原则、保障对象、保障标准、保障资金六方面内容，为试点提供了基本的政策依据。二是建立了机构。建立了由政府主要领导任组长的农村最低生活保障制度试点工作领导机构①。三是着手进行了基线调查与资金发放。1999年3月2日至4月30日组织调查摸底、确定对象与建档填证工作；4月27日至30日总结发证。1999年5月1日之前S县正式建立农村最低生活保障制度。当年将232户362人纳入保障范围人，保障标准为年均101.8元。

6.2.2 调整完善阶段②

从1999年开展试点工作以来，S县的农村最低生活保障政策一直在平稳发

① S县人民政府办公室文件：关于成立《S县城乡居民最低生活保障制度领导小组》的通知（鄯政办字［1998］53号）。

② 从全国情况看，随着城市民生问题的解决，农村贫困问题逐步纳入了各级党委、政府关注视野。朱镕基总理在1999年3月5日作的政府报告中要求各级政府“抓紧制订并实施农村‘费改税’方案，保障农民的合法权益，从根本上解决农民负担过重的问题”，要“密切干群关系。加大扶贫攻坚的力度，力争今年农村贫困人口再减少1000万以上，并做好防止返贫的工作”。随着国务院对农村贫困问题的日益关注，各地也逐步加大了农村最低生活保障制度建设力度。2001年左右，全国农村最低生活保障试点工作进入高潮，80%以上县市开展了农村最低生活保障工作。2002年十六大换届，特别是2003年3月新一届中央与国务院政府领导执政后，党和政府的工作重点更加关注共同富裕问题。十六大报告中提出，在今后一段时期，要“以共同富裕为目标，扩大中等收入者比重，提高低收入者收入水平”，“发展经济的根本目的是提高全国人民的生活水平和质量。要随着经济发展不断增加城乡居民收入”、“继续大力推进扶贫开发，巩固扶贫成果，尽快使尚未脱贫的农村人口解决温饱问题并逐步过上小康生活”。2003年的《政府工作报告》也再一次要求各级政府要“始终关心人民群众的切身利益，特别是努力解决困难群众生产生活中的实际问题”、“搞好扶贫开发工作”、“在积极做好社会保障、再就业和农村扶贫工作的同时，用很大力气解决拖欠职工工资、农民负担过重的问题”、“建立和完善对低收入者的救助制度”，特别是2002年各级党委与2003年的政府换届，成为加速农村最低生活保障制度建设的一个巨大动力。福建省农村最低生活保障正是于2003年底全面建制，于2004年全面实施。随着新一届中央与国务院党政领导班子对民生问题的日益关心，农村最低生活保障问题逐步纳入各级党委、政府议事日程。2004年1月中共中央、国务院在（接下页注）

展，没有进行过大的调整。其间只是根据财力增长，几次扩大保障范围，提高保障标准。从 2003 年始，S 县开始调整农村最低生活保障对象与范围。如果说，2003 年农村最低生活保障标准与范围的调整仅仅是大规模调整的前奏的话，那么，2006 年至 2007 年间 S 县农村最低生活保障标准出现的大规模调整则标志着这项制度出现了实质性的变化。在 2007 年，农村最低生活保障范围从 1999 年的 232 户 362 人扩展到了 1880 户 6022 人；保障标准从 1999 年的年人均 101.8 元提高到了 2007 年的 1100 元（具体情况见表 35）。

(接上页注)《关于促进农民增加收入若干政策的意见》(中发［2004］1号）中要求各级党委、政府进一步加大扶贫开发力度，“对尚未解决温饱的贫困人口，进一步采取更有针对性的扶贫措施，切实做到扶贫到村到户。对丧失劳动能力的特困人口，要实行社会救济，适当提高救济标准。对缺乏基本生存条件地区有贫困人口要积极稳妥地进行生态移民和异地扶贫。对低收入贫困人口，要着力帮助改善生产生活条件”“有条件的地方要探索建立农村最低生活保障制度。”这些措施的进一步提出，实质上表明，对于不同类型与性质的农村贫困人口，新一届中央与国务院领导班子将采取不同的应对策略。建立农村最低生活保障制度，被作为解决低收入人口与丧失劳动能力人口生活问题的重大举措摆上了位置。2005 年初，党中央、国务院再一次在《关于进一步加强农村工作提高农业综合生产能力若干政策的意见》(中发［2005］1号）中提出了“有条件的地方可以探索建立农村社会保障制度”的要求。2006 年，党中央、国务院在《关于推进社会主义新农村建设的若干意见》(中发［2006］1号）中，花了大量篇幅要求各地“逐步建立农村社会保障制度”，要求各级党委政府“按照城乡统筹发展的要求，逐步加大公共财政对农村社会保障制度建设的投入。进一步完善农村五保户供养，特困户生活救助、灾民救助等社会救助体系。探索建立与农村经济发展水平相适应、与其他保障措施相配套的农村社会养老保险制度。落实军烈士优抚政策。积极扩大对农村部分计划生育家庭实行奖励扶助制度试点和西部地区计划生育‘少生快富’扶贫工程实施范围。有条件的地方，要积极探索建立农村最低生活保障制度。”作为农村社会保障制度建设重要内容的农村最低生活保障制度得到了党中央、国务院的进一步认可。党中央、国务院对农村最低生活保障制度建设的态度也逐步由过去各地自行“可以探索”为主转变到了以“积极鼓励”探索为主。这种态度上的实质转变，给各地农村最低生活保障制度建设探索以重大鼓舞。2006 年，新疆维吾尔自治区根据中央文件精神，进一步扩大了试点范围，将试点县由 1998 年规定的 3 个县扩展到 8 个县（市、区）。为推进与规范农村最低生活保障试点工作，新疆维吾尔自治区民政厅下发了《关于进一步规范和推进农村居民最低生活保障试点工作的通知》(新民发［2006］98 号)，进一步加快了各地农村最低生活保障制度建设步伐。特别是 2006 年 10 月 11 日中国共产党第十六届中央委员会第六次全体会议通过的《中共中央关于构建社会主义和谐社会若干重大问题的决定》提出，要“逐步建立农村最低生活保障制度”并把建立这项制度正式作为一项政治任务后，各地进一步加快了制度建设步伐。正是在党中央、国务院旗帜鲜明地要求各地建立农村最低生活保障制度的大好形势与新疆维吾尔自治区的进一步扩大农村最低生活保障制度试点范围、加大规范力度的行政推动下，S 县在扩大保障范围、提高保障标准同时，着手调整、完善已经运行了 8 年的农村最低生活保障政策，进入全面调整完善农村最低生活保障制度新阶段。

表 35　S 县农村最低生活保障历年扩面、提标情况（单位：年、%）

项目 年份	扩面情况		扩面比例		提标情况	提标幅度
	户	人	户	人		
1999	232	362	—	—	101.8	0
2000	232	362	—	—	101.8	0
2001	232	362	—	—	101.8	0
2002	330	450	42.2	24.3	101.8	0
2003	690	694	109	54.2	300	194.7
2004	883	909	28	31	400	33.3
2005	954	999	8	9.9	500	25
2006	1142	1191	19.7	19.2	600	20
2007	1880	6022	64.6	405.6	1100	83.3

资料来源：根据新疆维吾尔自治区民政厅《农牧区最低生活保障工作资料汇编》（七）和《S 县农村居民最低生活保障工作资料汇编》有关资料整理①。

表 36　S 县家庭人口情况（单位：户、人）

	S 县		
年份	户数	人数	户均人数
1998	49283	198223	4.022
1999	50589	201586	3.985
2000	45801	197068	4.303
2001	57354	205906	3.590
2002	59598	210122	3.526
2003	59700	209000	3.501
2004	61100	212000	3.470
2005	62100	213700	3.441
2006	63100	214900	3.406

表 35、表 36 显示：

（1）在 2002 年以前，S 县农村最低生活保障对象的户数与人口数基本上是吻合的（其户数与人数的比例为 1∶1.13），差别不大（与 S 县 1998 年全县农户

① 新疆维吾尔自治区民政厅：《农牧区最低生活保障工作资料汇编》（七），内部资料，2007 年 11 月，第 210～215 页；S 县民政局：《S 县农村居民最低生活保障工作资料汇编》，内部资料，2007 年 5 月，第 19 页。

户均人数 4.022 人、1999 年的户均人数 3.985 人相比，差别就太大了）。户数与人口数基本上吻合的家庭一般是鳏寡孤独家庭。在广大农村，鳏寡孤独家庭基本上是没有生活来源、没有劳动能力以及没有抚养人或扶养人即使有抚养人也没有扶养能力的家庭。这种家庭属于农村五保供养制度保障对象。这个时期也正是农村最低生活保障制度替代农村五保供养制度时期。自 2003 年开始，S 县农村最低生活保障覆盖范围逐渐从鳏寡孤独家庭与个体延伸到病残、特殊困难户等丧失劳动能力或缺少劳动力群体。2007 年 S 县全面推开农村最低生活保障后，农村最低生活保障家庭户数与保障人数之间的比例才有实质性、突破性的进展。2007 年农村最低生活保障户数与保障人数之间的平均比例为 1∶3.2（表 35）。与 2006 年 S 县全县农村村民户数与人数之间平均比例为1∶3.406的比例相比，差不多（见表 36）。这说明，2007 年后的 S 县农村最低生活保障对象已经由传统的鳏寡孤独家庭与人员扩展到一般的、普通的农村贫困家庭。

（2）S 县在农村最低生活保障制度建设过程中，有三个关键年即 1999 年、2003 年与 2007 年。1999 年是建制年。在这一年，S 县开创了农村最低生活保障从无到有的历史性转折。2003 年是农村最低生活保障人数与标准大幅度提高之年。这一年，农村最低生活保障户数由 2002 年的 330 户增长到了 690 户，扩面增幅达到 109%；人数由 450 人增长到 694 人，提高比例达 54.2%；保障标准由年均标准 101.8 元提高到 300 元，提标幅度达到 194.7%。2007 年是第三个关键之年。在这一年，农村最低生活保障户数由 1142 户增加到 1880 户，增加了 64.6%；保障人数由 1191 人增加到 6022 人，增加了 405.6%；保障标准由年均 600 元提高到 1100 元，提高了 83.3%①。S 县于 1999 年、2003 年与 2007 年农村最低生活保障出现的显著变化，与中央领导班子或政府换届在时间上有着惊人的重合。这说明，在目前的政治体制下，各级党委、政府换届往往成为出台与调整社会政策的重要机会，成为开启约翰·金通所说的“政策之窗”的关键时节。

农村最低生活保障实践中出现的这些变化，从内在原因看来源于 S 县农村最低生活保障政策方面的重大调整。变化的结果虽然体现在 2007 年，但变化却发生在 2006 年。正是在党中央、国务院高度重视农村最低生活保障工作、全国大规模推进农村最低生活保障制度建设、新疆维吾尔自治区进一步扩大农

① 这三年，S 县的农村最低生活保障对象、标准与政策变化之所以有这么大的变化，原因很多。但其关键原因是在这三年中央政府对社会政策，尤其是农村社会政策的高度重视与关注。

村最低生活保障试点范围、新疆维吾尔自治区民政厅要求进一步规范和推进农村最低生活保障试点的形势下，S县开始调整、完善农村最低生活保障制度。S县对农村最低生活保障政策的调整集中体现在《S县农村最低生活保障实施办法》中。S县在新出台的办法中，对农村最低生活保障制度目标原则、对象范围、标准方式、家庭收入核算、资金筹集与管理、奖惩机制等方面进行了全面调整。为配合农村最低生活保障政策调整，S县第一次以县政府文件出台了专门的农村五保供养政策，建立了新型的农村五保供养制度。农村最低生活保障与农村五保供养制度之间出现了替代、重合之后的分离或者相对独立的发展。

6.3 制度政策分析

包括农村最低生活保障制度发展两个阶段即试点与调整完善两个阶段的政策分析。具体政策内容见表 37。

表 37 S县农村最低生活保障现行政策（2006 年）与试点政策（1999 年）

县域 内容	现行政策	试点政策
目标 原则	①进一步完善S县农村社会保障体系； ②保障农村居民的基本生活； ③维护农村经济发展和社会稳定。	目标：①完善农村救助办法，建立适应县经济发展水平的农村最低生活保障制度。②促进农村稳定与发展。任务：①建立起“政府领导、民政主管、部门配合、基层落实的工作机制”，②建立起农村最低生活保障的各项规章制度。基本原则：①保证基本生活；现阶段保障贫困人口最低需要，使之不挨饿、受冻。②政府责任与社会责任相结合。③保障对象要准、要全、不遗漏；保障资金纳入政府财政预算。④形式多样、标准有别、分级管理、分层决策、不搞一刀切。

续表

县域 内容	现行政策	试点政策
对象与范围	①凡持有S县农业常住户口的居民；②家庭年人均纯收入低于农村居民最低生活保障线的（指年人均收入1100元以下，调节系数为10%）。其中，独生子女户、双女户家庭与优抚对象和残疾人优先。以下几类情况人员不在保障范围：①不能如实提供有效收入证明，或拒不接受家庭收入情况调查的；②身体良好，年龄在25岁至45岁；有正常劳动能力，在法定劳动年龄内，无正当理由不参加劳动而造成家庭生活困难；有责任田且有劳动能力，但不耕种的（外出打工、经商而责任田承包他人的除外）。③虽然家庭年人均收入低于当地农村最低生活保障标准，但家中有一定的款物积蓄，能够自行维持基本生活的；三年内购买商品房或高标准新建住房的；家中购买高档非生活必需品的；家中有机动车辆的；家庭成员持有手机的；有高值收藏或投资有价证券行为的；有高于当地农村最低生活保障月平均标准的馈赠、礼金支出的；安排子女择校就读、出国留学或子女在险期限义务教育期间到高价收费学校就读的；经常出入餐饮、娱乐场所消费的。④有赌博、吸毒、嫖娼行为而造成家庭生活困难且尚未改正的；违法结婚、违法收养的；参加非法宗教活动的。⑤户口在本县，实际在外地居住1年以上的。⑥采取规避法律、法规行为造成无经济来源、生活困难的以及其他人为因素造成家庭年人均收入低于当地农村最低生活保障标准的。⑦经县、市、区民政部门认定的其他不能享受农村最低生活保障待遇人员。	①居住本县，且持有本县农村户籍的农村居民；②家庭月人均收入低于农村居民最低生活保障标准的农村居民。 这些居民主要有三类：①无生活来源、无劳动能力、无法定赡养人或抚养人的村民；②长期靠救济的老年人、残疾人和未成年人；③军烈属户、五保户和特困户“三户”的各种收入低于县农村最低生活保障标准的村民。
标准与方式	①年保障标准为1100元； ②实施差额补助，以现金方式按月发放； ③农村最低生活保障标准根据经济发展及物价变动状况适时进行调整。	保障标准为101.8元。农村最低生活保障证由乡镇代发，每户一证。农村最低生活保障对象凭证按月到各乡镇民政办领取保障金。

续表

县域内容	现行政策	试点政策
家庭收入核算	①农村家庭纯收入包括种植业收入（农作物和经济作物，葡萄每亩 2200 元/年，棉花每亩 1092 元/年，小麦每亩 504 元/年，瓜每亩 1600 元/年）、养殖业收入（家禽家畜和水产品养殖）、劳务收入（劳动工资、奖金、补助等及手工加工、务工和从事其他劳务活动所得收入）；继承、接受赠与和利息、红利、有价证券、特许权收入；赡养费、扶养费和抚养费及各类农村养老保险金以及集体经济收入分红、下岗生活金和失业金等其他收入。②对在市场、夜市等从事经营工作的人员，由市场管理部门（工商、税务）证明其收入。若无法证明的，有市场固定摊位、每天营业时间在 8 小时以上的，每位从业人员的收入按本县职工最低工资收入计算（每月 280 元）；无固定摊位、每天工作时间在 7 小时以下的，按本县最低生活保障标准计算。③不计入家庭收入的项目包括优抚对象的抚恤金、补助金、护理费、保健金；义务兵的津贴和退伍费；工伤人员的护理费、补助金；因公死亡人员及其家属享受的一次性抚恤金、丧葬费以及其他经市（区）及其以上民政部门认定不计入家庭收入的项目。	调查最低生活保障对象的家庭人口，健康状况、劳动能力、经济收入、困难程度等指标。
管理程序	实行属地管理、动态管理与分类管理。每年审核一次。具体由家庭申请；村委会核实评议；乡镇复审、公示；县最低生活保障办审批。将农村最低生活保障对象分为 A、B、C、D、E 五类，对每一类最低生活保障对象给予不同保障。	凡经过个人申请，村委会核实后的调查对象，必须张榜公布（时间 5 天），无异议后再送乡镇进行复核，之后上报县民政局，县民政部门根据各乡镇上报的对象名单，深入各镇进行复核。经审核符合农村最低生活保障条件的，集体讨论予以批准。
资金筹集管理	①农村最低生活保障资金和工作经费由县财政负担；②县最低生活保障办每年 10 月份提出下一年度全县农村最低生活保障资金用款计划，县财政局审核后列入下一年度财政预算；③县最低生活保障办负责发放最低生活保障资金，将资金按月拨付到各乡（镇）人民政府；④各乡（镇）人民政府对最低生活保障资金实行专户管理、专款专用，严禁克扣、挪用、拖欠；⑤县民政局和财政局每年对最低生活保障资金的使用和发放情况进行检查，县审计部门定期进行审计。	由县、镇、村三级负担。县财政负担 50%；镇、村负担 50%。镇、村分担比例由各镇确定。每年年底由县民政局组织人员对各乡（镇）农村最低生活保障对象进行复核。同时，由县财政局、审计局联合对各乡（镇）农村最低生活保障金发放使用情况进行专项审核检查，确保农村居民最低生活保障制度顺利实施。

续表

县域 内容	现行政策	试点政策
奖惩	①对在最低生活保障工作中作出突出贡献的单位和个人，由县人民政府给予表彰和奖励。②对在农村最低生活保障工作中玩忽职守，违反原则，以公谋私造成不良后果的，追究当事人和主管领导的责任。	
实施主体	县人民政府负责。具体管理由县最低生活保障办承担。村级实行最低生活保障专管，成立最低生活保障评审委员会负责对象的认定与审核。 2007 年 1 月 1 日起实行。	建立以县长为组长、县委主管民政的副书记为副组长、民政、财政、经贸、农业、物价、统计、粮食等部门为成员单位的农村最低生活保障制度领导机构。1999 年 3 月实施。

资料来源：根据 2006 年 S 县农村最低生活保障实施办法与 1999 年农村最低生活保障试点方案整理。

6.3.1　试点政策分析

1999 年初出台的《关于印发〈S 县城乡居民最低生活保障制度实施方案〉的通知》(以下简称《通知》) 与《S 县农村居民最低生活保障工作实施方案》① (下称《方案》) 主要明确了五方面政策：

一是明确了建制意义。要求各乡镇从改革与完善传统社会救济制度、建立健全社会保障体系，从维护社会稳定、促进社会公平、保证经济体制改革，弘扬社会主义优越性、从党的全心全意为人民服务的宗旨以及党和政府的根本职责出发，认识建立农村最低生活保障制度的重大意义，采取有力措施，抓紧抓好建制工作。

二是明确了目标任务与建制原则。目标有两个：①完善农村救助办法，建立适应本县经济发展水平的农村最低生活保障制度。②促进农村稳定与发展。任务有两方面：①建立“政府领导、民政主管、部门配合、基层落实的工作机制”，②健全农村最低生活保障各项规章制度。基本原则有四项：①保证基本生活；现阶段保障贫困人口最低需要，使之不挨饿、受冻。②政府责任与社会责任相结合。③保障对象要准、要全、不遗漏；保障资金纳入政府财政预算。④形式多样、标准有别、分级管理、分层决策、不搞一刀切。

① 以 S 县民政局名义下发。

三是明确了保障对象与范围。农村最低生活保障对象指的是家庭月人均收入低于本县农村最低生活保障标准且户口在本县的常住居民。主要包括三类人员：①无生活来源、无劳动能力、无法定赡养人或抚养人的村民；②长期靠救济的老年人、残疾人和未成年人；③军烈属户、五保户和特困户“三户”的各种收入低于县农村最低生活保障标准的村民。

四是明确了保障标准。首先，明确了农村最低生活保障标准既要保障基本生活又有利于克服依赖思想的原则；其次，明确了农村最低生活保障标准发布单位；最后，明确了农村最低生活保障标准调整条件。

五是明确了资金来源与管理。所需资金由县、乡（镇）、村三级承担。县承担 50%，乡镇与村共同承担 50%，乡镇与村的比例由各乡镇自定。

这五方面的政策基本搭建起了农村最低生活保障制度主体框架，为实施农村最低生活保障奠定了政策基础。这五方面的政策内容虽然相对粗略，但毕竟在S县的历史上第一次建立了农村最低生活保障制度框架，实现了农村社会救助史上的重大突破，使农村社会救助由传统的、不规范的临时救济走上了日益规范化的路子。

6.3.2　现行政策分析

从表 37 看出，S县于 2006 年出台的农村最低生活保障政策与 1999 年出台的农村最低生活保障试点政策相比，主要发生了六方面变化：

一是在保障对象与范围方面。与 1999 年的试点政策相比，2006 年的政策在保障对象与范围方面除了对户口与收入两项基本要求没有发生变化外，其他方面都做了重大调整。具体体现在三方面：第一，取消了对农村最低生活保障重点保障范围的限制。试点政策将农村最低生活保障对象限制在三类人员上即无生活来源、无劳动能力、无法定赡养人或抚养人的村民；长期靠救济的老年人、残疾人和未成年人；军烈属户、五保户和特困户“三户”的各种收入低于县农村最低生活保障标准的村民。这三类人员，除了军烈属外，其他人员属于农村五保供养户。唯一与农村五保供养政策不同的是，当时农村最低生活保障试点政策把极少数的农村军烈属纳入了保障范围。2006 年S县新出台的农村最低生活保障政策取消了这些限制，主要按照农村收入与户口两个主要因素考虑农村最低生活保障待遇给付，凡是低于农村最低生活保障标准的农村贫困群体都可以纳入农村最低生活保障范围。同时，为解决农村五保供养对象待遇高于农村最低生活保障对象问题，S县又在同年以人民政府名义出台了《S县农村五保人员供养管理办法》（鄯政发［2006］58号），正式按照国务院新出台的《农村五保供养工作条例》

精神与要求，明确了农村五保供养对象、供养标准、供养内容、供养形式、监督管理与法律责任等政策内容[①]。农村最低生活保障与农村五保供养政策的同时出台，标志着农村最低生活保障与农村五保政策完全脱钩。正是这种脱钩使2007年S县的农村最低生活保障人数与户数出现了重大变化。第二，明确了不纳入农村最低生活保障范围的人员种类。2006年S县出台的农村最低生活保障政策规定了14种共7方面虽然年人均收入低于最低生活保障线但由于种种原因不能纳入农村最低生活保障范围的人员。这些规定是1999年S县的农村最低生活保障试点政策中没有包含的。作出这些规定，实质上是将以收入定补助的农村最低生活保障政策加上了以非收入定补助的因素，是对收入定补助政策的重大突破。非收入因素主要体现在财产与行为两方面。将财产因素与行为因素纳入最低生活保障政策目标定位考虑范围，相对于1999年的农村最低生活保障试点政策来讲，无疑考虑问题的角度复杂了，多样了。这也从另一角度说明，在农村最低生活保障目标定位方法方面，除家计收入调查外，还考虑到了属性需求、诊断性分析与补偿等多种方法的共同使用。多种方法的使用，对提高农村最低生活保障目标定位政策的准确性、全面性具有重大作用。第三，确定了享受农村最低生活保障待遇对象的优先次序。2006年S县出台的农村最低生活保障政策将独生子女户、双女户家庭与优抚对象和残疾人纳入了农村最低生活保障制度优先保障范围。独生子女户、双女户与优抚对象家庭是由于响应国家号召、执行国家政策出现的非自然的特殊家庭，是对共和国的政令统一、社会稳定与国家安全作出过重大贡献与牺牲的家庭。这些家庭由于缺乏劳动力导致生活出现困难，基于补偿原则优先将其纳入农村最低生活保障范围，是对城市最低生活保障政策相关内容的丰富与发展。同样，残疾人作为国家的一个独特群体，有着与一般群体不一样的需求与困难。由于特殊心理与肢体需要，在农村最低生活保障政策中将残疾人纳入优先保障范围，也是国家以人为本执政理念的具体落实。如果说，将财产与行为因素纳入农村最低生活保障政策考虑范围是对以收入定补助政策的第一次突破的话，那么将支持与维护国家政策人员以及有特殊需求人员纳入优先保障范围则是对以收入定补助政策的第二次突破，是对第一次突破的进一步深化。对农村贫困群体进行分类照顾、对农村最低生活保障对象实行限制（财产限制与行为限制）与鼓

① 这标志着S县农村五保供养政策正式登台亮相。尽管全国农村五保供养已经实施了50年，但S县的农村五保供养却终于在实施了50年后上升为政策。虽然时间晚了，但毕竟将政策建立了。一年内出台两项重大的农村社会救助政策，在S县的社会救助史应该是一个里程碑式的重大事件。

励政策（优先次序），是对农村最低生活保障目标定位政策的进一步发展，是农村最低生活保障瞄准机制的进一步完善，是对国家总体社会政策的一种维护，也是对各种社会政策之间的有机联系进行统筹考虑的具体体现。

二是在保障标准与方式方面。在农村最低生活保障方式上，S 县从 1999 年到 2006 年，一直实行的是现金保障方式。每月一次由农村最低生活保障户向乡镇领取或者从邮局与银行领取最低生活保障资金。最大的变化是在农村最低生活保障标准的调整与提高上。S 县 1999 年开展农村最低生活保障试点时，当年农村最低生活保障标准为 101.8 元。2007 年的农村最低生活保障标准相当于 1999 年的 5.53 倍。

三是在保障对象家庭收入核算方面。1999 年 S 县的农村最低生活保障试点政策对农村最低生活保障对象家庭收入核算规定很简单，只对调查农村最低生活保障对象的家庭人口、健康状况、劳动能力、经济收入、困难程度提出了相关要求与指标，具体调查方式、方法，政策规定不具体、不明确。2006 年 S 县新出台的农村最低生活保障政策，对这一方面的规定具体多了。第一，细化了家庭收入种类和计算方法。将农村家庭人均纯收入分为种植业收入、养殖业收入、劳务收入以及转移性收入四大类。每一类又进行了细分。如将种植业收入分为农作物与经济作物。对其中的每种作物都规定了统一的计算标准。如葡萄每亩 2200 元/年，棉花每亩 1092 元/年，小麦每亩 504 元/年，瓜每亩 1600 元/年等。第二，对于一些城乡结合部进行市场经营的农民，规定了相应的收入计算方法。对在市场、夜市等从事经营工作的人员，由市场管理部门（工商、税务）证明其收入。若无法证明的，有市场固定摊位、每天营业时间在 8 小时以上的，每位从业人员的收入按 S 县职工最低工资收入计算（每月 280 元）；无固定摊位、每天工作时间在 7 小时以下的，按农村最低生活保障标准计算。第三，明确了不应该纳入家庭收入核算范围的收入项目。主要将优抚对象的抚恤金、补助金、护理费、保健金；义务兵的津贴费和退伍费；工伤人员的护理费、补助金；因公死亡人员及其家属享受的一次性抚恤金、丧葬费等收入不计入家庭收入核算范围。将这些收入不纳入家庭收入计算范围，是优抚保障等国家奖励政策在农村最低生活保障政策中的具体表现与进一步落实，也是继目标定位中将优抚对象定为优先保障对象后对优抚对象待遇的进一步优惠，是农村最低生活保障政策的进一步细化。

四是在保障资金筹集与管理方面。1999 年 S 县出台的农村最低生活保障试点政策规定农村最低生活保障资金实行分级、分比例承担。具体规定由县、镇、村三级负担，县财政负担 50%；镇、村负担 50%。镇、村分担的比例由各镇确定。鉴于2000年国家逐步实行农村税费改革，特别是取消农业税后乡村财力被大幅度削弱的现实，2006年S县新出台的农村最低生活保障政策取消了村与乡镇负担的农村最低生活保障资金，将农村最低生活保障资金由县、乡（镇）与村三级分担改变成一级承担即完全由县人民政府财政承担。具体由县最低生活保障办公室每年10月份提出下一年度全县农村最低生活保障资金用款计划，县财政局审核后列入下一年度财政预算；县最低生活保障办公室负责发放最低生活保障资金，将资金按月拨付各乡（镇）人民政府；各乡（镇）人民政府对农村最低生活保障资金实行专户管理、专款专用，严禁克扣、挪用、拖欠；县民政局和财政局每年对最低生活保障资金使用和发放情况进行检查，县审计部门定期进行审计。农村最低生活保障资金筹集格局的变化，克服了导致原来农村最低生活保障标准多年不变且水平偏低的主要原因。如果说，2006年S县出台的农村最低生活保障政策与1999年出台的农村最低生活保障试点政策有什么实质性变化的话，那么，在筹资渠道与格局上的变化是一种最大的变化。这是一种实质的变化。通过农村最低生活保障资金筹集渠道的调整与变更，终于确立了政府作为农村最低生活保障制度责任主体的地位与角色。

五是在奖惩机制方面。1999年S县出台的农村最低生活保障政策，主要考虑的是试点和制度建设问题，还没有把农村最低生活保障作为一项长期的事业来看待，还没有考虑到奖惩问题。2006年S县出台的农村最低生活保障政策，已经从长期建制的角度将奖惩问题纳入了制度建设范畴。S县在新出台的农村最低生活保障政策中规定，对在最低生活保障工作中作出突出贡献的单位和个人由县人民政府给予表彰和奖励，对在农村最低生活保障工作中玩忽职守、违反原则、以公谋私造成不良后果的，则要追究当事人和主管领导的责任的规定。作出这些规定，既是对农村最低生活保障管理环节的一个完善，也是对农村最低生活保障工作的一种重视与关心。

六是加强了分类施救力度。S县在出台农村最低生活保障实施办法的同时，针对已享受农村居民最低生活保障待遇中的重病、重残及特困家庭，重点提出了《S县农村最低生活保障分类施保实施方案》。《方案》将农村最低生活保障对象分为A、B、C、D、E五类：A类：患大病且常年卧床不起，有精神病、慢性病（如糖尿病、高血压）的家庭，按病人数量每人每月在原保障标准上增加50元；B类：因子女考入大学造成生活困难的家庭，每月每人在原保障标准上增加45元。C类：丧失和部分丧失劳动能力的残疾人家庭，指持有《残疾证》，残疾等级一、二级的，每月每户在原保障标准上增加40元；D类：生活特别困难的重点优抚对象家庭，每月每户在原保障标准上增加 35 元。E 类：系孤儿、单亲家庭，每月每户在原保障标准上增加 30 元（分类施保对象同时符合两项以上条件者，不重复计算，按补助最高的一项计算）。这种分类救助办法，进一步增强了农村最低生活保障政策的针对性与目标定位政策的合理性。

其实，与 1999 年出台的农村最低生活保障试点政策相比，2006 年 S 县出台的农村最低生活保障制度新增加的政策内容远远不止六个方面。除以上六方面内容外，还有动态管理等内容。总体讲，2006 年出台的农村最低生活保障政策，无论从政策的完整性、制度的全面性还是保障的标准与水平等方面都有了很大进步。这些进步表明，S 县的农村最低生活保障制度建设已经走过试点探索阶段，进入了一个全面建制、规范管理的新阶段。

6.4　制度效果分析

6.4.1　统计效果分析

从 1999 年 S 县开展农村最低生活保障制度试点至今，已走过近 9 个年头。经过 9 年的发展，农村最低生活保障制度已经成为一项解决当地贫困农民生活问题的主要制度安排和必不可少的社会政策。到 2007 年底，共支出农村最低生活保障资金 139.3630 万元，1880 户 6022 人贫困农民纳入保障范围。

表 38　S 县 2007 年农村最低生活保障统计

<table>
<tr><td rowspan="14">保障对象</td><td colspan="2">最低生活保障户数</td><td>1880</td><td rowspan="14">备注：S 县农业人口共有 16.25 万人。</td></tr>
<tr><td colspan="2">最低生活保障人数</td><td>6022</td></tr>
<tr><td rowspan="5">社会特征</td><td>老年人</td><td>889</td></tr>
<tr><td>残疾人</td><td>2536</td></tr>
<tr><td>孤儿</td><td>9</td></tr>
<tr><td>优抚对象</td><td>25</td></tr>
<tr><td>其他</td><td>2563</td></tr>
<tr><td rowspan="5">其中</td><td>因病致贫</td><td>1503</td></tr>
<tr><td>因残致贫</td><td>2536</td></tr>
<tr><td>因年老体弱致贫</td><td>889</td></tr>
<tr><td>因无劳动力致贫</td><td>890</td></tr>
<tr><td>因自然条件恶劣致贫</td><td>204</td></tr>
</table>

续表

1—12 月最低生活保障资金累计支出（万元）	139.3630	
本月最低生活保障资金支出（万元）	17.7031	
当月人均补差额（元）	29.39	
年最低生活保障标准（元）	1100	

资料来源：S 县农村最低生活保障统计报表。

表 38 显示：

（1）在 2007 年 S 县的保障人数中，老年人 889 人，占 14.8%；残疾人 2536 人，占 42.1%；孤儿 9 人，占 1.5%；优抚对象 25 人，占 4.2%；其他 2563 人，占 42.7%。其中，因病致贫 1503 人，占 25%；因残致贫 2536 人，占 42.1%；因年老体弱致贫 889 人，占 14.8%；因无劳动力致贫 890 人，占 14.8%；因自然条件恶劣致贫 204 人，占 3.4%。个人与家庭因病、因残致贫（两项原因占总致贫人口的 67.1%），已成为农村贫困的主要因素。

（2）S 县 2007 年的农村最低生活保障标准是 1100 元，相当于全国农村平均最低生活保障标准（1032 元）的 106.6%，相当于当年新疆维吾尔自治区农村最低生活保障标准（年人均 700 元）的 157.1%。2007 年 S 县农牧民人均纯收入是 4631 元。S 县农村最低生活保障标准相当于当年农牧民人均纯收入的 23.8%，相当于全国农村居民人均纯收入（4140 元）的 26.6%。从历史角度看，1999 年 S 县的农村最低生活保障标准为 101.8 元，当年农牧民人均纯收入为 2348 元。农村最低生活保障标准相当于农民年人均纯收入的 4.3%。比较 1999 年和 2007 年的农村最低生活保障标准，农村最低生活保障标准的提高幅度远远高于农牧民年人均纯收入的增长幅度①。

（3）2007 年 S 县的农村最低生活保障月人均补差为 29.39 元。这个补差水平低于全国同期月人均补差 30.8 元的水平（相当于全国补差水平的 97.7%），但高于新疆维吾尔自治区月人均补差 23.06 元的水平（相当于新疆维吾尔自治区平均水平的 127.5%）。

（4）2007 年将 1100 元以下农村贫困人口全部纳入保障范围，在 S 县的历史上第一次解决了绝对贫困人口（年人均纯收入 693 元以下农村贫困人口）与 958 元以下相对农村贫困人口的基本生活问题。

① S 县 2007 年农牧民年人均纯收入相当于 1999 年农牧民人均纯收入的 1.97 倍。

6.4.2　深度访谈分析

为全面了解 S 县农村最低生活保障制度实施情况，尤其是农村最低生活保障制度实施的社会影响，针对 S 县农村最低生活保障制度运行中的一些问题，我们与 41 户（人）不同类别的农村居民与民政干部职工进行了深度访谈。访谈情况见表 39。

表 39　S 县农村最低生活保障制度访谈情况汇总

	问题	调查情况
最低生活保障户 13 户	1. 贫困原因	10 户因病、3 户有智障
	2. 最低生活保障制度了解途径	12 户村干部宣传知道的、1 户听收音机知道的
	3. 最低生活保障申领程序	10 户不清楚、2 户不太清楚、1 户清楚
	4. 制度是否透明	13 户透明，怎么透明不清楚
	5. 是否愿意申领最低生活保障	13 户都愿意
	6. 存在问题	13 户无
	7. 最低生活保障制度评价	13 户好
农村居民 14 户	1. 最低生活保障制度了解途径	12 户村干部宣传、1 户看电视知道、1 户不知道
	2. 最低生活保障申领程序	10 户不清楚、4 户知道申领程序
	3. 制度是否透明	8 户认为透明、4 户不太清楚、2 户没有意见
	4. 是否愿意申领最低生活保障	9 户愿意申请、3 户没有想过、1 户不好意思、1 户不知道
	5. 存在问题	11 户无问题、2 户补助的钱少了点、1 户不知道
	6. 最低生活保障制度评价	9 户认为好、4 户无意见、1 户不知道
民政干部 14 人	1. 工作岗位	4 名最低生活保障干部、3 名救助干部；社团、双拥、老龄行政各 1 名、4 名乡民政干事身兼残联工作
	2. 最低生活保障成绩	困难群众得到生活保障，由过去的临时救助形成了稳定救助（8 名）。其他不清楚
	3. 最低生活保障制度存在问题	问题：工作量大、人少、保障标准低、制度不规范（3 名），其他人不太清楚
	4. 最低生活保障制度总体评价	10 名说好、4 名没有评价
	5. 最低生活保障制度需改进的地方	1. 工作人员、经费少、标准低；2. 上级补助加大；3. 配备必备电脑；4. 提高救助标准；5. 加强规范化建设；6. 简化申请程序

表 39 显示：

1. 最低生活保障户对农村最低生活保障制度的评价。访谈了 13 户农村最低生活保障对象，占总访谈对象（41 户、人）的 31.8%。共访谈了七方面问题：(1) 关于致贫原因。访谈对象全部为因病、因残家庭或人员。其中 10 户是因病致贫的，3户是因为大脑有些智障，缺乏正常劳动能力致贫。（2）关于对最低生活保障制度的了解途径。12户认为是从村干部宣传知道的，1户说是听收音机知道的。对制度的知晓率为100%。在农村最低生活保障户了解制度渠道方面，村干部的宣传作用占92.3%，收音机的作用为7.7%。这些村民所在村平时也有宣传栏，而且离宣传栏很近，但宣传栏对农村最低生活保障户起的作用远不如村干部的宣传与收音机的作用大。这些最低生活保障对象平常基本不看宣传栏，即使偶尔去也由于识字不多，看不懂政策内容。看来对农村社会政策的宣传要结合宣传对象的素质，因人、因村而异。（3）关于最低生活保障申领程序。有10户认为不清楚，有2户说是不太清楚，知道一点，只有1户比较清楚。不清楚率为76.9%。（4）关于制度是否透明。13户最低生活保障户都说制度透明。但深入问怎么透明，却又说不清楚。这个问题与前面的问题是一致的。对制度不清楚，不可能谈出制度究竟如何透明。因此，对制度的了解也就仅限于知道有最低生活保障制度，但制度包括的具体内容却并不清楚、并不明白。（5）关于是否愿意领取最低生活保障金。13户最低生活保障户一致同意领取最低生活保障金。愿意领取率100%。最低生活保障资金本身意味什么，这些最低生活保障户并不深究。（6）关于存在问题。13户最低生活保障对象认为不存在什么问题，认可率100%。（7）关于对最低生活保障制度的评价。13户最低生活保障对象认为农村最低生活保障制度很好。至于怎么好，最低生活保障家庭讲不出来。100%的最低生活保障对象对最低生活保障制度满意。最低生活保障对象回答问题很干脆，要么清楚，要么根本回答不了，对事物的判断往往是直接的、感受性的，缺乏思考与提炼。

2. 农村居民对最低生活保障制度的评价。访谈了14户农村普通居民，占总访谈对象（41户、人）的34.1%。对这些普通居民的访谈与对农村最低生活保障对象的访谈内容差不多，只少了致贫原因方面内容，其他一致。在访谈中，我们了解到：（1）关于对最低生活保障制度的了解途径。有12户农村居民说是从村干部宣传知道的，1户从看电视知道的，1户不知道。其中，村干部的宣传作用为85.7%，电视的作用占7.1%。访谈居民对制度的知晓率为92.9%。（2）关于最低生活保障申领程序。有10户不清楚，有4户清楚。不清楚率占71.4%，清楚率为28.6%。（3）关于制度是否透明。8户村民认为制度比较透明，4户不太清楚、2户没有意见。制度透明率为57.1%。（4）关于是否愿意申领最低生活保障。在14户农村村民中，有9户愿意申请最低生活保障，3户没有想过，1户不好意思，1户不知道。有64.3%普通村民愿意领取最低生活保障。7.1%的普通居民因为面子问题不愿意领取最低生活保障。看来农村最低生活保障并不像一些国际文献所说的那样因为耻辱感问题而不愿意领取或者影响最低生活保障领取率。(5) 关于存在问题。有11户村民认为不存在问题，有2户村民认为补助的钱少了点，1户不知道。不存在问题，也就是认可率。对农村最低生活保障的认可率为78.6%，基本认可（但认为补助少了点）率14.3%。基本认可率以上村民为92.9%。(6) 关于对最低生活保障制度评价。有9户村民认为好，4户表达没意见，1户不知道。这个评价与前面的评价比较一致。如果说，前面是从问题角度评价最低生活保障制度的话，那么这里则是从正面角度对最低生活保障制度的评价。尽管直接说好的只占64.3%，但有4户村民明确表示没有意见。这也可以认为肯定了最低生活保障制度。因为这些表明没有意见的村民也包括两户认为最低生活保障补助少了点的村民和认为制度不存在问题的村民。从这个角度看，农村村民对最低生活保障制度的满意率在92.9%以上。

3. 民政干部对最低生活保障制度的评价。访谈了14位民政干部，包括4名最低生活保障干部、2名救助干部；各1名社团、双拥、老龄行政干部，2名乡民政干事（兼残联工作）。这些干部分布在乡政府与县民政局两个层次。尽管从大范围讲，这些人员都属于民政干部，但由于工作在不同层级、不同岗位上，对最低生活保障制度的熟悉程度不一，基本上可以反映社会普通公民对农村最低生活保障制度的认知。访谈的民政干部占总访谈对象（41户、人）的34.1%。对这些干部，主要访谈了四方面问题：(1) 关于最低生活保障成绩。有8位干部认为最低生活保障制度实施以来，主要有取得了两方面成绩：一是困难群众生活得到了保障；二是规范了救助制度。对农村村民的救济由过去的临时救助变成了稳定救助。对制度的认可率为57.1%。(2) 关于存在问题。有3名干部认为最低生活保障制度实施主要存在四方面问题：一是最低生活保障工作量大；二是工作人员人少；三是保障标准低；四是制度不太规范。21.4%的干部认为存在问题。(3) 关于对最低生活保障制度的总体评价。有10名干部对农村最低生活保障制度总体评价好，4名没有评价。对最低生活保障制度的肯定比例占71.4%。(4) 需要改进的地方。这些访谈对象主要认为最低生活保障制度存在六方面需要改进的地方：一是工作人员少、工作经费少；二是进一步加大上级补助；三是改善工作条件（配备电脑）；四是提高救助标准；五是加强规范化建设；六是进一步简化申请程序。

从最低生活保障对象、普通村民与民政干部三方面人员对S县农村最低生活保障制度的评价可以看出：(1) 农村最低生活保障得到了绝大多数人员的认可。在最低生活保障对象、普通村民与民政干部三类对象中，对最低生活保障制度的认可率分别为100%、92.9%与71.4%。虽然认可率呈下降态势，但总的认可率还是在70%以上。(2) 三类不同对象对最低生活保障制度知晓率都在70%以上。对制度的具体细节不太清楚。特别表现在最低生活保障对象与普通村民方面。(3) 村干部在宣传农村最低生活保障制度方面起到了主体与关键作用。90%以上的最低生活保障对象与普通村民都是从村干部宣传中了解最低生活保障制度。收音机与电视机有一定作用，但作用不大。对于广大村民，特别是文化程度较低的农村贫困户来讲，村里的政策宣传栏基本发挥不了作用。在访谈中也发现，三方面人员共同关心的问题，目前没有。有一方面问题受到了农村村民与民政干部的关心，即农村最低生活保障标准偏低问题。其他方面的问题可归结为三方面：一是工作人员与条件问题。即最低生活保障能力建设的问题。二是规范制度管理问题。既包括简化申请程序，也包括规范有些管理环节。三是加大上级补助资金支持问题。

6.4.3 存在问题分析

结合调查了解与深度访谈结果，我们认为农村最低生活保障制度在保障贫困群体基本生活，规范农村社会救助管理的同时，也存在一些亟待解决的问题。这些问题集中体现在三方面：

一是保障标准充足性问题。从表40可以看出，S县2006年的基本食物消费支出为1226.9元。S县农村最低生活保障标准为1100元，只相当于当年S县食物消费支出的89.7%。从这个角度看，S县的农村最低生活保障标准连居民最基本的吃饭问题都难以解决，更谈不上满足穿衣、住房等其他生活需要。从表41可以看出，S县农村最低生活保障标准仅相当于城市最低生活保障标准的70.5%。农村最低生活保障标准与农村居民人均纯收入相比较，S县的农村最低生活保障标准仅相当于2007年农村居民人均纯收入的23.8%。由于保障标准直接决定受益群体覆盖面，S县相对较低的保障标准也影响了最低生活保障制度覆盖范围。

表40　S县2006年农村居民基本食物消费支出与最低生活保障标准的比较

名称	农村住户生活消费总支出（元）	农村居民恩格尔系数	基本的食物消费支出（元）	农村最低生活保障标准（元）	两者之比
新疆区	2032	39.90%	810.7		
S县	2880	42.60%	1226.9	1100	89.7%

资料来源：《S县2007年城市、农村最低生活保障季报表》、《S县年鉴——2007》。

表41 S县农村最低生活保障标准与城市标准和农村居民收入比较

城市最低生活保障标准（元）	农村最低生活保障标准（元）	农村与城市标准之比	农村居民人均纯收入（元）	农村最低生活保障标准与居民收入之比
1560	1100	70.5%	4631	23.8%

资料来源：《S县2007年城市、农村最低生活保障季报表》；《S县年鉴——2007》。

二是保障措施落实问题。要落实农村最低生活保障制度，其关键与核心是家庭收入核算。家庭收入核算准确与否既影响保障对象与范围，也决定最低生活保障实际补差水平。在S县的家庭收入核算中，最大问题是存在虚拟收入问题。首先，存在虚拟计算农作物的产值与产量。特别在计算农作物和经济作物时，全县统一按照葡萄每亩2200元/年，棉花每亩1092元/年，小麦每亩504元/年，瓜每亩1600元/年计算，不管投入情况与不同土地的肥瘠情况。由于不同土地的肥瘠程度不同，产出也有很大差别。同时，对同一土地投入不同，管理科学化程度不同，也会导致产量上的重大差别。由于农村贫困人口劳动力少、可支配资金少、文化程度相对较低等因素影响，其农业产出一般要低于其他农村居民的产出。在这种情况下，按照统一标准计算农作物与经济作物的产值与产量，有可能估高农村贫困人口的产值与收入。其次，存在虚拟计算在市场、夜市等从事经营工作的人员收入。对于这些人员的收入，S县规定由市场管理部门（工商、税务）按照一般人员的经营收入证明其收入。若无法证明的，有市场固定摊位、每天营业时间在8小时以上的，每位从业人员的收入按县职工最低工资收入计算（每月280元）；无固定摊位、每天工作时间在7小时以下的，按最低生活保障标准计算。用这种方法计算农村最低生活保障对象收入，将出现与计算农作物产值、产量导致虚拟收入一样的问题。

三是组织管理薄弱问题。农村最低生活保障目标定位以及服务递送有赖于一个完整、正规的组织体系。但就目前来讲，S县农村最低生活保障组织建设还比较滞后。具体来讲，一是组织不太健全。S县仅在县一级设立了专门机构，乡镇、村没有专门机构负责。由于农村最低生活保障工作涉及面广，S县的1880户、6022人农村最低生活保障对象分布在方圆3万平方公里的辖区范围内，对象分散。无论从管理广度还是深度上，都比城市最低生活保障困难得多。如果在乡镇没有专门的机构从事农村最低生活保障工作，势必影响工作开展。二是人员缺乏。据2007年底统计，S县专职从事农村最低生活保障的工作人员有4人，其中公务员编制2人，事业编制2人；兼职从事农村最低生活保障的工作人员有6人，平均每个乡镇只有1名最低生活保障工作干事。平均每名最低生活保障工作人员除承担602名最低生活保障对象的申请、审批、收入核查和资金发放工作，还要承担文教、卫生、残联、老龄、计生、科协、宗教、侨台等工作。这些人员常年处于超负荷运转状态。由于不少工作人员没有接受过专业培训，对农村最低生活保障政策一知半解，在掌握政策界限、熟练操作程序等方面存在不足，难以真正做到健全制度、规范操作、促进公开。三是办公经费短缺，工作条件简陋。据统计，到2007年底，S县全年用于农村最低生活保障的专项工作经费为8万元，办公电脑1台。这些费用难以足够支持农村最低生活保障日常工作开展。由于农村最低生活保障工作目前还处在完善阶段，需要基层民政干部做大量入户调查工作，没有工作经费与手段作保障，难以对管理质量提出更高要求，一定程度阻碍了农村最低生活保障制度规范化发展。

第 7 章 M 县农村最低生活保障制度建立过程与实施效果分析

新疆维吾尔自治区先后于 1998 年和 2005 年安排两批农村最低生活保障制度试点。M 县是 1998 年被确定的第一批农村最低生活保障制度试点县之一。要了解 M 县农村最低生活保障制度过程，必须从 1998 年开展的试点工作开始。

7.1 制度背景分析

M 县（旧称绥来县，1954 年 2 月 1 日改为 M 县）现属昌吉回族自治州，地处新疆腹地、准噶尔盆地西南缘，全县形似梯状屹立，东拥塔西河，西环 M 河，与塔城、伊宁呈三足鼎立，素有乌鲁木齐“西大门”之称。境内地势南高北低，有“一山一盆倚两河，中间夹块大平原”之说，总面积 1.1067 万平方公里。全县下辖 6 个镇、3 个乡、3 个民族乡。作为一项治理农村贫困的重要制度，要了解 M 县的农村最低生活保障，首先要了解 20 世纪 90 年代 M 县的农村贫困状况。

7.1.1 农村贫困特点

1949 年 12 月 3 日，M 县和平解放①。经过几十年的社会主义建设与改造，特别是在 20 世纪 80 年代实行家庭联产承包责任制以后，极大地调动了广大农民的生产积极性，也大大降低了农村贫困发生率。20 世纪 80 年代后，农村贫困发生率一直呈下降趋势。M 县的农村贫困人口情况见表 42、表 43、表 44、表 45。

① 1949 年 12 月 3 日，中国人民解放军第十七师五十一团开进绥来县。《中国共产党 M 县简史》，新疆大学出版社，2001 年 5 月，第 4 页。

表 42　M 县 1998—2000 年农村贫困人口状况（单位：人、%）

年份	人口总数	农村总人口	贫困户数	合计	致贫原因				农村人口占总人口比例	贫困人口数占农村人口比例
					因残因缺劳力致贫家庭人数	因病致贫家庭人数	因灾致贫家庭人数	其他		
1998	159366	110083	774	2580	1394	646	35	505	69	2.34
1999	161174	76496	502	1759	951	441	24	343	47.5	2.29
2000	170586	76767	416	1458	788	366	19	285	45	1.89

资料来源：由 M 县民政局提供①。

表 43　M 县历年农村贫困人口及贫困发生率（单位：年、人）②

年份	贫困人数	农村人口	贫困发生率
1980	11540	79356	14.54%
1981	11012	79542	13.84%
1982	9428	80121	11.77%
1983	3213	80458	3.99%
1984	3129	81008	3.86%
1985	2949	81038	3.64%
1986	3021	83245	3.63%
1987	2979	85325	3.49%
1988	2841	88563	3.21%
1989	1816	108879	1.67%
1990	1847	109225	1.69%
1991	1844	109059	1.69%
1992	1824	109188	1.67%
1993	1806	109108	1.66%

① 根据当年国家确定的农村绝对贫困标准确定。其中，1998 年的农村绝对贫困标准是年人均纯收入 635 元，1999 年与 2000 年为 625 元。

② 1980 年 M 县农村贫困发生率为 14.54%。M 县开始推行家庭联产承包责任制。家庭联产承包责任制的推行，极大地调动了广大农民的生产积极性，也大大降低了农村贫困发生率。1983 年全县农村贫困发生率由 1980 年的 14.54%下降到 3.99%。此后，农村贫困发生率一直呈下降趋势。1995 年至 1996 年，为申请撤县设市，M 县实施城镇化战略，将大部分农村人口转变为城镇人口。由于农村人口总量下降，尽管 1996 年农村贫困人口总量没有增加，但是农村贫困发生率却上升为 3.32%。

续表

年份	贫困人数	农村人口	贫困发生率
1994	1860	109493	1.70%
1995	1761	109493	1.61%
1996	1630	49158	3.32%
1997	1987	110583	1.80%
1998	2580	110083	2.34%
1999	1759	76496	2.29%
2000	1458	76767	1.89%
2001	1334	78288	1.70%
2002	1484	79260	1.87%
2003	1424	115400	1.23%
2004	1867	117800	1.58%
2005	2215	94400	2.35%
2006	2210	95200	2.32%
2007	2690	95200	2.83%

资料来源：根据 1980 年至 2007 年《新疆统计年鉴》、《M 县年鉴》、《M 县县志》以及历年来农村扶贫工作汇报、总结整理。

表 42、表 43 显示：

(1) 农村贫困人口总体规模越来越小。农村贫困人口从 1980 年的 11540 人，下降到 1998 年（农村最低生活保障试点）的 2580 人以及 2006 年（农村最低生活保障制度正式建立前）的 2210 人。与之相适应，农村贫困人口发生率也大大降低，由 1980 年的 14.54%下降到 1998 年的 2.34%、2000 年的 1.89%。

表 44　M 县农村贫困人数及致贫原因（单位：人、%）

致贫原因	致贫人数	贫困人员总数	所占比率
因残、因缺乏劳动力致贫	883	2690	32.83
因病致贫	830	2690	30.86
因灾致贫	362	2690	13.46
其他原因	615	2690	22.86
合计	2690	—	—

资料来源：根据 M 县 2007 年农村贫困人口统计表整理。

(2) 因病、因灾致贫比重越来越大。在和平解放和改革之前，经济制度是 M

县产生农村贫困的主要原因。由于受乌斯曼、贾尼木汗、尧乐博斯、乌拉孜拜等土匪武装叛乱的影响[①]，M 河西的大批难民涌入绥来（今 M）、景化（今呼图壁县）两县。其中，不少人终年流离失所，饥寒交迫。改革开放以后，制度性贫困的根基被消除。农村贫困的原因也从制度安排转向资源缺乏，转向家庭性与个体性问题的发生。表 42 显示，到 20 世纪 90 年代末期的 1998 年，因残和因缺乏劳动能力、因病、因灾以及其他原因致贫人员比例分别为 54%、25%、1.4%、39.6%；1999 年与 2000 年这几类致贫人员比例基本没有变化。到 2007 年，因残和因缺乏劳动能力、因病、因灾致贫的人员和其他原因比例分别为 32.83%、30.86%、13.46%、22.86%（表 44）。从 1998 年到 2007 年，致贫原因发生了很大变化，因残、因缺乏劳动能力致贫人口比例下降了 21.17%，因病、因灾致贫比例分别上升了 5.86%、12.06%。在 M 县的农村贫困人口中，文盲、半文盲的比例达到 47.77%，小学文化程度占到 26.8%，初中占到 15%，高中占 6.88%，大中专仅占 3.31%[②]。由于农村贫困人口受教育文化程度低，接受外界知识能力不足，难以掌握较高的专业技术能力，能力性贫困逐渐成为当代农民致贫的主要因素之一。

表 45　M 县 2007 年农村贫困人口分布情况（单位：人、%）

乡镇	贫困人口	人数比率
乐土驿镇	—	—
包家店镇	247	9.18
头工乡	153	5.69
试验站	52	1.93
广东地乡	64	2.38
兰州湾乡	24	0.89
凉州户镇	30	1.12
旱卡子滩	124	4.61
清水河乡	617	22.94

① 由于新疆和平解放，在社会大变革中不免泥沙俱下，鱼龙混杂，各地仍有少数顽固分子妄图依靠境外势力，用武装暴乱手段对抗新疆和平解放。主要有：1950 年 3 月—1951 年 9 月发生在昌吉、奇台、哈密等地的乌斯曼、尧乐博斯、贾尼木汗等为首的武装暴乱；1950 年 7—11 月，乌拉孜拜等人为响应乌斯曼暴乱，在绥来（今 M 县）、景化（今呼图壁县）、昌吉及乌鲁木齐南山一带组织的武装暴乱。暴乱产生了大批难民。《新疆维吾尔自治区地方志丛书——新疆通志民政志》，第 152 页，新疆人民出版社，1992 年 12 月。

② 根据 M 县 2007 年农村贫困人口调查整理。

续表

乡镇	贫困人口	人数比率
塔西河乡	1058	39.33
六户地镇	168	6.25
北五岔镇	153	5.69
合计	2690	—

资料来源：根据 M 县 2007 年农村贫困人口统计表整理。

(3) 农村贫困人口分布出现了集中与分散并列走势。表 45 显示，除乐土驿镇没有农村贫困人口外，其他乡镇如包家店镇（贫困人口占 9.18%）、六户地（贫困人口占 6.25%）、头工乡（贫困人口占 5.69%）、北五岔镇（贫困人口占 5.69%）、旱卡子滩（贫困人口占 4.61%）以及广东地乡、凉州户镇、兰州湾乡都存在不少贫困人口。其中，包家店镇距县城仅 9 公里，全镇水土资源丰富，有可耕地 34.20 万亩。2005 年，全镇实现国内生产总值 3.73 亿元，农牧民人均纯收入达到 7856 元①。六户地镇有耕地 20 万亩，已耕种 14 万亩，尚有 6 万亩亟待开发，是 M 县重要粮棉基地②。头工乡、北五岔镇、广东地乡、凉州户镇、兰州湾乡以种植粮棉、加工番茄和酿酒葡萄为主，农业经济比较发达。这些相对富裕的乡镇同样存在不少贫困人口。清水河乡、塔西河乡、包家店镇的农村贫困人口分别占了全县农村贫困人口的 22.94%、39.33%、9.18%。尤其是清水河与塔西河两个乡的贫困人口占了全县农村贫困人口的一半以上（62.27%）。这些乡镇主要是牧业乡镇。资源匮乏、环境恶劣是这些乡镇的共同特点。农村贫困人口呈局部集中与插花式扩散分布态势明显。

7.1.2 农村贫困治理

为应对 20 世纪 90 年代以来的农村贫困问题，M 县委、县人民政府从经济发展、扶贫开发与社会保障三方面进行综合治理。

7.1.2.1 经济发展与农村贫困

M 是农业大县。改革开放之初，M 县解决农村贫困问题的主要手段是体制改革。早在 1979 年，凉州户公社开始试点“五定一奖”责任制，其他社队也自发试办“小段包工”、“定额计酬”等农业生产责任制。1979 年 9 月，十一届四

① 《M 县年鉴》，内部资料，2006 年 12 月，第 295 页。

② 《M 县年鉴》，内部资料，2006 年 12 月，第 312 页。

中全会通过了《关于加快农业发展若干问题的决定》后，M 县委进一步加快推行和完善农牧业生产责任制步伐。在牧区实行了“四定一奖”和“包群到户”两种责任制。1984 年，为广泛推行农牧业生产责任制，县委作出了《关于联产承包责任制若干问题的规定》，具体明确了农村推行家庭联产承包责任制中存在的种种关系与政策。生产责任制的推行，打破了 M 县农业生产长期停滞不前的局面，促进了农业从自给半自给经济向较大规模的商品经济转化，从传统农业向现代农业转型①。进入 20 世纪 90 年代后，M 县委、县人民政府从已经形成的资源优势出发，把发展农村经济的路子定在发展棉花、番茄上，把发展农村经济的重点放在农业产业化链条培育发展上。在 1998 年召开的县第十三届人民代表大会第一次会议上，县委、县政府提出了“大力发展农业、养殖业使农业生产继续在全疆保持领先地位；依托农业资源和矿产资源兴工业，带动二、三产业发展，实现农业大县向经济强县的跨越”的奋斗目标。1999 年召开的县第十三届人民代表大会第二次会议，进一步将全县工作重点定位在实施优势资源转换战略，强化农业产业链条上。2000 年召开的县第十三届人民代表大会第三次会议，进一步重申了以“加快优势资源开发，积极培育产业链条，推进以农富县、以工强县、以商活县、依法治县、科教兴县的进程为重点”的发展思路。2000 年以来，M 县农业经济得到了进一步发展。目前，M 县已经形成了产、供、销、加工一条龙服务的农业产业化链条，形成了棉花、加工番茄、酿酒葡萄、制种玉米等六大支柱性产业。农牧民人均纯收入由 1998 年的 4469 元增加到 2007 年的 8227 元②（表 46）。由于农业经济快速发展和农民人均纯收入稳定增长，农村贫困规模一直被控制在小规模、低水平发展。

表 46　M 县 1998—2000 年有关经济指标

	年份	绝对值（亿元）	在全疆排序	人均水平（元）	全疆排序
国内生产总值	1998 年	24	7	9600	3
	1999 年	24.5	7	15226	3
	2000 年	26.7	6	15682	4
地方财政收入	1998 年	0.6	14	383	5
	1999 年	0.64	14	401	4
	2000 年	0.73	10	428	4

① 《新疆维吾尔自治区地方志丛书——M 县县志》，新疆大学出版社，1993 年 4 月，第 165 页。
② 根据 M 县自 1997 年至 2006 年政府工作报告整理所得。

续表

	年份	绝对值（亿元）	在全疆排序	人均水平（元）	全疆排序
固定资产投资	1998 年	3	9	1903	5
	1999 年	2.7	12	1712	7
	2000 年	2.9	15	1737	9
农民人均纯收入	1998 年	—	—	4469	1
	1999 年	—	—	4158	1
	2000 年	—	—	4506	1
社会消费品零售额	1998 年	2.29	—	1436	—
	1999 年	3.08	—	1910	—
	2000 年	3.29	—	1928	—

资料来源：1998 年至 2000 年《新疆统计年鉴》，1999 年《M 县社会经济统计资料》①。

在农民纯收入中，农业产值的 80%以上来自种植业。每年农户 40%以上的增收来自棉花。在土地产出逐年增长、土地经济供给逐年增加的同时，M 县面临农业经济发展与农民收入提高难以持续问题：一是不合理开发利用行为严重破坏了土地可持续发展格局。20 世纪五六十年代曾发生过较为严重的毁草造田、毁林种田行为。进入 20 世纪 90 年代后，新开荒的土地每年超过 500～600 公顷。有的盲目乱垦后无法耕种，导致撂荒。绿洲边缘地区耕作粗放也引起土地沙化、荒漠化。耕地重用轻养，贫瘠化愈来愈严重。平原水库和部分鱼塘周围土壤次生盐渍化加剧。多数乡镇，包括沙漠边缘的六户地、北五岔镇仅有 1%～5%的森林覆盖率。2005 年林草灌溉面积仅占总灌溉面积的 13%。平原林场千余公顷人工林因地下水位下降枯死。二是水土流失造成耕地低产。据 M 县 2005 年调查，现耕地耕层土壤有机质含量平均已降到 1.12%，氮、磷等有机质含量也全面下降。据 1990 年农业后备资料调查，全县每公顷产 2250 公斤低产田、2250～4500 公斤的中产田占耕地（统计面积）的 28%；低产田占耕地面积的 67.53%；低产水面占可养殖水面的 56%；低产草场占可利用草场面积的 83%②。三是承包经营机制不完善影响了农民种田积极性。家庭联产承包责任制后，以农户为基础的生产经营体制促进了农业生产发展。由于土地承包期短，限制了农民对土地的长期投资行为。四是土地生产率持续后劲乏力。1995 年统计数字显示，全县每公顷

① 注明：表格中“—”符号表明：因统计资料中未对全区县市进行该项目的比较，因此无法进行全疆县域经济的排名。

② 《M 县土地志》，内部资料，2005 年 6 月，第 235 页。

耕地产粮 7.13 吨，产皮棉 1.28 吨。1998 年，每公顷耕地产粮 7.53 吨，产皮棉 1.69 吨[①]。这一单产指标，预示着农业发展需要较长时间和较多投入。这是由土地递减报酬规律趋势制约的。近十年来，M 县粮食单产增速一直在高位运行，最高年份的增产系数在 40%以上[②]。今后，如果没有新科技突破，要维持这样的高产将十分困难。这些因素的存在，严重制约了 M 县农业经济的可持续性，影响了经济发展对农村贫困的缓解作用。

7.1.2.2　扶贫开发与农村贫困

M 县比 S 县开展农村扶贫时间稍晚。从 1980 年下半年起，M 县将促进穷队转化工作列入重要议事日程，抽调了大量熟悉农村工作、事业心强、年富力强的干部到穷队蹲点。县民政部门下拨救济经费，用于扶持农村贫困户发展家庭副业，解决吃饭穿衣问题。到 1984 年底，相当一部分穷队和贫困户摘掉穷帽子。1984 年 4 月喀什会议之后，M 县也进一步加大了扶贫帮困力度。具体表现在五方面：第一，推行扶贫承包责任制。从 1984 年开始，全县实行各部门密切配合、分级负责包扶贫困户的办法。县政府每年度将脱贫户分解到每个单位、部门，由各单位进行帮扶，充分发挥县、乡、村三级承包网络作用。1986 年，扶贫帮困工作进一步发展，逐步形成了县级五套班子领导带头承包，县委、县政府各部委、办、局、县直事业单位集体承包，各乡、村党员、干部主动承包，定包扶人、定包扶对象、定物资、定技术的包扶贫困户工作格局。第二，建立农民互助储金会。从 1988 年开始探索建立以储金会为依托的农民互助模式，提出了以农民互助储金会为依托的救灾扶贫保障线和以农村敬老院为中心的五保供养保障线为中心开展扶贫工作的模式。第三，兴办经济实体。以摸底、调查、投入少量资金扶持发展生产。以头工乡楼南村经济实体为典型，充分发挥自身懂管理、有技术和土地优势，组织本村贫困户脱贫致富。第四，实行政策倾斜。在每年调整产业结构时，优先照顾“双扶”对象，包括在土地优劣、供水、技术、物资、信息等方面的服务，切实解决好农村贫困户产前、产中、产后等生产环节的困难与问题（表 47）。第五，建立流动畜群和扶贫周转金制度。为帮助贫困户脱贫，政府出资金购买牛、羊等，无偿提供贫困户脱贫，在贫困户基本脱贫后再收回给下一家贫困对象。扶贫周转金由集体提供（表 48、表 49、表 50），无利息借贷给被帮

① 《M 县年鉴》，内部资料，1998 年 12 月，第 223 页。

② 《M 县土地志》，内部资料，2005 年 6 月，第 236 页。

扶对象使用。在帮扶对象基本脱贫之后再将资金交给其他贫困户使用[①]。随着扶贫工作不断发展，到 20 世纪末，M 县农村贫困对象也逐步集中到自然条件比较差的牧区。从 1995 年始，全县根据中央“八七扶贫攻坚计划”开始启动扶贫攻坚工作。主要通过采取把贫困户牲畜承包给养殖专业大户代包管理，在承包总头数不变情况下，实行舍 3 留 7 的承包代牧方法，加快贫困牧民的牲畜发展，增加收入。同时，在扶贫政策上多向贫困家庭倾斜[②]。

经过几次大规模扶贫开发以后，扶贫工作的边际效益呈现出递减现象。特别是进入 21 世纪以来，M 县的农村贫困发生率一直在 1%～3%徘徊。从表 51 中可以看出，在 M 县存在每年扶贫、但年年有返贫人口出现的问题，其中第五次、第六次扶贫人数分别占扶贫总人数的 12.4%和 11.5%。这种情况说明有近 1/4 的人员无法使用传统扶贫方式脱贫，必须寻找针对性更强、效果更好的农村贫困治理方式。

表 47　M 县 1984—1989 年优惠减免提留情况（单位：万元）

年份	减免提留	减免农业税	减免水费	备注
1984	0.45	6.1061	—	—
1985	0.4160	4.153329	—	—
1986	0.3960	4.424441	1.6	—
1987	0.3840	—	2.2	—
1988	0.3680	5.427685	2.1	—
1989	0.3620	—	3	—

资料来源：M 县 1989 年民政业务统计报表。

表 48　M 县 1992 年扶贫周转金增减使用回收情况统计报表（单位：万元）

乡镇	资金活动情况					回收情况			效益情况		
	总数	上年总额	用于储金会	用于其他	库存资金	本年到期应收额	本年到期实收额	同意延期回收额	未到期资金	沉淀资金	扶持已脱贫户数
兰州湾	39	39	29	—	—	29	29	—	—	10	79
北五岔	15.4	15.4	12	—	1	13	13	—	—	2.4	130
六户地	6.9	6.9	1	—	5.6	6.6	6.6	—	—	0.3	115
广东地	11.2	11.2	1	1.2	8.1	10.3	8.9	1.4	—	0.9	130

① 根据 M 县 1987 年至 1993 年扶贫工作资料整理。
② 根据 M 县 1994 年至 2000 年扶贫工作文字资料整理。

续表

乡镇	资金活动情况					回收情况			效益情况		
	总数	上年总额	用于储金会	用于其他	库存资金	本年到期应收额	本年到期实收额	同意延期回收额	未到期资金	沉淀资金	扶持已脱贫户数
乐土驿	66.2	66.2	20	3.2	8	31.2	28	3.2	—	35	140
包家店	18	18	10	6.7	0.4	17.1	10	7.1	—	0.9	147
塔西河	52.57	52.57	21	19	5	37.59	37.59	—	7.4	7.57	124
头工	6.34	6.34	—	—	5.58	6.34	5.58	—	—	0.76	115
凉州户	4.23	4.23	3	—	0.65	3.65	3.65	—	—	0.58	60
旱卡子滩	19.6	19.6	—	7.2	4.78	12	4.78	7.2	—	7.6	—
清水河	34.85	34.85	11	7.1	12.68	23.68	23.68	—	7.1	4.07	123
实验站	0.5	0.5	—	—	—	0.5	—	—0.5	15		
合计	274.79	274.79	108	44.4	51.79	190.96	170.78	18.92	14.51	70.58	1178

资料来源：M县1992年农救业务统计报表。

表49　M县1984—1989年各年筹集扶贫资金情况（单位：万元）

年份	总资金	地方财政	民政	畜牧	农业
1984	14.5	1	10		3.5
1985	18.866261	1.1	17.766261		—
1986	26.162865	1.1	9.062865	14	2
1987	31.094672	1.2	15.894672	14	—
1988	58.833192	0.8	26.533192	25	6.5
1989	62.615122	0.2165	24.098622	38.3	—

资料来源：M县1989年民政业务统计报表。

表50　M县1984—1989年民政用于扶贫周转情况（单位：万元）

年份	扶贫周转资金	收回资金	无偿救济	备注
1984	1.608	0.7465	10	—
1985	4.92	2.185	17.766	—
1986	5.0066	3.18	9.062865	—
1987	6.3350	2.7620	15.894672	—
1988	6.4899	1.95	26.533192	—
1989	46.8599	17.9280	24.098622	—

资料来源：M县1989年民政业务统计报表。

表 51　M 县 1984—2005 年脱贫户（数）和扶贫次数

单位	扶一次		扶二次		扶三次		扶四次		扶五次		扶六次	
	户	人	户	人	户	人	户	人	户	人	户	人
凉州户	22	105	8	41	7	35	4	20	3	18	3	18
北五岔	41	170	29	155	9	45	8	42	7	36	6	31
头工	24	116	16	93	13	68	12	66	10	58	10	58
兰州湾	34	176	25	80	25	80	22	69	20	54	18	51
广东地	33	197	23	145	13	79	13	79	11	63	10	55
六户地	30	175	20	152	5	24	5	24	5	24	5	24
清水河	106	690	70	368	65	352	64	350	64	350	63	348
塔西河	109	705	89	514	83	492	77	455	75	449	72	371
乐土驿	74	380	33	204	29	149	28	147	27	142	27	142
实验站	3	12	2	10	1	5	1	7	1	7	1	7
包家店	77	415	39	215	27	142	24	111	22	101	22	101
合计	553	3141	354	1977	277	1471	258	1370	245	1302	237	1206

资料来源：M 县 1984 年至 2005 年民政业务统计表。

7.1.2.3　社会保障与农村贫困

在 M 县，解决农村贫困问题的社会保障制度包括两类：一类是以农村五保供养、农村医疗救助、农村最低生活保障、救灾救济为主体的农村社会救助制度；另一类是以农村合作医疗为主体的农村社会保险制度。

1. 农村特困户生活救济。M 县的农村特困户生活救济制度形成于和平解放初期。在这时期，M 县主要采取临时发放救济物资和救济款方式，帮助贫困农民应对灾荒与饥饿。M 县自 1956 年农业合作化后，农村特困户生活救济作为一种集体救济制度和常规性工作被固定下来。在救助常规化的同时，M 县在规范和创新农村特困户生活救助方式上作了艰辛探索。为进一步摸清救助底数，规范救助行为，1964 年 2 月 M 县民政部门在城关镇开展了一次很有意义的调查并于 1964 年 4 月 4 日提出了“镇公社和农村各人民公社要切实安排好社会救济户生活，在城镇目前暂无固定职业的救济对象，公社应帮助安排适当的工作或谋求其他正当的生活出路，以增加收入减少困难，对完全丧失劳动力或基本丧失劳动力以及子女多劳力少的生活困难户，应根据农村五保户、困难户的供给补助和城市社会救济工作要求，进行具体安排并及时供给补助，保证他们的正常生活"[①] 的要求。同时，规定社员救济款主要来自各生产队对公益金的提留，其数量不超过可分配总收入的2%～3%；对生活没有依靠的老、弱、孤、寡、残社员实行供给，对于生活困难者给予补助[②]。20世纪60年代开展的这项调查和在此基础上形成的社会救助政策，在M县社会救助史上第一次正式提出了分类救助问题、将集体救济与生产自救相结合问题、对贫困户的管理问题以及救助程序的民主评议方法问题、定期定量问题，对深化农村特困户生活救济和下一步出台相关政策具有非常重要的参考价值。改革开放后，M县在全面启动优抚对象定期定量补助基础上，从1982年起着手推行农村特困户定期定量生活救济工作，救济对象范围为农村贫困户和农村五保户，救济内容以现金为主，救济程序采取个人申请、村民（社员）大会评议、乡（镇）政府审批、张榜公布等方式。据统计，M县1980—1985年全县共救济6070户21168人，发放救济费269400元；1986—1990年，全县共救济1303户4914人，发放救济费184243元；1991—1995年，全县享受临时救济771户1312人，发放救济费86220元；1996—1998年，全县享受临时救济911户2026人，救济费338961元[③]（表52）。

表52　M县部分年份农村特困户生活救济情况表

年份	发放救济款		救济款（元）	年份	发放救济款		救济款（元）
	户数	人数			户数	人数	
1951	103	461	30000	1989	171	513	16253
1952	56	—	—	1990	180	360	12430
1956	175	527	2633	1991	151	296	10599
1959	399	1029	5090	1992	271	412	19280
1962	120	382	6213	1993	32	77	3641
1964	57	112	2182	1994	63	128	3800
1965	68	205	3124	1995	254	399	48900
1973	120	368	6245	1996	550	723	82500
1975	154	580	9000	1997	172	736	130860
1977	325	975	12140	1998	189	567	125601
1978	520	1560	15236	1999	205	615	145620
1980	3555	11521	76700	2000	215	708	18321

① 《M县人民委员会关于批转民政科在"城镇居民社会救济工作的调查报告"》（民社字第129号），1964年4月。

② 《M县农村社会救济费使用情况调查报告》，内部资料，1974年8月。

③ 根据M县1978年至1998年各年度工作总结整理。

续表

年份	发放救济款		救济款（元）	年份	发放救济款		救济款（元）
	户数	人数			户数	人数	
1981—1983	1672	8198	123100	2001	120	360	12356
1984	431	3213	46150	2002	109	327	13256
1985	412	1236	23450	2003	91	—	煤 253 吨
1986	408	1224	22950	2004	240	720	5630
1987	329	2109	34510	2005	665	2210	21000
1988	215	708	98100	—	—	—	—

资料来源：根据 M 县 1951 年至 2005 年民政业务统计表整理。

进入 20 世纪 90 年代，M 县没有按照新疆维吾尔自治区试点要求实施农村最低生活保障制度，仍然延续着农村特困户生活救济的定期定量做法。随着国家农村政策不断调整，特别是 2000 年国家开始实施农村税费改革后，乡镇财政收入减少、村集体公益金难以筹集，M 县的农村特困户生活救济陷入困境。2003 年 4 月，民政部下发《关于进一步做好农村特困户救济工作的通知》（民办发［2003］06 号），要求中西部地区对不能达到“五保”条件但生活极为困难的鳏寡孤独人员、丧失劳动能力的重残家庭及患有大病又缺乏自救能力的家庭，按照一定数额资金或实物标准，定期发放救济款物。按照上级部门要求，M 县进一步完善了农村特困户生活救助制度。主要做了三方面工作：一是开展了农村特困户摸底调查。2004 年按照本人申请、村委会评议、乡镇审核、县民政局审批的程序，基本摸清了全县特困家庭的基本情况，为建立农村最低生活保障制度奠定了基础。二是规范了资金管理。除一些有经济能力的村集体继续提供少量救助资金外，政府开始从财政列支救助资金。2004 年经县长办公会专题研究，每年由财政列支一定的救助经费，用于农村特困户生活救助。县民政、财政、审计部门定期检查核实救助资金到位情况。三是规范了档案管理。县民政局统一印制了《M 县农村特困户卡片》，分乡镇建立农村特困户生活救助对象家庭档案，实现一户一档，专柜存放，专人管理①。经过多年的探索与完善，M 县的农村特困户生活救助制度日益规范，基本具备了向农村最低生活保障过渡的制度基础。据统计，到 2005 年，M 县共救助农村特困户 1645 户、4940 人，发放救助款 216183 元。2006 年新疆维吾尔自治区人民政府决定进一步扩大农村最低生活保障制度试点

① 根据 M 县 2003 年、2004 年、2005 年民政工作总结整理。

范围后，M县的农村特困户生活救助制度于当年7月1日正式向农村最低生活保障制度过渡。

2. 农村五保供养。M县农村五保供养工作从1950年开始。这个时期的农村五保供养与农村特困户生活救济融在一起，没有分开。当时，对无依无靠的鳏、寡、孤、残人员的救济与其他困难人员一样，主要通过农村特困户生活救济方式予以解决。当时的供养标准为满16岁以上人员每人每月14～20斤面；3～15岁每人每月10～18斤（不满3岁者不计）[①]。在救济同时，政府广泛动员鳏、寡、孤、残人员参加一些力所能及的生产互助活动。这个时期的农村五保供养完全是分散供养方式。1957年在初级农业生产合作社向高级社转型过程中，M县的农村五保供养工作正式全面启动。当年，全县普查评定“五保户”73户73人，其中一保的17户、二保的15户、三保的13户、四保的14户、五保的14户[②]。1958年全县“五保户”为106户。之后，各公社相继建立农村敬老院4所，供养38人，集中供养率为36%。分散供养与集中供养并举。“五保户”的供养费用均纳入集体分配，确实过于困难者，民政部门发放救济款和衣物，实行临时救济。20世纪60年代初，各公社敬老院逐步撤销，农村“五保户”又改为分散供养，其所需费用从集体提留的公益金中支付[③]。1965年，全县评定的“五保户”为171户313人。从20世纪50年代后期到70年代末农村五保供养的大起大落中可以看出，虽然农村五保供养制度在20世纪50年代基本确立，但由于政治、意识形态与管理体制等因素干扰，这项制度一直没有得到很好发展。20世纪80年代以来，M县在对农村老、弱、孤、寡、残疾人员进行全面摸底排查基础上，重点落实、调整了农村五保供养政策：一是对符合政策规定的老、弱、孤、寡、残疾等人员，在吃饭、吃菜、穿盖、住房、治病、烧柴、用水、丧葬等方面作了全面安排；二是对供养对象采取群众义务照顾和生产队派专人照料相结合的办法。对身体还好、生活尚能自理的，建立群帮小组，由小组负责义务照顾，做到经常上门探望，帮助他们解决困难。对盲残、年老体弱、经常患病生活不能自理的，派专人照料，料理人由生产队给予适当报酬。由于1999年开始的农村最低生活保障试点没有真正实施起来，M县没有抓住机会将农村五保供养转型为农村最低生活保障，2006年以前，M县的农村五保供养一直保留农村集体福利性质。

① 《新疆维吾尔自治区地方志丛书——M县县志》，新疆大学出版社，1993年4月，第372页。

② 指农村集体经济组织中享受“保吃、保穿、保烧（燃料）、保教（儿童和少年）、保葬”。视不同情况，全保的为五保，保其中单项或几项的为一、二、三、四保。

③ 《M县1980年民政工作检查评比会议总结》，内部资料，1980年4月。

直到 2006 年国务院新的《农村五保供养工作条例》颁布实施后，M 县才按照新《农村五保供养工作条例》规定，对原有 121 名五保对象进行复查认定（新增五保户 84 人）；落实了五保供养金；提高了供养标准（标准提高到 2640 元）；建立了县乡两级五保供养档案。同时，对一些农村敬老院进行了改扩建。全县现有床位数达到 170 张，集中供养率 24%①（表 53）。尽管做了这些改进与完善，但由于刚刚建制，农村五保供养标准偏低、范围偏窄、未按标施保等问题仍然没有能够从根本上得到改观。M 县的农村五保供养年人均 2640 元的供养标准只相当于当年 M 县农民人均纯收入的 32%。这个标准仍然没有达到国务院颁布的新《农村五保供养工作条例》规定的农村五保供养标准不低于当地农村平均生活水平的标准（当年 M 县的农村村民平均生活水平为 3191 元②）。从表 53 可以看出，M 县农村五保供养 0.16%的比例远远低于全国同期的供养比例（0.68%）③，只相当于全国供养比例的 23.5%。许多本来应该纳入五保供养范围的农村“三无”人员对象被纳入了农村最低生活保障范围，五保对象供养标准也由农村村民的平均生活水平被人为降低到最低生活水平。

表 53 M 县部分年份五保户供养情况表

年份	五保户（户）	敬老院供养人数	开办敬老院的乡镇（个）	敬老院情况					分散供养	
				院数（个）	职工（人）	床位（张）	收养人数	其中老人（人）	户数	人数
1951—1959	122	129	3	4	12	40	20	20	122	129
1962	128	128	3	4	12	40	20	20	128	128
1964	131	131	3	4	12	40	25	25	131	131
1973	131	131	3	4	12	40	25	25	131	131
1977	142	142	3	4	12	40	35	35	142	142
1979	150	150	3	4	12	40	35	35	150	150
1986	158	176	3	4	12	40	35	135	120	138
1987	158	176	3	4	12	40	35	135	120	138
1988	158	176	3	4	12	40	35	140	120	138
1989	154	165	3	4	12	40	36	140	125	135

① 《M 县 2006 年民政工作总结》，内部资料，2006 年 11 月。

② 昌吉回族自治州统计局：《2007 昌吉统计年鉴》，内部资料，2007 年 7 月，第 124 页。

③ 2006 年全国乡村人口为 73742 万人。当年全国纳入五保供养范围人员为 503.3 万人。农村五保供养人数占全国乡村人口的 0.68%。参看民政部：《中国民政统计年鉴（2007）》，中国统计出版社，2007 年 7 月，第 75 页。

续表

年份	五保户（户）	敬老院供养人数	开办敬老院的乡镇（个）	敬老院情况					分散供养	
				院数（个）	职工（人）	床位（张）	收养人数	其中老人（人）	户数	人数
1990	154	165	3	4	12	40	36	140	125	135
1991	154	165	3	4	12	40	36	142	125	135
1992	150	170	3	4	12	52	40	140	114	130
1993	150	170	3	4	12	52	39	—	—	—
1994	156	174	3	4	12	52	36	—	133	144
1995	167	178	3	4	12	50	33	142	134	145
1996	153	166	3	4	12	50	33	142	135	144
1997	153	166	3	4	10	50	37	142	135	144
1998	150	164	3	4	10	50	35	143	138	140
1999	149	160	—	1	10	50	32	142	138	140
2000	147	160	—	1	10	50	33	142	140	145
2001	146	158	—	1	10	50	38	36	140	145
2002	146	158	—	1	12	60	35	31	140	155
2003	152	169	—	1	13	80	45	148	140	155
2004	156	1891	13	170	45	146	140	155		
2005	158	205	—	1	13	170	50	186	140	155
2006	158	205	—	1	13	170	50	186	140	155

资料来源：根据M县1951年至2006年民政业务统计表整理。

3. 农村医疗救助。M县于2003年底开展医疗救助工作。2003年以来，M县主要开展了以下工作：一是成立了以县长为组长，分管领导为副组长、有关部门负责人为成员的县农村医疗救助工作领导小组。同时督促各乡（镇）相应成立领导小组，下设办公室，指定专人负责医疗救助具体工作。二是制定出台了《M县城乡困难群体医疗救助实施办法》，明确了救助标准与范围。对资助医疗救助对象参加合作医疗费用，其中救助对象属于五保户、孤儿、革命烈属的，由政府全额资助其参加农牧区合作医疗；对农村医疗救助对象参加合作医疗其住院治疗费用扣除农村新型合作医疗补助、医疗单位减免、保险赔付、社会捐献部分后，个人负担医疗费用超过1000元的，由民政部门给予适当补助；负担费用1000～3000元的，救助10%；3001～5000元的，救助15%；5001～10000元的，救助18%。医疗救助对象全年累计享受医疗救助金额封顶线为2000元。三是严格审批程序，规范了档案管理。M县规定了申请、审批程序及要求，健全了三级档案管理制度，建立了全县4225户农村医疗救助家庭档案，对符合条件的救助对象发给《医疗救助证》。四是建立了稳定的筹资渠道。农村医疗救助所需资金（包括县、乡两级医疗救助经办机构办公经费）通过政府财政预算和社会筹集等多渠道解决。即按照“申请上级部门补助一部分，地方财政解决一部分，贫困群众自筹一部分”的原则，由单位帮扶、贫困群众自救辅以政府救助等多种方式解决。M县还号召医疗机构，设置济贫医院，实施专项救助，定点就诊就医。五是探索了动态管理制度。每年对上年度已享受农村医疗救助对象的家庭状况如家庭成员、经济收入、生活水平、健康状况等进行全面审查、核实，进行动态管理。在农村，家庭人口人均收入低于865元为贫困户，人均收入低于1080元的为低收入家庭[①]。对不符合条件的取消其救助资格：同时，要求各乡镇对医疗救助对象动态率原则上不低于总人数的5%～10%。对拟批准享受大病医疗救助人员，由所在村委会和乡镇将被救助人员的户主和患者本人姓名、家庭住址、患病名称和救助金额，在被救助人所在村政务公开栏进行张榜公布，接受村民监督。六是构建了大扶贫医疗救助格局。重点抓了三方面的制度衔接。首先，注意搞好医疗救助与其他医疗保障制度之间的衔接。在救助人数、救助资金与其他救助信息方面不同主管部门之间经常沟通、联系。其次，注意搞好农村医疗救助与扶贫帮困的衔接。在扶贫帮困时间、对象与资金等方面与医疗救助部门提前沟通。最后，注意了城乡医疗救助之间的衔接。主动考虑城乡结合问题、主动向城镇延伸，初步实现了城乡一体化救助，率先在新疆建立起“制度严格、程序规范、城乡一体”的医疗救助体系框架。截至目前，全县城乡医疗救助总人数达到11611人次，发放医疗救助资金共60.462万元。其中资助全县农牧区贫困对象参加新型合作医疗11526人次，发放医疗救助资金40.072万元；大病医疗救助67人次，发放医疗救助资金20.39万元。虽然M县农村医疗救助制度一定程度上缓解了当地农村贫困人口看病难、看病贵问题，但同时也存在起付线偏高、封顶线偏低、救助范围偏窄等问题。从起付线看，M县规定只对超过1000元以上的农村贫困对象实行救助。实际上把许多看不起大病的贫困对象排除在救助范围之外。从封顶线看，M县医疗救助办法规定全年人均享受医疗救助金额不超过2000元。这种待遇标准，对于广大农村贫困群体来讲，难以缓解其实际贫困状况。表54可以看出，M县2006年只有46人得到了大病救助，相当于当年农村贫困人口的2%，相当于因病致贫人数的7%。许多应该纳入救助人员没有进行及时救助。

---

① 这个标准比农村最低生活保障标准要宽。

表54　M县2006—2007年农村医疗救助工作情况统计表

年份	农业人口数（万）	因病致贫人数	得大病人数	资助参加合作医疗			直接救助大病			其他
				人数	金额（万元）	人均救助（元）	人数	金额（万元）	人均救助（元）	金额（万元）、
2006	9.4	657	46	2636	7.908	30	46	9.2	2000	
2007	9	79	73	952	2.9	30	73	22	301	68.3

4. 农村新型合作医疗。M县是新疆维吾尔自治区第一批农牧民新型合作医疗制度试点县之一。2003年7月开始新型农牧区合作医疗试点以来，全县12个乡镇（站）、207个村全面启动了新型农牧区合作医疗工作。截至目前，参合覆盖率91.04%，增长31.04%，合作医疗累计筹集资金1665.66万元，为640名农牧民转往县外定点医疗机构住院补偿住院费54万元，支付合作医疗补偿款191万元，受益农民达170002人次，累计补偿1183万元，累计享受免费体检84634人次[①]。从2003年7月至2004年底，主要开展了两方面工作：一是建立了工作机构。成立了由县长任主任，分管卫生工作的县委常委和副县长任副主任的“县新型农牧区合作医疗管理委员会”，管委会下设合作医疗管理中心，编制5人，具体负责全县合作医疗工作。二是出台了政策。以县政府办公室名义出台了《M县新型农牧区合作医疗制度实施办法（试行）》（县政办发［2003］21号）。《实施办法》主要包括三方面内容：第一，确定了分层筹资水平。将全县农牧民个人筹资水平分为60元和100元两个档次。对经济状况相对滞后的牧区，筹资标准为人均60元，经济状况相对较好的农区，年筹资标准为人均100元。第二，拆分了基金账户。根据全县农牧民近3年住院情况，将筹集的新型农牧区合作医疗资金分成个人账户资金、统筹基金和风险储备金。农牧民个人缴纳资金的40%进入个人基金账户，个人基金账户本金和利息为农牧民群众个人所有；农牧民个人缴纳资金的60%进入统筹基金账户。统筹基金账户一部分是农牧民个人缴纳资金的60%；另一部分为中央财政补助10元、自治区财政补助10元、自治州财政补助2元、县财政补助10元，共32元。风险储备金账户是从统筹基金账户中提取10%资金构成的。第三，制定了分类补偿标准。对年缴费60元和100元的，制定了不同的补偿比例。对在乡镇、县、县外医院就医的划定了不同的补偿起付线，即200元、500元、800元。对超过起付线的医药费采取分档次按比例累加

① 《M县农村合作医疗汇报》，内部资料，2007年12月，第2页。

计算方法进行补偿，其比例为：2000 元以下部分补偿 20％或 25％，2001～5000 元之间部分补偿 25％或 30％，5001～10000 元之间部分补偿 30％或 35％，10001～15000 元之间部分补偿 35％或 40％，全年累计医疗费最高补偿封顶线为 15000 元。为缓解常年多病及患大病农牧民的实际困难，对住院医疗费数额在 15000 元以上、55000 元以内的，再给予 10％的补偿①。2004 年全县有 15639 户、46946 人参加了新型农牧区合作医疗，占全县农牧区总人数的 56.89％。新型合作医疗共筹集资金 556 万元，其中农牧民个人缴费 380 万元，乡村集体组织为参加合作医疗的农牧民补助资金 34 万元（表 55）。

表 55　M 县各乡镇参加合作医疗筹资状况（2003 年 10 月—2004 年 9 月 20 日）（单位：元）

乡镇名称	参加人数	筹资金额	占总人口百分比	已缴财政专户金额	未缴财政专户金额
塔西河乡	2593	155860	65.95％	118180	37680
旱卡子滩乡	2676	186640	63.25％	134680	51960
广东地乡	3420	342000	60.96％	259100	82900
六户地镇	3462	346200	60.73％	346200	0
北五岔镇	4276	427600	60.56％	381720	45880
实验站	1007	100700	59.86％	100700	0
清水河乡	3326	201080	59.38％	90860	110220
包家店镇	6740	659920	56.70％	659320	600
兰州湾镇	5675	567540	54.10％	560960	6580
凉州户镇	3259	325900	53.85％	325900	—
头工乡	4138	413800	52.34％	413840	—
乐土驿镇	4070	407000	48.94％	407000	0
合计	44642	4134240	56.89％	3798460	335820

资料来源：根据自治区农牧区卫生工作协调领导小组办公室主办《新疆新型农牧区合作医疗试点工作信息》整理。

2005 年后，M 县根据乡镇基层群众普遍反映的参合对象范围有限、住院补偿比例过低等问题，对农村合作医疗制度进行了调整和完善，到 2007 年下半年，调整和修改的制度基本成型。修订后的制度主要凸显三大特点：一是拓宽了参合对象范围。除原规定的县常住农业户口农牧民均可“以户为单位”参加合作医疗

① 《M 县新型农牧区合作医疗制度实施办法（试行）》（县政办发［2003］21 号），内部资料，2003 年 9 月。

外，还将具有本地户口，长期居住在农村，以农牧业生产为谋生手段且尚未纳入城镇基本医疗保障范围的非农人员；居住在新疆农村已满五年，具有外埠农村户籍的，以农牧渔业生产为谋生手段且未纳入任何医疗保障范围的人员；家中既有城镇户口又有农村户口的，且以农牧渔业生产为主要谋生手段且尚未纳入城镇基本医疗保障范围的人员纳入了合作医疗范围。二是提高了住院补偿比例。确定农牧民缴费标准为30元，规定在乡镇、县级、县外医疗机构住院的病人，对可纳入补偿范围的住院费用按70%、55%、40%的补偿比例执行。同时，将乡镇医疗机构住院补偿起付线由原来的200元调整为80元，县级医疗机构住院补偿起付线由原来的500元调整为200元，县外医疗机构住院补偿起付线由原来的800元调整为500元。三是出台了优惠政策。规定医疗救助对象，凭民政部门核定人数，在县及县以下定点医疗机构住院实行“零起付”。65岁以上的参合老人，凭民政部门发放的老年证，在定点医疗机构住院，补偿比例提高5个百分点。农牧区领取计划生育“两证”（独生子女证与计划生育奖励证）家庭，凭计划生育两证，在定点医疗机构住院，补偿比例提高5个百分点。采用中医药及中医技术服务支出费用，在原有补偿比例基础上提高5个百分点。对住院分娩的产妇（在计划范围内生育的）合作医疗一次性补偿300元[①]。这些政策调整极大地调动了农牧民群众的参合积极性，使M县新型农牧区合作医疗在短时间之内迈上了一个新台阶。2007年，全县合作医疗就诊人次46123人，合作医疗补偿费367万元。其中门诊人次40474人，合作医疗补偿77万元；住院人次5739人，合作医疗补偿290万元，住院平均补偿率为39.5%[②]。新型农村合作医疗的实施，提高了参合农牧民抵御疾病风险能力，改善了农牧区就医条件，在缓解M县农村疾病风险负担方面发挥了一定作用，同时也存在三方面问题：一是由于缺乏理性的、健康的消费意识，对合作医疗要求较高，部分农牧民住院要住二级以上医疗机构，一定程度上增加了农牧民自身负担，也增加了合作医疗基金开支。二是定点医疗单位管理和技术水平还需要进一步加强。三是补助水平偏低。虽然县政府为照顾常年多病及患大病农牧民实际困难，作出了“对住院医疗费数额在15000元以上、55000元以内的再给10%的补偿”的规定，但这点补偿与庞大的医疗需求相比，仍然是杯水车薪，难以解决沉重的医疗负担。

① 《关于印发M县新型农牧区合作医疗实施办法（试行）的通知》（玛政办发［2007］141号）。
② 《M县新型农牧区合作医疗工作汇报》，内部资料，2007年12月，第4页。

7.2　制度建立过程

尽管 M 县的农村最低生活保障制度正式于 2006 年建制，但其历史过程可以追溯到 1998 年。分析 M 县农村最低生活保障制度建立过程，必须从 1998 年的试点开始。

7.2.1　试点阶段

1998 年，M 县在被新疆维吾尔自治区确定为试点县后做了许多筹备工作。这些筹备工作与 S 县相比，一点也不逊色。回顾这段历史，最值得回顾且可以深入分析的是 1999 年初 M 县第十三届人民政府第九次常委会讨论通过并以县人民政府名义下发的《关于印发〈M 县农村居民最低生活保障制度实施办法（试行）〉的通知（玛政发［1999］28 号）》（以下简称《办法》）。虽然出台了政策，构建了农村最低生活保障制度框架但却没有付诸实施，试点工作没有真正开展。与 S 县相比，M 县没能实施农村最低生活保障试点主要有四方面原因：一是制度需求不迫切。决定制度需求的一个重要因素是农村贫困的广度与深度。衡量农村贫困深广的一个重要指标是家庭人均纯收入。家庭人均纯收入越高的地区或县市，对农村最低生活保障需求就相对少些或弱些。反之亦然。20 世纪 90 年代末 M 县农民人均纯收入较高，农村贫困不太突出，贫困程度浅、贫困面较窄。党委政府很难感受到农村贫困问题的存在，制度需求不太迫切。S 县的农村贫困程度、贫困面要比 M 县要严峻得多，紧迫得多，也宽得多。这种贫困程度是迫使 S 县党委政府积极主动介入农村最低生活保障制度建设的重要原因，也是 M 县不愿意、不主动介入农村最低生活保障制度建设的主要因素。二是地方可支配财力不足。经济实力可通过 GDP、人均纯收入以及地方财政收入等指标反映。其中，对于一个地方政府来讲，地方可支配财力是启动社会政策最直接有效的因素。可以说，地方财政收入的多少是农村最低生活保障能否真正建立和持续运行的重要因素。M 县之所以没有把试点搞起来，与其地方财政收入绝对值较低，县政府可以调控财政收入的空间不大直接相关①。S 县之所以能够介入农村最低生活保

---

① 尽管 M 县的人均地方财政收入在 1998 年、1999 年与 2000 年三年分别排在第 5 名、第 4 名、第 4 名，但地方财政收入的绝对值则排在第 10 名以后，尤其是 1998 年、1999 年排在全疆第 14 名。地方财政收入总量不到 1 个亿，一直徘徊在 6500 万元左右。

障制度建设，承担起农村社会救助的主体责任，与其经济发展水平，特别是其地方可支配财力较强有重大关联[①]。三是执政理念。具有地方财政实力并不一定能建立相应社会政策[②]。经济实力与财政收入只是建立农村最低生活保障制度的条件之一，而不是必不可少的唯一条件[③]。必不可少的条件是执政理念。政策选择就是价值选择。有什么样的执政理念，有什么价值观，就会关注相应的社会问题，出台相应的政策制度。农村最低生活保障试点在M县与S县的不同结果，其实质反映出两县执政团队在价值观、政绩观上的不同选择[④]。S县委、县政府对经济与社会问题的关注，对农村贫困问题的重视与扶贫攻坚执政理念的确立，为实施农村最低生活保障制度提供了思想基础与理论支撑。M县以经济为中心的执政路线使农村贫困问题难以纳入党委政府的议事日程[⑤]。四是民主意识。除了贫困程度、地方财政收入以及执政理念三个因素外，民主因素对农村最低生活保障制度建设具有重要影响。贫困问题严重与否反映了对制度需求的迫切程度，

① 在经济发展程度或者经济实力中，农民人均纯收入作为一项重要指标，对建立农村最低生活保障制度影响甚微。如果说有影响的话，也是一种反面影响。从总体上看，农民人均纯收入越高的地方，农村贫困的范围就越窄，贫困程度越浅，贫困比例越低。

② 从新疆各县市统计资料看，1998年至2000年，S县的总体地方财政收入在全疆排在第3名、第3名、第2名；人均地方财政收入在全疆分别排在第4名、第2名、第2名。虽然排在前五名，但并不是财政收入与国民生产总值最高的县。排名在S县之前的县还有库车等县。

③ 当时新疆维吾尔自治区财政收入排在S县前面的库车等县也没有主动关注农村贫困问题、建立农村最低生活保障制度。

④ 根据两县建立农村最低生活保障制度时县委、县政府的会议纪要、政府工作报告（1998年至2000年）、领导讲话以及有关新闻媒体的报道等资料反映，由于受特定自然条件和社会环境制约，M县与S县走了两条完全不同的经济与社会发展路子，两县党委、政府工作的出发点、着力点，尤其是“三农”工作所遵循的指导思想、发展模式、目标路径等方面地方特色明显。S县自进入20世纪90年代以来，走的是一条经济与社会发展并重的发展路子。S县在1998年2月6日的第十三届人民代表大会第一次会议上，提出了实现农业和农村工作新突破，把农牧民脱贫致富工作列入全面实施日程。同时，在县政府工作报告中首次引用了扶贫攻坚政策理念，明确提出“到1998年底，全县行政村、自然村要与全地区同步实现小康；到2000年，全县人均收入800元以下的贫困户基本实现脱贫，彻底消灭人均530元以下的贫困户。要在巩固奔小康、扶贫成果的基础上，进一步强化对扶贫工作的领导，深入开展全民扶贫攻坚，实行挂钩扶贫、结对扶贫”。1998年扶贫攻坚理念的提出为年底S县农村最低生活保障试点工作的开展奠定了价值观也即意识形态基础。在1999年3月3日召开的第十三届人民代表大会第二次会议上，S县人民政府继续提出：“要继续强化农业基础地位，加快农村脱贫致富奔小康步伐”，并将“全面启动城乡居民最低生活保障制度工作”列入1999年为民要办的十六件实事之一。在2000年2月27日召开的县第十三届人民代表大会第三次会议上，S县人民政府对实施一年的农村最低生活保障工作进行了总结，并且提出要继续加大农村扶贫攻坚力度，贯彻开发式扶贫和救济式扶贫相结合的方针，努力增加扶贫投入。

⑤ 难怪约翰·金通（John Kingdon）和尼古拉斯·扎哈里迪斯等人强调，政策制定过程作为一个选择过程，是在恰当的时间里问题源流、政策源流与政治源流多种因素耦合情况下集体选择的结果，特别与政治源流中执政党的意识形态有关。M县与S县开展农村最低生活保障工作的试点过程，印证了约翰·金通（John Kingdon）和尼古拉斯·扎哈里迪斯等人提出的多源流政策过程理论。

但农村贫困问题严重程度能否被反映到政策决策部门，尤其能否反映给县委、县人民政府主要领导，引起这些领导的重视与关切，则与民主程度有重大关联。民主程度的一个重要指标与反映广大贫困农民问题的人大和政协提案有关。从1998年到2000年，M县没有反映农村贫困与扶贫问题的提案，农村贫困群体诉求没有被反映到执政团队，没有引起人大代表和政协委员们的重视与关注。相反，S县的农村贫困问题一直得到政协委员与人大代表的关注①。与西方不同，在目前的政治体制下，人民代表、政协委员成为各方利益的主要代表。农民利益、农村贫困问题能否及时反映到执政团队，是决定贫困问题能否纳入党委、政府议事日程与决策范围，农村最低生活保障制度建设能否顺利进行的另一个不可忽视的重要基础因素。当然，民主的方式与途径也不只是人大代表与政协委员的呼吁，还有体制、媒体与党派监督。随着民主进程的不断加快，这些因素在影响社会政策方面的作用将越来越大。

7.2.2　建制阶段

M县在中断7年试点后重新开始建立农村最低生活保障制度。根据2005年9月7日新疆维吾尔自治区城乡最低生活保障工作领导小组第八次会议决定，“进一步扩大农村最低生活保障试点面。自2006年起，全区农村最低生活保障试点县扩大到8个。”② 2006年初，M县在重新被确定为自治区农村最低生活保障

① 在《关于S县第十二届人大五次会议期间代表提出的建议、批评和意见办理情况的报告》中记载着这样一段文字：“阿不力米提、吐尔逊代表提出县政府出资垦荒，乡政府落实电，帮助麻扎阿勒地、英买里、夏尔三个村脱贫问题。县政府非常重视农民的脱贫致富奔小康和切实减轻农牧民负担工作。今年县上在扶贫工作上制定了扶贫目标和优惠政策，采取了县级领导分工包村抓点，县直行政企事业单位对口支援，行政企事业单位与贫困村、户结对子的三级扶贫方法。全县103个单位参加了结对扶贫。”在1999年召开的县十三届人大二次会议《关于S县第十三届人大一次会议期间代表提出的建议、批评和意见办理情况的报告》中也记载着“部分代表对农村扶贫和减负工作十分关心，在提案中要求政府加大扶贫和减负工作力度，保护农民合法权益，加快乡村经济发展”。到2000年，代表们依然关心扶贫工作，继续提出了“加大扶贫工作力度”的提案。由于群众代表对农村贫困群体基本生活权益保障问题反映强烈，县人代会、政协会议上纷纷要求采取措施加以解决相关问题。在1998年，人大代表反映农村贫困诉求的提案（15件）占总提案（65件）的23%，政协会议代表反映农村贫困问题的提案（13件）占总提案（110件）的11.8%；1999年，人大代表反映农村贫困诉求的提案（11件）占总提案（96件）的11.4%，政协会议代表反映贫困问题的提案（8件）占总提案（89件）的8.9%；2000年，人大代表反映农村贫困请诉求的提案（6件）占总提案（75件）的8%，政协会议代表反映贫困问题的提案（4件）占总提案（93件）的4.3%。随着农村贫困问题的逐步解决，人大代表与政协提案有逐步减少的趋势。相反，M县在这三年，没有一件人大与政协提案反映农村贫困诉求问题。这不能不说有诉求渠道不够畅通的问题。

② 《新疆维吾尔自治区最低生活保障工作领导小组第八次会议纪要》（新政阅［2005］137号），2005.9.7。

试点县后，县委、县人民政府高度重视二次试点工作。将实施农村最低生活保障作为一项重要工作，列入重要议事日程。主要做了三方面工作：一是健全机构。成立了以县长为组长，分管副县长为副组长，民政、财政、审计22个单位及相关部门为成员的农村最低生活保障工作领导小组，形成了县、乡、村三级协调配合、齐抓共管的领导体系和工作机制。二是制定政策。在城市最低生活保障工作经验基础上，通过广泛征求意见、反复讨论和酝酿，制定出台了《M县农村村民最低生活保障暂行办法》，明确了保障对象、保障标准、资金管理、申请审批程序等方面政策与各部门、各成员单位职责、要求，为实施农村最低生活保障奠定了制度依据。三是加强宣传。注重抓了会议与培训宣传。全县召开了由四套班子分管领导和各乡镇领导，分管民政的副乡（镇）长、民政助理员等相关人员参加的农村最低生活保障工作动员大会，全面安排部署农村最低生活保障工作。同时，举办由乡镇领导、民政助理员参加的培训。在培训基础上，将《M县农村村民最低生活保障暂行办法》印制成宣传单，向广大群众进行广泛宣传，做到家喻户晓，人人皆知。截至2006年底共发放最低生活保障金13.728万元，216户、680人纳入农村最低生活保障范围。2007年进一步扩大了保障范围，到年底将412户952人纳入保障范围，月人均补差34元。

7.3 制度政策分析

包括试点与建制阶段的农村最低生活保障政策分析。具体政策内容见表56。

表56 M县农村最低生活保障现行政策（2006年）与试点政策（1999年）比较

县域 内容	现行政策	试点政策
目标原则	目标：①进一步完善全县社会救助制度；②保障农村困难群众的基本生活；③促进城乡社会和谐发展。原则：①保障基本生活的原则；②政府保障与社会帮扶相结合，鼓励劳动自救的原则；③最低生活保障资金由财政保障的原则；④属地管理的原则；⑤公开、公正、公平的原则。	目标：保证公民基本生活，使之不挨饿、受冻。原则：①既保障基本生活又有利于克服依赖思想；②公开、平等、民主；③注重发挥家庭保障作用与发扬中华民族尊老爱幼、互助共济的传统美德；④自食其力与广泛发动社会力量。

续表

县域 内容	现行政策	试点政策
对象与范围	①凡在本县行政区域内，具有常住农业户口；②共同生活的家庭成员年人均收入低于农村村民最低生活保障标准的农村村民。具体为：①无生活来源、无劳动能力、无法定赡养人或法定扶养人无抚养能力的村民（不包括农村五保对象）；②因残疾、年老体弱，或家庭主要劳动力患有重病、死亡和遭遇不可抗拒的自然灾害，造成自身无法维持基本生活，口粮田无法耕种，且无其他经济来源的特困户。有下列情形之一的，不予批准或取消农村最低生活保障待遇：①不按规定如实提供有关证件、证明，无法入户核实，不配合有关工作人员进行调查的，家庭收入状况明显好转而不主动向村民委员会或审批管理机关报告的。②家庭年人均收入低于最低生活保障标准，但家中有一定积蓄，能够自行维持基本生活的。③家庭成员有正常劳动能力，在法定劳动年龄内（男 18 周岁至 60 周岁，女 18 周岁至 55 周岁），无正当理由不参加劳动而造成家庭困难的。④依法具有赡（抚）养关系，赡（抚）养人有赡（抚）养能力而拒不履行赡（抚）养义务的。⑤办有不同规模企业（含承包企业）或在外做生意、务工，承包土地、荒山，搞客运、货运半年以上的。⑥拥有自己出资购买的空调、摩托车、手机等非生活必需高档消费品的，家庭日常支出与申报收入明显不符的；新建高标准住宅房屋或三年内购买商品房（因拆迁安置除外），近期进行较高标准房屋装修的。⑦户口在本地，实际居住在本县辖区以外一年以上，且无法确切核实其家庭收入的。⑧在申报最低生活保障或在享受最低生活保障待遇期间违反计划生育的，有赌博、吸毒、嫖娼行为而造成家庭生活困难且尚未改正的，违法结婚、违法收养的，有虐待老人、妇女、儿童行为尚不够刑事处罚的。⑨采取故意分立户口、转移个人资产等规避政策法规行为，人为因素造成家庭年人均收入低于本县最低生活保障标准的。	M 县常住农业户口，家庭人均收入低于全县农村最低生活保障标准的居民，主要是以下三类人员：①无劳动能力的农村居民；②无法定赡养人或抚养人的农村居民；③无依无靠、无生活来源的农村居民。
标准与方式	①年保障标准为 800 元。②对年人均收入不足 800 元的实行分档补助：人均收入在 500～800 元之间，人均每月补助 30 元；人均收入在 500 元以下，人均每月补助 40 元。③保障金每季度发放一次。农村最低生活保障对象每季度按规定日期到户口所在乡（镇）人民政府领取保障金。因年老体弱、行动不便不能领取的，可由乡（镇）民政干事和村民委员会工作人员入户发放。④标准适时调整。	年人均纯收入 780 元以下。随物价变化与人民生活提高适时调整。

续表

县域 内容	现行政策	试点政策
家庭收入核算	①农村家庭收入包括：种植、养殖业所得中扣除农业生产资料支出的收入、手工业及其他家庭经营性收入，家庭成员外出务工所获得的工资、奖金、津贴、补贴、退休金及其他各种劳动收入、储蓄存款、有价证券及其利息、遗属补助和民政部门定期发放的救济金、参加各种养老保险领取的养老保险金、继承的遗产、遗赠，接受的赠与、出租或变卖家庭资产所获得的收入和偶然所得、知识产权收益、村（组）集体经济分配收入、因征地拆迁所获得的一次性补偿收入中，扣除房屋重建等支出之后的收入以及其他应计算的家庭收入。②不计入家庭收入包括优抚对象、见义勇为人员享受的抚恤金、补助金、护理费、保健金及政府给予的一次性奖励金、在校学生（不含择校生）获得的各类助学金、奖学金、独生子女父母奖励金、各级政府给予的临时性生活补贴以及节日慰问金和慰问品，临时性救灾款物、社会各界及个人给予的临时性救助款物、因公（工）负伤获得的护理费，因公（工）死亡的农民及其家属享受的丧葬费和一次性抚恤金等、家庭成员向非共同生活但有赡养、抚养或扶养义务的亲属支付的赡养、抚养、扶养费、参加新型农村合作医疗享受到的医疗费、农村贫困家庭大病救助费。	农业收入、林业收入、牧业收入、副业收入、渔业收入、工业收入、商业收入、建筑业收入、运输业收入及其他各项收入；接受的赡养费、抚养费；救济对象领取的各类救济金及扶贫帮困单位资助的现金；各类资产的租金、息金、红利等。同时规定享受特殊待遇的优抚对象，其抚恤金定期、定量补助金，不计入家庭收入。
管理程序	①建立农村最低生活保障统计、通报与定期核查制度，实行动态管理。②每半年申请、审批一次，时间分别为每年1月和7月。具体由家庭申请、乡镇审核，县民政局审批。每年对最低生活保障对象进行一次复查，必要时可随时进行复查。③在对最低生活保障对象按总户数的30%进行入户抽查时，若抽查户数占应抽查户数的20%～35%不符合最低生活保障政策，对该乡镇进行全县通报批评并取消最低生活保障户的低保待遇；若抽查户数占应抽查户数的35%～50%不符合最低生活保障政策，对该乡镇进行全县通报批评，同时，罚该乡镇分管领导200元，民政干事100元，并要求该乡镇对全部的最低生活保障对象进行重新审核上报；若抽查户数占应抽查户数的51%以上不符合最低生活保障政策，对该乡镇进行全县通报批评，停止拨付该乡镇当年最低生活保障金。	申领对象提交申请，村委会调查发放申请表，乡镇人民政府审查、复核，最后由民政部门审批，并发放〈M县农村居民最低生活保障金领取证〉，保障对象每月凭领取证、身份证、户口簿从乡镇民政办领取最低生活保障金。同时规定“凡连续领取三个月后，需重新提申请”。

续表

县域 内容	现行政策	试点政策
资金筹集管理	①县财政部门每年初根据县民政部门提供的当年农村最低生活保障用款计划编制预算，实行专户管理，专款专用。财政、审计等部门要定期对最低生活保障资金管理和发放情况进行监督检查。②乡镇人民政府将保障金发放明细上报县民政部门，县民政部门审核无误后，足额将保障金下拨给乡（镇）人民政府。	由乡镇财政和村民委员会按3∶7比例分担，其中乡镇财政从乡镇统筹费中支付所需保障资金的30%，村委会从村公益金中支付所需保障资金的70%。乡财政部门加强对保障资金的管理和监督，确保资金专款专用，不被挤占、挪用。乡民政部门要按规定审批、建立健全各项财务规章制度，做到保障对象、保障资金和保障标准三公开，实行动态管理，并自觉接受财政、审计部门的检查、审计及社会监督。乡镇人民政府及村委会对申领对象要认真调查，从严审核，严格把关，把保障对象摸准、摸全，不遗漏，及时足额发放，并对保障对象和保障资金的发放进行跟踪审查，发现问题及时处理并逐级上报。
奖惩	①对符合享受农村村民最低生活保障条件的家庭无故不签署同意意见的，对不符合农村村民最低生活保障条件的家庭故意签署同意意见的；虚报、冒领保障金的；玩忽职守、徇私舞弊，贪污、挪用、扣压、拖欠农村村民最低生活保障金的工作人员由民政部门会同监察部门给予行政处分，涉嫌犯罪的，移送司法机关处理。②享受农村最低生活保障待遇的对象，采取虚报、隐瞒、伪造等手段，骗取最低生活保障金的；享受最低生活保障待遇期间，家庭收入状况好转，不按规定告知村民委员会并上报审批管理机关办理变更手续，继续领取最低生活保障金的由民政部门给予批评教育或警告，追回其冒领的款物。	——

续表

县域 内容	现行政策	试点政策
实施主体与时间	实行各级人民政府负责制。各级政府要加强农村最低生活保障工作的领导，健全农村村民最低生活保障工作管理机构，配备专职或兼职工作人员并为最低生活保障工作正常开展提供经费保障。县民政部门负责全县农村村民最低生活保障的审批管理工作；乡（镇）人民政府负责农村村民最低生活保障的具体审核管理工作；村民委员会依据乡镇人民政府的委托，承担农村村民最低生活保障日常管理和服务工作。 2006 年 7 月 1 日起施行。	由县人民政府统一领导，民政部门主管，财政、劳动人事、粮食、物价统计等配合，乡镇人民政府实施。

资料来源：根据 2006 年 M 县农村最低生活保障实施办法与 1999 年农村最低生活保障试点方案整理。

7.3.1　试点政策分析

要分析 M 县农村最低生活保障试点政策的优劣，必须与 S 县同期出台的试点政策进行比较。M 县与 S 县农村最低生活保障试点政策分别见表 56 与表 37。

表 56 与表 37 显示：

（1）M 县于 1999 年出台的《关于印发〈M 县农村居民最低生活保障制度实施办法（试行）〉的通知》明确了目标任务与基本原则、保障对象范围、保障标准、家庭收入核算、申请审批程序、资金筹集监督与管理、组织领导七方面政策内容。

（2）从 M 县与 S 县的农村最低生活保障试点政策内容看，有许多相同点也有许多的不同点。相同之处主要表现在：一是在政策目标上。尽管两县提法不同，但都把保证农村贫困户基本生活，使之不挨饿、不受冻作为建立农村最低生活保障制度的基本目标或基本原则。二是在保障对象上。两县都把无劳动能力、无法定赡养人或抚养人、无依无靠、无生活来源的农村居民即“三无对象”作为实施农村最低生活保障的主要对象。尽管 S 县的保障范围比 M 县规定的要宽，把特困户与军烈属也纳入了农村最低生活保障范围，但主体对象没有多大变化。三是在政策水平上。两县对农村社会政策的理解还不够深入、不够全面，还存在一些这样或那样的错误理解与判断。比如，在农村五保供养制度与农村最低生活保障制度之间关系上，存在把五保对象理解为五保老人的问题。其实，五保对象除了老人外，还包括符合“三无”条件的残疾人与孤儿。尽管 M 县与 S 县在试点政策方面有许多雷同之处，但也有重大区别。区别主要表现在：首先，政策导向不同。S 县的政策偏重于实际操作，M 县的政策偏重于自身逻辑的完善。这种政策导向上的不同，决定前者易于操作、可行，但有许多需要进一步明确的地方与空间；后者则严谨、规范与全面。其次，保障标准不同。M 县确定的农村最低生活保障标准为年人均 780 元（月人均 65 元），相当于 1998 年当地农民人均纯收入的 17.5%①。S 县农村最低生活保障试点标准较低，年均标准 101.8 元，仅相当于 1998 年当地农民人均纯收入的 4.5%；M 县的标准为 S 县农村最低生活保障标准的近 4 倍。再次，资金渠道不同。这是两县在农村最低生活保障试点政策方面最大的不同。S 县的试点政策规定，农村最低生活保障所需资金由县、乡（镇）与村三级共担。其中，县财政承担 50%，其余由乡镇（村）承担。与 S 县的规定不同，M 县将农村最低生活保障所需资金都押给了乡（镇）与村委会。其中村委会承担了 70%。最后，责任主体不同。与资金承担比例一致，在责任主体方面，S 县政府主动承担了主要责任，成立了由县政府主要领导任组长的农村最低生活保障领导机构，专门领导农村最低生活保障制度建设工作。M 县则将农村最低生活保障制度建设的主体责任推给了乡（镇）与村民委员会。虽然 M 县出台的政策规定农村最低生活保障制度建设由县人民政府统一领导，民政部门主管，财政、劳动、人事、粮食、物价、统计等部门配合，但整个实施工作从资金到管理都由乡（镇）人民政府与村委会负责即从乡镇统筹与村公益金中支出。农村最低生活保障最终演变成了由农民自己承担的最低生活保障。既然农村最低生活保障制度的性质最终蜕化成了农村居民自己的保障，那么，也就只能依靠家庭与邻里的帮助来解决生活困难了②。看似设计那么全面、系统与规范的 M 县农村最低生活保障试点政策，由于其内在逻辑，最终又回到了政策起点，广大农村贫困群体仍然处于社会保障框架之外。

（3）从 M 县与 S 县的农村最低生活保障试点政策来源看，无论是 M 县确定的“保证公民基本生活，使之不挨饿、受冻”的基本目标还是 S 县确定的“保证基本生活；现阶段保障贫困人口最低需要，使之不挨饿、受冻”的建制原则都来源于当年新疆维吾尔自治区出台的《自治区建立城市居民最低生活保障制度的实施方案》（新政发［1997］94 号）。新疆维吾尔自治区城市最低生活保障实施方案对建制原则的表述与 S 县和 M 县确定的基本目标无论在字句表述上还是精神

① 1998 年 M 县的农民人均纯收入为 4469 元，S 县的农民人均纯收入为 2251 元。

② 从这个角度就能够很好地理解 M 县制定的《办法》中这么一段话：“社会保障对象要体谅国家的困难，鼓励其自食其力，通过劳动增加收入，逐步改善生活状况。注意发挥家庭保障的作用和发扬中华民族尊老爱幼互助共济的传统美德，广泛发动社会力量，大力开展扶贫济困送温暖活动，给予保障对象必要的照顾。”

实质方面都是一致的。这充分说明，S县与M县农村最低生活保障制度试点政策直接来源于对城市最低生活保障政策的借鉴与移植。

7.3.2 现行政策分析

M县农村最低生活保障试点政策与现行政策内容具体见表56。从表56对比可以明显看出，M县2006年新出台的农村最低生活保障政策与1999年出台的农村最低生活保障试点办法相比，在政策内容每个方面都有重大变化，集中体现在七个方面。

一是在保障目标与原则方面。从政策文本看，M县制定的农村最低生活保障政策，无论是1999年的试点政策还是2006年出台的新政策都比较规范。其中，对政策目标与原则的叙述就是一个很重要的方面。M县在试点阶段与正式建制阶段的政策，都将目标与原则作为政策文本重要组成部分予以重点强调。2006年M县出台的政策与1999年出台的农村最低生活保障试点政策相比，最大的不同是在强调政策对公民的保障目标之外，新增了制度发展目标与宏观社会目标。在政策原则方面，2006年出台的农村最低生活保障政策，除了继续坚持1999年提出的既保障基本生活又有利于克服依赖思想；公开、平等、民主；注重发挥家庭保障作用与发扬中华民族尊老爱幼、互助共济的传统美德；自食其力与广泛发动社会力量四方面原则外，还补充了最低生活保障资金的财政保障原则与属地管理原则。这两条原则的补充，对于一项社会政策与制度来讲，是最重要、最关键的补充。应该讲，作为一项社会政策，最根本也是最核心的环节与内容就是要明确资金来源渠道与政策实施主体。财政保障原则的提出，决定其政策性质是政府买单，是政府对农村社会救助的真正介入。属地管理原则的明确，是要求在财政保障原则基础之上的责任分担。这两条原则的提出与明确，表明M县的农村最低生活保障制度是政府财政保障的一项社会政策，是以县、乡（镇）为主、社会参与为辅的社会政策。

二是在保障对象与范围方面。M县1999年制定的农村最低生活保障政策规定了两条基本条件即只有拥有常住农业户口、家庭人均收入低于全县农村最低生活保障标准的居民才可以纳入农村最低生活保障范畴。由于当时政府担心符合最低生活保障条件人员过多，又对以上两方面条件作了进一步限制。进一步限制后农村最低生活保障对象最终变成了“三无”对象即无劳动能力、无法定赡养人或抚养人以及无依无靠、无生活来源的农村居民。这种“三无”对象也就是农村五保供养对象。将农村最低生活保障对象压缩为农村“三无”对象、与农村五保供养对象等同，既是对农村社会救助政策的混淆，也是为减轻农村最低生活保障资金压力所做的偷换概念的做法[①]。M 县 2006 年出台的农村最低生活保障政策，除了继续坚持户口与收入两条基本条件，将没有纳入农村五保供养范围的“三无”对象纳入农村最低生活保障对象外，还将因残疾、年老体弱、因家庭主要劳动力患有重病、死亡和遭遇不可抗拒的自然灾害造成自身无法维持基本生活、口粮田无法耕种且无其他经济来源的特困户纳入了农村最低生活保障范围[②]。在保障对象与范围上，应该说 2006 年 M 县出台的农村最低生活保障政策比 1999 年出台的农村最低生活保障试点政策大大拓宽了。在拓宽农村最低生活保障对象与范围的同时，M 县 2006 年出台的农村最低生活保障政策与 1999 年试点政策的不同之处是重视了农村最低生活保障对象的社会行为与政策行为表现。新政策规定，将有隐瞒财产等欺骗行为以及卖淫、嫖娼以及有违反计划生育政策等行为的农村家庭与人员进一步排除在最低生活保障范围之外（具体包括 10 方面人员）。对农村最低生活保障对象行为因素的重视，对 M 县来讲虽然不是实践的深化与直接经验的总结，但却是一种认识的深化与间接经验的吸取和政策制定眼界的进一步拓展。在这方面，虽然 M 县对具体行为内容的规定与 S 县规定的不完全一样，但对财产与行为因素的界定则是一致的。这说明，社会政策的制定环境已经不仅仅只讲究对贫困对象的保障，不仅仅只强调对保障对象资金与服务的支持与给予，还强调保障对象本身的行为表现。这表明，政策环境开始要求将保障对象应该履行的行为责任纳入了社会政策考虑范围。对农村最低生活保障对象行为与财产因素的重视，是国际社会政策对权利与义务同等对待思潮在中国影响的结果，也是社会保障资源稀缺的现实在政策制定方面的具体反映。

三是在保障标准与发放方式方面。1999 年 M 县确定的农村最低生活保障标准为年均 780 元，到 2007 年提高到年均 800 元。M 县 2007 年的农村最低生活保障标准相当于该县 1999 年农村最低生活保障标准的 103%，相当于 2007 年 S 县农村最低生活保障标准的 72.7%。M 县农村最低生活保障标准的提高速度（103%）远远比不上同期农民人均纯收入的增长幅度（198%[③]）。这种情况说明

① M 县 1999 年出台的政策将农村最低生活保障政策与农村五保供养政策完全等同的做法，比 1999 年 S 县出台的农村最低生活保障政策有过之而无不及。S 县当年确定的农村最低生活保障对象除了“三无”对象外，还包括军烈属与部分残疾人，还没有完全与农村五保对象等同。

② M 县农村最低生活保障的目标选择坚持收缩范围，保极端贫困者的做法，在主观上存在缩小救助面的意识，主张只救助那些极端贫困而又无法依靠自己摆脱贫困的人。这种收缩范围的做法，实质上是一种需求控制或者说管理照顾的做法。

③ 1999 年 M 县农民人均纯收入为 4158 元，2007 年农民人均纯收入为 8227 元。

了两方面问题：一方面说明M县农村最低生活保障标准的绝对值确实偏低。无论是横向比还是纵向比，M县的农村最低生活保障标准都是低的；另一方面说明了M县1999年制定的农村最低生活保障标准脱离了当时的县域经济实际。从这个角度讲，1999年M县的农村最低生活保障试点之所以最终没能搞起来，可能与当时确定的农村最低生活保障标准有一定关联。在农村最低生活保障待遇给付方面。1999年M县出台的试点政策按照城市最低生活保障做法，规定由农村最低生活保障对象每月凭最低生活保障证到乡镇领取最低生活保障金。2006年M县出台的农村最低生活保障政策在给付时间与方式上作了重大修改。由1999年按月领取改变为按季度分发最低生活保障资金。在给付方式上由“差多少补多少”改变为分档补助。按照30元与40元两个档次进行补助。在送达方式上，由1999年规定的最低生活保障户每月统一到乡（镇）领取农村最低生活保障金改由农村最低生活保障对象每季度按规定日期到户口所在乡（镇）人民政府领取保障金。特别针对一些年老体弱、行动不便不能领取农村最低生活保障资金的，强调由乡（镇）民政干事和村民委员会工作人员将农村最低生活保障资金送到最低生活保障户家中。重新修改后的农村最低生活保障给付方式，既与1999年M县的政策规定有重大不同，也与“差多少补多少”、每月补助一次的城市最低生活保障政策不同，还与S县的农村最低生活保障政策有所区别。这种不同与区别反映了M县对农村社会救助独特性的探索。应该说，这种探索，从总体讲是基于农村社会实际和贫困农民需要作出的。这种探索在创造本土化的农村最低生活保障模式、积累本土化的社会政策经验方面具有重大意义与价值。

四是在家庭收入核算方面。1999年M县的试点政策明确了应该纳入与不应该纳入家庭收入核算范围的内容。由于当时可以借鉴与参考的经验不多，对应该与不应该纳入收入核算项目与内容的规定比较粗，只有一个大概范围。相比之下，事隔7年之后M县于2006年出台的新政策则对应该与不应该纳入收入核算范围内容规定的比较具体、细致，对一些应该纳入或不应该纳入家庭收入核算的内容进行了调整。在应该纳入家庭收入核算内容方面，2006年M县出台的政策新增了有价证券、知识产权以及村（组）集体经济分配收入、因征地拆迁所获得的一次性补偿收入等方面内容。这些收入内容的增加，反映了随着城市化和农民市民化发展，农村居民收入来源日益多元化的现实。同时，在不应该纳入家庭收入核算内容方面，1999年规定只有定期、定量抚恤补助金不纳入收入核算范围。2006年M县在保留优抚金不纳入家庭收入核算范围基础上增加了各类奖励奖金（如见义勇为奖励资金、在校学生奖金、独生子女父母奖励金）、临时性救助金、因公（工）负伤或死亡给付费用、医疗救助金以及赡养、抚养、扶养费五类资金。将各类奖励资金不列入家庭收入核算，是在农村最低生活保障政策中对其他优惠政策的一种认可，也是对各类被奖励对象行为的一种肯定与弘扬。临时救济金是为解决燃眉之急支付的资金或服务。因伤（因病故）花费的医疗资金在目前的运行模式下是对已经消费的一种补偿。特别要指出的是，在1999年M出台的农村最低生活保障试点政策中，应该纳入家庭收入核算范围的赡养、抚养与扶养费却在2006年被列入不应该计算为家庭收入的项目范围。对收入范围的这种调整，既不符合有关法律法规，也不符合中华民族传统道德要求，是值得继续深入思考的大问题。这也从另一个角度说明，对应该纳入与不应该纳入家庭收入核算范围的项目，绝对不是加减法方面的数学问题，而是一个事关社会政策发展方向、事关社会政策价值走向的大问题。一项具体的社会政策，在塑造社会行为与社会价值方面具有重大影响与作用。

五是在资金筹集与管理方面。在这方面最大的变化不仅是量的而且是质的变化。正是资金筹集渠道上的质变，使农村最低生活保障制度真正在M县确立起来。M县于1999年出台的农村最低生活保障政策规定，农村最低生活保障所需资金由乡镇财政和村民委员会按3∶7比例分担，其中乡镇财政从乡镇统筹费中支付所需保障资金的30%，村委会从村公益金中支付所需保障资金的70%。乡财政部门加强对保障资金的管理和监督，确保资金专款专用，不被挤占、挪用，同时要接受财政与审计部门的检查、审计及社会监督。由于乡镇统筹资金与村公益金都是直接来源于农村居民收益，属于“三提五统”范畴，因此，这种资金筹集渠道其实质是一种“取之于民、用之于民”的农村居民自我筹资的渠道。各级政府只承担管理责任，不承担筹资责任。M县于2006年新出台的农村最低生活保障政策彻底改变了这种由农民承担主体责任的筹资模式。新政策规定，农村最低生活保障所需资金每年由县财政部门根据年初县民政部门提供的农村最低生活保障用款计划编制预算，实行专户管理，专款专用。财政、审计等部门要定期对最低生活保障资金管理和发放情况进行监督检查。乡镇人民政府将保障金发放明细上报县民政部门，县民政部门审核无误后，足额将保障金下拨给乡（镇）人民政府。农村最低生活保障所需资金主要由县财政列支。各乡镇街道的属地管理责任，主要体现为农村最低生活保障制度运行解决相应的工作经费。这种责任分担的格局继承了1999年确定的责任分担的形式框架。尽管责任的内容完全变了，责任的大小也不相同了，但各级政府在社会政策中的责任仍然存在。将农村最低生活保障筹资责任主体由农村居民转移到县人民政府，是M县农村最低生活保障筹资责任的一种革命性变革。这种变革，使农村最低生活保障制度性质由1999年的农村集体福利性质转变为真正的国家福利性质。

六是在程序管理方面。M县1999年规定的农村最低生活保障程序是从城市最低生活保障程序移植过来的。主要明确了申请、审查、复核与审批等环节内容。但总体看来，1999年M县出台的农村最低生活保障政策无论对程序的要求还是规定方面都比较粗略，不够细致。2006年M县出台的农村最低生活保障政策在保留这些基本环节、基本要求基础上，重点完善了三方面内容：一是建立了农村最低生活保障统计、通报与定期核查制度。对农村最低生活保障信息管理、情况通报形成了制度化管理。二是建立了动态管理机制。特别在政策中规定了动态管理形式即对农村最低生活保障对象的年度复查与随时抽查相结合的形式。明确了抽查比例以及抽查不合格处理办法。三是建立了农村最低生活保障奖惩机制。奖惩机制主要针对农村最低生活保障管理人员与农村最低生活保障对象。对于农村最低生活保障管理人员有不符合职业道德行为以及触犯法律法规行为，由民政部门会同监察部门给予行政处分，涉嫌犯罪的，移送司法机关处理。对于利用欺骗手段享受农村最低生活保障待遇的对象，由民政部门给予批评教育或警告，追回其冒领的款物。2006年M县在程序管理方面重点完善的这些内容，是对公开、公正与公平的原则的具体落实，也是保障农村最低生活保障阳光操作、规范运行的重大举措。

七是在实施主体方面。M县1999年出台的试点政策虽然明确了县人民政府统一领导、民政部门主管、其他部门配合、乡镇人民政府实施的农村最低生活保障管理体制，但由于责任主体在乡（镇）及乡（镇）以下的村民委员会，县人民政府没有切实承担起相应的“领导”责任，因此，制度难以真正运行起来。与这种管理体制不同，2006年M县出台的新政策，实行的不是“政府统一领导、民政部门主管、其他部门配合、乡镇人民政府实施”的农村最低生活保障管理体制，而是各级人民政府负责制。新政策明确将农村最低生活保障责任分配到了各级政府与部门，特别明确了县、乡（镇）与村委会三级组织的具体责任。这是一种明显的责任共担机制。在这种机制中，县人民政府承担了主体责任，其他组织只承担了辅助责任，农村最低生活保障制度反而能够真正运行起来。因此，一种制度能否真正运行，一项社会政策能否真正建立，其关键不在于文字上的体制框架，而在于实际中的各级组织承担的运行责任。特别是在目前的人事与财政管理体制下，政府层级越高，承担责任能力越强。任何一项社会政策，其承担主体责任的层级越高，越有可能使政策顺利运行。相反，承担主体责任的层级越低，制度就可能越难以运行与落实。这是M县农村最低生活保障制度兴衰的主要经验与教训。

7.4 制度效果分析

7.4.1 统计效果分析

M县的试点虽然与S县同步部署、同时安排，但政策的真正实施却是2006年。从2006年开始实施农村最低生活保障制度到2007年底，全县有412户952人纳入农村最低生活保障范围，支出最低生活保障资金35.79万元，月人均补助34元。具体实施情况见表57。

表57 M县2007年农村最低生活保障统计

<table>
<tr><td rowspan="13">保障情况</td><td colspan="2">最低生活保障户数</td><td>412</td><td rowspan="13">备注：M县农业人口总数为9.52万人。</td></tr>
<tr><td colspan="2">最低生活保障人数</td><td>952</td></tr>
<tr><td colspan="2">其中</td><td></td></tr>
<tr><td colspan="2">老年人</td><td>121人</td></tr>
<tr><td colspan="2">残疾人</td><td>79人</td></tr>
<tr><td colspan="2">孤儿</td><td>4人</td></tr>
<tr><td colspan="2">优抚对象</td><td>19人</td></tr>
<tr><td colspan="2">其他</td><td>729人</td></tr>
<tr><td rowspan="5">其中</td><td>因病致贫人数</td><td>124</td></tr>
<tr><td>因残致贫人数</td><td>79</td></tr>
<tr><td>因年老体弱致贫人数</td><td>121</td></tr>
<tr><td>因无劳动力致贫人数</td><td>320</td></tr>
<tr><td>因自然环境恶劣致贫人数</td><td>308</td></tr>
<tr><td colspan="3">1—12月最低生活保障资金累计支出（万元）</td><td>35.79</td><td></td></tr>
<tr><td colspan="3">年最低生活保障标准</td><td>800元</td><td></td></tr>
<tr><td colspan="3">月人均补差额（元）</td><td>34</td><td></td></tr>
</table>

资料来源：M县农村最低生活保障统计报表。

表57显示：

（1）在2007年的最低生活保障人群中，老年人（121人）占总保障人数的12.7%；残疾人（79人）占8.3%；孤儿（4人）占0.42%；优抚对象（19人）

占2%；其他（729人）占76.6%。其中，因病致贫占13%；年老体弱占12.7%；因残致贫占8.3%；因无劳动能力致贫占33.6%、因自然环境恶劣占32.4%。在致贫原因中，与S县因病、因残致贫人员占主要致贫原因不同，无劳动能力与自然条件恶劣两个因素成为M县最低生活保障户的主要致贫因素（占总致贫因素的66%）。家庭特征与自然特征成为同等重要的致贫要素。

（2）2007年共有412户952位农村最低生活保障对象，最低生活保障户数与人数之间的比例为1∶2.31。1999年M县出台的农村最低生活保障试点政策明确将保障对象定为农村“三无”对象，也就是鳏寡孤独。鳏寡孤独的户数与人数之间的比例基本为1∶1左右。2007年最低生活保障户数与人数之间的比例要大于1999年政策规定的最低生活保障对象户数与人数之间的比例，与2006年M全县农村村民户数与人数平均比例1∶3.093相比，差距不大。农村最低生活保障对象上的变化说明，与S县在农村最低生活保障对象发生变化的一致，M县的农村最低生活保障政策也发生了从以农村“三无”对象为主转变到以农村一般贫困人口为主的巨大变化①。M县的农村最低生活保障对象已经不是1999年试点政策规定中的“三无”对象，而是包容了“三无”对象的一般的、普通农村贫困家庭。

表58　M县家庭人口情况（单位：户、人）

M县			
年份	户数	人数	户均人数
1998	45538	159366	3.500
1999	47677	161174	3.381
2000	48382	170586	3.526
2001	50321	163862	3.256
2002	50816	165307	3.253
2003	51700	167000	3.230
2004	53200	169300	3.182
2005	54400	169700	3.119
2006	55100	170400	3.093

资料来源：根据M县历年统计数据整理。

① 这些人员都属于“不救不活”的群体，除了国家救助，否则难以解决温饱问题。

（3）2007 年 M 县农村最低生活保障标准为 800 元，相当于全国农村最低生活保障标准（1032 元）的 77.5%，相当于新疆维吾尔自治区农村最低生活保障标准（年人均标准 700 元）的 114.3%。2007 年 M 县农村人均纯收入是 8227 元。2007 年农村最低生活保障标准相当于当年农村居民人均纯收入（8227 元）的 9.7%，相当于全国人均纯收入（4140 元）的 19.3%。从历史角度看，1999 年 M 县的农村最低生活保障标准为 780 元，农民人均纯收入为 4158 元。1999 年的农村最低生活保障标准相当于当年农村居民人均纯收入的 18.8%。与这个比例水平相比，2007 年 M 县农村最低生活保障标准不仅没有提高反而下降了 48.4%。

（4）2007 年 M 县农村最低生活保障补助水平为月人均 34 元，相当于全国同期月人均补助（30.8 元）水平的 110.4%，相当于新疆维吾尔自治区月人均（23.06 元）补助水平的 147.4%。

（5）2007 年 M 县农村最低生活保障标准（年均 800 元）虽然高于全国农村绝对贫困标准（693 元），但低于全国农村相对贫困标准（958 元）。虽然从标准角度看，M 县消除了农村绝对贫困，但缓解农村相对贫困还有很长的路要走。

7.4.2　深度访谈分析

我们带着与访谈 S 县时的问题，对 M 县的农村最低生活保障对象、普通农村村民以及部分民政干部进行了访谈。共访谈 33 人。访谈情况见表 59。

表 59　M 县农村最低生活保障制度访谈情况汇总

	问题	调查情况
最低生活保障户11户	1. 贫困原因	10 户因病、1 户有智障享受最低生活保障
	2. 最低生活保障制度了解途径	11 户都是通过村干部宣传知道的
	3. 最低生活保障申领程序	7 户由村干部代写（不清楚）、3 户不清楚、1 户清楚
	4. 制度是否透明	11 户透明、怎么透明不清楚
	5. 是否愿意申领最低生活保障	11 户都愿意
	6. 存在问题	11 户无
	7. 最低生活保障制度评价	11 户好

续表

	问题	调查情况
农村居民12户	1. 最低生活保障制度了解途径	全部是通过户村干部宣传了解的
	2. 最低生活保障申领程序	9户不清楚、3户知道申领程序
	3. 制度是否透明	8户认为透明、2户不太清楚、2户没有意见
	4. 是否愿意申领最低生活保障	6户愿意申请、1户没有想过、2户不好意思、3户说真到那时再说吧
	5. 存在问题	8户无问题、4户补助的钱少了点
	6. 对最低生活保障制度的评价	12户都认为好
民政干部10人	1. 工作岗位	3名最低生活保障干部、2名救助干部；社团、老龄行政各一名、3名乡民政干事（兼残联工作）
	2. 最低生活保障成绩	8名干部认为制度保障群众生活，临时救济也得到了规范，其他2位认为不太清楚
	3. 最低生活保障制度存在问题	工作量大、人数较少；保障标准低；制度不规范（8名）；执行制度不严
	4. 对最低生活保障制度的总体评价	10名给予肯定
	5. 最低生活保障制度需改进地方	编制少、经费少；保障标准低、上级补助少、救助标准低；申请程序有些复杂

从表59显示：

1. 最低生活保障户对农村最低生活保障制度的评价。共访谈了11户农村最低生活保障户，占访谈总数的33.3%。围绕贫困原因等七方面问题进行了访谈：(1) 关于贫困原因。访谈11户农村最低生活保障对象，有10户是因病致贫被纳入农村最低生活保障范围，1户是因为智障原因享受农村最低生活保障。(2) 关于了解最低生活保障制度途径。11户都是通过村干部宣传知道的。村干部的宣传作用起到了100%。与S县除村干部宣传作用外还可以通过收音机与电视机了解农村最低生活保障制度情况不同，M县的农村最低生活保障户主要通过村干部了解农村最低生活保障制度。(3) 关于最低生活保障申领程序。在11户被访最低生活保障户中，有10户对申领程序不清楚。只有1户表示清楚最低生活保障程序。对程序不清楚人数达到90.9%。对程序清楚的人只占9.1%的比例。M县对申领程序不清楚的人员比例高于S县（不清楚率为76.9%）。(4) 关于制度是否透明。11户最低生活保障户都认为制度是透明的，占100%。但对怎么透明并不太清楚。(5) 关于对申领最低生活保障的态度。11户表示愿意申请领取最低生活保障。愿意申领最低生活保障的人 100%。农村最低生活保障对象的这种态度与 S 县的最低生活保障对象的态度是一致的。(6)关于存在问题。11 户最低生活保障户一致认为农村最低生活保障制度没有问题。(7)关于对最低生活保障制度的评价。11 户农村最低生活保障户都认为最低生活保障制度好。满意率达到 100%。总体讲，M 县农村最低生活保障对象对最低生活保障制度的评价和知晓率与 S 县基本一致，正面评价占主体和绝对多数，负面评价极少。两县在访谈情况方面最大的不同在于农村最低生活保障户对最低生活保障政策的了解渠道与最低生活保障户对申领程序的知晓程度。S 县的农村最低生活保障户了解制度的渠道多一些，但 M 县的村干部作用发挥大一些。S 县的农村最低生活保障对象对申领程序熟悉程度高一些，M 县的农村最低生活保障对象对最低生活保障程序陌生一些。

2. 普通村民对最低生活保障制度的评价。在 M 县共访谈了 12 户普通村民，占访谈总数的 36.4%。对普通村民访谈主要围绕六方面问题展开：(1)关于了解最低生活保障制度的途径。所有被访谈对象都是通过户村干部的宣传了解到的。与最低生活保障户对农村最低生活保障政策的了解渠道一致。(2)关于最低生活保障申领程序。在 12 户普通村民中有 9 户不清楚最低生活保障程序，只有 3 户知道。普通村民对最低生活保障程序的知晓率为 25%。这种知晓率比农村最低生活保障户要高一点，但比 S 县要低一点。两县农村普通村民对最低生活保障政策有一定知晓，但了解程度不高、不深。(3)关于制度是否透明。在 12 户最低生活保障对象中，有 8 户认为制度透明，2 户不太清楚、2 户没有意见。认为制度透明的比例为 66.7%。比最低生活保障户对制度透明的评价比例要低一些。(4)关于对申领最低生活保障的态度。在 12 户普通村民中，有 6 户愿意申请最低生活保障，1 户没有想过，2 户不好意思，3 户说真到那时再说。愿意申请最低生活保障的户数占总户数的 54.5%。因为面子问题不愿意领取最低生活保障待遇的家庭占总户数的 18.2%。(5)关于存在问题。在 12 户普通村民中，有 8 户认为最低生活保障制度没有问题，4 户认为最低生活保障补助资金少了点。认为最低生活保障没有问题的评价占 66.7%(认可率)。与对制度是否透明的评价比较一致。(6)关于对最低生活保障制度的评价。受访的 12 户村民，普遍认为最低生活保障制度好。普通村民对最低生活保障制度的正面评价达到 100%。M 县村民对最低生活保障制度的认可程度比 S 县的村民要高。

3. 民政干部对最低生活保障制度的评价。在 M 县共访谈了 10 名不同岗位的民政干部。其中，3 名最低生活保障干部、2 名救助干部；社团、老龄行政各 1

名、3名乡民政干事（兼残联工作）。占M县访谈总人数的30.3%。这些干部围绕最低生活保障成绩四方面问题做了回答：（1）关于最低生活保障成绩。8名干部认为最低生活保障制度保障了困难群众基本生活，临时救济也得到了规范。其余2名干部表示对这项工作不太熟悉。对最低生活保障制度的肯定率为80%。（2）关于最低生活保障制度存在问题。有8名干部认为存在四方面问题：一是工作量大与工作人员较少之间的矛盾；二是存在保障标准偏低的问题；三是存在制度不太规范的问题。有2名干部认为存在执行制度不严的问题。前三方面问题与S县干部反映问题比较一致。不太一致的地方是M县的干部还认为最低生活保障制度有落实不够、执行制度力度不足问题。（3）关于对最低生活保障制度的总体评价。10名被访干部对最低生活保障制度给予充分肯定，认可率100%。（4）关于最低生活保障制度需改进地方。多数干部普遍认为最低生活保障制度在三方面需要做进一步改进：一是要尽改变编制少与工作经费少的问题；二是要改变保障标准低与上级补助少的问题；三是要改变申请程序烦琐、复杂的问题。

从对M县农村最低生活保障对象、普通村民以及民政干部三方面家庭与人员的深度访谈，我们可以归纳四点：（1）M县的农村居民了解一些最低生活保障制度，但程度不深。特别是对最低生活保障制度的具体程序知之甚少。（2）M县农村村民对农村最低生活保障政策的了解途径单一。100%村民与最低生活保障对象都是通过村干部宣传了解农村最低生活保障政策的。（3）M县的村干部在宣传农村最低生活保障制度方面的作用无可替代。农村最低生活保障宣传与落实主体是农村村委会干部。M县的村干部在这方面的作用要大于S县。（4）M县广大村民与民政干部对农村最低生活保障的认可率要高于S县。三方面受访对象都一致认为最低生活保障政策好，认可率100%。无疑，这种高认可率为M县继续实施农村最低生活保障制度打下了强大的社会支持基础。

7.4.3 存在问题分析

尽管从发展看，M县农村最低生活保障制度建设可以追溯到20世纪90年代末，但其真正实施却是2006年以后的事情。从2006年建制至今，M县实施农村最低生活保障制度不到两年时间。这段时间，农村最低生活保障在解决广大农村贫困群体生活问题，促进社会融合与发展的同时，也存在一些需要引起注意的问题。

一是制度实施过程问题。主要包括两个问题。首先是目标定位问题。目标定位的关键与核心是家庭收入核算问题。虽然 M 县对计入农村家庭收入范围和不计入家庭收入的种类等做了明确规定，但实事求是地说，上述规定在实际操作中依然难以掌握。第一，测算家庭人均纯收入范围难以确定。M 县是传统农业大县。由于农业收入类别多样以及农村经济收入复杂，在界定收入时各地口径往往不一。同时，由于 M 县农区乡镇以种植棉花、番茄等经济作物为主，在牧区以畜牧业为主。究竟应该将哪些作物纳入家庭核算范围难以确定。第二，测算农作物价格标准难以统一。一些农作物在市场上没有流通，没有人或者极少人买卖。没有变成商品的作物，没有可以参照的比价。在市场经济条件下，商品价格主要受供求关系调节。供求变化多样导致市场价格波动频繁。急剧变化的市场情况与相对静止的农作物价格测算之间难以和谐一致。价格不太稳定，导致农村最低生活保障对象家庭收入测算不太准确、不太公平、不太合理。第三，生产资料与生活资料难以区分。这个问题在 M 县牧区表现特别明显。三个牧业乡种植苜蓿。对人来讲，苜蓿是生产资料也是生活资料。苜蓿刚生长时，其嫩芽人可以吃。从这个角度讲，苜蓿是生活资料。但苜蓿长老了，人不能吃了，则是牲畜的饲料。从这个角度讲，苜蓿是人的生产资料，对牲畜来讲，却是生活资料。对这种既是生产资料又是生活资料的农作物，收入怎么测算是一个大问题①。第四，家庭成员及收入难以界定。除了家庭收入测算之外，在目标定位中还有一个重要方面就是受益资格的确定。虽然婚姻法对亲属关系作了明确规定，但在现实生活中往往难按照法律给予合理认定。特别是涉及一些利益关系时，常常受到当地习俗影响。我国现行的法律制度明文规定子女及（外）孙子女有赡养其父母、祖（外）父母的义务，但在 M 县现行的农村生活习俗中，往往只把儿子作为赡养义务人，而把有赡养能力的女儿（特别是出嫁）、（外）孙子女等人员不作为赡养义务人。其次是服务递送问题。在服务递送中，最基本的是服务递送的主体即农村最低生活保障工作人员的数量与质量。县乡两级从事农村最低生活保障管理人员只有 15 人，其中专职人员 2 名，其余是兼职或临时聘用人员。M 县 13 个乡（镇、场、站）平均每个乡镇只有 1 名工作人员。平均每名工作人员承担了 7325 位②农村人口服务和 73 名农村最低生活保障对象管理任务。一些工作人员，在完成农村最低生活保障对象受理、审核上报等工作同时，还担负着救灾、优抚、民间组

---

① 柳拯：《社会管理与社会救助论：政策与实务的视角》，中国劳动社会保障出版社，2008 年 1 月，第 102 页。

② M 县 2007 年农村总人口 9.52 万人，以现有的 15 名农村最低生活保障工作人员计算，每 1 名工作人员要承担 7325 人的工作量。

织管理、社会事务管理等多项职责。面对这么繁重的工作任务，农村最低生活保障工作人员数量严重不足。除了履行一些必需的工作手续外，很难有时间、有精力去提高管理质量与服务水平。

二是制度政策设计问题。农村最低生活保障政策是一件新生事物。特别对M县来讲更是这样。目前，M县实施的农村最低生活保障政策，基本上是遵循城市最低生活保障路子，在对象确定、资金筹集、程序管理、家庭收入核算方式方法等方面照搬城市最低生活保障的做法。比如，在保障对象方面，主要套用城市最低生活保障家庭收入核算办法，以收入线确定保障对象与范围。由于农村缺乏家庭收入核算的基本条件和社会基础，家庭收入核算容易产生不全面、不公平、不合理等问题。在保障内容方面，现在全部以现金为主发放最低生活保障待遇。其实，对于一些偏远的农村牧区居民来讲，发放一点微不足道的现金远远不如发放实物便利、管用与实惠。在资金筹集方面，常常容易走入极端。在20世纪90年代初开展农村最低生活保障试点时，由于担心资金压力大，M县把资金筹集责任下放到乡镇与村民委员会，县级财政则采取积极不介入办法，远离农村最低生活保障责任。中央政府正式介入农村最低生活保障制度后，M县却反过来出现了推卸乡镇与村民委员会的责任，农村最低生活保障资金筹集、服务递送等责任都交到了县级以上政府。特别在服务递送方面，对最低生活保障对象过于强调在固定地点、固定时间领取最低生活保障资金，对管理人员缺乏主动服务要求等问题。由于农村情况与农民问题的特殊性，如何寻找一种符合农村实际需要的最低生活保障制度发展模式，是M县面临的重大挑战。

三是制度实施效果问题。在这方面最大的问题就是充足性问题。M县2006年基本食物消费支出为1174元（表60），M县农村最低生活保障标准相当于基本食物消费支出的68.1%，相当于城市最低生活保障标准的47.3%（表61）。这说明了两方面问题：一方面M县的农村最低生活保障标准确实偏低，难以解决基本食物消费支出，难以满足最低生活保障对象基本生活需要；另一方面M县城乡最低生活保障标准之间的重大差异反映出城乡居民的不平等、不公平。农村最低生活保障标准的充足性问题带来了保障范围偏窄以及应保未保问题。M县2007年应该纳入农村最低生活保障范围的农村村民为1144名，实际纳入保障范围952人，保障率为83.2%，还有16.8%的农村贫困对象处于“最低生活保障无份”的困难境地。

表 60　M 县 2006 年农村居民基本食物消费支出与最低生活保障标准的比较

名称	农村住户生活消费总支出（元）	农村居民恩格尔系数	基本的食物消费支出（元）	农村最低生活保障标准（元）	两者之比
新疆区	2032	39.90%	810.7	—	—
M 县	3191	36.80%	1174	800	68.1%

资料来源：《2007 昌吉统计年鉴》、《新疆维吾尔自治区统计年鉴——2007》。

表 61　M 县农村最低生活保障标准与城市标准和农村居民收入比较

城市最低生活保障标准（元）	农村最低生活保障标准（元）	农村与城市标准之比	农村居民人均纯收入（元）	农村最低生活保障标准与居民收入之比
1692	800	47.3%	8227	9.7%

资料来源：《M 县 2007 年城市、农村最低生活保障季报表》；《M 县年鉴——2007》。

第8章 S县、M县问卷调查分析

前两章通过案例研究方法，客观展现了S县、M县农村最低生活保障制度建制背景、发展过程以及实施效果，本章通过问卷调查方式，进一步分析农村最低生活保障制度在两县的实施效果。

8.1 农村低保户界定

主要从内涵与外延两个角度界定农村低保户概念。

8.1.1 定义

“农村低保户”是农村最低生活保障户的简称。农村低保户，一般指的是家庭年人均纯收入低于农村最低生活保障标准且已经纳入农村最低生活保障范围的家庭。这个概念包括两方面含义：第一，农村最低生活保障户是家庭年人均纯收入低于当地农村最低生活保障标准的家庭。农村最低生活保障作为一种以收入定补助的收入支持制度，家庭收入是衡量一个家庭是否为最低生活保障户的主要条件。但是，仅有收入是不够的。收入是纳入保障范围的重要条件，但不是唯一条件。除了收入之外，还有户籍以及行为等因素限制。在现实中，由于资源不足，政策实施者常常设置需求限制与管理照顾控制保障人数。同时，农村最低生活保障待遇坚持的是自愿申请制度。如果一个家庭主观上没有申请最低生活保障待遇的意愿，即使家庭收入低于农村最低生活保障标准，也不能纳入保障范围，成为最低生活保障户。第二，农村最低生活保障户是已经纳入农村最低生活保障范围的家庭与人员。与收入低于最低生活保障标准并不能一定纳入最低生活保障范围一样，已经纳入农村最低生活保障范围的家庭也不一定都是收入低于农村最低生活保障标准的家庭。由于现实中的客观差错以及政策实施人员主观上的优亲厚友，一些家庭收入并不低于保障标准、且不符合最低生活保障条件的农村居民也常常成为农村最低生活保障户。由于现实中存在符合最低生活保障条件人员不一定能够纳入最低生活保障范围以及纳入最低生活保障范围不一定符合最低生活保障条件两种特殊情况，为分析方便，本项研究主要将农村最低生活保障户定义为凡纳入农村最低生活保障范围的家庭统称为农村最低生活保障户。从这个角度定义的农村最低生活保障户与家庭收入多少没有直接关系。

8.1.2 农村最低生活保障户与其他农村贫困群体的关系

在农村除了最低生活保障户之外，还有其他农村贫困群体。主要有两类：第一类是农村五保户。根据国务院2006年新颁布的《农村五保供养工作条例》，凡符合“三无”［没有劳动能力、没有经济来源、没有抚（扶）、赡养人即使有抚（扶）养、赡养人也没有抚（扶）、赡养能力的家庭与人员］条件的家庭与人员，统称为农村五保户。农村五保户是农村社会救助的传统对象。这类保障对象又称为农村“三无”对象。第二类是农村特困户。根据国务院及主管社会救助工作的民政部文件，一般把因病、因残、年老体弱、因缺乏劳动能力以及因自然条件恶劣造成常年生活困难的农村贫困人口称为特困户。2007年国务院出台的农村最低生活保障政策要求把这类人员作为重点对象纳入农村最低生活保障范围。因此，2007年6月在全国正式建立农村最低生活保障制度后，有关部门在当年宣称在农村已经消灭了特困户。其实，这种宣告过于简单与轻率。农村最低生活保障制度并不是随时申请、随时审批的制度。在实际工作中，有一年审批一次的，有半年审批一次的，还有一个季度审批一次的。由于自然原因或因病、因残、因年老体弱、因伤丧失劳动能力等社会原因陷于生活困难的家庭，在没有纳入农村最低生活保障范围成为最低生活保障对象之前，其家庭生活仍然处于常年困难或者不救不活的境地，仍然是农村特殊困难对象，也即我们常常讲的特困户。这些人员没有纳入农村最低生活保障范围之前，一般纳入临时救济范围，享受临时救济待遇。因此，我们在开展本项调查时，对凡纳入临时救助范围的家庭，也统称为特困户。对于享受临时救济待遇的农村特困户，有的是常年贫困生活困难的；有的是由于临时付出大笔支出等原因陷于生活困难的。对于由于临时消费支出导致贫困的家庭，与收入没有直接关联。其实，从目前农村最低生活保障标准看，由于保障水平过低，即使享受农村最低生活保障待遇，其生活仍然拮据，仍会处于常年困难之中。为对照比较农村最低生活保障户的生活状况，我们在本项研究把这两部分人员或家庭以及一些普通家庭也纳入了调查范围。

根据农村低保户、五保户与特困户定义，我们将凡是纳入农村社会救助范围的农村村民家庭，统称为“农村贫困户”。换言之，农村贫困户是农村低保户、农村五保户与农村特困户的统称。

8.2 样本户特征

在本项研究中，我们调查了1050户样本户。对这些样本户可以从样本户类型、住户人数与规模、人群特征与户主特征四个角度进行细分。

8.2.1 样本户类型

我们把样本户分为四类即农村最低生活保障户、农村五保户、农村特困户与普通农户。从实际调查问卷看，农村最低生活保障户（393户）占样本户总数的37.4%；农村五保户（126户）占样本户总数的12%；农村特困户（126户）占样本户总数的12%；普通农户（405户）占样本户总数的38.6%。其中，S县的农村贫困户（409户）占本县总样本户（518户）的79%；M县的农村贫困户（236户）占本县总样本户（532户）的44.4%；两县农村贫困户占总样本户的61.4%（表62）。

表62 S县与M县样本户类型（户）

农户类型	S县住户数	M县住户数	总计	比例（%）	累计（%）
最低生活保障户	244	149	393	37.4	37.4
五保户	83	43	126	12	49.4
特困户	82	44	126	12	61.4
普通农户	109	296	405	38.6	100
总计	518	532	1050	100	100

8.2.2 住户人数与规模

在1050户样本户中，有总人口2983人，住户平均规模为2.84人。其中，S县家庭平均规模为2.59人，M县家庭平均规模为3.08人（表63）。

表63 S县与M县样本人数与住户规模

变量	总计	S县	M县
住户（户）	1050	518	532
人数	2983	1342	1641
住户规模（人）	2.84（平均）	2.59	3.08

8.2.3 样本人群特征

从男女性别划分，两县男性平均为51.07%，男女比例比较协调。其中S县的样本户中男性占49.12%，稍微少于女性；M县男性比例高于女性比例，占总人数的52.62%。从年龄结构看，在2983位农村村民中，18岁以下农村村民占20.6%；18～45岁的农村村民占44.82%；46～65岁的农村村民占22.24%；65岁以上的农村村民占12.33%。其中，S县与M县的样本人口中，在18岁以上至65岁之间的人员比例差不多，占样本总人数的67%左右。从受教育年限划分，在2983位农村村民中，未上过学的村民占18.67%；受过小学教育的村民占36.02%；受过初中教育的村民占33.82%；受过高中教育的村民占8.18%；受过大学以上教育的村民占3.31%。其中，S县受过初中（含初中）以上教育的村民比例为35.24%，M县受过初中（含初中）以上教育的人数比例为53.19%；S县样本人数中受过小学教育以下人员的比例为64.85%，M县受过小学以下教育水平的人数比例为46.81%。同时，在样本人口的文盲比例中，S县样本人口中的文盲比例（25.79%）比M县高将近一倍（13.14%）①（表64）。

表64 S县与M县样本人群特征（性别、年龄结构与受教育情况）

人群特征	总计	S县	M县
男（%）	51.07	49.12	52.62
年龄结构			
18岁以下（%）	20.6	20.32	20.83
18～45岁（%）	44.82	42.86	46.42
46～65岁（%）	22.24	24.37	20.52
65岁以上（%）	12.33	12.45	12.24
受教育情况			
未上过学（%）	18.67	25.79	13.14
小学（%）	36.02	39.06	33.67
初中（%）	33.82	28.64	37.84
高中（%）	8.18	4.56	10.99
大学及以上（%）	3.31	1.95	4.36

① 根据西奥多·W·舒尔茨对农村经济的研究成果，受教育情况能够影响配置能力。配置能力作为一种效益最大化能力，其水平高低直接影响资源配置效益364。M县农村人均收入之所以一直高于S县，稳居新疆首位，可能与其受教育年限密切相关。但由于S县与M县两县的抽样农户类型并不对等，一定程度上缺乏可比性。同时，对配置能力的研究不属于本文范围，故只提出问题，不作进一步深究。有兴趣的朋友可以参看本人的硕士论文《论配置能力研究》。

8.2.4 样本户主特征

可以从年龄、性别与受教育年限三个角度分析1050户农户户主。从性别角度看，S县与M县的户主79.47%为男性，其中S县的男性户主比例只占69.15%，M县男性户主比例占87.87%。在以男性为主的中国文化中，男性户主比例高低一定程度反映了样本户家庭残缺情况[①]。由于M县被调查的普通农户比例高于贫困户，残缺家庭比例相对低些；S县贫困户比例高于普通农户，反映在户主方面男性比例相对较低。贫困户中男性户主的比例高低，从一定角度反映出缺乏劳动力是农村致贫的原因之一。从户主年龄特征看，18岁以下年龄户主，S县与M县平均为0.47%，其中S县的比例（0.51%）高于M县（0.43%），这说明S县的孤儿比M县的比例高。18岁以上至65岁之间的户主，两县平均为74.65%，其中S县的比例（71.62%）比M县的比例（77.18%）要低。S县65岁以上的户主比例（27.88%）比M县（22.39%）要高。从户主受教育情况看，两县户主受过中小学（含小学与文盲）教育以下水平的为67.92%，高于总样本人数中受小学以下教育人数的比例（54.69%）。其中，S县的样本户户主中接受过小学以下教育（含文盲）的户主比例（85.82%）远远高于M县接受小学以下教育的样本户户主比例（53.48%）；两县户主中接受过初中以上教育的人员比例为32.09%，其中S县的户主受过初中以上教育的比例为14.17%，大大低于M县户主受过初中以上教育的比例（46.51%）。S县样本户户主中孤儿与老人比例高、受教育程度低的情况，说明其农村社会救助的压力以及可扶持的难度比M县要大。特别表现在S县的教育救助（孤儿需要受教育）与医疗救助（老年人发病概率高于其他人）的压力要大于M县（见表65）。

表65 S县与M县样本户户主特征（性别、年龄结构与受教育情况）

户主特征	总计	S县	M县
年龄特征			
18岁以下（%）	0.47	0.51	0.43
18～45岁（%）	34.65	27.37	40.72
45～65岁（%）	40	44.25	36.46

① 这种情况比较复杂。一般正常家庭以男性为主。由于再婚、城乡男女结婚等情况出现也可能导致以女性为户主。

续表

户主特征	总计	S县	M县
65岁以上（%）	24.88	27.88	22.39
性别情况男（%）	79.47	69.15	87.87
受教育情况未上过学（%）	26.7	40.68	15.43
小学（%）	41.22	45.14	38.05
初中（%）	24.47	12.07	34.46
高中（%）	7.03	2.1	10.99
大学及以上（%）	0.59	0	1.06

8.3 农村贫困特征

人们可以从政治、经济、文化以及哲学等角度分析农村贫困。无论怎么定义农村贫困，从收入与消费角度理解的农村贫困是最直观、最直接的理解。西勃海姆认为，“如果一个家庭的总收入不足以取得维持仅仅是物质生活所必备的需要，那么，该家庭就是处于贫困状态。”① 从这个角度看，农村贫困主要表现为收入与消费上的不足。本项调查②从过去一年来农村住户的收入、消费、贫困户与非贫困户之间的收入水平三个方面分析农村贫困。

8.3.1 农村住户收入特征

本研究将农户家庭收入分为六方面即农业生产性收入（包括农林牧渔等所有自家经营的活动）、出售农副产品收入（包括家禽等副产品）、自家工商经营性收入（包括家庭作坊、商店、餐饮及个体买卖）、工资性收入（包括所有从其他雇主那里获得报酬的收入）、出租房屋以及社会救助方面的收入。社会救助包括所有从政府获得的各种帮助，具体包括五部分即农村五保供养、农村最低生活保障或特困户生活等救助；医疗救助（包括医院直接减免和看病后报销经费）、医疗保险（包括通过合作医疗获得的医院直接减免或看病后报销的资金）、教育救助（包括减免和现金资助的托幼、学杂费、资助子女上大学等费用）以及其他社会救助（包括各种抚恤金、残疾人生活补助、独生子女补助等）。

---

① 李秉龙：《中国农村贫困、公共财政与公共物品》，中国农业出版社，2004年，第1页。

② 具体实施调查时间为2007年。

表 66　S 县与 M 县人均家庭收入与水平（单位：元）

家庭类型	总计	S 县	M 县
除救助之外的其他家庭收入贫困户	1177.80	1142.89	1238.31
非贫困户	8431.47	4001.48	10062.79
最低收入户（20%以下）	137.96	167.85	97.32
中等偏下户（20%～40%）	861.05	877.64	824.37
中等收入户（40%～60%）	1575.87	1574.74	1577.98
中等偏上户（60%～80%）	3761.92	3525.35	3967.36
最高收入户（80%～100%）	13690.07	11385.78	13896.24
救助收入人均收入	394.77	432.20	358.32
贫困户收入	607.36	531.23	739.31
非贫困户收入	56.20	60.64	54.56
最低收入户（20%以下）	959.26	772.95	1212.56
中等偏下户（20%～40%）	366.15	415.16	257.73
中等收入户（40%～60%）	337.50	273.63	455.61
中等偏上户（60%～80%）	247.76	321.27	183.93
最高收入户（80%～100%）	60.23	58.53	60.38

从表 66 可以看出：

（1）农村贫困户与非贫困户之间收入差距很大。S 县、M 县农村贫困户的年人均纯收入为 1177.80 元。其中，S 县农村贫困户年人均纯收入为 1142.89 元，M 县农村贫困户年人均纯收入为 1238.31 元。S 县、M 县非贫困农户年人均纯收入为 8431.47 元。其中，S 县的农村非贫困户年人均纯收入为 4001.48 元；M 县农村非贫困户年人均纯收入为 10062.79 元。两县农村贫困户年人均纯收入只相当于非贫困农户的 14%，或者说非贫困农户年人均纯收入是贫困农户年人均纯收入的 7.15 倍。其中，S 县贫困农户年人均纯收入只相当于非贫困农户的 28.6%，或者说非贫困农户收入相当于贫困农户收入的 3.5 倍；M 县贫困农户年人均纯收入只相当于非贫困农户的 12.3%，或者说非贫困农户收入相当于贫困农户收入的 8.13 倍。M 县贫困户与非贫困户之间的年人均纯收入差距要大于 S 县。

（2）高收入组与其他收入组之间家庭收入相差悬殊。从最低收入户到最高收入户人均收入分别为 137.96 元（最低收入户）、861.05 元（中等偏下户）、1575.87 元（中等收入户）、3761.92 元（中等偏上户）、13690.07 元（最高收入户）。其中，20%的最高收入户年人均纯收入相当于 20%的最低收入户年人均纯收入的 99.2 倍，相当于中等收入户（40%～60%）年人均纯收入的 8.69 倍。其中，S 县 20%的最高收入户的年人均纯收入相当于 20%的最低收入户的 67.8 倍，相当于中等收入户（40%～60%）年人均纯收入的 7.23 倍；M 县 20%的最高收入户的年人均纯收入相当于 20%的最低收入户的 142.8 倍，相当于中等收入户（40%～60%）年人均纯收入的 8.8 倍。

（3）社会救助收入在集中向贫困户和最低收入户倾斜的同时，也向非贫困户和最高收入户滴漏。两县贫困户得到的社会救助资金平均为 607.36 元，其中 S 县贫困户得到 531.23 元，M 县的贫困户得到 739.31 元；两县非贫困户得到社会救助资金平均为 56.2 元，其中 S 县的非贫困农户得到 60.64 元，M 县的贫困农户得到 54.56 元。两县贫困户获得的社会救助资金是非贫困农户的 10.8 倍，其中 S 县贫困农户获得的社会救助资金是非贫困农户的 8.76 倍，M 县贫困户获得的社会救助资金是非贫困农户的 13.55 倍。按照五个层次划分收入户，两县最高收入户与最低收入户获得社会救助资金基本呈反向走势。从最低收入户到最高收入户获得的社会救助资金依次为 959.26 元（最低收入户）、366.15 元（中等偏下户）、337.50 元（中等收入户）、247.76 元（中等偏上户）、60.23 元（最高收入户）。其中，S 县从最低收入户到最高收入户获得的社会救助资金依次为 772.95 元（最低收入户）、415.16 元（中等偏下户）、273.63 元（中等收入户）、321.27 元（中等偏上户）、58.53 元（最高收入户）；M 县从最低收入户到最高收入户获得的社会救助资金依次为 1212.56 元（最低收入户）、257.73 元（中等偏下户）、455.61 元（中等收入户）、183.93 元（中等偏上户）、60.38 元（最高收入户）。两县最低收入户（20%以下）获得的救助资金是最高收入户的 15.9 倍，是中等收入户的 2.84 倍。其中，S 县最低收入户获得的社会救助资金是最高收入户的 13.2 倍，是中等收入户的 2.82 倍；M 县最低收入户获得救助资金是最高收入户的 20 倍，是中等收入户的 2.66 倍。这说明，在 S 县中等偏上户获得的社会救助资金要高于中等收入户，在 M 县则是中等收入户获得社会救助资金仅次于最低收入户。

8.3.2　农村住户消费特征

本项研究将家庭消费分为二十多项，列入消费范围。具体包括米、面、杂粮

（含粮食制品与半成品）；蔬菜、水果；蛋、奶、奶粉；肉、禽类和水产品；食用油、盐、调料；糖果、糕点；烟酒、茶叶、饮料；在外餐饮；房租、水、电、煤气；洗澡、理发、护理、美容；日常消耗品（包括洗涤用品、护理及化妆品、卫生用品）；床上用品、其他家庭用品（包括饮食用具、厨房工具和其他小型家用工具等）；家用电器、家具、房屋装饰用品；交通工具；服装、鞋帽；儿童玩具、体育用品；子女教育费（包括学杂费、生活费、学习用具、家教、课外学习等）、孩子零用钱；医药费用（包括看医生和自购药品）；本地或外地旅游；交通费用、通讯（座机、手机费）；有线电视、网络资费；住房、家用电器及交通工具维修费；其他支出等。

表 67　S 县与 M 县家庭人均消费与水平（单位：元）

家庭类型	总计	S 县	M 县
人均消费	2524.664	1444.867	3537.228
贫困户人均消费	1560.722	1302.87	1990.841
非贫困户人均消费	4035.643	1974.989	4769.096
最低消费户（20％以下）	548.55	561.58	505.36
中等偏下户（20％～40％）	1025.57	1016.66	1049.86
中等消费户（40％～60％）	1591.79	1566.60	1613.13
中等偏上户（60％～80％）	2667.37	2642.21	2679.32
最高消费户（80％～100％）	6809.32	5523.63	7012.70

从表 67 可以看出：

（1）贫困农户与非贫困农户之间消费有不少差距。两县贫困农户家庭年人均消费为 1560.722 元，其中 S 县的贫困农户家庭年人均消费为 1302.87 元，M 县的贫困农户家庭年人均消费为 1990.841 元；非贫困户家庭年人均消费为 4035.643 元，其中 S 县的非贫困农户家庭年人均消费为 1974.989 元，M 县的农户家庭年人均消费为 4769.096 元。两县贫困农户家庭年人均消费为非贫困农户家庭人均消费的 38.7％，其中 S 县贫困农户家庭年人均消费为非贫困农户家庭年人均消费的 65.97％，M 县贫困农户家庭年人均消费只是非贫困农户家庭年人均消费的 41.7％。这种消费上的差距，与前面讲的贫困农户与非贫困农户在年人均收入的差距要小得多。

（2）最高消费户与其他类农户之间消费差距偏大。两县从最低消费户到最高消费户的家庭年人均消费依次为548.55元（最低消费户）、1025.57元（中等偏下户）、1591.79元（中等消费户）、2667.37元（中等偏上户）、6809.32元（最高消费户），其中最高消费户是最低消费户的12.4倍，是中等消费户的4.28倍。S县从最低消费户到最高消费户的家庭年人均消费依次为561.58元（最低消费户）、1016.66元（中等偏下户）、1566.60元（中等消费户）、2642.21元（中等偏上户）、5523.63元（最高消费户），其中最高消费户是最低消费户的9.84倍，是中等消费户的3.53倍。M县从最低消费户到最高消费户的家庭年人均消费依次为505.36元（最低消费户）、1049.86元（中等偏下户）、1613.13元（中等消费户）、2679.32元（中等偏上户）、7012.70元（最高消费户），最高消费户是最低消费户的13.88倍，是中等消费户的4.35倍。

（3）贫困农户的消费大于收入。对比表67与表66，可以发现S县贫困农户收入年人均为1142.89元，消费为年人均1302.87元，收入仅为消费的87.7%，M县贫困农户年人均收入为1238.31元，年人均消费1990.841元，收入为消费的62.2%。从收支情况可以看出，两县贫困农户常年处于收不抵支的境况，M县贫困农户生活境况比S县要更恶劣。从收入与消费五层次划分来看，最低收入户（137.96元）与最低消费户（548.55元）之间的年人均收入与消费比例为25.1%，也即收入为消费的25.1%。其中S县最低收入户（167.85元）与最低消费户（561.58元）之间的年人均收入与消费比例为29.89%，也即收入只是消费的29.89%；M县最低收入户（97.32元）与最低消费户（505.36元）之间的年人均收入与消费比例为19.26%，也即收入只是消费的19.26%。这说明，越是贫困家庭，其收不抵支情况越严重。中等收入户（1575.87元）与中等消费户（1591.79元）之间的年人均收入与消费比例为99%，收支趋向平衡。其中S县中等收入户（1574.74元）与中等消费户（1566.6元）之间的年人均收入与消费比例为100.5%，收支刚刚平衡；M县中等收入户（1577.98元）与中等消费户（1613.13元）年人均收入与消费之间的比例为97.8%，收支还不平衡，手头拮据。两县最高收入户（13690.07元）与最高消费户（6809.32元）之间的年人均收入与消费比例为201%。其中S县最高收入户（11385.78元）与最高消费户（5523.63元）之间的年人均收入与消费比例为248.3%；M县最高收入户（13896.24元）与最高消费户（7012.7元）年人均收入与消费之间的比例为198%。最高收入户与最高消费户的生活比较宽裕。

8.3.3 贫困农户与非贫困农户收入水平分布特征

S县与M县贫困户与非贫困户收入水平相反方向分布。

表 68 S县与M县农村贫困户与非贫困户收入水平分布

收入十等份	总计		S县		M县	
	贫困户(%)	非贫困户(%)	贫困户(%)	非贫困户(%)	贫困户(%)	非贫困户(%)
<10%	17.97	1.25	14.07	0	24.68	1.69
10%～20%	13.28	0.75	14.07	0	11.91	1.02
20%～30%	14.37	3	14.57	8.57	14.04	1.02
30%～40%	14.84	2.25	17.28	7.62	10.64	0.34
40%～50%	12.81	5.5	14.57	7.62	9.79	4.75
50%～60%	11.41	8	11.36	17.14	11.49	4.75
60%～70%	8.59	12	7.41	22.86	10.64	8.14
70%～80%	6.72	15.75	6.67	20	6.81	14.24
80%～90%	0	27	0	13.33	0	31.86
90%～100%	0	24.5	0	2.86	0	32.2
总计	100	100	100	100	100	100

从表 68 可以看出：

(1) 从贫困农户情况看，两县贫困农户收入十等份的分布情况依次为总贫困户[①]的17.97%（10%以下农户）、13.28%（10%～20%之间农户）、14.37%（20%～30%之间农户）、14.84%（30%～40%之间农户）、12.81%（40%～50%之间农户）、11.41%（50%～60%之间农户）、8.59%（60%～70%之间农户）、6.72%（70%～80%之间农户）、0.00%（80%～90%之间农户）、0.00%（90%～100%之间农户）。其中，S县贫困农户收入十等份分布情况依次为总贫困农户的14.07%（10%以下农户）、14.07%（10%～20%之间农户）、14.57%（20%～30%之间农户）、17.28%（30%～40%之间农户）、14.57%（40%～50%之间农户）、11.36%（50%～60%之间农户）、7.41%（60%～70%之间农户）、6.67%（70%～80%之间农户），0.00%（80%～90%之间农户）、0.00%（90%～100%之间农户）。其中，50%收入阶段以下贫困农户占总贫困农户的

① 纳入农村社会救助范围人员，与收入没有直接关系。

74.56%，50%收入阶段以上农户占总贫困户的25.44%。M县贫困农户收入十等份分布情况依次为总贫困户的24.68%（10%以下农户）、11.91%（10%～20%之间农户）、14.04%（20%～30%之间农户）、10.64%（30%～40%之间农户）、9.79%（40%～50%之间农户）、11.49%（50%～60%之间农户）、10.64%（60%～70%之间农户）、6.81%（70%～80%之间农户），0.00%（80%～90%之间农户）、0.00%（90%～100%之间农户）。其中，50%收入阶段以下的贫困农户为总贫困农户的71.06%，50%收入阶段以上农户占总贫困户的28.94%。

（2）从非贫困农户情况看，两县非贫困农户收入十等份分布情况依次为总非贫困农户①的1.25%（10%以下农户）、0.75%（10%～20%之间农户）、3%（20%～30%之间农户）、2.25%（30%～40%之间农户）、5.5%（40%～50%之间农户）、8%（50%～60%之间农户）、12%（60%～70%之间农户）、15.75%（70%～80%之间农户）、27%（80%～90%之间农户）、24.5%（90%～100%之间农户）。其中，S县非贫困农户收入十等份分布情况依次为总非贫困农户的0.00%（10%以下农户）、0.00%（10%～20%之间农户）、8.57%（20%～30%之间农户）、7.62%（30%～40%之间农户）、7.62%（40%～50%之间农户）、17.14%（50%～60%之间农户）、22.86%（60%～70%之间农户）、20%（70%～80%之间农户）、13.33%（80%～90%之间农户）、2.86%（90%～100%之间农户），其中，50%收入阶段以下非贫困农户为总非贫困农户的23.81%，50%收入阶段以上非贫农户为总非贫困农户的76.19%。M县非贫困农户收入十等份分布情况依次为总非贫困农户的1.69%（10%以下农户）、1.02%（10%～20%之间农户）、1.02%（20%～30%之间农户）、0.34%（30%～40%之间农户）、4.75%（40%～50%之间农户）、4.75%（50%～60%之间农户）、8.14%（60%～70%之间农户）、14.24%（70%～80%之间农户）、31.86%（80%～90%之间农户）、32.2%（90%～100%之间农户），其中，50%收入阶段以下的非贫困农户占总非贫困农户的8.82%，50%收入阶段以上非贫困农户占总非贫困农户的91.18%。

8.3.4 农村住户收入来源与构成特征

本项调查指的收入是包括除借款和银行贷款外的所有收入。表69提供了调查样本农户2006年的家庭收入结构。

① 从现实看，纳入农村社会救助范围人员，与收入没有直接关系。

表 69　S 县与 M 县农户收入来源与构成（%）

住户类型	自家农业生产收入	自家工商经营收入	工资性收入	社会救助	其他收入	总计
所有住户	68.15	2.57	5.32	19.11	5.77	100
其中：						
贫困户	59.21	1.28	2.17	30.79	7.02	100
非贫困户	82.15	4.49	9.93	0.81	3.82	100
其中：						
最低收入户（20%以下）	46.70	0.00	2.12	42.14	9.39	100
中等偏下户（20%～40%）	60.31	1.28	2.93	30.22	5.77	100
中等收入户（40%～60%）	72.12	1.90	2.15	17.03	7.26	100
中等偏上户（60%～80%）	78.13	3.24	8.06	6.04	5.59	100
最高收入户（80%～100%）	82.84	6.11	10.63	0.76	1.07	100

表 69 显示：

（1）贫困农户与非贫困农户的主要收入（68.15%）来自家庭农业生产收入。其次是来源于社会救助（19.11%）收入和其他类型收入。其他类型的收入为 5.77%，工资性收入 5.32%，占收入比例最少的是自家工商经营收入（2.57%）。其中，贫困农户收入的 59.21%来自家庭农业生产收入，30.79%来自社会救助，7.02%来自其他收入，工资性收入与自家工商业经营收入分别为 5.32%、2.57%；非贫困农户收入的收入结构与贫困农户不太相同。在非贫困农户中，自家农业收入（占总收入的 82.15%）、工资性收入（占 9.93%）与自家工商经营性收入（占 4.49%）比贫困农户的相应收入要高，其他收入占 3.82%，社会救助收入最少，只占总收入的 0.81%。与非贫困农户相比，在贫困农户的收入结构中，社会救助占据了重要比例，比非贫困农户要高出 29.98 个百分点。

（2）随着农户收入水平不断提高，自家农业收入占总收入的比重不断加大。自家农业收入在最低收入户（20%以下）、中等偏下户（20%～40%）、中等收入户（40%～60%）、中等偏上收入户（60%～80%）以及最高收入户（80%～100%）的比重分别为 46.70%、60.31%、72.12%、78.13%、82.84%。这一调查结果，与其他调研报告中认为随着农户收入水平提高，农业生产收入比重呈下降趋势的结论不太一致[①]。这说明，农业收入比重的高低，与贫富没有直接关

① 民政部最低生活保障司、北京师范大学社会发展和公共政策研究所：《中国农村特殊困难群体基本生活救助制度研究》，内部资料，2004 年 11 月，第 63 页。

系而与当地农业生产结构直接相关。

(3) 随着农户收入水平不断提高，自家工商经营性收入比重不断上升。自家工商经营性收入在最低收入户（20%以下）、中等偏下户（20%～40%）、中等收入户（40%～60%）、中等偏上收入户（60%～80%）以及最高收入户（80%～100%）的比重分别为0.00%、1.28%、1.90%、3.24%、6.11%。工商经营性收入也是拉开最高收入户与其他农户收入的关键因素之一。最高收入户相当于中等偏上收入户的186%，相当于中等收入户的322%、相当于中等偏下收入户的477%、相当于最低收入户的611%。工商经营性收入一般与文化水平成正比例关系。贫困农户之所以没有工商经营性收入，与其受教育年限大有关联。

(4) 随着农户收入水平不断提高，工资性收入在农户收入中的比重基本呈上升趋势。工资性收入在最低收入户（20%以下）、中等偏下户（20%～40%）、中等收入户（40%～60%）、中等偏上收入户（60%～80%）以及最高收入户（80%～100%）中的收入比重分别为2.12%、2.93%、2.15%、8.06%、10.63%。工资性收入是区别贫困农户与非贫困农户的主要因素之一。但贫困农户与非贫困农户在这方面的区别远没有工商经营性收入在贫困户与非贫困户收入中的区别大。

(5) 随着收入不断提高，社会救助收入在农户收入中的比重呈下降趋势。社会救助收入在最低收入户（20%以下）、中等偏下户（20%～40%）、中等收入户（40%～60%）、中等偏上收入户（60%～80%）以及最高收入户（80%～100%）的比重分别为42.14%、30.22%、17.03%、6.04%、0.76%。社会救助收入在不同农户收入结构中的这种变化，说明社会救助对不同收入水平农户的重要性是不一样的。对于最低收入户来讲，社会救助是主要生活来源，对于最高收入户来讲，社会救助对其生活的影响微不足道。

8.4 贫困农户人力资本特征①

在总体性或者普遍性贫困状况下，人力资本特征不太明显，但在社会日益分化，

① 利用Probit模型回归结果可以看出，家庭中学生数量、老人数量对贫困具有正效应。也就是说，家庭在校学生数量，需要赡养的老人越多，越会影响家庭生活，增加贫困。家庭成员和家庭成员最高教育年限具有减贫作用。这反映人力资本高低对农村贫困具有一定影响。全职劳动力和收入水平具有较好的减贫效果。家庭全职劳动力越多的家庭，其贫困的可能性越低，收入越高越能够防止贫困。

农村贫困分布越来越分散的情况下，人力资本特征却越来越突出，越来越明显。

本项调查从家庭有全职劳动力、未成年人、在校学生、家庭老人、家庭成员健康状况、劳动力负担系数、受教育水平七方面分析贫困农户人力资本特征。

(1) 贫困农户有全职劳动力情况。表 70 显示，在 S 县与 M 县的贫困农户中，无全职劳动力的家庭平均为 39.38%，有 1 个全职劳动力的家庭占 26.51%，有 1 个以上全职劳动力的家庭占 34.11%，有 1 个全职劳动力以下（含 1 个）家庭占总贫困家庭的 65.89%。其中 S 县无全职劳动力的家庭为 43.03%，有 1 个全职劳动力的家庭占 23.47%，有 1 个以上全职劳动力的家庭占 33.5%，其中，1 个全职劳动力以下（含 1 个）家庭占总贫困家庭的 66.5%，高于调查平均数。在 M 县的贫困农户中无全职劳动力家庭为 33.04%，有 1 个全职劳动力的家庭占 31.78%，有 1 个以上全职劳动力的家庭占 35.18%，其中有 1 个（含 1 个）全职劳动力以下的家庭占总贫困家庭的 64.82%。S 县有 1 个全职劳动力以下家庭比例要高于 M 县。

表 70　S 县与 M 县贫困农户家庭特征（一）

家庭有全职劳动力情况	总计	S 县	M 县
无全职劳动力（%）	39.37	43.03	33.04
有 1 个全职劳动力（%）	26.51	23.47	31.78
有 1 个以上全职劳动力（%）	34.11	33.5	35.18

(2) 贫困家庭有未成年人情况。表 71 显示，在 S 县与 M 县农村贫困家庭中，没有未成年人的家庭占 71.16%，有 1 个未成年人的家庭占 16.9%，有 1 个以上未成年人的家庭占 11.94%。其中，S 县农村贫困家庭中没有未成年人的家庭占 72.62%，有 1 个未成年人的家庭占 17.36 %，有 1 个以上未成年人的家庭占 10.02 %。M 县农村贫困家庭中没有未成年人的家庭占 68.65%，有 1 个未成年人的家庭占 16.1%，有 1 个以上未成年人的家庭占 15.25 %。S 县有 1 个以上（含 1 个）未成年人的贫困家庭比例（27.38%）低于 M 县的（31.35%）。

表 71　S 县与 M 县贫困农户家庭特征（二）

家庭有未成年人情况	总计	S 县	M 县
没有未成年人（%）	71.16	72.62	68.65
有 1 个未成年人（%）	16.9	17.36	16.1
有 1 个以上未成年人（%）	11.94	10.02	15.25

(3) 家庭有在校学生情况。表72显示，S县与M县的农村贫困家庭中没有在校学生的家庭占77.05%，有1个在校学生的家庭占14.73%，有1个以上在校学生的家庭占8.23%。S县贫困家庭中没有在校学生的家庭占79.22%，有1个在校学生的家庭占14.67%，有1个以上在校学生的家庭占6.11 %。M县贫困家庭中没有在校学生的家庭占73.31%，有1个在校学生的家庭占14.83%，有1个以上在校学生的家庭占11.86 %。S县有1个以上（含1个）在校学生的贫困家庭比例（20.78%）低于M县的（26.69%）。

表72　S县与M县贫困农户家庭特征（三）

家庭有在校学生情况	总计	S县	M县
没有在校学生（%）	77.05	79.22	73.31
有1个在校学生（%）	14.73	14.67	14.83
有1个以上在校学生（%）	8.23	6.11	11.86

(4) 家庭有65岁以上老人情况。表73显示，S县与M县的贫困家庭中，没有65岁以上老人的家庭占63.88 %，有1个老人的家庭占28.37%，有1个以上老人的家庭占7.75 %。S县贫困家庭中没有65岁以上老人的家庭占68.7 %，有1个65岁以上老人的家庭占27.63%，有1个以上65岁以上老人的家庭占3.67%。M县贫困家庭中没有65岁以上老人的家庭占55.51%，有1个65岁以上老人的家庭占29.66%，有1个以上65岁以上老人的家庭占14.83%。S县有1个以上（含1个）65岁以上老人的贫困家庭比例（31.3%）低于M县（44.49%）。

表73　S县与M县贫困农户家庭特征（四）

家庭有老人（65+）数量	总计	S县	M县
没有老人（%）	63.88	68.7	55.51
有1个老人（%）	28.37	27.63	29.66
有1个以上老人（%）	7.75	3.67	14.83

(5) 家庭成员健康状况。表74显示，S县与M县贫困农户中，没有残疾/患病的家庭占64.34 %，有1个残疾/患病的家庭占28.84%，有1个以上残疾/患病的家庭占6.83%。S县农村贫困家庭中没有残疾/患病的家庭占63.33%，有1个残疾/患病的家庭占29.1%，有1个以上残疾/患病的家庭占7.58%。M县贫困家庭中没有残疾/患病的家庭占66.1%，有1个残疾/患病的家庭占28.39%，

有1个以上残疾/患病的家庭占5.51%。S县有1个以上（含1个）残疾/患病的贫困家庭比例（36.68%）高于M县（33.9%），高了2.78%。

表74　S县与M县贫困农户家庭特征（五）

家庭成员健康状况	总计	S县	M县
没有残疾/患病（%）	64.34	63.33	66.1
有1个残疾/患病（%）	28.84	29.1	28.39
有1个以上残疾/患病（%）	6.83	7.58	5.51

（6）家庭成员受教育水平与劳动力负担系数情况。表75显示，S县农村贫困家庭成员中受教育水平的最高年限为6.75年（总体上相当于小学毕业水平），低于M县的7.54年。S县的劳动力负担系数（指的是家庭人数与家庭劳动力人数之比）为1.69，低于M县的1.89。

表75　S县与M县贫困农户家庭特征（六）

教育水平与劳动力负担系数	总计	S县	M县
家庭成员最高教育水平（年）	7.1	6.75	7.54
家庭劳动力负担系数	1.76	1.69	1.89

从农村贫困家庭人力资本特征分析可以看出，尽管M县农村贫困家庭中的全职劳动力比例要高于S县，但M县的农村贫困家庭劳动力负担系数、65岁以上老人的农村贫困家庭比例、农村贫困家庭平均在校生数量与未成年人比例都要高于S县。从这四方面情况看，M县农村贫困人口的家庭负担要重于S县。但是，S县农村贫困家庭中有残疾与患病人员的比例要高于M县，农村贫困家庭中受教育年限的成员要低于M县。从这个角度讲，两县农村贫困家庭困难程度难于准确衡量。相对讲，S县因病致贫问题可能要比M县严重，M县农村贫困家庭中老人照顾与子女上学问题要比S县的压力大。

8.5　社会救助绩效分析

社会救助绩效可以通过受益者分布、受益者社会救助资金分配以及住户救助水平等方面进行分析。

8.5.1　受益分布情况

可以从贫困户与贫困户受益面、不同收入与消费等级中受助者与非受助者的分布情况三个角度进行分析。

表 76　社会救助受益者分布

	受助者						非受助者					
	全部		S 县		M 县		全部		S 县		M 县	
	数量（户）	比例	数量（户）	比例	数量（户）	比例	数量（户）	比例	数量（户）	比例	数量（户）	比例
贫困户	641	99.38%	407	99.51%	234	99.15%	4	0.62%	2	0.49%	2	0.85%
非贫困户	73	18.02%	40	36.70%	33	11.15%	332	81.98%	69	63.30%	263	88.85%
收入等级												
<10%	117	96.69%	58	100.00%	59	93.65%	4	3.31%		0.00%	4	6.35%
<20%	88	98.88%	63	100.00%	25	96.15%	1	1.12%		0.00%	1	3.85%
20%～40%	198	93.40%	136	93.15%	62	93.94%	14	6.60%	10	6.85%	4	6.06%
40%～60%	182	87.50%	123	91.11%	59	80.82%	26	12.50%	12	8.89%	14	19.18%
60%～80%	112	52.58%	64	64.65%	48	42.11%	101	47.42%	35	35.35%	66	57.89%
80%～100%	17	8.21%	3	17.65%	14	7.37%	190	91.79%	14	82.35%	176	92.63%
消费等级												
<20%	190	90.48%	147	90.74%	43	89.58%	20	9.52%	15	9.26%	5	10.42%
20%～40%	192	89.30%	147	90.18%	45	86.54%	23	10.70%	16	9.82%	7	13.46%
40%～60%	157	76.59%	81	85.26%	76	69.09%	48	23.41%	14	14.74%	34	30.91%
60%～80%	121	57.62%	52	77.61%	69	48.25%	89	42.38%	15	22.39%	74	51.75%
80%～100%	54	25.71%	20	64.52%	34	18.99%	156	74.29%	11	35.48%	145	81.01%
人群												
所有人	1811	60.71%	1063	79.21%	748	45.58%	1172	39.29%	279	20.79%	893	54.42%
18 岁以下	354	58.71%	206	77.44%	148	43.92%	249	41.29%	60	22.56%	189	56.08%
18～45 岁	711	54.19%	425	75.76%	286	38.08%	601	45.81%	136	24.24%	465	61.92%
45～65 岁	407	62.52%	251	78.68%	156	46.99%	244	37.48%	68	21.32%	176	53.01%
65 岁以上	298	82.55%	152	93.25%	146	73.74%	63	17.45%	11	6.75%	52	26.26%
学龄前儿童	68	53.97%	42	75.00%	26	37.14%	58	46.03%	14	25.00%	44	62.86%
在校学生	266	54.96%	145	78.38%	121	40.47%	218	45.04%	40	21.62%	178	59.53%
残疾患病者	295	93.95%	189	97.42%	106	88.33%	19	6.05%	5	2.58%	14	11.67%
全职劳动力	684	49.07%	415	72.43%	269	32.76%	710	50.93%	158	27.57%	552	67.24%

从表76可以看出：

(1) 贫困户与非贫困户受益面分析。主要通过样本农户是否申请、是否享受过农村五保供养、农村最低生活保障或农村特困户生活待遇、是否享受过农村医疗救助、教育救助以及各种抚恤金生活补助等社会救助资金与实物因素来考虑受助与否。表76显示，在645户贫困户中，在2006年有641户受助，受益面占99.38%，非受益者占0.62%。其中，S县的409户贫困户中有407户受助（受益面99.51%），M县236户贫困户中有234户受助（受益面99.15%）；S县与M县各有2户贫困户属于非受助家庭，分别占贫困人口家庭的0.49%、0.85%。S县贫困户受益面高于M县。在405户非贫困农户中，有73户纳入受助人员范围，受益面为18.02%，非受益者332户，占81.98%。其中，S县的109户非贫困农户中有40户受助，M县的非贫困户中有33户受助。从贫困农户与非贫困农户之间的受益面看（即纵向救助效率），在两县714户受助者中，641名贫困户的受益面为89.8%（其他为10.2%）。其中S县有447户受助者，其中贫困户（407名）的受益面为91%（非贫困户受益面为8.9%）；M县有267户受助者，其中贫困户的受益面为87.6%（非贫困户受益面为12.4%）。S县与M县贫困户受益面与非贫困户受益面之间的比例远远大于1（89.8%>10.2%，91%>8.9%，87.6%>12.4%）。这说明，S县与M县的社会救助资金与资源分配给了最需要或最贫穷的家庭与人员。其中，S县农村贫困户的受益面要大于M县（91%>87.6%），或者说，S县非贫困农户的受益面小于M县（8.9%<12.4%）。这说明，S县以农村最低生活保障为核心的农村社会救助效率要高于M县。

(2) 受助者与非受助者在不同收入等级农户中的分布。按照收入六等份方法计算，受助者从低收入向高收入（<10%、<20%、20%～40%、40%～60%、60%～80%、80%～100%）不同农户中的分布依次为96.69%、98.88%、93.40%、87.50%、52.58%、8.21%，基本上成递降趋势。其中，受助者在S县不同收入户（<10%、<20%、20%～40%、40%～60%、60%～80%、80%～100%）之间的分布分别为100%、100%、93.15%、91.11%、64.65%、17.65%；受助者在M县不同收入户（<10%、<20%、20%～40%、40%～60%、60%～80%、80%～100%）之间的分布分别为93.65%、96.15%、93.94%、80.82%、42.11%、7.37%。非受助者在低收入向高收入（<10%、<20%、20%～40%、40%～60%、60%～80%、80%～100%）农户之间的分布依次为3.31%、1.12%、6.60%、12.50%、47.42%、91.79%，呈上升趋

势。其中非受助者在S县不同收入户（<10%、<20%、20%～40%、40%～60%、60%～80%、80%～100%）之间的分布分别为0.0%、0.0%、6.85%、8.89%、35.35%、82.35%；非受助者在M县不同收入户（<10%、<20%、20%～40%、40%～60%、60%～80%、80%～100%）之间的分布分别为6.35%、3.85%、6.06%、19.18%、57.89%、92.63%。受助者与非受助者在不同收入农户中的分布情况说明，在S县收入最贫困的两部分群体即收入在20%以下的群体基本得到救助且整个救助分布很有规律，呈依次递减状态，但也有部分不应该纳入救助范围的农户（17.65%）得到了救助。M县非受助者分布情况说明，部分最贫困农户（6.35%）应该救助而没有纳入救助范围，相反，一些不应该纳入保障范围的农户（7.37%）却纳入了救助范围。从这个角度讲，两个县农村社会救助工作在目标定位方面还有值得完善与规范的地方。

(3) 受助者与非受助者在不同消费等级农户中的分布。按照五等份消费方法计算，受助者从低消费向高消费（<20%、20%～40%、40%～60%、60%～80%、80%～100%）不同农户中的分布依次为90.48%、89.30%、76.59%、57.62%、25.71%，呈递降趋势。低消费群体获得了较多的救助，但也有部分（25.71%）高消费群体获得了救助。其中，受助者在S县不同消费户（<20%、20%～40%、40%～60%、60%～80%、80%～100%）中的分布为90.74%、90.18%、85.26%、77.61%、64.52%；受助者在M县不同消费户（<20%、20%～40%、40%～60%、60%～80%、80%～100%）之间的分布为89.58%、86.54%、69.09%、48.25%、18.99%。非受助者从低消费向高消费（<20%、20%～40%、40%～60%、60%～80%、80%～100%）不同农户中的分布依次为9.52%、10.70%、23.41%、42.38%、74.29%，呈递增趋势。这是与政策要求一致的。最低消费群体中有3.31%没有得到救助，但也有部分（25.71%）高消费群体获得了救助。其中，非受助者在S县不同消费户（<20%、20%～40%、40%～60%、60%～80%、80%～100%）中的分布分别为9.26%、9.82%、14.74%、22.39%、35.48%；非受助者在M县不同层次消费户（<20%、20%～40%、40%～60%、60%～80%、80%～100%）之间的分布分别为10.42%、13.46%、30.91%、51.75%、81.01%。在S县的最低消费户中有9.26%没有纳入救助范围，M县最低消费户的10.42%没有得到救助。与不同收入等级农户中的分布比较一致，社会救助受益者在不同消费等级农户中同样存在需要进一步提高目标定位的准确性问题。同时，也对以收入定补助的最低生活保障政策提出了挑战。

8.5.2 农村社会救助资金分配效率分析

农村社会救助资金在一定比例人员中的资金占有比例，反映了社会救助制度的分配效率①。这种分配效率具体体现在贫困农户与非贫困农户之间、不同收入与消费等级的农户之间。可以从社会救助资金在总体贫困对象与非贫困对象和个体贫困对象与非贫困对象之间的不同分配进行分析。具体见表77、表78。

表77 农村社会救助资金分配情况

	过去一年中农户获得社会救助的金额（元）		
	全部	S县	M县
贫困户	701845	422545	279300
非贫困户	74265	24915	49350
收入等级：			
＜20％	162855	108894	53961
20％～40％	179223	103679	75544
40％～60％	131404	84619	46785
60％～80％	91121	36291	54830
80％～100％	211507	126481	85026
消费等级：			
＜20％	157020	118519	38501
20％～40％	288901	202965	85936
40％～60％	166795	95108	71687
60％～80％	103799	34137	69662
80％～100％	59595	5235	54360

1. 从总体贫困对象与非贫困对象看，农村社会救助资金分布情况如下：

（1）贫困户与非贫困户资金受益情况。从表77可以看出，过去一年中抽样农户共获得农村社会救助资金776110元。其中，贫困农户获得701845元（占90.4％），非贫困农户获得74265元（占9.6％）。根据表76显示的受益者情况，当年实际纳入受助范围的共有714户。其中，纳入救助的贫困农户（641户）占总受益农户的89.77％，非贫困农户占总受益户的10.22％。贫困农户占总受益

① 鉴于S县与M县的农村最低生活保障充足性问题已在第7章分析过，这里不再作为分析内容。

户的比例与贫困农户获得社会救助资金占总社会救助资金比例相比，前者比例（89.77%）稍微低于后者比例（90.4%）。这说明，S县与M县平均较少的贫困家庭得到了较多的救助资金。在S县，受助者共获得救助资金447460元，其中贫困农户获得了422545元（94.4%），非贫困农户获得24915元（5.6%）。从表76得知，当年S县共有447户受助，贫困农户（407户）占受助者总数的91.1%，非贫困农户（40户）占8.9%；S县贫困农户受助家庭比例（91.1%）小于贫困农户获得资金的比例（94.4%）。这种比例说明，S县农村社会救助资金比较多的分配到了农村贫困家庭。在M县，受助者共获得社会救助资金328650元，其中贫困农户获得了279300元（占总资金的84.98%），非贫困农户获得49350元（15%）。当年M县共有267户受助，贫困农户（234户）占受助者总数的87.64%，非贫困农户（33户）占12.36%。贫困农户在受助家庭中的比例（87.64%）大于贫困农户获得资金的比例（84.98%）。这说明，M县的以农村最低生活保障为核心的农村社会救助资金更多的分配相对给了富裕人群。这说明，S县农村社会救助资金更多向贫困家庭集中。

（2）农村社会救助资金在不同收入等级农户中的分配情况。从表77可以看出，农村社会救助资金在两县五个不同收入等级（<20%、20%～40%、40%～60%、60%～80%、80%～100%）农户中的分布情况依次为162855元、179223元、169645元、91121元、173266元。其中，农村社会救助资金在S县五个不同收入等级（<20%、20%～40%、40%～60%、60%～80%、80%～100%）农户中的分布情况依次为108894元、103679元、84619元、36291元、126481元；农村社会救助资金在M县五个不同收入等级（<20%、20%～40%、40%～60%、60%～80%、80%～100%）农户中的分布情况依次为53961元、75544元、46785元、54830元、85026元。在S县中等收入（40%～60%）以下农户（40%以下）的社会救助资金297192元多于中等收入（60%～100%）以上农户（162772元），后者只是前者的54.77%。在M县中等收入（40%～60%）以下农户（40%以下）的社会救助资金176290元多于中等收入以上（60%～100%）农户（139856元），后者相当于前者的79.33%。从上述分析可以看出，在S县，农村社会救助资金多数分配给了中等收入以下农户家庭；在M县，虽然农村社会救助资金多数分配给了贫困农户，但与S县相比，更多的社会救助资金分配相对给了收入较高的农户（79.33%>54.77%）。

（3）农村社会救助资金在不同消费等级农户中的分配情况。从表77可以看出，农村社会救助资金在五个不同消费等级（<20%、20%～40%、40%～

60%、60%～80%、80%～100%）农户中的分布情况依次为157020元、288901元、166795元、103799元、59595元。其中，农村社会救助资金在S县五个不同消费等级（<20%、20%～40%、40%～60%、60%～80%、80%～100%）农户中的分布情况依次为118519元、202965元、95108元、34137元、5235元；在M县五个不同消费等级（<20%、20%～40%、40%～60%、60%～80%、80%～100%）农户中的分布情况依次为38501元、85936元、71687元、69662元、54360元。在S县中等消费（40%～60%）以下农户（40%以下）获得社会救助资金（321484元）多于中等消费（60%～100%）以上农户（39372元），后者只是前者的12.24%。在M县中等消费（40%～60%）以下农户（40%）获得的社会救助资金（124437元）多于中等消费以上（60%～100%）农户（124022元），后者相当于前者的99.67%。从上述分析可以看出，在S县，农村社会救助资金多数分配给了中等消费以下农户家庭；在M县，农村社会救助资金在最高消费户（60%～100%）与最低消费户之间的分配比例基本相同，中等消费以下农户获得社会救助资金数量略多于中等消费以上农户。

2. 从农户年均获得农村社会救助资金情况看，分布情况如下。具体见表78：

表78　农户获得社会救助水平

	过去一年中农户获得社会救助金额（元）			其中，住户获得新农合资金（元）		
人均收入	全部	S县	M县	全部	S县	M县
贫困户	592.97	522.09	715.80	16.70	11.36	24.44
最低生活保障	434.67	446.75	414.89	14.49	4.63	27.34
五保	1467.61	1075.32	2224.81	9.94	1.03	24.36
特困	212.07	186.30	260.09	29.94	38.78	14.03
非贫困户	36.93	52.60	31.15	21.44	8.67	26.35
收入等级：						
<10%	1268.55	926.64	1583.33	3.32	1.00	4.84
<20%	519.16	622.41	268.99	18.81	10.20	38.26
20%～40%	358.53	410.73	243.06	8.73	5.22	15.87
40%～60%	319.47	267.78	415.07	20.60	6.87	44.17
60%～80%	230.63	299.96	170.43	19.10	25.42	14.25
80%～100%	29.64	29.41	29.66	34.04	30.94	34.33

续表

	过去一年中农户获得社会救助金额（元）			其中，住户获得新农合资金（元）		
人均收入	全部	S县	M县	全部	S县	M县
消费等级：						
<20%	520.45	588.48	561.22	9.35	5.34	21.59
20%～40%	434.31	514.11	427.33	13.23	7.79	28.76
40%～60%	416.28	473.25	422.37	8.35	3.80	12.02
60%～80%	342.56	412.76	362.08	18.71	6.79	23.58
80%～100%	181.34	318.92	123.71	43.33	102.14	35.71

（1）贫困农户与非贫困农户人均受益情况。从表78可知，两县贫困农户年人均获得社会救助资金592.97元。其中，S县的农村贫困农户年均获得522.09元，M县的贫困农户获得715.8元。两县非贫困农户①年均获得36.93元，其中S县的非贫困农户年人均获得52.6元，M县的非贫困农户年人均获得31.15元。贫困户获得社会救助资金相当于非贫困户的16倍。大量农村社会救助资金分配到了农村贫困户手中。这个结论与前面的分析结果是一致的。

（2）农村最低生活保障、农村五保供养与特困户生活救助资金受益情况。在两县贫困农户中，两县农村最低生活保障、农村五保与特困户年均分别获得救助资金434.67元、1467.61元、212.07元。其中，S县的最低生活保障户、五保户与特困户年均分别获得446.75元、1075.32元、186.30元；M县的最低生活保障户、五保户与特困户年均分别获得414.89元、2224.81元、260.09元。从实际补差看，两县农村五保户获得补差多于农村最低生活保障户，农村最低生活保障户多于农村特困户。这种分层补差水平是与农村五保供养、农村最低生活保障以及农村临时救济政策设计是一致的。但是，这种实际补差水平与相应的保障标准相比，还有很大距离。比如，S县与M县的农村五保供养标准分别为2500元（除去建设资金900元，还有1600元）与2650元。由于农村五保户属于全额享受五保待遇人员或家庭，应该足额发放农村五保供养资金，但从表78可以看到，2006年两县对农村五保户的实际补助才分别为1467.61元、2224.81元，仅仅分别相当于农村五保供养标准的58.7%、83.96%。两县农村最低生活保障补差水平月人均36.22元。其中S县农村最低生活保障样本户人均补差水平为

① 非贫困农户获得的主要是医疗保障资金以及独生子女、优抚资金。

37.23元，M县的样本户月人均补差水平为34.57元。

(3) 贫困农户与非贫困农户获得新型农村合作医疗资金情况。两县2006年贫困农户人均获得农村新型合作医疗资金16.7元，其中S县的贫困户人均获得11.36元，M县人均获得24.44元。两县的非贫困户当年人均获得新型农村合作医疗资金为21.44元，其中S县贫困户人均获得8.67元，M县人均获得26.35元。这说明两方面问题：一是非贫困农户人均获得新型农村合作医疗资金比例高于贫困农户。贫困农户获得资金只相当于非贫困农户的77.89%。二是M县农村新型合作医疗制度给农民带来的实惠比S县的多。S县贫困农户获得的新型农村合作医疗待遇只相当于M县的46.48%，非贫困农户相当于32.9%。在贫困农户中，农村合作医疗惠及程度与贫困农户贫困程度成反比。两县贫困农户中的农村五保户从新型农村合作医疗得到待遇最少（9.94元），依次为最低生活保障户（14.49元）与特困户（29.94元）。五保户得到新型农村合作医疗资金还不足参合资金。其中，S县农村五保户人均得到（1.03元），依次为最低生活保障户（4.36元）、特困户（38.78元）；M县农村五保户、最低生活保障户与特困户人均得到待遇依次为（24.36元）、（27.34元）、（14.03元）[①]。S县的因病致贫问题比较严重，急需医疗保障。但从贫困农户获得资金看，新型农村合作医疗对解决农村最贫困群体医疗难问题作用极其有限。从表78不同收入与消费等级农户角度看，虽然M县的最低收入与消费群体也能得到一些农村合作医疗资金，但总体上多数资金给了最高收入与最高消费层次农户。

(4) 从不同收入与消费等级分析社会救助资金受益情况。农村社会救助资金在不同收入等级（＜10%、＜20%、20%～40%、40%～60%、60%～80%、80%～100%）农户中依次分布为1268.55元、519.16元、358.53元、319.47元、230.63元、29.64元，其中，最低收入（10%以下）群体人均获得社会救助收入最高（1268.55元），最高收入档次农户获得社会救助资金额仅相当于低收入户（20%）的5.7%。农村社会救助资金在S县不同收入等级（＜10%、＜20%、20%～40%、40%～60%、60%～80%、80%～100%）农户中依次分布为926.64元、622.41元、410.73元、267.78元、299.96元、29.41元；在M县不同收入等级（＜10%、＜20%、20%～40%、40%～60%、60%～80%、

① 2006年全国人均医疗消费支出为191.5元。S县农村五保户、最低生活保障户与特困户人均得到的新农合等医疗保险资金仅相当于全国人均医疗费用支出的0.53%、2.3%、20.3%；M县的分别为12.7%、14.3%、7.3%。

80%～100%）农户中依次分布为 1583.33 元、268.99 元、243.06 元、415.07 元、170.43 元、29.66 元。农村社会救助资金在不同消费等级（<20%、20%～40%、40%～60%、60%～80%、80%～100%）农户中依次分布为 520.45 元、434.31 元、416.28 元、342.56 元、181.34 元。其中，在 S 县不同消费等级农户中分布依次为 588.48 元、514.11 元、473.25 元、412.76 元、318.92 元，在 M 县不同消费等级农户中依次分布为 561.22 元、427.33 元、422.37 元、362.08 元、123.71 元。从社会救助资金在S 县与 M 县的分布看，20%最低收入与消费户获得社会救助最多，最高收入与消费户获得社会救助资金最少。人均收入与消费越高层次家庭与人员获得社会救助资金越少。这说明，两县将大量社会救助资金分配给了最低收入与消费层次农户。因此，社会救助资金分配是基本公平的。

8.5.3 农村社会救助反贫困效果分析

在分析农村住户特征时，我们把凡是纳入农村社会救助范围人员称为农村贫困户。在分析农村反贫困效果时，我们将家庭人均纯收入低于农村最低生活保障标准的农村居民称为农村贫困户。其中，在 S 县年人均纯收入在 1100 元以下、M 县年人均纯收入在 800 元以下的农村村民定为贫困户（或人），其他的定为非贫困户。通过比较农村贫困户在获得救助前后的收入变化，可以判断农村社会救助，尤其是农村最低生活保障制度的反贫困效果。

表 79 农村社会救助反贫困效果

项目	数量与比例	S 县（≤1100）	M 县（≤800）
不包括救助金额	贫困户数量（户）	267	123
	百分比	51.54	23.12
包括救助金额	贫困户数量（户）	164	64
	百分比	31.66	12.03
减贫效果	数量（户）	103	59
	百分比	19.88	11.09
贫困户减少的数量/没有救助金额时的贫困户数量		38.6%	48%

从表 79 可以看出：

（1）S 县农村社会救助反贫困效果。S 县在发放救助资金前，有年人均纯收入 1100 元以下的贫困农户 267 户（占总抽本户的 51.54%）。发放救助资金后，年人均纯收入 1100 元以下农户由 267 户下降到 164 户（占总样本户的 31.66%），减少贫困农户 103 户（占总样本户的 19.88%），减贫率为 38.6%。

(2) M 县农村社会救助反贫困效果。M 县在发放救助资金前，有年人均纯收入 800 元以下贫困户 123 户（占该县总抽本户的 23.12%）。发放救助资金后，年人均纯收入 800 元以下农户由 123 户下降到 64 户（占该县总样本户的 12.03%），减少贫困农户 59 户（占总样本户比例为 11.09%），减贫率 48%。

从两县农村社会救助资金发生前后贫困农户比例变化角度看，M 县农村社会救助反贫困效果要强于 S 县农村社会救助反贫困效果（48%>38.6%）。

表 80　农村最低生活保障制度反贫困效果

项目	数量与比例	S 县（≤1100）	M 县（≤800）
不包括救助金额	贫困户数量（户）	147	63
	百分比	60.25	42.28
包括救助金额	贫困户数量（户）	94	38
	百分比	38.52	25.50
减贫效果	数量（户）	53	25
	百分比	21.73	16.78
贫困户减少的数量/没有救助金额时的贫困户数量		36.05%	39.68%

从表 80 可以看出：

(3) S 县农村最低生活保障制度反贫困效果。在没有实施农村最低生活保障制度之前，年人均纯收入 1100 元以下农户有 147 户（占最低生活保障样本户 60.25%），获得最低生活保障金后，年人均纯收入 1100 元以下农村贫困户下降到 94 户（占最低生活保障户 38.52%）。通过实施最低生活保障政策，减少贫困农户 53 户，占最低生活保障户的 36.05%。因此，S 县农村最低生活保障的减贫率为 36.05%。

(4) M 县农村最低生活保障制度反贫困效果。在没有实施农村最低生活保障制度之前，年人均纯收入 800 元以下最低生活保障户有 63 户（占最低生活保障样本户 42.28%），获得最低生活保障金后，年人均纯收入 800 元以下农村贫困户下降到 38 户（占总最低生活保障户 25.50%）。通过实施农村最低生活保障政策，减少贫困农户 25 户，占最低生活保障户的 39.68%。M 县农村最低生活保障的减贫率为 39.68%。

从 S 县与 M 县享受农村最低生活保障制度待遇前后的贫困农户比率变化可以基本断定，M 县农村最低生活保障制度反贫困效果要好于 S 县（39.68%>36.05%）。

第 9 章　结论与政策建议

9.1　结论

9.1.1　S 县与 M 县研究结果比较

通过对 S 县与 M 县实施农村最低生活保障制度政策过程研究与实地问卷调查，我们可以做以下比较。

1. S 县与 M 县在农村最低生活保障制度建设方面的相同点与不同点

一是在农村最低生活保障对象与范围方面。S 县与 M 县从正反两方面确定了享受农村最低生活保障待遇的条件。从正面看，两县明确规定了两条基本条件即是否持有当地常住户口与家庭年人均纯收入是否低于当地农村最低生活保障标准。享受农村最低生活保障待遇除了需要户籍与收入标准两项基本条件外，S 县与 M 县还从反面角度，规定了不能享受农村最低生活保障待遇的因素。首先，进行了年龄限制。S 县规定年龄在 18 岁到 45 岁之间有正常劳动能力、无正当理由不参加劳动或不耕种责任地的 60 岁以下农村家庭居民不能享受农村最低生活保障待遇。M 县进一步细化了年龄限制，把男 18 周岁至 60 周岁，女 18 周岁至 55 周岁、有正常劳动能力且无正当理由不参加劳动而造成家庭困难的家庭排除在最低生活保障范围之外。对年龄特征的限制，其实也包含对劳动行为的限制、对懒惰行为的处罚，隐含着年轻必须劳动的前提假设。其次，进行了家庭财产限制。两县把凡有一定款物积蓄、三年内购买商品房或高标准新建住房的、家中购买高档非生活必需品的、家中有机动车辆的家庭排除在保障范围之外。最后，进行了行为限制。对消费行为、政治行为、反政策行为等方面进行了限制。在消费行为方面，把一些明显高于农村最低生活保障标准的行为，如家庭成员持有手机的、有馈赠与礼金支出的；住宅购买与装修、子女择校、出国留学以及出入餐饮、娱乐场所等行为的排除在农村最低生活保障范围之外；在对反政策行为方面，对因赌博、吸毒、嫖娼行为而造成家庭生活困难且尚未改正以及违法结婚、违法收养的家庭与人员，排除在农村最低生活保障范围之外。对农村最低生活保障对象正反两方面的条件限制，是S县与M县在确定农村最低生活保障对象选择方面的共同之处。除了这些共性因素外，S县与M县各自在确定农村最低生活保障对象方面，还作出了一些特殊规定。首先，S县在以收入为基础确定农村最低生活保障对象的同时，还根据补偿、属性需求以及诊断性原则确定了对一些人员的优先次序。在同等条件下，独生子女户、双女户家庭与优抚对象和残疾人家庭可以优先纳入农村最低生活保障范围，享受农村最低生活保障待遇。无疑，这是对执行政策好［独生子女户、双女户、为国家作出贡献（优抚对象）］以及有特殊需要（残疾人）的家庭与个人进行的另一种方式的奖励。其次，S县在对农村最低生活保障对象进行行为限制时，增加了对非法宗教行为限制。将非法宗教行为纳入社会救助管理与社会控制范围。这从一定程度上反映了边疆与民族地区社会政策的复杂程度。这两方面的情况，是S县确定农村最低生活保障对象的独特之处。M县在确定农村最低生活保障对象方面突出了对政策行为与欺诈行为的限制。M县规定，凡是违反计划生育政策和虐待老人、妇女、儿童行为的家庭与个人以及采取故意分立户口、转移个人资产等规避政策法规的欺诈行为不能享受农村最低生活保障。农村最低生活保障与农村计划生育政策都是农村公共政策的一部分。农村最低生活保障政策应该促进其他农村公共政策的实施而不是阻碍其他公共政策的实施。把农村最低生活保障与农村计划生育政策联系一起考虑，反映了M县政策制定部门的总体观念与大局意识。将对待老人、妇女、儿童的行为纳入农村最低生活保障范围则考虑到了农村最低生活保障制度与传统的孝道文化和精神文明建设之间的有机联系。对老人、妇女、儿童进行赡养、抚养与保护，倡导人与人之间的诚信友爱，既是每个公民应尽的义务，也是必担的责任，更是一种优良传统。农村最低生活保障作为一种社会政策，必须强化传统文化，强化人与人之间的责任与义务，强化人与人之间的诚信，把这些内容与行为纳入农村最低生活保障制度建设考虑范围有助于推进农村社会建设。

二是在农村最低生活保障标准与内容方面。由于经济实力，特别是可支配地方财力的影响，S县与M县在农村最低生活保障标准方面有些差距。S县的农村最低生活保障标准是年均1100元，相当于本县2007年农牧民人均纯收入①

① 根据2007年12月4日S县第十五届人民代表大会第一次会议《S县政府工作报告》，2007年全县国民生产总值是117.75亿元，农牧民人均纯收入是4631元。

的23.8%[①]；M县的农村最低生活保障标准是年均800元，相当于本县2007年农牧民人均纯收入[②]的9.7%。尽管S县与M县的农村最低生活保障标准都不高，远远低于极端贫困线，尤其是M县的农村最低生活保障标准才相当于极端贫困线的1/3，但相对于农村人均纯收入来讲，S县的农村最低生活保障标准相当于M县的2.44倍（23.8%/9.7%）。在保障内容方面，S县与M县一律采用现金保障方式。这种做法，与国际上普遍采取多种保障内容，如现金保障、服务保障、代用券保障、机会保障、权利保障同时并举的做法相比显得相对单一。这种单一做法，可能与农村最低生活保障制度建设开始时间不长、经验不足有关，也与现实需要有关。在S县与M县，目前除了农村最低生活保障制度外，还有救灾救济、农村医疗救助、农村五保供养以及临时救济等制度。临时救济可以发放食物与帐篷等物质，医疗救助有卫生服务提供。农村最低生活保障之所以采取单一的资金保障，既有对城市最低生活保障一直以现金发放的路径依赖问题，也有考虑与其他制度如救灾救济、农村医疗救助等制度之间的衔接问题，还有考虑农村贫困居民普遍缺乏现金收入但食物并不紧缺的现实处境问题。农村最低生活保障资金实行社会化发放，每月发放一次。这种发放方式与发放内容是城市最低生活保障制度提倡的、多年一贯的做法。城市最低生活保障制度的一些做法，对S县农村最低生活保障制度方面的影响特别深刻。S县许多农村最低生活保障做法，比如在农村最低生活保障标准、发放内容（现金）、发放原则（坚持差多少补多少）等方面，都可以清晰地看见城市最低生活保障制度的影子[③]。M县在保障内容方面尽管是现金发放，也是按照差额进行补助。但这种差额补助并不是按照“差多少补多少”的原则进行而是按照年人均纯收入档次进行分档救助。主要分为两个层次即30元与40元层次。对年人均纯收入在500元以下的农村居民每月补助40元，对年人均收入在500元至800元之间的农村居民每月发放30元。这种补助方法，虽然看起来比较粗略，也不太细致与科学，但在农民收入本来难以核定的情况下，进行分档补助不仅可以减少大量、复杂的收入核算工作，减少大量行政成本，也许更加符合农村需要简单、方便的操作方法的实际。

---

① 从新疆维吾尔自治区范围来看，S县农村最低生活保障标准排第3位，仅次于克拉玛依市（1224元）和石河子市（1200元），但是从农牧民人均纯收入来讲，S县并不高。2006年S县农民人均纯收入为4090元，克拉玛依市为5899元，石河子市为5715元。

② 根据2008年1月23日M县第十五届人民代表大会第二次会议《M县政府工作报告》，2007年全县国民生产总值是61.5亿元，农牧民人均纯收入是8277元。

③ 参见国务院：《城市最低生活保障条例》，1999年。新疆维吾尔自治区民政厅：“关于进一步推进与规范农村最低生活保障试点工作的通知”，2006年。

三是在农村最低生活保障资金筹集与管理方面。S县与M县实施的都是政府保障，保障资金统一由政府财政部门筹集、由民政部门与财政部门共同管理。具体由主管农村最低生活保障的工作部门（S县是城乡最低生活保障办公室、M县是民政局）于每年前（S县是每年10月份）提出下一年度，或年初（M县）提出本年度全县农村最低生活保障资金用款计划，县财政部门每年初根据县农村最低生活保障主管部门提供的当年农村最低生活保障用款计划编制预算；乡镇人民政府将农村最低生活保障金发放明细上报县最低生活保障部门，经审核无误后，足额将最低生活保障金下拨给乡（镇）人民政府；财政、审计等部门定期对最低生活保障资金管理和发放情况进行监督检查；农村最低生活保障资金实行专户管理、专款专用。农村最低生活保障资金需要两方面资金：一方面是最低生活保障对象所需资金。这是由保障对象与范围决定的。另一方面是行政成本经费。这是由向广大农村最低生活保障对象输送资金、物质与服务的业务部门的工作数量与质量决定的。前一部分资金主要由县以上政府支付。2007年S县共支付农村最低生活保障资金139.363万元，实际地方财政支出农村最低生活保障资金86.07万元①，占当年总体财政支出的0.12%，占当年全县社会保障和就业支出的3.6%②。当年用于新农村建设与工业园区建设资金达3.2793亿元，占县财政总支出的45.3%；2007年M县支出农村最低生活保障金35.79万元，实际地方支出农村最低生活保障金27.8万元，占当年地方财政支出的0.18%，占当年社会保障与就业支出的0.65%。当年用于新农村建设与工业园区建设资金达1.68亿元，占总财政支出的83.5%③。尽管S县用于公共服务方面的财政支出比例要高于M县，由经济财政向公共财政转型的力度要大于M县，速度也要快于M县，但大量的财政支出还是用于经济建设。这说明，由于经济基础不一样，各地向公共财政转移的力度、内容与时间是不均衡的。S县在政策中明确规定农村最低生活保障工作经费由县财政负担。无论是乡镇还是村委会的农村最低生活保障

---

① 对于各地农村最低生活保障对象所需资金，2007年新疆维吾尔自治区按照当年收入700元以下人数每人每月平均补助22.3元的标准以及“自治区财政承担70%，本级财政承担30%”的原则下拨。自治区以上财政下拨资金从2007年7月1日正式下拨。其中，2007年S县年人均收入700元以下的农村贫困人员有5690人，自治区共下拨农村最低生活保障资金（含中央补助金）532925.4元；2007年M县年人均收入700元以下的农村贫困人员有852人，自治区共下拨农村最低生活保障资金（含中央补助金）79798.32元。

② S县政府办公室：S县第十五届人民代表大会第一次会议《S县政府工作报告》，2007年12月4日。

③ M县政府办公室：M县第十五届人民代表大会第二次会议《M县政府工作报告》，2008年1月23日。

政策运行经费统一纳入县财政预算范围，予以统一解决。与S县的做法不同，M县没有将农村最低生活保障责任统一规定由县人民政府一家承担，而是强调责任分担，明确要求各乡镇为农村最低生活保障工作正常开展提供经费保障。与全国其他地区在农村最低生活保障资金筹集做法比较，S县由县统一承担筹资责任的做法与东部、中部贫困地区的做法比较接近。相反，M县主张筹资责任由各级政府分担的做法，则与东部及中部富裕地区的做法类似①。S县与M县在筹资方式的不同，反映了两县在经济结构以及财政结构方面的重大差别。

四是在农村最低生活保障服务输送方面。服务输送主要包括目标定位与给付输送②。目标定位也就是寻找农村最低生活保障对象的过程。目标定位包括属性需求法、诊断法、补偿方法、家计调查法等方法。我国农村最低生活保障最主要的目标定位方法是家计调查即进行家庭收入核算。S县与M县在确定应该纳入家庭收入核算方面的内容大体是一致的。不同的是，S县在计算农村贫困家庭收入时，存在虚拟计算家庭收入问题。M县没有出现虚拟收入问题，但在实际操作中对如何处理不同类型的农村贫困户收入问题也是一个重大挑战。S县与M县在家庭收入方面的另一不同做法是在确定不应该纳入家庭收入核算的项目方面。S县与M县在将优抚对象的抚恤金、补助金、护理费、保健金；义务兵的津贴和退伍费；工伤人员的护理费、补助金；因公死亡人员及其家属享受的一次性抚恤金、丧葬费等方面收入不纳入收入核算范围方面是共同的。不同的是S县把赡养费、扶养费和抚养费纳入了家庭收入计算范围，M县则把这部分收入排除在外。是否把赡养费、扶养费和抚养费纳入家庭收入计算范围，其实质关系到对赡养、扶养和抚养的责任与义务的认识问题。应该说，是否承担赡养费、扶养费和抚养费问题既是一个法律问题，也是一个传统道德问题。从法律角度讲，《中华人民共和国婚姻法》明确了子女对父母的赡养、父母对子女的扶养与抚养责任和义务。这种责任、义务根据不同家庭与个人履行责任、义务的不同能力可大可小，但不能不履行。对赡养、扶养和抚养责任与义务的量化就是赡养费、扶养费和抚养费的承担问题。从这个角度看，是否将赡养费、扶养费和抚养费纳入家庭收入核算范围，关系到对法律尊严的维护问题。从道德角度讲，赡养父母、

① 柳拯：《社会管理与社会救助论：政策与实务的视角》，中国劳动社会保障出版社，2008年，第111～112页。

② 顾昕，高梦滔："社会安全网的浙江模式——城乡一体化与综合性社会救助体系的建设"，转引自民政部最低生活保障司、亚洲开发银行中国代表处编《中国农村最低生活保障制度研究》，内部资料，第66页。

扶养和抚养子女是一种道德责任与义务。荀子说，“人之异于禽兽者，义也”。这种“义”首先体现为对父母的赡养、对子女的扶养与抚养。是否履行赡养、扶养和抚养的责任与义务是人之为人的本质体现，是每位公民“做人”的基本要求和必须担当的基本责任与义务。对这种“做人”的基本要求和必须担当的基本责任的现实表现就是承担赡养费、扶养费和抚养费。在建立农村最低生活保障制度时，将赡养费、扶养费和抚养费纳入家庭收入核算范围，既是对法律的维护，也是对传统道德的弘扬。M县将赡养费、扶养费和抚养费排除在家庭收入核算范围之外，是一种欠缺考虑的做法。从政策的内在逻辑讲，M县将赡养费、扶养费和抚养费排除在家庭收入核算范围之外，与确定农村最低生活保障对象时将凡有“虐待老人、妇女、儿童行为”的人员与家庭排除在保障范围之外的做法也是自相矛盾的。给付输送指的是将农村最低生活保障待遇送达农村最低生活保障对象的方式。与S县每月发放一次最低生活保障资金情况不同，M县规定农村最低生活保障金每季度发放一次，农村最低生活保障对象每季度按规定日期到户口所在乡（镇）人民政府领取保障金。一些因年老体弱、行动不便不能亲自去乡镇领取救助资金的，可由乡（镇）民政干事和村民委员会工作人员入户发放。这种发放方式对追求信息化的人员来讲，显得有些落后，与国家对信息化的要求也不太合拍，与国务院有关部门要求加大社会化发放力度的指示也不太一致，但这种发放方式是从农村实际，尤其是边疆农村实际作出的选择。其实，对于点多、线长、面广的边疆农村来讲，基础设施的落后成为阻碍社会化发放的主要因素。同时，对广大的农村贫困人口讲，仅仅有资金支持是远远不够的，冷冰冰的社会化、信息化发放远远满足不了农村贫困群体的实际需要。广大贫困群体除了资金支持外，还需要精神支持。对这些人来讲，面对面的接触，由社会救助人员将救助资金直接送到被救助对象手中进行互动的影响要大于物质支持的作用。不能盲目推广社会化发放。实际工作中需要的是在充分发挥社会化发放作用的同时，继续挖掘传统救助发放方式的作用与功能，尽量将两者有机结合起来。在工作中，既要能够保证社会化发放在资金安全方面的作用，又要能够充分利用传统的救助发放方式在人情互动方面的功能。发放方式是这样，发放时间也应如此。从这方面讲，M县在发放方式上作了难能可贵的探索。

为校正目标定位与给付递送方面的不足，S县借鉴了分类管理、动态管理、程序管理策略，强化了服务输送管理。分类管理指的是按照农村最低生活保障对象的实际需求，解决以收入定支出的农村最低生活保障政策在消费方面考虑不足的问题。实行分类管理，指的是对消费支出较大、较多的家庭在保障政策上予以重点照顾、重点支持。由于 M 县处于农村最低生活保障制度建设初级阶段，重在制度建构，分类管理问题还没有提上议事日程。动态管理指的是根据农村最低生活保障对象的收入变化适时调整最低生活保障对象与范围，使农村最低生活保障对象有进有出。S 县提出每年对农村最低生活保障对象审核一次。与 S 县的做法一致，M 县也规定每年对农村最低生活保障对象进行一次复查，根据复查与审核情况，决定农村最低生活保障对象进出。但与 S 县不一致的地方是，M 县在《办法》中提出，必要时可随时进行复查。每次复查户数不少于农村最低生活保障对象总户数的 30%。动态管理策略的提出，既可以缓解因目标定位不准带来的不合理救助和农村最低生活保障对象增减问题，也可以减少福利依赖问题。程序管理指的是对实施农村最低生活保障制度的一些关键环节提出相应规范与要求。S 县与 M 县对农村最低生活保障的申请、审核、公示与审批等环节提出了非常具体与细致的要求。重点强化了家庭申请、村委会核实评议、乡镇复审、公示、县最低生活保障办（民政局）审批。在这些环节与程序的管理上，两县没有重大差别。唯一不同的是在申请时间上，两县有些差别。S 县规定每年申请、审批一次，M 县提出每年在 1 月与 7 月各审批一次。随着对农村最低生活保障科学化、规范化以及公开、公平与平等要求越来越高，特别是随着民主意识的不断增强，对农村最低生活保障制度的程序管理越来越强化。国内外广泛的民主实践已经证明，结果的公正与公平需要过程的公开、公平与公正予以保障。没有过程的公开、公正与公平，就不会有结果的公正与公平。农村最低生活保障实施要成为一项“阳光工程”，迫切需要“阳光过程”予以保障。

五是在农村最低生活保障实施主体建设方面。即农村最低生活保障组织建设或者能力建设。主要包括两方面内容：一方面是组织机构建设与人员配备。从纵向看，无论是 S 县还是 M 县，在县、乡（镇）两个层次，都建立了相应机构，配备了相应人力。在县一级民政部门，两县都设立了最低生活保障科；在乡（镇）配备了一名最低生活保障专干；村民委员会尽管属于群众性自治组织，也在乡镇指导下设立了“最低生活保障专管员”，与乡镇最低生活保障专干相似。从横向看，S 县与 M 县都成立了农村最低生活保障协调机构。由于农村最低生活保障政策实施涉及面广，任何单一部门难以解决众多的政策问题，需要建立临时或常设协调议事机构，经常沟通信息、了解进程、研究政策、处理问题。S 县成立了以县长为组长、县委主管民政工作的副书记为副组长，民政、财政、经贸、农业、物价、统计、粮食等部门为成员单位的农村最低生活保障领导小组，下设办公室（办公室设在县民政局最低生活保障办）。各乡镇相应成立农村最低生活保障领导小组，由分管领导及相关部门和驻点干部组成。在村委会一级，S县则成立了农村最低生活保障评议委员会，负责农村最低生活保障对象审议。M县只在县一级成立了农村最低生活保障领导机构。在政策中对乡（镇）与村委会没有提出机构建设与人力配备的要求，但以另一种方式强化了乡镇与村民委员会的职责。M县在其《农村村民最低生活保障暂行办法》中，分别明确了县民政局的审批管理职责、乡（镇）的审核管理职责与村民委员会的日常管理与服务职责。对没有履行好自身职责的通过通报批评、通报批评与罚款相结合、通报批评与停拨最低生活保障金相结合等办法，实行问责制。将量化的问责制纳入农村最低生活保障管理范围，是M县在农村最低生活保障输送管理方面的一项重大制度创新，对保障农村最低生活保障制度化、规范化发展具有重要意义。另一方面是各级农村最低生活保障管理人员的素质提高。提高管理人员素质是S县与M县新出台的农村最低生活保障政策重点关注的内容之一。农村最低生活保障制度落实主要在县以下政府部门与社会组织，尤其需要依靠乡镇与广大农村村民委员会予以落实和保障。相对于城市居民来讲，农村居民的知识、文化与素质相对较低，能力也相对较弱。这种能力弱与制度新之间的矛盾决定尽快提高农村最低生活保障管理人员的政策素质与文化素质成为摆在农村最低生活保障主管部门面前的一项迫切任务，也成为S县与M县民政部门急需解决且需要不断解决的重大问题。S县与M县在出台农村最低生活保障政策时，将乡（镇）、村两级农村最低生活保障管理人员业务培训列入县民政部门工作任务范围，纳入县财政部门保障对象，使农村最低生活保障管理人员的能力提高成为农村最低生活保障政策的内在制度要求。这种举措，有效保障了农村最低生活保障制度的规范化、科学化与专业化发展。

S县与M县现行农村最低生活保障政策之间还有许多内容如目标原则等可以进行比较。通过比较两县农村最低生活保障政策异同，可以发现S县与M县在农村最低生活保障政策方面的许多创造性收获。这些收获是立足于县域实情艰辛探索的成果，也是下一步完善与发展农村最低生活保障制度的重要借鉴。

2. S县与M县在农村最低生活保障实施效果方面的相同点与不同点

一是在保障人数与范围方面。S县保障人数与范围（6022人，占总人口的1.3%）比M县（952人，占总人口的1%）要多、要宽。在保障人数中，家庭与自然原因是农村贫困居民两个同等重要的致贫要素。因病、因残致贫人员是S县需要保障的主要群体，因无劳动能力与因自然条件恶劣致贫群体则是M县需要重点保障的对象。在保障对象中，S县与M县都发生了从以农村“三无”

对象为主转移到以一般农村贫困人口为主的巨大变化①。

二是在保障标准与水平方面。无论是与全国和新疆维吾尔自治区最低生活保障标准横向相比，还是与当地农村居民年人均纯收入纵向相比，S 县的农村最低生活保障标准水平都高于 M 县。S 县的农村最低生活保障标准的提高幅度远远快于农牧民年人均纯收入的增长幅度②。M 县的农村最低生活保障标准增长幅度则小于农牧民人均纯收入增长幅度，也相对低于试点时期规定的农村最低生活保障标准。

三是在农村最低生活保障实施绩效方面。从贫困农户与非贫困农户受益面看，S 县与 M 县的社会救助资金与资源分配给了最需要或最贫穷的家庭与人员。其中，S 县农村贫困户的受益面要大于 M 县（91%>87.6%）。这说明，S 县以农村最低生活保障为核心的农村社会救助效率要高于 M 县。在 S 县与 M 县，收入最贫困的两部分群体即收入在 20%以下的群体得到完全救助且整个救助分布很有规律，呈依次递减状态，但也存在不符合条件农户得到了救助、最低消费户中没有纳入救助范围的问题。从贫困农户与非贫困农户资金受益情况看，S 县的农村最低生活保障制度实施效果要比 M 县好，农村社会救助资金更多的向贫困家庭集中，主要分配给了中等收入和中等消费以下农户家庭；M 县的农村社会救助资金虽然多数分配给了贫困农户，但与 S 县相比，更多的社会救助资金分配相对给了收入较高的农户。中等消费以下农户获得社会救助资金数量略多于中等消费以上农户。S 县的农村最低生活保障样本户实际人均补差水平要高于 M 县。以上情况说明，两县社会救助实施结果将大量社会救助资金分配给了最低收入与消费层次农户。社会救助资金分配是基本公平的。

四是在农村最低生活保障反贫困效果方面。通过比较农村贫困户在获得救助前后收入与贫困户数量变化，S 县与 M 县农村社会救助对增加贫困户收入和减少农村贫困具有明显作用。由于两县农村贫困状况不同，M 县的农村社会救助和农村最低生活保障在增加贫困户收入与减少农村贫困率方面的效果要略高于 S 县。

五是在农村最低生活保障社会影响方面。农村最低生活保障对象对最低生活保障制度的评价和知晓率在 S 县与 M 县情况比较一致，正面评价占主体和绝对多数，负面评价极少。但是，在 S 县，农村最低生活保障户对最低生活保障政策的了解渠道比 M 县要多一些。这可能与 S 县开展农村最低生活保障时间长有关。

① 这些人员都属于“不救不活”的群体，除非国家救助，否则难以解决温饱问题。

② S 县 2007 年农牧民年人均纯收入相当于 1999 年农牧民人均纯收入的 1.97 倍。

S县农村最低生活保障户了解农村最低生活保障制度的渠道多一些，但M县的村干部作用发挥大一些。S县的农村最低生活保障对象对申领程序相对熟悉一些。M县的农村最低生活保障对象和普通村民对最低生活保障制度熟悉情况稍微差一些，了解农村最低生活保障的渠道比较单一（通过村干部才了解农村最低生活保障政策）。但是，M县的普通村民与干部对农村最低生活保障制度的评价却比S县要高。

9.1.2 几点结论

本项研究全面系统地分析了农村贫困形势演变以及经济发展、扶贫开发和社会保障对治理农村贫困的作用、中国农村最低生活保障制度的发展过程与实施效果。尤其是重点研究、比较了S县与M县农村最低生活保障制度政策过程与实施效果。在这些研究基础上，可以得出以下几点结论：

1. 农村贫困户普遍缺乏生产自救能力。本项研究显示，我国当前以最低生活保障户为主体的农村贫困户致贫原因复杂，家庭与地域特征明显。S县因病致贫问题可能要比M县严重，M县农村贫困家庭中老人照顾与子女上学的问题要比S县压力大。农村贫困户的共同特征是家庭人口中残疾人多、老人多、未成年人多、受教育水平低、家庭成员患病人员较多、劳动负担系数大、收入与消费之比入不敷出，生活常年处于困难状态。贫困户与非贫困收入与消费差距特别大，贫困户的年人均纯收入只相当于非贫困户的14%，或者说非贫困农户的年人均纯收入是贫困农户年人均纯收入的7.15倍。贫困户收入的59.21%来自家庭农业生产收入，30.79%来自社会救助，7.02%来自其他收入。农村贫困户的这些特征决定生产自救不太现实，必须通过政府救助才能解决其基本生活问题。

2. 西部省份农村最低生活保障制度是行政安排的产物。从总体讲，农村最低生活保障作为社会保障制度的重要组成部分，其产生是必然的，是农业工业化、市场化的必然结果，但这项制度产生的具体时间、具体特点则是偶然的，是不同地区、不同经济与社会背景综合作用的结果。对西部省份来讲，由于经济发展相对滞后，农村最低生活保障作为一项治理农村贫困的社会政策不是制度自身发展的产物，而是行政安排的结果。S县与M县的农村最低生活保障制度安排是新疆维吾尔自治区民政部门直接指定、具体部署的结果。

3. 农村最低生活保障制度政策过程受多种因素综合影响。由于受中国现行政治体制限制，影响中国与西方社会政策的过程因素不尽一致。在影响我国农村最低生活保障制度政策过程的诸因素中，制度需求（贫困的紧迫性）、地方可支配财政收入、执政团队意识与民主发育程度是四个主要因素。在四因素中，制度需求与地方可支配财政收入是基础，执政理念是核心，民主发育程度是关键。决定一项制度能否建立的关键在执政团队的意识与观念。不同时期、不同届数的党委、政府执政团队关注的社会政策方向、内容与重点是不同的。在我国，不同层级党委、政府的换届往往成为建立社会政策的“政策之窗（即以金通为代表的多源流框架关于问题流、政策流与政治流的耦合）”[①]。影响一项制度保障水平高低的关键则是地方财政或者经济实力。正是随着经济实力不断增强，农村最低生活保障对象范围不断扩展，农村最低生活保障水平逐步提高。

4. 农村最低生活保障制度与农村五保供养制度有一个相互替代、逐步分化的过程。农村最低生活保障制度试点时期，与农村五保供养对象、范围是基本一致的。将农村最低生活保障与农村五保供养制度的对象与范围相重合，既是这两项政策本身没有分化的结果，也是在没有上级财政支持下主动缩小最低生活保障范围、减少财政压力的一种地方选择。20 世纪 90 年代末 S 县与 M 县的试点政策将农村“三无”对象（没有经济来源，没有劳动能力，没有赡养人、抚养人、扶养人即使有赡养人、抚养人、扶养人也没有赡养、抚养、扶养能力的农村村民）定为农村最低生活保障对象，其实质是在不增加现有财政压力、充分利用现有行政或社会资源应付上级行政安排农村最低生活保障试点的替代举措。当然，这种替代不是简单的名称变化。S 县在将农村五保供养制度替代农村最低生活保障制度，主动承担五保供养责任、实质放弃农村最低生活保障责任时，却无意中通过这种责任的承担与放弃的转换，实现了农村社会救助政策的重大突破。在全国绝大多数省市，政府财政还没有介入农村社会救助责任，在 1994 年国务院颁布的《农村五保供养工作条例》[②] 规定农村五保供养属于农村集体福利、主要由乡镇实施的大氛围中，S 县政府财政能够主动介入农村社会救助，主动承担传统集体福利责任，是农村五保供养乃至农村社会救助的重大制度创新[③]。随着制度不断发展，农村最低生活保障在保障对象、保障内容、保障标准与保障方式等方面才逐步与农村五保供养制度相区别，农村最低生活保障逐步由覆盖农村“三无”对象转向农村相对贫困或低收入群体。

5. 农村最低生活保障制度实施效果明显。总体看，农村最低生活保障政策

---

① 意指提案支持者推广其解决办法或吸引别人重视他们的特殊问题的机会。参考本书第 2 章关于政策制定过程的多源流框架部分。

② 国务院：《农村五保供养工作条例》，1994 年。

③ 柳拯：《当代中国社会救助政策与实务研究》中有关农村五保供养部分，中国社会出版社，2005 年。

框架基本确立，管理制度逐步健全，组织机构基本形成、人员队伍陆续到位，农村最低生活保障体系基本建立。从农村最低生活保障对贫困户影响看，在充足性方面，社会救助收入（主要是最低生活保障资金）占贫困户总收入的 30.79%（对于 20%最低收入户，最低生活保障资金占家庭总收入的 46.7%），将近 1/3，说明农村最低生活保障资金在增加收入、减少收入贫困方面有重大作用；在消费贫困减轻率方面，贫困户的消费一般高于收入（2006 年两县贫困户人均收入为 1177.80 元，消费 1560.722 元，消费与收入之间差距为 382.972 元），实施农村最低生活保障后人均获得救助资金 434.67 元，改变了消费大于支出的困境，减轻了最低生活保障户的消费贫困；在贫困户与非贫困户受益分布方面，贫困户受益面占 99.38%，非受益者占 0.62%。从贫困户与非贫困户资金受益情况看，20%的最低收入、消费户与最高收入、消费户比较，最高收入、消费户获得社会救助资金最少，最低收入、消费（10%以下）群体人均获得社会救助收入最高（1268.55 元），最高收入档次农户获得社会救助资金额仅相当于最低收入户（20%）的 5.7%；贫困户获得社会救助资金相当于非贫困户的 16 倍。大量农村社会救助资金分配到了农村贫困户手中。这说明农村最低生活保障制度横向与纵向效率很明显。在降低农村贫困率方面，农村社会救助平均降低贫困率 43.3%（在 S 县降低了 38.6%的比例，在 M 县降低了 48%的比例）；农村最低生活保障平均减少 37.865%的贫困比例（在 S 县，农村最低生活保障降低了 36.05%的贫困户比例，在 M 县降低了 39.68%的农村贫困户比例）。S 县与 M 县农村最低生活保障制度实施效果与全国实施农村最低生活保障制度以前比较更加明显。根据 2004 年我们对重庆、甘肃、湖北、江西与山西五省市农村特困户生活救助研究，当时贫困农户获得社会救助资金比例只占特困户收入的 5.2%和低收入户收入的 7.2%，政府救助只降低了 0.7%的贫困户比例。当时农村社会救助对贫困户收入与农村减贫的影响非常有限①。

6. 在增加贫困户收入与减少农村贫困的诸项制度中，农村最低生活保障制度成了农村社会救助的主体制度，也是农村社会保障的主体与核心制度。与其他制度相比，农村最低生活保障制度是最有效率的制度。农村最低生活保障制度在减少农村贫困的各项制度作用（农村最低生活保障减贫作用/农村社会救助②的

① 民政部最低生活保障司，北京师范大学社会发展和公共政策研究所：中国农村特殊困难群体基本生活救助制度研究，内部资料，2004 年 11 月，第 66 页。

② 在这里，农村社会救助收入包含国家给予的所有收入转移支付。

减贫作用）中占了总作用的 88.05%（其中，在 S 县农村最低生活保障制度作用为 93.4%，在 M 县农村最低生活保障制度作用为 82.7%）。其他农村社会保障与奖励制度只发挥了很少的功能与作用（在 S 县的作用占 6.6%，在 M 县占 17.3%）。农村最低生活保障制度成了广大贫困农民不可缺少的收入支持制度，成了解决广大农村贫困村民的最后一道安全网。新型农村合作医疗制度在减少当地农村村民医疗支出中只发挥了极小的补充作用①。大量新型农村合作医疗资金流向了非贫困群体（贫困农户获得资金只相当于非贫困农户的 77.89%）。

7. 农村最低生活保障对象、普通村民和县有关部门、乡镇干部，对农村最低生活保障制度的总体评价不错。但这种评价出于感性的多，理性的少。绝大多数农村最低生活保障对象与普通村民对农村最低生活保障政策内容并不了解和熟悉。特别是在新建制的 M 县，由于宣传渠道单一，广大农村村民只是从感性角度对农村最低生活保障制度进行了评价，从政策内容与政策发展规律进行评价的较少。农村最低生活保障制度要健康运行，特别是要成为一项阳光工程，必须加大对这项制度的宣传力度。从两个县级案例研究看，目前还未发现福利依赖问题，也没有发现农村最低生活保障与工作积极性之间的有机联系。

8. 农村最低生活保障制度之所以能够在短短两年内成为农村社会保障的主体制度，其关键在于中央政府对农村最低生活保障制度的重视与承诺，中央财政对农村最低生活保障制度的介入。虽然 S 县与 M 县的农村最低生活保障建制于中央政策出台之前，但农村最低生活保障人数的大规模增加却是在中央正式宣布介入之后（2006 年后）。这说明，政策期望会影响建制进程，政策介入影响保障范围与规模。

9. 农村最低生活保障制度目前仅仅是建制初期。农村最低生活保障标准与水平还难以保障贫困群体的基本生活水平。农村最低生活保障连起码的吃饭问题（S 县农村最低生活保障标准相当于该县平均食物消费支出的 89.7%，M 县的农村最低生活保障标准相当于该县平均食物消费支出的 68.1%，两县平均为 78.9%）② 都难以解决，更难以保障最低生活保障对象在住房、医疗与子女上学

① 2006 年新疆农民人均医疗消费支出为 189.69 元。S 县与 M 县五保户（9.94 元）、最低生活保障户（14.49 元）与特困户（29.94 元）获得新农合资金依次相当于新疆农村居民人均医疗消费支出的 5.2%、7.6%、15.8%。

② 这个结论与全国的结论差不多。2006 年全国农村最低生活保障标准相当于农村人均食品支出 1216.47 元的 83.4%。

等其他方面的消费需求。同时，还存在城乡最低生活保障水平不平衡（S县农村最低生活保障标准相当于城市最低生活保障标准的70.5%，M县的农村最低生活保障标准相当于城市最低生活保障标准的47.3%，两县平均为58.9%）问题①；应保未保和错保问题（两县共有73户非贫困户纳入保障范围，占保障家庭的18.02%；有4户贫困家庭被排除在保障范围之外，占0.62%）以及农村最低生活保障政策模式总体上仍然属于传统的收入支持模式，社会救助的人力资本投资与发展功能没有引起社会救助部门应有重视等问题。农村最低生活保障制度政策确实还有许多需要完善的地方。

9.2 政策建议

基于以上分析与结论，对下一步完善农村最低生活保障制度提出如下政策建议。

9.2.1 总体原则

完善农村最低生活保障制度必须坚持以下原则：

一是必须坚持整体推进、城乡有别的基本思路。建立农村最低生活保障制度是一项立足当代、造福子孙的德政工程。设计这项工程时，必须要有战略眼光、前瞻思维和长远布局，必须把农村最低生活保障制度设计与对现行城镇居民最低生活保障制度实施经验与教训的反思总体考虑、总体规划。在政策设计时，必须坚持整体推进和城乡有别的基本思路，一方面考虑城乡有别这个现实，从这个基础和现实出发对城乡最低生活保障制度分别设计或再设计；另一方面，又必须兼顾城乡一体化这个未来趋势，对最低生活保障标准、最低生活保障对象与范围、最低生活保障资金渠道等问题进行统一谋划。只有把现实与未来结合起来，把城乡有别与城乡一体结合起来，把村居身份分开与公民身份统一结合起来考虑，才能使最低生活保障制度有机衔接，减少政策成本。

二是必须坚持实事求是、一切从农村实际出发的基本原则。城市与农村在经济、社会发展水平以及文化习俗等方面的不同决定了城乡之间贫困原因、贫困种

① 2006年全国农村最低生活保障标准相当于城市最低生活保障标准3932040元的49.7%。M县的农村最低生活保障标准水平（47.3%）与全国平均水平比较一致，S县的农村最低生活保障标准水平（70.5%）要高于全国农村最低生活保障标准水平。

类、贫困程度、贫困范围的不同，决定了在设计农村最低生活保障制度时，必须坚持实事求是、一切从农村实际出发这个基本原则，防止照搬照抄城市最低生活保障做法，使农村最低生活保障制度体现出自身特色。如，在农村最低生活保障对象上，范围不能太宽，应该主要把一些因病、因残、因丧失劳动能力和自然条件恶劣，靠自身难以维持基本生活的常年困难人员作为保障对象。在农村最低生活保障标准上，一方面要坚持贯彻属地管理原则，由各地自行制定、颁布与实施标准，但标准不能太高，必须与当地有关社会保障标准和最低工资标准衔接；另一方面，要确定一个全国最低标准，以切实保障困难群众基本生活。作为国家职责，应该重点解决绝对贫困标准以下人员的基本生活问题。因此，国家应该规定农村最低生活保障标准不低于农村绝对贫困标准。在农村最低生活保障资金渠道上，要在明确财政为主渠道、各级政府将农村最低生活保障资金列入财政预算、实行专户管理同时，明确社会捐赠和有集体经济的地方，社会捐赠和集体经济收入要用于改善最低生活保障对象的生活。在农村最低生活保障管理主体上，要在明确各级民政部门为农村最低生活保障制度的主管部门、县级民政部门为农村最低生活保障的审批部门的同时，充分发挥其他政府部门、群团和社会组织作用。

三是必须坚持简单、方便、操作性强的基本方法。农村工作不同于城市工作，在两个方面具有鲜明特色：其一是农村村民居住分散，点多、线长、面广；其二是居住一起的村民相互之间比较熟悉。这两个特点决定实施农村最低生活保障时，必须坚持简单、方便、可操作性的基本方法，不能把城市最低生活保障的一些做法硬搬到农村来。在确定农村最低生活保障对象上，可以通过“民主选穷”的办法，通过村委会或村民代表大会，将全村最穷的人员选出来。针对不同类型困难人员的困难情况，进行分类、分层保障。不能把程序搞得太复杂，如每家每户进行收入核算。这样的做法，在西部一些省份，既不可能，也没有必要。在确定农村最低生活保障对象收入核算办法上，要根据经济发展程度不同，确定具有地方特色的家庭收入核算办法。如广东，由于是经济发达地区，农村村民的主要收入由工资收入、村集体经济分红、出租房屋所得三部分构成。其他地方，由于工业化进度慢一些，收入内容可能简单些，只有农作物收入。农村村民收入由于季节性强、物价变化大，难以准确测算，只要规定一些大的种类就行。简单的可能反而科学些。在资金发放上，不必强求一律，可以结合当地习俗和农村村民收入变化情况，灵活确定发放时间。可以以年发、以季发、以月发，也可以结合节日发，关键是要符合农村村民的实际需要，真正能够解决其燃眉之急。

9.2.2 基本思路

这个基本思路具体为："明确一个目标、履行一项职能、解决一大问题、做好四方面工作"：

"明确一个目标"指的是农村最低生活保障制度目标模式。也就是要把农村最低生活保障制度建成一个什么样的制度，这个制度有哪些主要特点，应该包括哪些主要内容，政策框架怎么搭建等问题。要了解农村最低生活保障制度目标模式，必须了解、反思现行国际国内农村最低生活保障的做法和经验。理想来源于实践。理想的政策模式来源于对政策现实的总结与提炼，来源于对政策条件的分析与把握，来源于对政策需求的反思与升华，来源于对政策发展的展望与憧憬。结合国内外社会政策的总体走向和农村最低生活保障的广泛实践，我们认为今后要建成的农村最低生活保障模式应该是一种集补助、预防等多种功能与作用为一体的模式，是一种制度完善、管理规范、城乡一体、救助综合、机构健全并且具有可持续发展的模式。这是一种积极的最低生活保障模式①。这种农村最低生活保障模式主要突出四个特点：

一是在保障对象与范围上，打通最低生活保障户与边缘户之间分隔，使"悬崖效应"向"缓坡效应"过渡。积极的农村最低生活保障制度重点保障两方面人员：一是最低生活保障线以下人员。尤其要重点关注没有劳动能力的最低生活保障对象。这类人员主要由于因病、因残、因年老体弱、因丧失劳动能力或者因自然条件恶劣导致贫困，生活常年困难。对因突发性原因导致贫困的有劳动能力人员，主要通过临时救助等措施予以解决，或者参照最低生活保障标准给予资金补助。对一些确实困难、一时难以脱离贫困需要进入最低生活保障范围人员，要尽量签订协议，规定享受最低生活保障待遇时间、条件，不能因为不当政策设计导致终生享受最低生活保障等问题的发生。二是最低生活保障线以上边缘群体。作为以收入定补助的社会政策，传统的农村最低生活保障制度有先天政策缺陷。判断一个家庭的生活质量与水平，应该看收入与支出总体情况，即从收入与支出两方面综合考虑。由于家庭支出情况不同，一些收入不错但得大病、重病的非最低生活保障家庭或者最低生活保障边缘家庭，其生活质量与水平远远低于最低生活

① 民政部最低生活保障司、亚洲开发银行中国代表处：《中国农村最低生活保障制度研究》关于浙江与上海等分报告。

保障家庭。关注边缘群体，关注消费支出，是弥补最低生活保障政策不足、预防最低生活保障边缘家庭进入最低生活保障范围的重要举措，也只有这样，才能对真正困难的家庭及人员给予实事求是的补助。积极的农村最低生活保障制度突破了传统的农村最低生活保障制度在对象选择上的固定化、“一刀切”瓶颈，开辟了农村最低生活保障政策新的空间。

二是在保障内容上，在制定最低生活保障政策、关注最低生活保障对象资金补助、进行生活救助同时，重点关注农村最低生活保障对象家庭的子女上学、生病就医和就业问题，在重视物质救助资金发放的同时，重视对最低生活保障对象心理与精神层面的关怀。在广大农村，特别是对很多农村困难家庭来说，生病、子女上学以及无职业是三个主要致贫因素。对这些贫困对象来讲，解决吃饭资金是治标不治本的办法。要实现标本兼治，使农村最低生活保障对象真正脱离贫困，必须从产生贫困的根源抓起。积极的农村最低生活保障制度要在抓好基本生活问题解决的同时，对最低生活保障对象生病问题、子女上学问题以及就业能力建设等问题加大救助力度，给予更多的关注与投入，克服传统农村最低生活保障制度在保障内容上单一化的局面。

三是在保障形式上，在给予农村最低生活保障对象现金支持同时，积极探索其他保障方式。目前，农村最低生活保障制度主要有三种保障形式，即现金、实物与服务。积极的农村最低生活保障制度要根据不同地区、不同情况的对象，给予不同形式的保障。既要根据最低生活保障对象的行动能力采取不同的保障形式，比如对有行动能力的保障对象，主要给予现金救助，对行动不便的保障对象，可以给予实物或服务保障；也要根据距离城市远近给予不同形式的保障，比如对城郊农村最低生活保障对象可以给予现金保障，但对远离城市、购物不便的山村村民则可以给予实物保障；还可以根据管理需要，在进行现金、实物与服务三种形式保障的同时，积极探索一些有利于提高救助效益、减少救助欺骗且可以给予救助对象更多选择的保障方式，比如通过代金券的发放，要求在规定时间、规定商场、规定内容上进行消费。这样既可以避免发给最低生活保障对象现金导致救助资源不必要的浪费问题①，也可以避免用固定实物发放限制最低生活保障对象的物品选择问题。引入代金券这种保障形式，可给予农村最低生活保障对象更多的选择权利和选择自由。

① 由于一些最低生活保障对象缺乏配置能力和不规范行为，经常导致救助资金被滥用问题，如喝酒、赌博。

四是在保障制度上，在规范完善自身制度的同时，重点做好或提前做好农村最低生活保障制度与其他社会救助制度之间的衔接、配套。这既由最低生活保障对象多种救助需求决定，也是整合救助资源、提高救助效益、减少救助资源浪费的需要所决定。贫困群体的贫困，往往并不局限于某一方面。导致贫困的多种原因，如因病、因残、因能力低下，往往也构成了贫困群体的多种救助需要。农村最低生活保障由于救助水平不高，难以解决最低生活保障对象吃饭之外的其他问题和需要。这种局限决定农村最低生活保障制度必须与其他制度相衔接。同时，现实中也存在多种救助制度，如农村医疗救助、农村五保供养、农村养老保险、农村新型合作医疗以及农村优抚安置等，这些救助制度往往覆盖着同一类对象。这种对象的重复性决定在厘清各项制度边界的同时，必须加强制度之间的联系与沟通，使制度之间形成系统的、内在的、有机的联系。

与传统的消极的补助型农村最低生活保障制度相比，积极的农村最低生活保障制度重点突出了四个转向：

第一，在政策功能上由分配型转向发展型，即由单纯的财政资金在农村贫困对象上的二次分配、维护社会公平，逐步转向促进农村最低生活保障对象的能力提升，促进农村经济与社会发展。从这个角度讲，我们又把积极的农村最低生活保障制度称为发展型农村最低生活保障制度。在实际工作中，要注意克服两种倾向，既不能因为强调发展功能，忽视了农村最低生活保障制度的二次分配功能；也不能因为强调发挥最低生活保障制度的分配功能，忽视了整个农村最低生活保障制度的发展取向。

第二，在政策形式上由单一政策为主转向政策组合，即由单独、分割地制定、执行与落实最低生活保障政策，转向衔接多种政策共同作用于同类最低生活保障对象，共同解决同一社会问题。在实际工作中，既要克服过分强调单一政策如扶贫对解困的功效，将只适合一部分人的政策扩大到全体贫困人口，并以经济政策来替代社会政策的倾向，也要避免不分性质、不分政策适用范围盲目搬用众多政策解决同一问题的做法。在实际工作中，要使各项政策在发挥自身功能同时，搞好政策之间的衔接，既要重视发挥农村最低生活保障制度自身功能，也需要注意与具有“造血功能”的其他农村反贫困政策构成社会政策“组合”，如与社区组织、可持续生计、资产建设和劳动力流动等政策相结合，通过政策组合，共同解决农村最低生活保障对象面临的难题。

第三，在政策内容上从生活救济为主转向以能力开发为主，即由单纯解决最低生活保障对象生存问题，转向开发最低生活保障对象潜能、进行人力资本投资为主。农村最低生活保障制度是新农村建设的重要内容，也是促进城市化、工业化的重要手段。要实现城乡融合、城乡一体，促进城乡居民利益的公平分配，除了政策支持外，其关键和核心就是农村城市化、农业工业化、农民市民化的主体即农村居民的自身素质与能力问题。提高广大农村居民的文化素质与就业能力，是各项经济与社会政策关注、关心的重点。积极的农村最低生活保障制度，由于重视教育问题，重视就业能力培养，重视人力资本投资，既符合城市化、工业化和新农村建设的客观要求，也适合农村贫困群体的实际情况。在这方面，既要克服固守传统的以生活救济为主不放的做法，也要防止为提高最低生活保障对象能力而不顾保障对象生活困难的极端行为。在实际工作中，要努力使生活救助与能力建设有效结合，从“根源”上使广大的农村最低生活保障对象真正摆脱贫困困境。

第四，在政策投入上从以资金投入为主转向资金与资产投入并重，即由单纯投入生活资金转向为贫困群体提供服务设施、设备资产投入并重。农村贫困群体之所以贫困，一个重要方面是为贫困群体服务的设施、设备不足，如贫困地区社区公共卫生设施、公共教育服务和社区公共资源严重缺乏。加大对贫困地区针对贫困群体的资产投入，可以提高贫困群体对教育、医疗卫生服务的可及性，促进贫困地区和贫困群体的能力发展。在这方面，既要注意克服为强调资产建设、投入社会性基础设施而忽视生活资金投入的问题，又要有效防范以生活资金投入为名不建设社会性基础设施的错误。

“履行一项职能”指的是政府要切实履行好自身政策主体的职能。政府的职能主要表现在四方面即“四管一服务”。具体来讲就是管方向、管政策、管设施建设、管资金支持，提供快捷、便利的服务。

一是管方向。“管方向”指的是政府负责整个以农村最低生活保障为核心的社会救助事业长远发展规划与引导。中国的农村贫困对象覆盖面广、人数众多。农村最低生活保障等社会救助工作好坏事关社会的公平、公正，事关社会的稳定与和谐，事关国家的安全与发展。对这么一项庞大而复杂的工作，不能靠经验办事，必须要有科学规划和长远打算。搞好规划与测算，需要各级政府承担主体责任。无论是国家的农村最低生活保障规划，还是省、地（市）、县的规划，都需要政府尤其是各级计划与业务管理部门根据各地政治、经济与财政实力予以制定，并对从事社会救助事业的部门、单位及相关人员予以切实指导。政府在“管方向”方面的角色，主要通过制定长远规划、专项规划与年度计划来体现。凡没有列入规划内的事情，在一段时期内，政府从资金、政策等方面不予支持。

二是管政策。“管政策”指的是政府必须为以农村最低生活保障为核心的社会救助事业正常运行提供所必需的制度、规则与安排。社会救助作为一项事业，包含的内容比较丰富，其中涉及救助对象的确定、救助内容的规划、救助服务包的设计、救助机构的建设、救助人员的管理、救助程序的界定、救助资金的筹措等等。这些内容明确与否直接关系到社会救助工作能否顺利开展、社会救助事业能否健康运行。政府必须从“掌舵者”角度，对社会救助涉及的相关制度、规则与安排予以明确，为社会救助事业发展提供“游戏规则”。管政策通过法律、行政规章以及部门文件等形式实现。如通过全国人大制定《社会救助法》、国务院制定有关农村最低生活保障等社会救助工作《条例》或《办法》，由政府部门出台有关文件如《通知》和《意见》。通过人大、政府、部门以及施救机构自身，逐步将政府角色融入各项具体工作中，体现在每一项社会救助政策里。

三是管基础设施建设。“管基础设施建设”指的是政府必须为开展以农村最低生活保障为核心的社会救助工作搭建平台，建立机构，配备人员。基础设施建设是开展农村社会救助工作的基础。从目前讲，除了各级政府机关必须设立相应的救助机构外，还必须建立相关的具体实施单位，包括县市设立救助中心、乡镇（街道）设立救助站以及社区和村委员会设立救助点。除此之外，随着信息化的逐步推行，农村社会救助工作不能再停留在手工或经验操作阶段，必须建立信息网络和信息管理系统，实行信息化管理，进一步提高工作效率和管理的科学化水平。各项农村社会救助工作开展最急需相关专业人才。目前，社会救助系统的人力资源配置基本呈倒金字塔结构：上头大、基层少。省级以上民政部门从事救助管理人员相对较多，但乡镇、街道的救助工作人员普遍偏少。特别是农村社区，基本没有专门救助人员。这种头重脚轻的人力资源配置，是与社会救助工作重在基层、落实在基层的工作规律不一致的，是完成不了日益繁重的救助工作的，各项救助工作也是难以科学化的，国务院提出的应保尽保、应救尽救的任务也是难以真正落实到位的。

四是管资金支持。“管资金支持”指的是各级政府必须为以农村最低生活保障为核心的社会救助工作开展提供救助经费、工作经费。资金是保障。没有必要的资金，社会救助工作就不可能开展起来。由各级政府提供资金支持是落实宪法第四十五条关于国家有义务对年老疾病以及伤残的中华人民共和国公民提供救济责任的具体体现，也是落实各级政府主体责任的主要途径。目前，社会救助资金总量不大，而且结构不尽合理。重城市、轻农村的问题比较严重。目前 30%的城市人口，占了 70%以上的全国社会救助资金，广大的农村困难居民常常处于食不果腹、衣不掩体的境地。政府对社会救助、尤其是对农村社会救助的主体责任还没有完全承担起来。政府对社会救助的资金支持表现在直接与间接的资金支持两个方面。直接的资金支持是通过每年将救助资金和机构建设资金列入财政预算，通过专项转移支付或一般性转移支付形式对社会救助进行支持。间接的资金支持，主要是通过政府出台优惠政策，如税收优惠政策等方式，发动社会力量支持农村最低生活保障等社会救助工作的开展。对农村最低生活保障等社会救助对象的支持，可通过现金方式，可通过政府购买的方式由政府直接提供产品与服务，也可以由市场提供服务。

五是提供快捷、便利的服务。“提供快捷、便利的服务”指的是在政府职责范围内，为以农村最低生活保障为核心的社会救助工作开展提供政策咨询、信息沟通、资源配置等方面的服务。为救助对象、为承办救助工作的非营利机构提供服务，是各级政府部门的应尽职责。特别是在当前，各项社会救助资源主要掌握在行政部门的情况下，更需要确立服务意识，规范服务行为，为最低生活保障等社会救助对象提供政策解析、施救服务、资金给付、生活安排、心理抚慰、救助诉求回应等等物质与精神方面的救助服务；为各类非营利救助机构提供开展调查研究、救助服务包设计、救助方案制订、救助数据与业务查询、实践访谈协助等方面方便、快捷的服务。对这些服务提供的质量高低、速度快慢、态度好坏应该成为评价最低生活保障等社会救助行政部门的主要标准。为民服务不是一句空话，而是要切切实实地体现在各项具体而微的工作之中。这些要求对于长期习惯于“威权”之下的各级公务员来讲可能不太适应，但又是必须履行的职责。因此，必须根据为民行政的要求，对各级政府社会救助部门的架构、编制与人员进行“再造”，使政府在社会救助中的角色作用真正发挥出来。

“解决一大问题”指的是解决家庭收入测算问题。家庭收入测算准确与否关系到救助对象能否得到救助，救助效果是否公平、公正，甚至关系到农村是否稳定这样一个大问题。要针对目前各地家庭收入测算工作中存在的将毛收入等同于纯收入[①]，将

① 个别地方在核算年人均纯收入时，没有扣除生产成本，将农牧民家庭人均收入直接等同于家庭人均纯收入。这个问题在各地都不同程度地存在。

虚拟收入等同实际收入①、将奖励性收入计入家庭纯收入②、国营农牧场困难人员没有纳入排查范围③等问题，不断完善农村家庭收入计算办法，合理解决家庭收入核定难问题，使农村贫困家庭收入计算办法更加符合实际情况，更具有科学性和可操作性，使基础数据更为准确。具体讲，要规范三方面工作。首先，是规范家庭收入测算内容。家庭人均纯收入指共同生活的家庭成员通过农副业生产和其他合法劳动经营，扣除生产成本后全年所获得的货币收入与实物收入总和，主要包括土地经营收入、工资性收入、财产性收入和转移性收入四个方面。土地经营收入包括家庭成员从事种植、养殖等农副业生产劳动所得的纯收入；工资性收入主要包括在外务工获得的工资、奖金、津贴、补贴、参加养老保险领取的养老金等收入；财产性收入主要包括储蓄存款、有价证券及利息等收入；转移性收入主要包括政府各种救助款物和奖励补助补贴收入。在计算贫困家庭收入时，要做好两个扣除：（1）扣除生产成本，如种地所花费的种子、化肥和用水、用电等支出，但不能扣除生活成本；（2）扣除奖励性收入，如“三老”人员补助、在乡优抚对象补助以及计划生育奖励等等。其次，是规范家庭收入测算标准。这方面的问题主要存在对农牧民没有出售的农产品（林业、牧业、渔业或其他副业收入）

---

① 有些地方在计算农作物收入时，没有按照实际种植的作物、产量来计算，而是按照种植经济作物和平均产量估算，如把实际种植的小麦统一按照种棉花来估算收入，估算结果比实际收入偏高，没有真实反映家庭实际收入。我们在和田地区调研过程中发现，一个村在核算农户收入时，将本来种植的小麦按棉花收入进行测算，人均收入从680元提高到864元；在喀什市调研中也发现，一个农户家中共有7人，有8亩地。2006年只种了4亩小麦，其余4亩成了撂荒地，人均各种收入加在一起也就300多元。但村里在测算收入时，按照应该统一种棉花来计算（也不管还有4亩地没人耕种的实际情况），结果这户村民的人均纯收入定为683元以上。这种做法无疑减少了贫困人口总量。

② 在调研中发现，一些地方存在将“老党员补助”计入家庭收入现象。农村“三老”人员属于国家奖励人员范围。除“三老”人员之外，还有在乡优抚对象、独生子女户以及见义勇为等人员。这些人员或多或少从国家和有关组织得到了一些经济上的补助。在一般统计农村家庭收入时，将这些人员的收入计算在内，确属应当。但在实施农村最低生活保障制度时，却不应该把这些人员得到的奖励或补助如计划生育奖励、优待抚恤金、“三老”人员补助等奖励性收入计算在实际收入中。在实施城市最低生活保障时，国家明确规定家庭收入“不包括优抚对象按照国家规定享受的抚恤金、补助金”。当时，农村“三老”人员补助和计划生育奖励政策尚未出台。农村“三老”人员补助和计划生育奖励，也属于按照国家规定享受的补助金。在实施农村最低生活保障时，农村被奖励人员应该得到与城市居民同等待遇，将优抚对象、“三老”人员和执行计划生育政策家庭得到的补助金不计入收入。这是党和政府对这些为共和国的建设、发展和边疆稳定作出贡献人员的一种认可，是对其业绩的一种弘扬。如果将这些人员得到的补助计入家庭收入，则可能得到了奖励，却被排除在最低生活保障补助范围之外。如果将各种奖励计入家庭收入，实施农村最低生活保障制度后，受奖人员与其他村民就没有区别了。各种政策与制度产生了相互抵消的结果，可能出现新的不公平，引发新的农村矛盾与问题。

③ 由于行政管理体制不顺，仍有相当一部分属于集体性质的农牧场中的贫困人员既没有享受城市最低生活保障待遇，也没有纳入农村最低生活保障对象排查范围。

的价值估算上。要以县市或地州为标准，参照当地市场价格进行统一测算。享受全额补助或差额补助地区，要由上级政府或有关部门统一计算标准。这样，才能在各省（市、区）、各地（州、市）之间、各县（市、区）之间做到相对公平。最后，是规范家庭收入测算方式。要按照自治区有关部门统一的测算办法，印制统一的收入表册进行测算；同时，要走村入户，不留空白，不留死角，逐村逐户逐人实地测算真正贫困对象的家庭收入，不允许虚拟家庭收入的存在。

“做好四方面工作”指的是围绕完善制度、夯实基础、建设体系与倾斜政策四个关键环节，做好相应工作。

一是完善制度。农村最低生活保障制度作为治理农村贫困的重大举措，必须从农村实际出发，认真反思现行农村最低生活保障运行经验，在充分吸取城市最低生活保障制度建设教训基础上，走出一条符合农村实际的路子。第一，要了解农村实际。从农村实际出发，主要从农村贫困、农村工作、农村困难对象的实际出发。农村贫困不同于城市贫困。对广大的东部地区讲，城乡一体化进程不断加快，城乡之间差别越来越小，但对许多的边疆地区来讲，农村贫困主要是一种绝对贫困，是一种挣扎在生存线或死亡线上的贫困。由于自然资源缺乏、自然条件恶劣，农村贫困相对静止，变化不大。贫困原因也主要由于因自然条件恶劣、因病、因残、因劳动力缺乏、因年老体弱丧失劳动能力等原因导致常年贫困。城市贫困主要是一种相对贫困，是一种“富裕”中的贫困。城市贫困虽然原因众多，但主要是由于失业下岗等原因造成的，只要能够重新就业上岗，家庭的贫困状况就能很快得到缓解。因此，城市贫困是一种相对动态的贫困，是一种变化之中的贫困。农村工作也不同于城市工作，在工作环境、工作对象、工作基础、工作条件等方面有很大差别。在许多的老、少、边、穷地区，农村工作环境恶劣，大多处于低温、高寒地带，地域偏僻，风沙严重，脏乱差问题很难短时间解决，生活单调、枯燥、孤寂、乏味；工作对象分散，路途相距遥远，村与村之间相距上百公里，组织化程度很低，管理成本十分高昂；农村工作基础薄弱，不少山村公路不通，汽车难以行走，只能靠乘坐原始交通工具如马、骆驼等进行联络，信息闭塞，工作人员也相对缺乏，党和政府的政策很难及时、有效地传达到农牧民；农村工作条件异常艰苦，气候复杂多变，工作用房、交通用车、工作经费难以解决，许多农村需要的人才往往要不来、用不上、留不住。城市工作环境相对优越，有宽阔的广场、宽敞的街道、清洁的卫生、丰富的文化生活；工作对象相对集中，居住在密集的社区中；工作基础相对厚实，随着工业化、城市化不断推进，以城市社区为平台的各项工作有组织、有机构、有人员，党和政府的各项方针政策也能及时传达到每一户城市居民家庭、每一位城市居民；工作条件如办公用房、交通用车基本不成问题，工作经费也相对好筹措。农村困难居民与城市居民相比，也有很大不同，无论是受教育程度、受传统习惯支配程度，还是视野开阔程度和了解、掌握信息的多少都有很大差距。从总体上讲，农村困难对象数量大，分布面广，贫困程度深，从个体上讲，农村困难对象素质相对较低，信息相对匮乏，观念相对陈旧，能力相对较弱；城市困难对象分布相对集中，在视野上要开阔一些，在素质上要高一些，在办事能力与水平等方面要强一些。建立农村最低生活保障制度，必须照顾这三方面的实际。第二，要创造性地重构制度框架。在确定最低生活保障对象与范围上，要搞好一个结合。这就是要搞好家庭收入测算与“民主选穷”的结合。搞好家庭收入测算，只是建立最低生活保障制度的第一步。收入测算清楚了，可为确定农村最低生活保障对象的数量、范围、标准和资金筹措提供参考依据。但收入测算不是一件简单的事情。从国际国内来讲，家庭收入核算问题是社会救助领域里的一个重大难题。对于农村村民的收入，不可能非常科学、准确地测算清楚。因此，为确保农村最低生活保障工作的相对公平，相对合理，要将农村家庭收入测算与“民主选穷”结合起来。要充分吸取多年来农村基层政权建设中村务公开与民主管理方面的经验，通过村民大会或者村民委员会这个平台，让村民在一起共同确定农村困难群体，共同“选穷”，共同决策。农村村民相互之间比较了解，谁符合享受最低生活保障条件，谁应该享受何种待遇，老百姓心里最清楚。要在了解家庭收入基本情况基础上，把这件好事让老百姓自己去办。通过家庭收入测算与“民主选穷”的结合，使农村最低生活保障制度尽最大可能的公正、合理。在确定保障标准与水平上，要坚持好一个原则，即既要保障困难群众的基本生活又要调动广大困难群众工作积极性的原则。农村困难群众绝对数很大，同时，农村毕竟多多少少有一些土地、牧场、山林、水面或滩涂，有一些或现金或实物方面的收入。最低生活保障标准不能定得太高。最低生活保障标准与水平定高了，一方面财政能力难以承受，另一方面也难以充分调动广大农村贫困对象的劳动积极性，将导致出现养懒汉的后果。要以解决农村绝对贫困人口的生活为重点。随着财政实力逐步增强，再逐步提高最低生活保障标准与水平。在这方面，一定要处理好两方面关系。其一，要处理好城乡最低生活保障标准之间的关系。不能照搬照抄城市最低生活保障标准，把农村最低生活保障标准与城市盲目看齐、盲目攀比。城乡不平等在目前是一个现实，任何解决目前城乡问题的办法或举措，必须从目前这个现实出发。不能不顾城市消费比农村高的现实，盲目要求城乡一体化发展，盲目拔高农村最低生活保障标准与水平。其二，要处理好感情与理智之间的关系。农村很穷，农民很苦，这是一个现实。在处理农民问题上，我们要带着感情，要充满感情。这既是良知的召唤，也是朴素感情的流露。但是，带着感情工作，并不等于在工作中要感情用事。农村、农民、农业问题是一个系统工程。解决这么大的系统工程，需要的是耐心、理智和一步一个脚印地扎扎实实的工作。在最低生活保障资金发放上，要因时、因地、因人制宜。农村最低生活保障发放时间，不能像城市最低生活保障那样，每月发放。由于农村地形复杂，百姓集居密集程度不一，发放时间不能强求一律。对于城郊困难人员，可以像城市最低生活保障那样，月月发放；发放方式也可以采用城市最低生活保障做法，通过社会化发放，让村民自己直接从信用社或银行每月领取最低生活保障金。对远郊或山区、边境农民，可以根据远近分别处理，可以月、以季度发放；发放方式，有条件的地方可以通过社会化发放，没有条件的地方，可以由县民政局或者乡镇指定专人负责将最低生活保障资金送到最低生活保障对象手中。发放内容，各地可以根据居住状况和最低生活保障对象困难情况进行探索。在以现金为主的情况下，可以将一部分最低生活保障金折合成实物，发放到老百姓手中。对于一些没有自理能力的最低生活保障对象，可以探索通过实物形式发放；对一些有自理能力且本人有意愿的最低生活保障对象，可以直接发放现金。这样，既方便了最低生活保障对象，也节约了管理成本。在对象管理上，要实行分类管理办法。城市最低生活保障制度在管理最低生活保障对象上，有两条成功经验，即分类管理与动态管理。从分类管理来看，对最低生活保障对象可以从不同角度进行不同分类，既可以从收入情况或支出情况来分类，也可以从生活状态或致贫原因来分类。最低生活保障制度是一种以收入定补差的制度。从收入情况看，城乡困难群体基本上可以分为三类：第一类是没有生活来源、没有劳动能力、没有赡养人即使有赡养人也没有赡养、抚养能力的家庭或人员，即通常讲的城乡“三无”对象；第二类是因病、因残、因年老体弱、因丧失劳动能力或因自然条件恶劣难以维持基本生活的家庭或人员；还有一类是因失业下岗或收入短缺暂时难以维持基本生活的家庭或人员。这三类对象是城市最低生活保障对象。在农村困难群众中，尽管也存在相对应的三类人员，但农村最低生活保障制度只覆盖其中的两类人员。第一类农村困难群体，作为农村最困难、最弱势的群体，农村五保供养制度对这部分人给予了重点保障。农村困难群体中没有得到保障的只有后两类群体。这两类群体，相对于城市来讲，农村困难对象困难得多、脱贫的办法和途径也少得多，基本上处于静止不动的状态。只有子女参军、上学、外出打工挣钱了，才能使家庭经济情况稍有好转。针对这两类保障对象，在动态管理方面，也可以采取不同的方式方法。对于因病、因残、因年老体弱、因丧失劳动力的贫困对象，动态管理内容、频率也即对其家庭收入重新核查的时间间隔可以相对长一些，核查内容也可以相对简单些；对自然条件恶劣或子女外出谋生致贫人员，可以根据劳动力外出打工、子女上学、参军或外出经商就业预期时间段进行归类管理，建立贫困预警和动态管理机制。总之，在实施动态管理或分类管理时，不能简单套用城市最低生活保障做法，即对最低生活保障对象采取三个月或半年检查一次的做法。应该使农村最低生活保障工作的总体思路尽量贴近农村和农村最低生活保障对象、农村工作以及农村贫困实际，使农村最低生活保障管理办法尽量简洁、方便、快捷、可操作。

二是夯实基础。主要夯实三方面基础。第一，基础平台。基础平台建设包括两个方面，即救助平台和信息平台。救助平台是困难群体了解救助信息、申请救助项目并领取救助款物的场所。救助平台建设是开展救助工作的前提。城市最低生活保障的平台建设已基本完成。各项民政工作主要通过社区这个平台来落实。随着城市救助平台或者民政工作平台的逐步完善，农村社会救助平台建设逐步摆上议程。搭建农村社会救助平台，要切合农村实际，根据当地需要与可能，在县级建立救助中心基础上，乡镇要设立社会救助站。特别要解决村委会一级的救助平台建设问题。可以在村一级设立救助点。这个平台，可以依托村委会，可以依托农村敬老院，也可以由新建的农村社区来承担。在开展农村社会救助平台建设时，要充分发挥村委会作用，搞好农村社会救助平台建设与村党支部建设、村委会建设的结合，充分依靠基层党组织、群众自治组织，形成救助合力，共同推进农村社会救助工作。信息平台是开展社会救助工作的重要载体。加强信息网络建设，实现救助工作信息化、网络化管理，是转变政府职能、提高工作效率的重要途径，也是对救助工作实施有效监督的重要手段。尤其是农村最低生活保障工作开展后，社会救助工作内容、工作对象、工作范围、工作量已经成倍增加、大幅度拓展。特别是边疆地区，由于地广人稀、贫困分布广泛且数量较多，推进农村最低生活保障工作信息化、网络化管理更显重要与迫切。抓好信息平台建设，目前要重点做好两方面工作。首先要尽快把各地、各项民政业务对信息平台建设所需硬件、软件以及服务需求掌握清楚，摸清底数。其次要组织相关专业救助人员、信息技术人员以及行政管理人员，做好前期规划的研究、论证和修订、完善工作，编写信息网络建设规划，尽快搭建起高起点、全构架、多功能的社会救助网络信息系统管理平台。第二，基础队伍。夯实基础队伍，确保一定数量的工作机构和人员是开展社会救助工作，尤其是农村最低生活保障工作的基础。农村最低生活保障涉及农村困难群众数量多，分布面广，从入户调查、审核审批到资金发放，工作量大、任务繁重，需要一支业务精、能力强、政策水平高的基层工作队伍来完成。县、乡两级由于受地方财力、总体人员编制等因素制约，没有相应的工作人员，特别是老、少、边、穷地区往往没有编制自主权，农村最低生活保障工作开展困难重重。各乡（镇）基层民政工作机构人员极少，有限的人员还兼有其他多项工作。农村工作手段落后，条件缺乏。要扎实推进农村最低生活保障工作，必须从上到下建立健全农村最低生活保障办事机构，解决人员编制问题。鉴于一些贫困地区财政包干的实际，应该由国家对各地编制与人员统一要求，切实解决基层有人办事问题。第三，基本规范。主要做好两件事：一是制定标准体系。要根据农村最低生活保障政策过程以及影响实施效果的关键环节、关键部位，组织制定农村最低生活保障标准化体系或工作规程；二是开展规范化活动。标准是基础。在健全完善农村最低生活保障标准与要求基础上，组织开展标准化或者规范化活动，实行标准化管理，使农村最低生活保障运行在规范化、标准化基础上。

三是建设体系。主要抓好两方面工作。第一，抓好农村贫困治理制度之间的互联和功能互补。目前，治理农村贫困的社会政策日益增多，政策制度之间的相互关联提上了议事日程。首先，要解决各项贫困治理制度之间的政策连接问题。这是搞好农村贫困治理体系建设的前提。比如，在农村社会救助与社会保险之间，在农村社会保障与农村扶贫开发之间，在农村扶贫与经济发展之间都存在紧密关联。因此，如何从贫困人口的实际出发，设计相应的贫困治理模式，是治理农村贫困首先需要考虑的大局问题。从经济发展角度看，如何根据贫困人口素质较低的实际情况，构建相应的经济增长制度，创造相应的制度环境，是发挥经济增长的扶贫功能与作用需要考虑的首要问题。今后，在这方面要抓好两个环节：第一，要从当前农村贫困人口主要经济来源寻找减贫的生长点。农村贫困人口主要经济来源是农业收入，培养有助于直接增加贫困农民收入的种养业是发挥经济增长减贫功能的首要选择。第二，要从今后贫困人口可能增长的经济渠道寻找长远的扶贫增长点。农村贫困人口收入中增长最快、也最有潜力的是工资性收入。这方面收入有极大的增长潜力和长远发展前途。要增加贫困人口的工资性收入，就要根据我国农村人口众多，特别是从经济增长肩负的减贫职能出发，一方面发展一些具有比较优势的劳动密集型企业；另一方面要依靠城市化发展加大农村反贫困力度，形成依靠各方面经济增长共同减少农村贫困的格局。从农村劳动保障制度看，要重点处理好救助与就业之间的制度关联。在实施农村最低生活保障解决最低生活保障对象生活问题的同时，要根据最低生活保障对象的人力资本存量，加大人力资本投资，使最低生活保障对象尽快从“被助”变为“自助”，增强农村最低生活保障对象抗击与防范农村自然、经济与社会风险能力，使农村最低生活保障制度在发挥消费与收入支持功能的同时充分发挥其人力资本投资功能，成为真正具有发展功能的社会救助制度。从农村社会救助看，要处理好农村最低生活保障、农村五保供养与农村医疗救助制度之间的关联。一方面，农村医疗救助对象是农村最低生活保障和农村五保对象，农村医疗救助对象认定建立在农村最低生活保障和五保供养工作开展基础上。另一方面，农村医疗救助待遇，如起付线、封顶线以及报销比例确定，要结合农村最低生活保障与五保对象实际，分别对待，分类管理。对于农村五保对象，在实施农村医疗救助时要实行零起付线、提高封顶线并提高报销比例；对于农村最低生活保障对象，在实施农村医疗救助时要降低起付线，提高封顶线，报销比例要高于临时农村救助对象。在农村最低生活保障与五保供养之间，存在着救助对象、救助标准与水平的连接与区别。这两类对象，都是农村特殊困难群体，都是党委、政府需要重点关注和保障的对象。但农村五保供养对象与农村最低生活保障对象并不相同。农村五保供养对象是农村“三无”对象，农村最低生活保障对象则是家庭人均纯收入低于最低生活保障标准以下人员。这两类对象享受待遇也不相同。农村五保供养对象享受的救助标准是不低于当地农村村民平均生活水平，对农村最低生活保障对象的救助标准则是当地农村村民的最低生活水平。前者比后者标准要高，待遇要好。另外，农村五保供养对象享受保障范围要广，内容要丰富，包括衣、食、住、医、葬（教）等方面待遇。农村最低生活保障则只管吃饭问题，衣、住、医、葬（教）等内容在保障范围之外。在实施农村社会救助时，一定要分清对象，厘清政策，分类救助，分别管理。其次，要搞好各项救助制度之间的功能互补问题，这是建立城乡社会救助体系的关键。农村最低生活保障是社会救助体系的主体制度。但是，无论农村最低生活保障制度多重要，在构建社会救助体系建设中也只是单项制度。单项制度只能发挥单项制度的功能与作用。也就是说，农村最低生活保障制度只能解决农村贫困群体的吃饭问题。其他问题，如住房、医疗、子女教育以及就业等问题，只能靠其他制度协同作用，在功能上互相补充才能解决。同时，任何一项救助制度都有一个救助范围或者说救助边界。一项制度政策只能解决制度政策边界范围内的问题，如农村最低生活保障标准为683元的话，农村最低生活保障制度就只能解决农村年人均纯收入683元以下人员的救助问题，年人均纯收入在684元的家庭贫困问题，仅仅依靠农村最低生活保障制度就无法解决。在现实中，人均收入在 683 元与 684 元之间家庭的生活水平与质量，应该说没有什么区别。可能由于疾病，子女上学等问题，年人均收入在 684 元的家庭，开支比年人均收入 683 元以下的家庭要大，生活困难要多，生活质量要低。这样，制度运行的结果，可能导致真正困难的家庭反而得不到保障，享受不到制度的关爱。作为一项促进城乡公平的制度却有可能导致不公平的结果。这种不公平的结果，在最低生活保障制度内，可以通过分类保障来实现；在制度覆盖范围之外，只能通过制度之间的功能互相补充来实现。刚才提到的年人均收入 684 元家庭的问题，就是救助工作中边缘群体的贫困问题。对这部分边缘群体，只能通过建立、完善临时救助制度来解决。如果这部分人员或家庭由于突发原因掉入贫困范围，最低生活保障又可能由于半年或三个月才能申请审批一次而不能马上解决燃眉之急，为确保这部分人的生存权益，必须通过启动临时救助制度，给予及时、有效、方便、快捷的救助服务。在做好民政系统内部农村五保供养、农村最低生活保障、医疗救助、救灾救济等制度连接和功能互补的同时，要做好民政主管的救助制度与其他部门主管的教育救助、住房救助、司法救助等制度之间的互联互补；在做好各项农村社会救助工作基础上，要做好农村社会救助工作与各项城市社会救助工作之间的连接与功能互补，使城乡最低生活保障、五保供养、救灾救济、医疗救助、流浪乞讨人员救助与教育、住房、司法等方面救助工作之间、救助制度之间有机结合，形成内容丰富、运转协调、制度关联、功能互补的社会救助体系。第二，抓好人与制度之间的衔接配套。要充分发挥各项社会救助制度功能，使单项制度效益最大化。在做好制度之间互联互补的同时，要切实抓好制度与人之间的衔接配套。以农村最低生活保障制度为主体的各项社会救助制度的政策性、原则性、专业性都很强，对从业人员的专业素质要求较高。每一项救助制度，需要的专业知识、专业技能、专业方法，不尽相同。农村最低生活保障需要懂社会保障、社会工作、社会救助、管理学、统计学、经济学等方面专业知识与方法的人员来从事；农村医疗救助工作则需要懂社会工作、管理学、经济学、统计学、社会保障，特别是农村社会保障专业知识与技术外，还必须懂得医学或者卫生管理学、卫生经济学方面的知识与技术；农村五保供养工作则需要懂上面各门专业知识与技术之外，还必须懂老年心理学、老年护理学、残疾人心理学、残疾人护理学、儿童心理学与儿童护理方面的知识与技术。一句话，只有具备相应的专业知识、技能与方法，才能将农村社会救助制度运行好。在人与制度之间的衔接配套方面，要做好两方面工作：一方面要搞好人力资源配置，把制度最需要的专业人员配备到最适合的岗位上，特别要引进一批真正懂专业、会管理的救助干部，使各项农村社会救助制度，特别是农村最低生活保障制度建立在一个比较高的起点上。另一方面要抓好素质能力转型。从 1997 年开展城市最低生活保障工作以来，民政系统有不少人员从事社会救助工作，他们大多是从军队转业或其他行业转岗而来，专业化救助干部极少。救助人员的非专业化，往往成为各项救助工作难以提高专业水平、提升专业质量的瓶颈。开展农村最低生活保障工作，必须在引进人员的同时，充分借助现有的工作力量。对现有从业人员，最重要、最迫切的任务是加强培训，抓紧抓好素质与能力的转型。要根据制度建设与管理的实际需要，对现有从业人员，抓紧更新知识结构、技能结构和方式方法，切实转变思维方式。对于边疆与基层，管理人员素质与能力转型的任务尤其繁重。通过人力资源配置和素质能力转型，使人与制度之间达到最大限度的和谐，使人与制度之间的合力达到最大限度的发挥，使城乡社会救助体系与农村贫困治理体系的效益得到最大限度的呈现。

四是倾斜政策。要根据国家关于对老、少、边、穷地区给予特殊政策倾斜和扶持的精神，结合这些地区恶劣的生产环境、生存条件以及各族人民为共和国建设发展以及边防巩固、边境安宁作出过重大贡献的实际情况，在建立农村最低生活保障制度时给边境地区农牧民一定程度的倾斜政策。第一，在救助标准与水平上，考虑到老、少、边、穷地区交通不便，居住分散，同等条件下农牧民生产、生活成本比其他地方要高得多的实际困难，将最低生活保障标准和补助水平比其他省市定得高一些，适当拉开距离。第二，在救助对象与范围上，考虑到老、少、边、穷地区贫困量多、贫困面广与贫困程度深的实际情况，覆盖面比其他地区广一些，把农村低收入以下贫困人员全部纳入保障范围，切实解决这些困难群众的生存问题。第三，在救助资金与资源筹措上，考虑到老、少、边、穷地区财政自给率低、主要靠国家财政支持维持机构运转的现实处境，同时考虑到随着城乡各项救助政策的逐步完善，尤其是农村最低生活保障对象较多、资金给付数量较大、配套资金难以落实的实际，取消资金配套政策或者至少以低于财政自给率的资金配套比例实施农村最低生活保障工作。

9.3 有待进一步研究的问题

本项研究仅仅是对农村最低生活保障制度政策过程与实施效果的一个初步探索，其中还有许多问题需要进一步研究。

第一，对影响农村最低生活保障政策过程与实施效果的因素分析不够全面、深入。本书对影响农村最低生活保障制度政策过程因素有过分析，但对利益相关者的分析有待于进一步深入。同时，制度过程与实施效果影响因素并不一致，需要对影响实施效果因素做进一步研究。只有把政策过程与实施效果的影响因素分析清楚了，才能有的放矢地提出改进农村最低生活保障制度的政策措施，从而取得事半功倍的效果。

第二，对农村最低生活保障制度的社会影响研究不够全面。作为一项影响面较广的社会政策，本书主要研究了这项政策对最低生活保障对象的影响，对社会影响关注不多。下一步需要进一步深化农村最低生活保障制度的社会影响研究。通过分析其社会影响，评估这项制度在促进社会融合方面的功能与作用。

第三，对农村最低生活保障的意识形态与价值作用分析不够全面。农村最低生活保障制度的建立实质是价值观的选择。农村最低生活保障制度要健康运行需要相应价值观的支持。下一步需要进一步分析建立农村最低生活保障制度的意识形态基础、支持农村最低生活保障制度运行的价值观。通过分析，既总体把握农村最低生活保障制度在意识形态方面的贡献与价值，也为进一步完善与规范农村最低生活保障制度提供价值观视角。

第四，本书主要立足于中国的农村最低生活保障制度政策过程与实施效果，没有与国外农民收入支持政策进行比较，无法对中国农村最低生活保障制度的发展进行国际定位，无法估计中国的农村最低生活保障制度对国际社会政策的影响。中国的农村社会政策要得到健康发展，必须要有国际视野。因此，加强农村最低生活保障制度政策过程与实施效果的国际比较，对提高自身政策层次与水平，进行国际交流具有重要意义。

参考文献

中文文献：

［1］阿不都卡德尔·乃斯尔丁．在新疆维吾尔自治区第二批城市实施居民最低生活保障工作会议上的讲话［Z］．1998.11.

［2］［英］安东尼·吉登斯（Anthony Giddens）．第三条道路——社会民主主义的复兴［M］．北京大学出版社．生活·读书·新知三联书店．2000.

［3］［美］艾尔·巴比．社会研究方法［M］．华夏出版社．2005.

［4］安东尼·哈尔，詹姆士·梅志里．发展型社会政策［M］．社会科学文献出版社．2006.

［5］艾伦·沃克．21世纪的社会政策：最低标准，还是社会质量？［J］．社会政策评论．社会科学文献出版社．2007.

［6］［加］包亚明，皮埃尔·布尔迪厄．访谈录——文化资本与社会炼金术［Z］．上海人民出版社．1997.

［7］保罗·A·萨巴蒂尔，汉克·C·简金斯——史密斯．支持联盟框架——一项评价［A］．引自保罗·A·萨巴蒂尔．政策过程理论［C］．生活·读书·新知三联书店．2004.

［8］保罗·A·萨巴蒂尔．政策过程理论［C］．生活·读书·新知三联书店．2004.

［9］卜长莉．社会资本与社会和谐［M］．社会科学文献出版社．2005.

［10］崔乃夫．民政工作的探索［C］．人民出版社．1989.8.

［11］陈庆云．公共政策分析［M］．中国经济出版社．1996.

［12］陈桂棣，春桃．中国农民调查［M］．人民文学出版社．2004.

［13］蔡昉，都阳．建立农村最低生活保障制度的条件已经成熟［J］．中国党政干部论坛．2004.

［14］蔡红东．最低生活保障制度应在农村推广［J］．中国改革．农村

版. 2004.2.

［15］陈少晖. 农村社会保障：制度缺陷与政府责任［J］. 福建师范大学学报. 哲学社会科学版. 2004.4.

［16］陈成文，许一波. 从构建和谐社会看建立新型农村社会救助体系［J］. 湖南师范大学社会科学学报. 2006.1.

［17］陈倩. 城市化进程中失地农民的社会保障问题初探［J］. 科技创业园地. 2006.

［18］多吉才让. 中国最低生活保障制度研究与实践［M］. 人民出版社. 2001.

［19］东莞市人民政府. 关于提高我市社会弱势群体生活保障标准的通知［Z］. 东府［2004］44号. 2004.5.

［20］方青. 农村社会保障：回顾与前瞻［J］. 中国农村观察. 2001.3.

［21］［美］弗兰克·费希尔（Frank Fischer）. 公共政策评估［M］. 中国人民大学出版社. 2003.

［22］樊小钢. 土地的保障功能与农村社会保障制度创新［J］. 财经论坛. 2003.3.

［23］［德］弗兰茨-克萨韦尔·考夫曼. 社会福利国家面临的挑战［M］. 商务印书馆. 2004.

［24］范斌. 论社会投资思想及对我国社会福利政策的启示［J］. 学海. 2006.6.

［25］国务院关于加强贫困地区经济开发工作的通知［Z］. 国发［1987］95号.

［26］国务院关于印发国家八七扶贫攻坚计划的通知［Z］. 国发［1994］30号.

［27］国务院. 农村五保供养工作条例［Z］. 1994.

［28］国务院. 中国农村扶贫开发纲要2001—2010年［Z］. 2001.

［29］国务院办公厅. 关于2001年农村税费改革试点工作有关问题的通知［Z］. 国办发［2001］28号. 2001.

［30］国务院办公厅. 关于做好2002年扩大农村税费改革试点工作的通知［Z］. 国办发［2002］25号. 2002.3.

［31］国务院办公厅. 关于转发卫生部等部门关于建立新型农村合作医疗制度的意见的通知［Z］. 国办发［2003］3号. 2003.1.

[32] 国务院办公厅. 关于北京等九省份农村税费改革方案的复函 [Z]. 国办函 [2003] 41 号. 2003.6.

[33] 国务院农村税费改革工作小组. 2004 年各省减免农业税改革试点政策情况统计表 [Z]. 2004.

[34] 国务院. 农村五保供养工作条例 [Z]. 2006.

[35] 国家统计局农村社会经济调查司. 2004 年中国农村贫困监测报告 [Z]. 中国统计出版社. 2005.12.

[36] 国家统计局农村社会经济调查司. 2005 年中国农村贫困监测报告 [M]. 中国统计出版社. 2006.2.

[37] 国家统计局农村社会经济调查司. 中国农村住户调查年鉴——2006 [Z]. 中国统计出版社. 2006.8.

[38] 国家统计局农村社会经济调查司. 2006 年中国农村贫困监测报告 [Z]. 中国统计出版社. 2006. 12.

[39] 国家统计局综合司. 2006 年度劳动和社会保障事业发展统计公报 [Z]. 中国统计出版社. 2007.5.

[40] 国家统计局农村社会经济调查司. 中国农村住户调查年鉴——2007 [Z]. 中国统计出版社. 2007.8.

[41] 高灵芝. 试论农村社会保障制度的框架建设 [J]. 山东社会科学. 2003.4.

[42] 高梦滔. 2005 年民政部赴福建农村最低生活保障工作调研报告 [R].

[43] 顾昕, 高梦滔. 2005 年民政部赴浙江农村最低生活保障工作调研报告 [R].

[44] 顾昕, 李海燕. 为公之道与社会经济协调发展 [J]. 浙江学刊. 2005.6.

[45] 顾昕. 走向有管理的市场化. 中国医疗体制改革的战略性选择 [J]. 经济社会体制比较. 2005.6.

[46] 顾昕, 高梦滔, 张欢. 医疗救助体系与公立医疗机构的社会公益性 [J]. 江苏社会科学. 2006.6.

[47] 关信平. 四川、湖北农村居民最低生活保障制度发展基本情况及相关问题分析和政策建议 [R]. 2005.

[48] 关信平. 论我国农村社会救助制度的目标、原则及模式选择 [J]. 《华东师范大学学报》. 哲学社会科学 (38, 6). 2006.11.

[49] 高伟娜. 中国农村最低生活保障标准研究 [J]. 西北人口. 2005.1.

[50] 洪大用. NGO 扶贫行为研究——调查报告 [M]. 中国经济出版社. 2001.

[51] 洪大用. 转型时期中国社会救助 [M]. 辽宁教育出版社. 2004.12.

[52] 洪大用. 2005 年民政部赴上海、江苏农村最低生活保障工作调研报告 [R].

[53] 洪大用. 论改革以来中国贫困形势的演变 [A]. 引杨团，关信平. 当代社会政策研究 [C]. 天津人民出版社. 2006.8.

[54] 洪大用. 社会救助的目标与我国现阶段社会救助的评估 [J]. 《甘肃社会科学》. 2007.4.

[55] 胡书东. 经济发展中的中央与地方关系——中国财政制度变迁研究 [M]. 上海人民出版社. 2001.8.

[56] 何玉长. 当代中国社会制度的变迁 [M]. 河北大学出版社. 2004.1.

[57] 韩海浪. 江苏农村最低生活保障建设的现状、问题及对策建议 [J]. 现代经济探讨. 2004.

[58] 黄辉. 浅谈我国农村社会保障与儒家文化的碰撞 [J]. 三峡大学学报. 人文社会科学版. 2005.7.

[59] 何菊芳. 建立农村最低生活保障制度的设想 [J]. 当代经济研究. 2005.9.

[60] http://chengyu.moocky.com/html/xinhuazidian/185251.htm. 线上辞源 [Z].

[61] 加里·S·贝克尔. 家庭经济分析 [M]. 华夏出版社. 1987.

[62] 姜长云. 农村土地与农民的社会保障 [J]. 经济社会体制比较. 2002.1.

[63] 江苏省民政厅、财政厅. 关于建立和完善农村居民最低生活保障制度的实施意见 [Z]. 苏民救 [2004] 18 号，苏财社 [2004] 70 号.

[64] 康晓光. 中国贫困与反贫困理论 [M]. 广西人民出版社. 1995.

[65] 康涛. 关于中国农村贫困与反贫困的研究 [J]. 华中农业大学学报. 社会科学版. 2002.4.

[66] 李宝元. 人力资本与经济发展 [M]. 北京师范大学出版社. 2000.

[67] 赖德胜. 教育与收入分配 [M]. 北京师范大学出版社. 2000.

[68] [美] 罗伯特·帕特南. 使民主运转起来 [M]. 江西人民出版社. 2001.

[69] 刘书林. 关于民主社会主义思潮起源的考察与论辩 [J]. 马克思主义与现实. 2003.4.

[70] 劳动和社会保障部. 2004年度劳动和社会保障事业发展统计公报[Z]. 2004.

[71] 劳动和社会保障部. 2006年度劳动和社会保障事业发展统计公报[Z]. 2006.

[72] [美] 罗伯特·K·殷. 案例研究设计与方法 [M]. 重庆大学出版社. 2004.

[73] 李秉龙. 中国农村贫困、公共财政与公共产品 [M]. 中国农业出版社. 2004.2.

[74] 李迎生. 市场转型期的农村社会保障制度建设进展与偏差 [J]. 华东理工大学学报. 社会科学版. 2005.2.

[75] 林建鸿. 全面推进农村最低生活保障制度的障碍性因素分析 [J]. 厦门理工学院学报. 2005.4.

[76] 刘通. 逐步完善我国农村最低生活保障制度 [J]. 宏观经济管理. 2005.12.

[77] 刘波. 当代英国社会保障制度的系统分析与理论思考 [M]. 学林出版社. 2006.

[78] 刘玉森，于彤，李玉芬. 借鉴浙江经验建立农村最低生活保障制度 [J]. 中国科技投资. 2006.

[79] 李德国，蔡晶晶. 西方政策评估技术与方法浅析 [J]. 科技政策与管理. 2006.2.

[80] 林义. 农村社会保障的国际比较及启示研究 [M]. 中国劳动社会保障出版社. 2006.3.

[81] 刘坚. 新阶段扶贫开发的成就与挑战 [C]. 中国财政经济出版社. 2006.7.

[82] 李瑛，康德颜，齐二石. 政策评估的利益相关者模式及其应用研究. 科研管理. 2006.7.

[83] 林光汉. 完善福建农村社会救助体系的思考 [J]. 闽江学院学报. 2006.8.

[84] 李瑞昌. 危机、安全与公共治理 [J]. 复旦公共行政评论. 上海人民出版社. 2007.

[85] 柳拯. 关于构建农村社会救助体系的几点思考 [J]. 社会福利. 2004.8.

[86] 柳拯. 当代中国社会救助政策与实务研究 [C]. 中国社会出版

社. 2005.3.

[87] 柳拯. 社会管理与社会救助论：政策与实务的视角 [C]. 中国劳动社会保障出版社. 2008.1.

[88] 李湛. 从社会保障制度看当代西方社会政治经济思潮的演变 [J]. 世界经济与政治论坛. 2007.1.

[89] 马斌，蔡鹭. 建立农村最低生活保障制度的路径选择 [J]. 华南师范大学学报. 社会科学版. 2006.3.

[90] [美] 迈克尔·史乐山. 资产与穷人 [M]. 商务印书馆. 2005.

[91] [美]迈克尔·史乐山，邹莉. 个人发展账户——美国梦示范工程 [J]. 社会政策评论. 第一辑. 社会科学文献出版社. 2007.

[92] 米切尔·黑尧.《现代国家的政策过程》[M]. 中国青年出版社. 2004.1.

[93] 孟昭元. 农村最低生活保障线的建立与实施 [J]. 桂海论坛. 2005.6.

[94] 民政部政策研究室. 中国农村社会保障 [C]. 中国社会出版社. 1997.12.

[95] 民政部财务和机关事务司. 中国民政统计年鉴——2000 [Z]. 中国统计出版社. 2000.8.

[96] 民政部财务和机关事务司. 中国民政统计年鉴——2001 [Z]. 中国统计出版社. 2002.6.

[97] 民政部救灾救济司. 中国城市反贫困论坛研讨会论文集 [C]. 2003.

[98] 民政部救灾救济司. 中国农村最低生活保障制度文件资料汇编 [Z]. 第一册. 2003.3.

[99] 民政部最低生活保障司. 农村特困户生活救助与农村最低生活保障资料汇编 [Z]. 第一册. 2004.

[100] 民政部法制办公室. 民政工作文件选编 [Z]. 中国法制出版社. 2004.5.

[101] 民政部. 全国推进城乡社会救助体系建设工作会议发言交流材料 [Z]. 2004.9.

[102] 民政部最低生活保障司，北京师范大学社会发展与公共政策研究所. 中国农村特殊困难群体基本生活救助制度研究 [Z]. 2004.10.

[103] 民政部最低生活保障司，国务院法制办公室政法劳动社会保障司，财政部社会保障司. 农村五保供养工作条例释义 [Z]. 中国社会出版社. 2006.

[104] M县. 1951年至1956年M县农村合作社工作计划安排、汇报、总

结［Z］.

［105］M县. 关于农业合作社使用救济费的调查报告［R］. 内部资料. 1958.9.

［106］M县. 城镇居民社会救济工作调查报告［R］. 内部资料. 1964.2.

［107］M县. 人民委员会关于批转民政科城镇居民社会救济工作的调查报告［R］. 民社字第129号. 1964.4.

［108］M县. 农村社会救济费使用情况调查报告［R］. 内部资料. 1974.8.

［109］M县. 一九八〇年民政工作检查评比会议总结［Z］. 内部资料. 1980.4.

［110］M县. 农村优抚对象定期定量补助工作调查报告［R］. 内部资料. 1982.3.

［111］M县. 1985年民政工作总结［Z］. 内部资料. 1985.12.

［112］M县. 1978年至1998年各年度工作总结［Z］.

［113］M县. 1995年至1998年社会养老保险工作汇报［R］.

［114］M县. 1998年政府工作总结［Z］. 内部资料. 1998.12.

［115］M县. 1998年农村社会养老保险工作总结［Z］. 内部资料. 1999.2.

［116］M县. 中国共产党M县简史［Z］. 新疆大学出版社. 2001.5.

［117］M县. 土地志编纂委员会. M县土地志［M］. 中华书局. 2005.6.

［118］M县. M县1997至2006年政府工作报告［R］.

［119］M县. 农村村民最低生活保障暂行办法［Z］. 玛政办发［2006］54号. 2006.7.

［120］M县. 2006年民政工作总结［Z］. 内部资料. 2006.11.

［121］M县. 地方志办公室. M年鉴［Z］. 内部资料. 2006.12.

［122］M县. 新型农牧区合作医疗实施办法（试行）的通知［Z］. 玛政办发（2007）141号.

［123］M县. M县第十五届人民代表大会第一次会议上的政府工作报告［R］. 2007.2.

［124］M县. M县第十五届人民代表大会第二次会议上的政府工作报告［R］. 2008.1.

［125］Neil Gilbert，Paul Terrell. 社会福利政策导论［M］. 华东理工大学出版社. 2003.

［126］尼尔·吉尔伯特. 社会福利的目标定位［M］. 中国劳动社会保障出版社. 2004.

［127］尼古拉斯·扎哈里迪斯. 糊性、时间与多源流分析［A］. 引自保罗·A·萨巴蒂尔. 政策过程理论［C］. 生活·读书·新知三联书店. 2004.

［128］皮埃尔·布尔迪厄，［美］华康德. 实践与反思——反思社会学导论［M］. 中央文献出版社. 1998.

［129］彼得·罗西. 项目评估——方法与技术［M］. 华夏出版社. 2002.

［130］彼得·德利翁. 政策过程的阶段性方法：何去何从？［A］. 引自保罗·A·萨巴蒂尔：政策过程理论［C］. 生活·读书·新知三联书店. 2004.

［131］彼得·泰勒-古柏. 社会福利与社会投资：福利国家的创新［J］. 社会政策评论. 社会科学文献出版社. 2007.

［132］［加］R·米什拉. 资本主义社会的福利国家［M］. 法律出版社. 2003.

［133］斯图亚特·S·那格尔. 政策研究百科全书［Z］. 科学技术文献出版社. 1990.

［134］尚娟. 试论农村最低生活保障制度建设［J］. 西北农业大学学报. 2000. 6.

［135］时正新，廖鸿. 中国社会救助体系研究［M］. 中国社会出版社. 2002. 10.

［136］孙莹. 论农村最低生活保障制度对农村弱势群体的保护［J］. 人口与经济. 2004.

［137］单淮，蔡晓荣. 关于建立我国农村最低生活保障制度的若干思考［J］. 中州学刊. 2005. 1.

［138］孙文基. 江苏农村最低生活保障制度的现状、问题与对策［J］. 苏州大学学报. 哲学社会科学版. 2006.

［139］尚晓援.《中国社会保护体制改革研究》［M］. 中国劳动社会保障出版社. 2007. 7.

［140］S县. 1949年至1959年社会救济工作总结［Z］.

［141］S县. 关于农村土地改革工作总结［Z］. 内部资料. 1955. 4.

［142］S县. 1949年至1959年民政救灾救济工作总结［Z］. 内部资料. 1960. 1.

［143］S县. 关于贯彻执行自治区第十次民政会议情况的报告［R］. 内部资料. 1963.

［144］S县. 1983年农村经济工作报告［R］. 内部资料. 1984. 2.

［145］S县. S县人民政府1989年农业经济工作总结［Z］. 内部资料.

[146] S县人民政府办公室. 关于成立S县城乡居民最低生活保障制度领导小组的通知 [Z]. 鄯政办字 [1998] 53号. 1998.12.

[147] S县. 十三届人大二次会议文件 [Z]. 内部资料. 1999.3.

[148] S县. "九五"期间产业结构调整总结 [Z]. 内部资料. 2000.11.

[149] S县. 地方志办公室. 新疆维吾尔自治区地方志丛书——S县县志 [Z]. 新疆人民出版社. 2001.3.

[150] S县. 2004年农牧区新型农村合作医疗实施办法 [Z]. 鄯政办 [2004] 06号. 2004.2.

[151] S县. 2005年农牧区新型农村合作医疗实施办法 [Z]. 鄯政办 [2005] 08号. 2005.3.

[152] S县. 文化教育卫生工作总结 [Z]. 内部资料. 2005.8.

[153] S县. 农村五保人员供养管理办法 [Z]. 鄯政办发 [2006] 58号.

[154] S县. 农牧区新型合作医疗工作总结 [Z]. 内部资料. 2006.11.

[155] S县. 2006年农业工作汇报 [R]. 内部资料. 2006.12.

[156] S县民政局. S县农村居民最低生活保障工作资料汇编 [Z]. 内部资料. 2007.5.

[157] S县. 地方志办公室. S县年鉴 [Z]. 内部资料. 2007.12.

[158] S县. 帕尔哈提·卡德尔在中共S县委八届七次全委（扩大）会议上的讲话 [Z]. 2008.1.

[159] [美] 托马斯·R·戴伊. 理解公共政策 [M]. 华夏出版社. 2004.

[160] 唐钧，张时飞. 2005年民政部赴辽宁、河北农村最低生活保障工作调研报告 [R].

[161] 童万亨. 福建省全面实施农村最低生活保障制度的调查与思考 [J]. 农业经济问题. 2005.1.

[162] 塔西河哈萨克民族乡. 第十三届人民代表大会第六次会议上的政府工作报告 [R]. 内部资料. 2007.1.

[163] 卫生部. 2003年第三次国家卫生服务调查 [R]. 2003.

[164] 王炳银. 天津市社会救助体系构建思路与规范 [J]. 中国民政. 2004.

[165] 王萍. 尽财力所能的福建农村最低生活保障 [J]. 开放潮. 2004.1.

[166] 王乐. 完善农村居民最低生活保障制度的几点建议 [J]. 安徽农业大学学报. 社会科学版. 2004.1.

[167] 吴国宝. 2005 年民政部赴陕西、甘肃农村最低生活保障工作调研报告 [R].

[168] 王翠琴，薛惠元. 我国农村最低生活保障的公共经济学分析 [J]. 农村经济与科技. 2005.

[169] 汪三贵，李文. 中国农村绝对贫困人口需要怎样扶持? [J]. 中国农业科学院农业经济与发展研究所研究简报. 2005.

[170] 王国良. 中国扶贫政策——趋势与挑战 [C]. 社会科学文献出版社. 2005.10.

[171] 万红. 加强农村社会救助体系建设的基本思路 [J]. 武汉学刊. 2006.

[172] 王吉，李航星. 用负所得税改造我国的最低生活保障制度 [J]. 统计与决策. 2006.3.

[173] 王旭，顾昕. 政府能力建设与公共服务的治理变革 [J]. 学术月刊. 2006.4.

[174] [美] 威廉·R·纽金特，[加] 杰基·D·西帕特，[美] 沃尔特·W·赫德森. 21 世纪评估实务 [M]. 中国人民大学出版社. 2006.8

[175] 王恩铭. 论美国的新保守主义——解读当代美国新型保守派 [J]. 世界经济与政治. 2007.10.

[176] 新疆维吾尔自治区民政厅长阿培志在南疆片农村牧区扶贫工作交流会开始时的讲话 [Z]. 内部资料. 1984.4.

[177] 西奥多·W·舒尔茨. 人力资本投资 [M]. 商务印书馆. 1990.

[178] 新疆维吾尔自治区地方志丛书——新疆通志民政志 [Z]. 新疆人民出版社. 1992.12.

[179] 新疆维吾尔自治区地方志丛书——M 县县志 [Z]. 新疆大学出版社. 1993.4.

[180] 谢媛. 政策评估的顾客导向模式及其应用 [J]. 行政论坛. 2003.3.

[181] 徐道稳. 论我国社会救助制度的价值转变. 中国社会学网. 2004.8.

[182] 徐月宾，张秀兰. 构建中国的发展型家庭政策 [J]. 中国社会科学. 2003.6.

[183] 徐月宾，张秀兰. 供暖体制改革与社会政策的制度性缺陷 [J]. 清华大学学报. 2006.4.

[184] 徐月宾. 农村医疗救助资金安全运行及民主监管方式研究 [Z]. 卫生部国外贷款办公室农村卫生政策应用研究课题. 2006.6.

[185] 肖建文，杨婉琪．新中国农村社会保障制度变迁研究［J］．江西师范大学学报．2006.6.

[186] 辛瑞萍．试论中国农村社会救助制度的完善［J］．社会纵横．2006.7.

[187] 新疆维吾尔自治区民政厅．农牧区最低生活保障工作资料汇编［Z］．第1册．2006.

[188] 新疆维吾尔自治区统计局．新疆统计年鉴［Z］．新疆统计出版社．2007.3.

[189] 新疆维吾尔自治区民政厅．农牧区最低生活保障工作资料汇编［Z］．内部资料．2007.11.

[190] 杨翠迎．中国农村社会保障制度研究［M］．中国农业出版社．2003.

[191] 杨福礼．我国新型农村社会救助体系的建设［J］．理论学习．2004.

[192] 杨伟民．社会政策导论［M］．中国人民大学出版社．2004.

[193] 杨团，杨刚．对中国农村社会救助政策的框架性思考．中国社会学网．2004.8.

[194] 杨团．社会政策范式及其转换［A］．自杨团，关信平．当代社会政策研究［C］．天津人民出版社．2006.

[195] 杨团．中国新农村发展与农村社会保障［Z］．中国社会学网．2006.3.

[196] 杨团，王晓毅．中国新农村百年战略与社会政策［Z］．中国社会学网．2006.3.

[197] 杨团．资产为本的社会政策——对社会政策范式的一场革命［J］．社会政策评论．社会科学文献出版社．2007.1.

[198] 余艳红，贺捷．成都市农村最低生活保障实施现状概述［J］．成都行政学院学报．2006.

[199] 朱镕基．政府工作报告［R］．1999.3.

[200] 朱广琴，张思明．农村社会保障制度发展浅议［J］．湖北社会科学．2003.3.

[201] 朱明芬．浙江省农村最低生活保障制度的现状分析与思考［J］．中国杭州市委党校学报．2005.

[202] 朱玲．农村特困群体医疗救助效果研究［Z］．卫生部国外贷款办公室农村卫生政策应用研究课题．2006.7.

[203] 张其仔．社会资本论：社会资本与经济增长［M］．社会科学文献出版社．2002.

［204］张琪. 中国医疗保障理论、制度与运行. 中国劳动社会保障出版社. 2003.7.

［205］张立荣. 中国农村社会保障体系变革：回眸与前瞻［J］. 江汉论坛. 2003.1.

［206］张岩松. 发展与中国农村反贫困［M］. 中国财政经济出版社. 2004.9.

［207］张秀兰，徐月宾. 和谐社会与政府责任［J］. 中国特色社会主义研究. 2005.1.

［208］张秀兰，徐月宾. 我国社会福利社会化的目标及途径探讨［J］. 江苏社会科学. 2006.

［209］张秀兰，王东明. 中国农村因病致贫与因贫致病的路径分析与干预模式研究［Z］. 卫生部国外贷款办公室农村卫生政策应用研究课题. 2006.6.

［210］张秀兰，顾昕. 为了公平与发展——东南亚地区发展中国家的社会救助. 中国社会学网. 2006.8.

［211］张秀兰，徐月宾. 中国农村最低生活保障制度研究［Z］. 2006.9.

［212］张秀兰，徐月宾. 发展型社会政策及其对我们的启示［Z］. 中国社会学网. 2006.10.

［213］张秀兰，徐月宾，梅志里（Midgley）. 中国发展型社会政策论纲［C］. 中国劳动社会保障出版社. 2007.

［214］张春霞. 对我国建立农村最低生活保障制度的某些思考［J］. 牡丹江师范学院学报. 社会科学版. 2005.6.

［215］张洁云，娄之歆. 我国农村最低生活保障对象的科学界定［J］. 农村经济. 2006.1.

［216］张秉福. 农村社会保障体系. 现状、问题、对策［J］. 理论与现代化. 2006.5.

［217］赵诗逸，张懿凰. 第三只眼看美国新保守主义思潮的兴起及其本质［J］. 社会科学家. 2005.10.

［218］仲岩. 论农村社会救助工作面临的问题及发展策略［J］. 江汉大学学报. 社会科学版. 2006.3.

［219］周涛，王平. 吉登斯的社会福利思想［J］. 华中科技大学学报. 社会科学版. 2002.5.

［220］周红云. 社会资本与中国农村治理改革［M］. 中央编译出版社. 2007.

［221］郑丽珍. 台北市家庭发展账户方案发展与储蓄成效［J］. 社会政策评

论．社会科学文献出版社．2007.

［222］詹姆斯·科尔曼．社会理论的基础［M］．社会科学文献出版社．1999.

［223］詹姆斯·L·特鲁，布赖恩·D·琼斯，弗兰克·R·鲍姆加特纳．间断—平衡理论．解读美国政策制定中的变迁和稳定性［A］，引自保罗·A·萨巴蒂尔．政策过程理论［C］．生活·读书·新知三联书店．2004.

［224］中国社会科学院语言研究所词典编辑室．现代汉语词典［Z］．商务印书馆．1979.

［225］中共中央文献研究室．三中全会以来重要文献汇编［Z］．人民出版社．1982.8.

［226］中共中央、国务院关于帮助贫困地区尽快改变面貌的通知［Z］．1984.9.

［227］中共中央、国务院关于进行农村税费改革试点工作的通知［Z］．中发［2000］7号．2000.3.

［228］中共中央、国务院关于促进农民增加收入若干政策的意见［Z］．中发［2004］1号．2004.2.

［229］中华人民共和国民政部．中国民政统计年鉴——2007［Z］．中国统计出版社．2007.7.

［230］中国发展研究院．中国发展报告2007——在发展中消除贫困［R］．中国发展出版社．2007.9.

［231］中国共产党第十七次全国代表大会文件汇编［Z］．人民出版社．2007.10.

外文文献：

［1］A. Giddens.(1998),The Third Way:The Renewal of Social Democracy, Cambridge:Polity Press.

［2］A. B. Garcia and J. V. Gruat(2003),Social Protection: A Life Cycle Continuum Investment for Social Justice,Povert Reduction and Development ,Geneva:Social Protection Sector,ILO.

［3］Anthony Hall & James Midgley.(2004),Social Policy for Development, Sage,San Francisco,USA.

［4］Butcher,T.(1995),Delivering Welfare:The Governance of the Social Services in the 1990s. Buckingham:Open University Press.

［5］C. De Neubourg,J. Castonguay and K. Roelen. Social Safety Nets and

Targeted Social Assistance: Lessons from the European Experience, http://www1.worldbank.org/sp/safetynets/Training-Events/OECD-3-05/EU-Briefing - Book.pdf.

[6] Costa Esping-Andersen. Social Foundation of Postindusrial Economies. Oxford University Press.

[7] Esping-Andersen, G. (1990), The Three World of Welfare Capitalism, Cambridge, Polity Press.

[8] Esping-Andersen et al. (2001), A New Welfare Architecture for Europe? Report Submitted to the Belgian Presidency of the European Union.

[9] Farnham, D. and Horton, S. (1996), Managing the New Public Services. Basingstoke: Macmillan.

[10] Gibelman, M & Demone, H. (1998), The Privatzation of Human Services, New York: Springer.

[11] George. E. Rejda. (1999), Social Insurance and Economic Security(6 edtion), Prentice Hall.

[12] Gilbert. N. & Terrel P. (2002), Dimensions of Social Welfare Policy (5 edtion), Allen & Bacon.

[13] J. Midgley(1999), Growth, Redistribution and Welfare: Toward Social Investment. Social Service Review, Vol. 73, No. 1.

[14] Michael Lipton. (1977), Why Poor People Stay Poor: Urban Bias in World Development. Cambridge, Massachusetts: Harvard University Press.

[15] Margaret Hardiman and James Midgley(1982), The Social Dimensions of Development : Social Policy and Planning in the Third World. London: John Wiley & Sons Inc.

[16] M. d' Eecole and A. Salyvini. (2003), Towards Sustainable Development: The Role of Social Protection, OECD Social Employment and Migration Working Paper No. 12, Paris: OECD.

[17] Neil Gilbert. (2002), The Transformation of the Welfare State: The Silent Surrender of Public Responsibility, New York: Oxford University Press.

[18] Neil Gilbert. (2005), The Enabling State? From Public to Private Responsibility for Social Protection: Pathways and Pitfalls, OECD Social, Employment and Migration Working Papers No. 26.

[19] OECD(2001), The Well-being of Nations: The role of Human and

Social Capital.

[20]OECD(2005),Expanding Opportunities: How Active Social Policy Can Benefit Us All,Paris:OECD.

[21] P. Taylor-Gooby. (2006),Social Welfare and Social Investment:Innovation in the Welfare State,Paper Presented at the International Summer Symposium and Lectures on Social Policy ,Beijing Normal University.

[22] R. Holzmann, and S. Jorgensen, Social Protection as Social Risk Management: Conceptual Underpinnings for the Social Protection Secter Strategy, Washington,D. C. :World Bank.

[23] Tony Eardley. (1996),From safety Nets to Spring Bards? Social Assistance and Work Incentives in the OECD Countries,Social Policy Review,8.

后　　记

这部书稿完成于2008年的5月。那是我在新疆维吾尔自治区工作的最后一段岁月，也是在边疆工作的收获季节。从当时中央到自治区各部门、各县市开始的援疆总结会、表彰会，已隐隐地感受到广大援疆干部"回乡"的脚步声。

我也在总结三年的新疆工作。但却不能全身心地总结。因为，除总结外，我还得完成一项课题任务即对"中国农村最低生活保障制度政策过程与实施效果研究"。这是我去新疆工作前定的任务。我在从事城乡社会救助行政工作时，强烈感到社会政策领域的两大脱节：一是理论界与实践界的脱节。理论界与实践界自说自话，难以形成有效沟通与交流。这种脱节导致的一个直接后果是社会管理水平的低层次徘徊与社会政策资源的极大浪费。二是政策制定层与具体操作层的脱节。简言之，就是中央与地方的脱节。一些国家部门在制定政策时不是运用一刀切的简单粗暴的方式实行"全国一盘棋"，就是用一种"政策应该"的思维方式代替"政策可能"的思维方式。这种脱节导致的必然结果就是社会政策在实践中难以操作、难以细化、难以及时有效地转化为广大公民的切身利益。实践中的问题与矛盾使我强烈感到，既然有在地方工作三年的机会，就应该做点有助于社会救助长远发展的研究。本着这种考虑，结合自己的工作环境、工作条件和新疆需要大力推进城乡社会救助工作的实际，我选择了面上研究社会救助与社会管理、点上研究农村最低生活保障制度的课题。这个课题的面上研究成果已结集出版了《社会管理与社会救助论：政策与实务的视角》(2008年1月，中国劳动社会保障出版社)一书，点上的研究成果就是这部书稿。

从选题到完成，这项研究持续了两年多时间。本来以为自己从事社会救助工作多年，研究农村最低生活保障制度政策过程与实施效果是一件容易且可以"偷懒"的事。没想到，一旦开始"做题"，才感到要完成这个题目远远不是一件简单的事情。从理论准备到文献梳理，从问卷调查到资料分析，从谋篇布局到文字整理，每一件事、每一个环节做起来都是沉甸甸的。说实话，本研究从开题到完成，在我这么多年的文字生涯中，是最为艰辛的一项工作，也是心血与汗水付出最多的一件事。当然，为这项研究付出的不仅仅是我自己。本项研究能够完成，是群体关爱的结果。从选题范围、选题内容到正式"做题",始终得到张秀兰教授、徐月宾教授、李占五教授、顾昕教授、陶传进教授、李海燕老师等专家学者的大力支持和指导。他们在我选题与"做题"过程中提出的意见与他们论著中的许多思想与知识给了我很多启迪与教诲。特别是张秀兰、徐月宾教授,他们关于社会政策的一系列真知灼见直接成为本项研究的基础。没有张秀兰教授在理论上的及时点拨和写作过程中的严格要求,没有徐月宾教授亦师亦友式的传道、授业、解惑以及"手把手"的教育,我难以完成课题研究。在问卷分析过程中,我得到了韩自强同学的大力帮助,是他牺牲了节假日成就了我的效果分析数据基础。在问卷调查、资料收集与写作过程中,我还始终得到了新疆维吾尔自治区民政厅最低生活保障处吕子祥处长,丁刚、张冲两位同志、S县民政局李民局长以及M县民政局的大力支持。同时,还有许多专家学者的思想与论著为我的研究提供了营养。在研究即将完工阶段,是我的老同事、老朋友李长安博士伸出援助之手,无私地为我的文章进行"美容"与"装扮"。社会发展和公共政策研究所办公室的诸位老师也为我的研究付出了默默的辛劳。特别是每当我拖着疲惫的身躯在书桌旁熬到深夜时,是爱人关爱与鼓励的目光坚定了我完成研究工作的意志。在课题答辩过程中,赵人伟教授、洪大用教授、赖德胜教授、孟宪范研究员、徐月宾教授、胡晓江教授、陶传进教授又提出了许多非常中肯的意见与建议。这些建议与意见对于我进一步深化和完善农村社会政策研究,特别是农村社会救助研究具有非常好的指导作用。整个课题研究与写作过程成了我见证人世间最珍贵的师生情、朋友情与亲人情的过程。在此,我对各位教授、各位专家、各位老师、各位同学、朋友以及家人无私的关心、厚爱、支持与帮助,表示最诚挚的谢意。

记得,自己当年去新疆工作时满怀的"西出阳关无故人"式的落寞惆怅与新鲜好奇,没想到从新疆回来后的岁月却是时常地对西域众多的领导、同事与朋友的怀念与牵挂。新疆工作三年,使我更多地接触了基层、更多地接触了实际、更多地了解了边疆、更多地了解了多民族、多宗教、多文化地区战略位置的重要与执政的艰难;新疆生活三年,让我结识了很多真正关心、真正投入、真正融入新疆经济与社会发展的好领导、好同事、好朋友,正是这些领导、同事与朋友消除了我的惆怅与落寞,给予了亲人般的温暖与动力,使我能够紧张又充实地履行好工作职责完成好研究任务。"三年天山路,一生新疆情",新疆的工作与生活,将是伴随我一生的财富。对于新疆,对于新疆的领导、同事与朋友,我要述说、我要感恩的太多、太多,但我只能以这苍白的怀念与枯燥的文字来报答他们。

是为记。

作者谨识

2009年8月27日于北河沿大街147号

图书在版编目（CIP）数据

中国农村最低生活保障制度政策过程与实施效果研究/柳拯著.
—北京：中国社会出版社，2009.12

ISBN 978－7－5087－2921－3

Ⅰ.①中…　Ⅱ.①柳…　Ⅲ.①农村—社会保障—福利
制度—研究—中国　Ⅳ.①F323.89

中国版本图书馆 CIP 数据核字（2009）第 204757 号

书　　名： 中国农村最低生活保障制度政策过程与实施效果研究
著　　者： 柳　拯
责任编辑： 王秀梅　杨春岩

出版发行： 中国社会出版社　　邮政编码：100032
通联方法： 北京市西城区二龙路甲 33 号新龙大厦
电话：（010）66080300　（010）66083600
（010）66085300　（010）66063678
邮购部：（010）66060275　电传：（010）66051713
网　　址： www.shcbs.com.cn
经　　销： 各地新华书店

印刷装订： 中国电影出版社印刷厂
开　　本： 170mm×240mm　1/16
印　　张： 18
字　　数： 313 千字
版　　次： 2009 年 12 月第 1 版
印　　次： 2009 年 12 月第 1 次印刷
定　　价： 32.00 元